태봉학회 총서 **3**

신라의 쇠퇴와 후삼국의 성립

DECLINE OF SILLA AND RISE OF LATER BAEKJE, LATER GOGURYEO

태봉학회
신라사학회
 철원군
Cheorwon

태봉학회 총서 3

신라의 쇠퇴와 후삼국의 성립

Decline of Silla and Rise of Later Baekje, Later Goguryeo

태봉학회
신라사학회

 철원군
Cheorwon

주류성

목차

제1부

총론   9

제2부

신라의 쇠퇴   141

총서를 펴내며

신라 말 고려 초는 일대 변동의 시기였다. 신라가 무너지고, 새로운 왕조인 고려가 섰다. 왕경인 그 중에서도 진골귀족 중심의 골품제사회가 무너졌고, 지방 호족 출신들이 중심이 된 문벌귀족이 지배세력으로 등장하였다. 이에 따라 정치, 경제, 사회 및 문화 등 여러 면에서 변화가 일어났다. 이러한 변동은 당의 쇠망과 5대 10국의 출현과 맞물리는 것이었다.

신라에서는 중대 말부터 진골귀족들의 권력다툼이 자주 발생하였다. 이는 하대에 들어서 더욱 격화되었다. 822년(헌덕왕 14) 김헌창은 새로운 국가의 수립을 내걸고 반란을 일으켰다. 그 여파는 전국에 미쳤다. 836년 흥덕왕이 죽은 후 2년 남짓한 동안에 한 명의 유력한 왕위계승 후보자와 두 명의 왕이 희생되었다.

진골귀족들의 권력다툼으로 말미암아 중앙 정부의 지방통제력은 약화되었다. 그리하여 장보고와 같은 지방 군벌이 대두하여 왕위쟁탈전에서 깊이 관여하기도 하였다. 이를 바탕으로 중앙의 정치 무대로 진출하려던 그의 도전은 실패하였다. 하지만, 변방 군진의 지휘관, 낙향한 귀족, 촌주 출신의 호족들이 곳곳에서 대두하였다.

농민들의 몰락은 가속화되었다. 흉년이라도 들면 가난한 농민들 중에서 유망하는 자들이 적지 않게 나타났다. 이들 중에는 당이나 일본으로 가는 경우도 있었다. 또 무리를 지어 재물을 탈취하면서 질서를 어지럽히는 자들도 있었다. 정부에서 군대를 내어 이들을 토벌하여야 했던 예도 종종 있었다.

사상의 면에서도 변화가 나타났다. 당에서 유학하고 돌아온 선사들이 지방에 터전을 잡았다. 왕실에서는 선종 산문을 후원하였지만, 선사들은 점차 지방의 호족들과 결합하였다. 풍수지리설이 유행하면서 왕경이 아닌 지방의 새로운 명당이 부각되었다. 계속되는 사회 혼란으로 인해 당시를 말법시대로 여기는 말세의식도 널리 퍼졌다.

이런 가운데 889년(진성여왕 3) 조정의 조세 독촉에 항거하여 전국적으로 농민들이 봉기하였다. 봉기는 걷잡을 수 없을 정도로 커져갔다. 뿐만 아니라 이후에도 여러 해 동안 계속되었다. 호족들은 무장을 강화하여 자신들의 영역을 지켰다. 이들 가운데에는 신라에 대해 독립적인 태세를 취하는 예도 적지 않았다.

신라 말의 혼란을 배경으로 900년 견훤은 백제 의자왕의 원한을 갚겠다고 선언하고 후백제를 건국하였다. 이듬해인 901년 궁예는 고구려의 복수 내세우면서 후고구려를 세웠다. 이로써 신라와 후백제, 후고구려가 정립하게 되었다. 마치 삼국시대의 삼국을 연상시키는 형세가 되었거니와, 이들 세 나라를 후삼국이라고 부르는 것이다.

태봉학회에서는 신라의 쇠퇴와 후삼국 성립의 배경을 재정리해보려고 기획하였다. 그리하여 신라사학회와 공동으로 〈신라의 쇠망-태봉 성립의 전야〉(2019년 11월 8일), 〈후삼국시대의 개막〉(2020년 11월 20일)이라는 주제로 두 차례 학술회의를 개최하였다. 그리고 학술회의에서 발표된 논문들과 관련 논문들을 몇 편 더 모아 태봉학회 총서 제 3권을 펴내기로 하였다.

먼 길을 마다 않고 학술회의에 참석해주시고, 또 총서 발행의 취지를 이해하고, 원고를 내주신 여러분들께 감사드린다. 특히 강연을 맡아주신 이기동 선생과 학술회의의 공동주관 기관인 신라사학회의 박남수 전 회장과 채미하 현 회장의 호의에도 깊은 감사의 인사를 올리는 바이다.

태봉학회를 물심양면으로 도와주시는 이현종 철원 군수 이하 철원군 관계자 여러분, 학회의 실무를 도맡아 처리하고 있는 김영규 사무국장께 고마움을 전한다. 간행과 편집에는 학회의 김용선, 이재범 고문과 편소리 간사가 수고하셨음을 밝혀둔다. 도서출판 주류성의 최병식 회장과 이준 이사는 출판을 위해 애써주셨다.

2021년 12월

태봉학회 회장 조 인 성

수록 논문의 출처

제1부 총론
이기동, 「新羅의 衰退에 대하여」, 『학술원 논문집(인문·사회과학편)』 제50집 1호 (2011)
이인재, 「나말여초 사회변동과 후삼국」, 『한국중세사연구』 29 (2010)
이재범, 「후삼국시대사론」, 『신라사학보』 37 (2016)
조인성, 「후삼국사의 몇 가지 문제」, 『신라사학보』 51 (2021)

제2부 신라의 쇠퇴
이상훈, 「신라 하대 왕위계승전과 사병의 확대」, 『신라사학보』 48 (2020)
이기봉, 「신라 하대의 경제적 양극화와 재해」, 『신라사학보』 48 (2020)
배재훈, 「헌강왕의 유학 진흥책과 사상적 혼돈」, 『신라사학보』 48 (2020)
박광연, 「신라하대 말법(末法) 인식의 형성과 확산」, 『한국사상사학』 65 (2020)

제3부 후삼국의 성립
전덕재, 「신라 효공왕대 전후 신라 정부와 성주·장군의 동향에 대한 고찰」, 『신라사학보』 51 (2021)
진정환, 「후백제 주도 세력의 변화와 그 영향」, 『신라사학보』 51 (2021)
송은일, 「弓裔의 出身에 대한 再論」, 『한국고대사연구』 70 (2013)
장일규, 「후삼국의 개막과 사상계의 동향」, 『신라사학보』 51 (2021)

제1부

총론

신라의 쇠퇴와
후삼국의
성립

DECLINE OF SILLA
AND RISE OF LATER BAEKJE,
LATER GOGURYEO

新羅의 衰退에 대하여[*]

이기동

대한민국학술원 회원, 동국대학교 명예교수

목차

Ⅰ. 머리말

지난 2000년 동안 한국에는 신라와 高麗, 朝鮮의 3개 왕조가 繼起的
으로 등장하여 1910년 日本의 강압에 의해 倂合될 때까지 존속했다. 그
중 신라는 첫 번째 千年紀(millenium)를, 고려와 조선은 두 번째 천년기를
대략 500년씩 半分했다. 그리하여 신라를 흔히 千年社稷의 왕국이라 부

---

* 이 논문은 『학술원 논문집(인문·사회과학편)』 제50집 1호 (2011)에 실린 논문을 그대로 수록한 것
이다.

르기도 하지만, 그 건국연대로 전해지는 B.C.57년 이래 주변의 10개 이상의 小國들을 통합하기까지의 최초 400여 년 간의 역사는 비밀의 장막 속에 가려져 있어 많은 부분이 불확실한 실정이다. 신라가 경쟁 국가였던 고구려보다 백년 이상 국가의 형성이 뒤늦은 것은 분명한 사실이며, 백제와 비교하더라도 小國들의 통합이 수십년 이상 늦은 것을 부정하기 어렵다고 생각된다. 사정이 그러함에도 불구하고 『三國史記』에는 신라의 건국이 삼국 중 가장 빠른 것으로 記述되어 있다.

신라는 辰韓 통합의 餘勢를 몰아 서기 380년을 전후한 시기에 고구려의 도움을 받아, 北中國을 통일한 前秦의 왕 符堅에게 사신을 보내어 동아시아의 국제무대에 첫 발을 내디뎠다. 그리고 521년에는 백제 측의 주선으로 중국 남조의 梁과 수교하여 처음으로 漢族 정권과 접촉했다. 이처럼 신라는 처음에는 고구려의 군사적 보호를 받다가 뒤에 백제와 군사동맹을 맺어 고구려의 침략에 대처하는 등 대외관계에서 劣勢를 면하지 못했다. 그러나 신라와 백제의 동맹관계는 530년대 이래 낙동강 하류의 加耶 諸國에 대한 지배를 둘러싸고 틈새가 벌어지기 시작했다. 신라는 551년 백제와 連帶하여 고구려가 점령하고 있던 한강 상류의 10郡 지역을 탈취한 뒤 2년 뒤 백제가 막 收復한 현재의 서울을 포함한 한강 하류의 6군 지역을 무단히 빼앗아 버림으로써 양국 간의 동맹관계는 드디어 敵對관계로 급전환했다. 더욱이 신라는 554년 管山城으로 쳐들어 온 백제의 聖王을 사로잡아 죽였을 뿐 아니라 백제의 3만 대군을 섬멸함으로써 도저히 회복할 수 없는 不俱戴天의 원한 관계로 악화되었다. 다행히 백제가 국력을 회복하는 데 주력하여 군사행동을 自制했던 까닭에 반세기 가까운 기간 동안 小康상태가 유지될 수 있었다. 그러나 7세기에 들어오면서 백제의 공세가 강화되기 시작했고, 고구려 또한 이에 加勢함에 따라 신라는 힘겨운 양면전쟁을 강요당하는 형국으로 내몰렸다. 특히 640년대에 이르러 신라의 위기는 최고조에 달했다. 즉 642년 백제군에 의해 낙동강방면의 핵심적인 전략 거점인 大耶城이 함락되어 신라는 王京의 安全을 위협받는 처지가 되었고, 645년 고구려가 唐의 침략군을 安市城에서 격퇴함에 따라 唐과의 사전 협약 아래 고구려 남쪽 국경지대로 出陣했던 신라군은 아무런 성과를 거두지 못한 채 回軍하고 말았다. 이 같은 일련의 대외적 위기상황은 신라 조정의 내부 분열을 촉발시킨 끝에 647년 정월 善德女王의 退位를 요구하는 귀족회의 의장 上大等 毗曇에 의한 내란으로 폭발했다.

그러나 신라는 6세기를 통해서 줄곧 놀랄만큼 강렬한 熱意를 갖고 국가의 지배체제를 새롭게 정비 강화한 데 힘입어 고구려·백제 두 나라를 상대로 한 가혹한 생존 전쟁에서 기적적으로 살아 남을 수 있었다. 그리고 특히 金春秋(뒤의 太宗武烈王)의 적극적인 對唐 외교가 결실을 맺어 唐제국의 군사력을 이용하여 적대적인 두 나라를 順次的으로 멸망시키는데 성공했다. 그런데 당은 신라마저 羈縻정책에 의해 간접지배하려는 野慾을 드러냈으므로, 終局에는 唐에 맞서 국가의 死活이 걸린 모험을 감행하지 않으면 안 되었다. 신라는 임진강 유역에서 수년간 死鬪를 벌인 끝에 마침내 676년 당군을 한반도에서 몰아내는 빛나는 偉業을 성취했다. 대체로 대동강과 永興灣을 동서로 연결하는 한반도 이남 지역에 홀로 君臨하게 된 '통일'신라는 270년 가까운 세월이 지난 뒤인 935년 반란세력의 하나였던 고려에게 자발적으로 歸附를 請願하여 역사의 무대에서 퇴장했다. 하기야 전국적인 농민반란이 일어난 889년 이후 오래지 않아 후백제,

후고구려(918년 이후 고려) 등 반란 국가들이 등장하여 반세기 가까운 內戰 상황에서 신라는 전혀 손을 쓸 수 없는 처지가 되었으므로, '통일'신라는 실제로 200여 년 남짓 지속되었을 뿐이다. 이는 신라의 긴 역사에 비춰볼 때 뜻밖에 짧은 기간이라는 느낌이 든다. 무엇보다도 신라사의 전 시기를 통해 바야흐로 국가의 力量이 최대로 增強된 상태에 놓여 있던 '통일'신라가 외세의 침입에 의해서가 아니라 전적으로 국가사회 내부의 모순과 갈등에서 發端된 농민반란의 一擊에 의해 동요하고 끝내 內戰이 진행되는 가운데 해체의 길을 밟았다는 사실은 한반도 통일이라는 궁극적인 목표를 향해서 오랜 세월 발산되기 시작한 신라사회 내부의 폭발적인 에너지를 想起할 때 잘 이해가 되지 않는 대목이다. 필자가 '통일'신라의 역사에서 쇠퇴의 원인을 探求해 보려고 한 데는 평소 이 같은 점을 感知하고 있었기 때문이다.

필자는 오래 전에 앞에서 言及한 바와 같은 문제의식을 갖고 신라의 쇠망 원인에 대한 先學들의 여러 견해를 검토한 적이 있다.[1] 즉 근대 이전 시기 역대 官撰史書의 편찬에 참여한 儒教的 지식인·관료들과 현대의 직업적인 역사가들의 견해를 檢出한 다음 이를 槪括的 검토를 통해서 얻어진 몇 개의 命題(테제)로 분류하여 각각의 문제점을 간단히 논의해 보았는데, 논문의 성격상 필자의 개인 견해는 당연히 최소한에 그칠 수밖에 없었다. 또한 문제의식에 있어서도 현재 품고 있는 생각과 일정한 차이가 느껴진다. 즉 당시는 '통일'신라의 정치·사회·경제 부문에 內在하는 어떤 문제점을 부각시킨다기 보다는 오히려 표면에 드러난 바의 여러 현상을

---

1) 李基東, 「新羅 衰亡史觀의 槪要」『韓沽劤博士 停年紀念 史學論叢』(知識産業社, 1981); 『新羅社會史研究』(一潮閣, 1997), pp.112~133.

토대로 이를 韓國史 시대구분론의 通說에 對入·照應시켜 보려는 의욕이 앞섰다. 그런데 당시 學界의 지배적인 견해는 신라 말·고려 초기를 고대 적 질서의 沒落과 중세적 세계 형성의 전환기로 파악하려는 경향이 강했 었다.

끝으로, 本稿에서는 舊稿와 내용상 중복되는 부분을 최대한 제외하려 고 힘썼으나, 다만 論旨의 전개를 고려하고 아울러 종전의 諸說과 필자 所 見과의 異同을 분명히 밝혀 둘 필요가 있다고 생각되어 개괄적 검토 부분 에 해당하는 한 章을 補完하는 형식으로 再論하기로 했다. 이 점 독자 諸 賢의 惠諒과 敎示 그리고 嚴正한 叱正을 바라마지 않는다.

II. 종전의 諸說에 대한 검토
: 6개 命題의 문제점

고려시대의 金富軾(1075~1151)으로부터 지난 세기의 孫晉泰(1900~?)에 이르기까지 신라의 쇠망 원인을 논한 여러 사람의 견해를 모아 보면 대략 10여 개의 원인 目錄에 접하게 된다. 하지만 우리들은 이를 단순히 羅列하 는 데 만족할 수는 없다. 즉 각 사항의 상호 관계를 따져보아야 하며, 궁극 적인 원인 곧 원인 중의 원인을 찾아내야만 한다. 카아(E.H.Carr)의 말처럼 원인을 多樣化하는 동시에 이를 단순화하는 작업을 병행해야 할 것이다. 이렇게 할 경우 필자는 다음과 같은 여섯 개의 명제로 總括할 수 있다고 생각한다.

1. 귀족·사찰의 대토지 경영과 이로 인한 생산력의 減退 때문이라는 명제에 대하여

이는 손진태, 李丙燾(1896~1989) 등이 강조한 것으로, 로마의 몰락 원인으로 제시한 베버(Max Weber)의 견해를 想起시킨다. 잘 알려져 있듯이 그는 노예적 생산에 介在하는 생산의욕의 缺如가 생산력을 감퇴시켰다는 견지에서 로마 말기에 발전한 대토지경영(Latifundium)이 서양 고대 농업 사회의 몰락을 초래한 근본 원인이라고 지적한 바 있다. 일본 奈良 正倉院에 있는 통일기 신라 촌락문서에 대해서는 그간 적지 않은 연구가 행해졌는데, 그 가운데 가장 선구적인 업적을 남긴 旗田巍(1908~1994)의 연구에 의하면 8세기 중엽(그는 문서의 작성연대를 755년으로 보았음)당시 농촌사회는 인구의 감소화 경향을 보여주고 있으며 또한 60세까지 살아 남은 남녀의 수효가 매우 적은 등 농민의 劣惡한 생활 조건을 짐작하게 한다는 것이다.[2] 다시 말하면 농민에 대한 收奪이 가혹했음을 알 수 있다는 것인데, 이는 필경 농민의 생산의욕을 약화시켰을 것이 틀림없다.

하기야 이 문서의 해석을 둘러싸고 매우 다양한 견해가 제시되어 있고, 앞에서 거론한 것과는 相反된 견해도 없지 않다. 어떤 연구자는 이 촌락문서를 농민의 것으로 보는 입장에서 이 문서에 나타나는 농촌의 실태를, ①인구는 적고 경지면적은 매우 넓으며, ②農家가 보유하고 있는 牛馬 등 가축의 頭數가 상당히 많고, ③촌락마다 園藝作物 특히 果樹 재배가 성행되고 있는 것으로 보아, 당시 농업이 후세에 비해 粗放농업이었다고 하더라도 생산기구의 개선, 노동생산성의 향상 및 확대 가능성은 얼마

---

2) 旗田巍, 「新羅の村落」Ⅰ『歷史學研究』226(역사학연구회, 1958); 『朝鮮中世社會史の研究』(法政대학출판국, 1972), p.437, pp.443~444.

든지 보장되어 있는 만큼 농민은 이 같은 조건하에서 생산의 증대를 위해 노력했을 것으로 보았다.[3] 요컨대 신라 말기에 농촌의 생산력은 지속적인 상승을 기록했다는 견해이다. 다만 기본적으로 이 문서를 祿邑제도에 의해서 宮內府에 해당하는 內省 등 官衙 혹은 왕실 직속촌의 集計帳(祿邑帳)으로 보는 견해 또한 여러 사람의 지지를 받고 있는 만큼 쉽사리 단정하기도 어려운 실정이다. 한편 이 녹읍제도라는 것이 단순히 토지에 대한 收租權 뿐아니라 토지에 얽매여 사는 촌락인에 대한 노동력의 징발까지를 포함한다는 견해는[4] 首肯할 만하다.

이처럼 신라 말기에 농업생산력이 上昇했는지 혹은 쇠퇴했는지 하는 문제를 둘러싸고 서로 대립하는 견해가 있는데, 어쨌든 왕실·귀족관료·호족·사원의 대토지 경영이 매우 성행했던 사실은 주목해야 할 점이다. 나아가 이것이 高麗의 멸망에 있어서도 그 최고의 원인으로 지적되고 있는 만큼 이 문제는 사회경제적인 측면에서 신라 쇠망의 가장 유력한 원인으로 손꼽을 수 있다고 믿는다. 후삼국시대의 내란 상태를 극복하면서 통일의 大業을 이룩한 고려 太祖 王建은 그 親製한 10개 조의 訓要 가운데 제 2 조항에서 신라 말기에 寺塔을 경쟁적으로 창건하여 地德을 衰損케 한 것이 亡國의 근원이었다고 지적하면서 더 이상의 寺院 新創을 금지시켰다.[5] 이 제2 조항의 목적이 과연 겉으로 나타난 대로 승려 道詵의 風水地理說을 곧이 곧대로 믿은 까닭에 삽입된 것인지 아니면 신라 말기의 모순

3) 李佑成, 「三國遺事 所載 處容說話의 一分析-新羅末·高麗初의 地方豪族의 登場에 대하여」『金載原박사회갑기념논총』(을유문화사, 1969); 『韓國中世社會硏究』(일조각, 1991), pp191~192.
4) 金哲埈, 「新羅 貴族勢力의 基盤」『人文科學』 7(연세대학교, 1962); 『韓國古代社會硏究』(지식산업사, 1975), pp.233~241.
5) 『高麗史』 권2, 太祖 26년 4월 조.

을 몸소 체험한 當事者로서 願刹 濫設의 폐해, 사원경제의 肥大化를 경계할 의도에서 집어넣은 것인지 그 眞意를 알기 어려우나, 역시 후자일 가능성을 배제할 수 없다고 생각한다. 아마도 同 훈요 제1 조항에서 自國의 大業이 諸佛의 護衛하는 힘에 의한 것임을 천명한 태조로서는 표면상 사원경제의 폐해를 거론하기가 난처했을 터이다. 태조에게 崇佛정책은 민심 收拾에 그 一義的인 목적이 있었던 듯하다. 공양왕 3년(1391) 6월 당시 成均館 生員이었던 朴礎 등이 올린 上疏文에 의하면 태조는 佛法을 除할 것을 요청한 崔凝에 대해 "신라 말기에 佛氏의 說이 사람의 골수에 박혀 있어 사람들이 死生과 禍福은 모두 佛氏의 하는 바라 하니, 이제 三韓이 겨우 통일되어 인심이 아직 안정되지 못하였는데 만일 급하게 佛氏를 없애버리면 반드시 놀라는 마음이 생길 것이다"고 하여[6] 이를 일단 억제했다고 한다. 나아가 뒷날 태조가 訓要 중에 신라가 佛事를 많이 행하여 망한 것을 거울삼으라고 한 垂訓이야말로 그 뜻이 深切한 바 있다는 것이다.

2. 불교사상의 영향 때문이라는 명제에 대하여

사원경제의 肥大化가 초래한 폐단에 대해서는 김부식이나 손진태·이병도 등이 重視했으나, 그 중에서도 손진태는 이에 못지않게 불교의 사상적인 측면을 주목했다. 즉 그는 불교의 宿命說·윤회설 등이 지배 계급에 유리한 것만을 극력 선전하여 계급 반항사상을 말살하는 등 어디까지나 민중을 억압하는 지배층의 특권적 이데올로기로서 작용했다고 지적했다.[7] 실제로 이 점에 대해서는 그 뒤 李基白(1924~2004)이 신라에서의 초

---

6) 『高麗史』 권120, 金子粹傳.

7) 孫晉泰, 『朝鮮民族史槪論』(을유문화가, 1948), pp.224~228.

기 불교의 성격을 논하면서 강조한 바 있다. 즉 불교의 功德 사상 혹은 因果應報說에 근거를 둔 輪廻轉生사상이 骨品 귀족들의 신분적 특권을 옹호했을 것으로 보았다.[8]

　그런데 논의가 여기서 끝나 버린다면 신라 쇠망의 원인으로서는 부적합할 것이다. 왜냐하면 이 같은 불교의 教條에 대해 지식인이나 민중이 반발하여 반항운동을 일으키지 않는 限에 있어 진정 그것은 쇠망의 원인이 될 수 없기 때문이다. 이 같은 의미에서 역시 이기백이 신라 통일 초기에 6頭品 출신의 儒學者들인 强首나 薛聰이 모두 골품제도에 입각한 정치·사회 질서에 대한 반항으로서 이 불교적인 세계관을 비판하고, 現世에 있어서의 도덕적 행위의 중요성을 강조하고 나섰다고 지적한 것은 示唆하는 바 크다.[9] 이 점은 藤田亮策(1892~1960)이 신라의 유학생들이 唐제국의 科擧제도를 배우고 돌아와서 골품제 사회의 권력구조를 비판하게 되었다는 지적[10]과 軌를 같이하고 있다.

　다만 藤田의 견해 중 불교적 一切平等의 교리와 彼岸사상이 신라의 國力을 약화시켰다고 지적한 것은 좀 더 깊이 고려해 볼 문제라고 생각한다. 이는 마치 로마의 쇠퇴과정에서 그 내부 분열을 촉진한 기독교사상의 책임을 강조한 기번(Edward Gibbon)의 견해를 떠올리게 한다. 하지만 신라 불교의 사회적 教義(social teaching)를 교리 그대로 一切평등의 이념으로 보는 데는 문제가 없지 않기 때문이다. 이는 역시 손진태·이기백의 견해

---

8) 李基白, 「新羅 初期 佛敎와 貴族勢力」『震檀學報』 40(진단학회, 1975);『新羅思想史研究』(일조각, 1986), pp.87~93.

9) 李基白, 「新羅 骨品体制下의 儒敎的 政治理念」『大東文化硏究』 6·7합집(성균관대학교, 1970);『신라사상사연구』, pp.223~231.

10) 藤田亮策, 「新羅九州五京攷」『朝鮮學報』 5(조선학회, 1953);『朝鮮學論考』(기념사업회, 1963), p.374.

처럼 일체평등이라기보다는 오히려 특권귀족 옹호의 이데올로기로 파악할 여지가 많다. 藤田이 지적한 불교의 彼岸사상은 통일기에 들어오면서 주로 하급귀족이나 평민들 중에서 現世를 부정하고 來世를 동경하는 풍조가 일어난 것, 나아가 그것이 淨土신앙을 발생하게 한 것[11]을 想起할 때 수긍하지 않을 수 없다. 그러나 정토신앙의 주된 신봉자들이 골품제도와 그에 기반을 둔 전제적 정치체제에 대해 불만을 품고 있었음에도 불구하고 그들의 비판과 반항이 소극적인 데 그쳤던 것이 주목된다. 실제로 지배세력은 당시 민중 사이에 널리 퍼져가고 있던 정토신앙으로써 민심을 수습하는 길을 선택한 결과 반체제운동으로 확대될 여지가 없었다.[12]

신라 말기에 이르면 그때까지 국가권력과 밀착되어 있던 華嚴宗 중심의 불교계가 차츰 禪宗으로 대체되면서 일부 진골귀족을 제외한 6두품 이하 평민에 이르는 광범위한 신분층의 지지를 얻게 되었다. 9세기 전반부터 수용되기 시작한 선종은 절대자 유의 철학으로, 개인의 佛性을 문제로 삼는 등 인간관의 변혁을 촉구한다거나 어디까지나 초월적인 세계를 지향하고 있었으므로, 당장 배고픈 민중들에게 마음의 안식처를 제공할 수는 없었다. 그렇지만 9세기에 들어와 중앙의 진골귀족들 사이에 분열과 대립이 격화하여 제대로 통치력을 발휘하지 못한 반면 서서히 대두하는 지방세력가들이 전국 각지의 禪門에 손을 뻗친 결과 신라가 死滅한 뒤에도 계속 살아남아 새로운 사회의 방향을 설계하게 되었다.[13] 이렇게 본다

---

11) 李基白, 「新羅 淨土信仰의 기원」 『학술원논문집(인문·사회과학편)』 19(대한민국학술원, 1980); 『신라사상사연구』, pp.132~140.

12) 李基白, 「淨土信仰과 新羅社會」 『신라사상사연구』, pp.183~189.

13) 李基東, 「新羅社會와 佛敎-國家勢力과 身分制社會와의 관련에서-」 『佛敎와 諸科學』(東國大學校出版部, 1987); 『新羅社會史硏究』(일조각, 1997), pp.104~108.

면 선종의 대두야말로 신라의 쇠망을 촉진시킨 한 요인으로 지적할 수도 있겠다. 그러나 사상적인 측면에서 보다 더 중시해야 할 것은 역시 6두품 지식인·관료층에 의해 제기된 골품제사회에 대한 개혁 요구와 더불어 불교의 사회적 교의에 대한 비판적인 논의라고 생각된다.

3. 장기간의 국제평화가 국민정신을 타락시켰다는 명제에 대하여

이는 손진태가 지적한 점인데, 사실 역사적으로 볼 때 장기간에 걸친 평화와 안정의 대가는 매우 가혹한 것이었다. 로마제국의 쇠망 원인을 탐구하는 연구자들은 거의 例外 없이 번영이 쇠퇴의 원리를 성숙시켰다고 주장한 바 있다. 즉 로마의 쇠퇴는 지나치다고 할 만큼 위대했던 한 나라의 피할 수 없는 자연스런 결과였다는 것이다. 한편 朝鮮왕조 시대의 정치에 대해 매우 비판적이었던 李建昌(1852~1898)이 名著『黨議通略』原論에서 朋黨간의 싸움이 격화된 원인 여덟가지를 거론하는 가운데 마지막으로 '承平의 太久'를 들고 있는 것도 장기 평화의 어두운 한 면을 지적한 것으로 볼 수 있다.

신라의 귀족들은 100년 이상 지속적으로 수행한 국가 保衛전쟁 및 삼국통일전쟁, 그리고 마지막 단계에서 唐을 상대로 한 전쟁에서 항상 군대의 선두에 서서 용감하게 싸웠다. 하지만 그들도 통일 후 오랜 동안 국제평화와 안정을 누리게 되자 차츰 무기력해지고 安逸과 사치에 빠져들게 되었다. 통일기 신라귀족들의 사치풍조에 대해서는 모든 연구자들이 공통적으로 지적하고 있다. 아마도 이를 상징적으로 보여주고 있는 것은 진골 귀족들의 저택인 이른바 金入宅일 것이다. 가령 日本史에서 놀랄 만한 사치 때문에 망했다고 흔히 이야기되는 室町幕府 足利氏의 호화주택이 비교적 큰 규모의 樓閣에 金箔 혹은 銀箔을 입힌 건축물 몇 개에 불과했던 사실을 상기한다면 서울 昌德宮 안 演慶堂 정도의 규모로 짐작되는 저택에 금박을 한 金入宅이 수도인 경주에 39개나 존재했던 사실은[14] 특별히 주목해야 할 점이다. 興德王이 834년 유명한 사치금지령을 반포하여 진골귀족일지라도 집의 지붕에 중국식 기와를 사용 할 수 없고, 金과 銀으로 장식할 수 없도록 嚴命을 내렸음에도 불구하고 시간이 흐름에 따라 이는 거의 지켜지지 않았다. 그 결과 880년 경이 되면 경주 시내의 民家에서 기와를 사용하는 것이 일반화되었다. 그리하여 李佑成은 9세기 경주 귀족들의 사치와 퇴폐적 풍조를 '병든 도시문화'로 命名하고, 이것이 '건강한 농촌'에 의해 머지않아 멸망될 것을 必至의 사실로 본 것은[15] 실로 흥미있는 비유라고 하겠다.

한편 在美학자 金鍾璿은 이 문제를 다음과 같이 사회심리학적인 입장에서 추리했다. 즉 신라가 삼국통일에 이를 때까지 오랜 기간 가혹한 生存전쟁을 계속해 오는 동안에 강요받은 긴장과 고난의 생활, 철저한 사회통제로부터 일단 해방되자 그 餘毒이 발산되었다는 것이다. 더욱이 통일 후 장기간의 평화가 계속되자 종래 외부로 향하여 발산되던 민족사회의 에너지가 이제는 내부의 적, 즉 정치적인 반대파를 말살하는 狂氣(frenzy)로 변질, 타락했으며, 이것이 9세기에 苛烈해진 왕위계승 쟁탈전의 한 원인이 되었다는 것이다.[16] 이는 매우 흥미있는 견해이지만, 다만 통일기 신라

---

14) 李基東, 「新羅 金入宅考」『진단학보』 45(진단학회, 1978);『新羅 骨品制社會와 花郞徒』(일조각, 1984), pp.184~187 및 pp.201~202.

15) 李佑成, 앞의 논문, pp.186~196.

16) 金鍾璿, 「新羅 花郞の性格について」『朝鮮學報』 82(조선학회, 1977), pp.56~57.

의 정치사회사를 설명하는 개념으로 광기의 에너지란 적당치 않다고 생각된다.[17] 그보다는 武烈王系의 단절과 元聖王系의 성립이라는 王統상의 변화는 골품제 사회의 기반에 큰 起伏을 초래했고 또한 老莊사상과 선종의 대두는 문화상에 역시 振幅이 큰 변동을 초래하여 전반적으로 사람들의 懷疑가 깊어지고, 은둔생활이 유행하는 등 신라 말기의 知的인 분위기는 발랄하다기 보다는 오히려 무기력하고 침체에 빠졌던 것처럼 보인다. 그것은 어쨌든 신라 쇠망의 원인으로 도덕적·정신적인 측면을 고려할 때 일반적인 긴장의 弛緩, 지배층의 利己的인 사치생활을 지적해야 옳지 않을까 생각된다.

4. 東아시아 국제관계의 변화때문이라는 명제에 대하여

앞에서 장기적인 국제평화가 가져다 준 나쁜 측면, 즉 긴장이 풀리고 사회통제가 약화한 결과 국민정신이 퇴폐적인 방향으로 흘러 사회 내부의 유대를 약화시켰다는 명제를 검토했는데, 이제 우리는 이 평화가 9세기 말부터 10세기 초에 걸쳐 마침내 파탄을 고하고 말았다는 사실에 주목할 필요가 있다. 중국에서 唐의 멸망(907)과 만주에서 渤海의 멸망(926), 그리고 935년 신라의 멸망이 바로 그것이다. 이처럼 신라의 쇠망이 인접국가들의 몰락과 시기적으로 일치하고 있으므로, 이를 이른바 東아시아 국제관계의 상호 관련 속에서 파악할 수 있는 것인지, 아니면 그와는 관련 없는 우연한 獨自的인 현상으로 파악할 것인지 하는 문제가 제기된다. 이병도는 신라의 멸망이 당과 발해의 멸망, 혹은 일본에서 天皇親政의 終

---

17) 李基東, 「新羅 下代의 王位繼承과 政治過程」 『역사학보』 85(역사학회, 1980); 『新羅 骨品制社會와 花郞徒』, pp.182~183.

焉과 외척인 藤原氏에 의한 이른바 攝關정치의 대두 등 동아시아의 왕조 변혁과 시기적으로 일치하는 데 주목하고, 나아가 이를 週期的 현상으로 설명하는 견해가 있음을 想起시키면서도 신라에서 고려로의 왕조 교체를 동아시아 여러 나라의 그것과 우연히 일치하는 현상으로 보았다.[18] 한편 국제적인 連帶性을 강조하려는 일본의 마르크스주의 역사가들은 8세기 중엽 중국에서 일어난 安·史의 大亂(755~763)이 한국과 일본에 영향을 끼치는 등 동아시아 3국에 변혁적 사건이 동시에 발생한 점에 주목하고 9~10세기 중국과 한국·일본에서 잇따라 일어난 반란도 서로 無關하지는 않은 것을 인정하면서도 세 나라가 겉으로는 사회구조나 정치형태, 토지소유제도가 서로 비슷하면서도 본질적으로 사회적 토대를 달리하는 성격이 있는 등 역사적 발전단계가 같지 않은 점에 주목해야 한다고 구조적 차이를 강조했다.[19]

한국 歷代 왕조 존속의 한 요인으로 중국에 대한 朝貢과 冊封제도가 흔히 거론되고 있다.[20] 이 假設에 따른다면 唐제국의 쇠망은 필연적으로 그 被冊封國으로서 唐으로부터 일정한 庇護와 보증을 받고 있던 신라 조정의 위치를 크게 동요시키는 작용을 했을 것이 틀림없다고 생각된다. 실제로 이 문제는 일본의 중국사 연구자 西嶋定生의 冊封체제론으로 대표되는 고대 동아시아 역사의 국제관계론에서 활발히 논의되고 있다. 하기야 唐을 중심으로 한 주변국가들과의 관계가 조공·책봉관계만으로 설명

---

18) 李丙燾, 『韓國史(古代篇)』(을유문화사, 1959), pp.729~730.

19) 松本新八郎, 「東アジア史上の日本と朝鮮」『東アジア世界の變貌』『世界の歷史』 6(筑摩書房, 1961)), pp.275~308.

20) 全海宗, 「中國과 韓國의 王朝交替에 대하여 - 그 교체의 要因에 관한 比較小論 -」『白山學報』 8(백산학회, 1970); 『東亞文化의 比較史的 研究』(일조각, 1976), p.20.

할 수 없다는 의미에서 동아시아 세계의 존재를 부정하는 견해도 무시할 수 없다. 즉 신라와 발해, 일본이 공통적으로 唐의 문화를 존중하여 이를 흡수함으로써 국가체제를 정비하려 한 점은 사실이지만, 한편 당과 신라의 관계가 조공·책봉으로 맺어진 宗主國과 藩屬國의 관계인 데 비해 일본은 당과 수교하면서도 책봉을 받지 않는 등 독자적 입장을 견지했고, 이 같은 의미에서 발해는 신라와 일본의 중간적 지위에 놓여 있었다고 보았다. 그런 만큼 8~9세기 동아시아 여러 나라들 사이에는 서로 교섭이 있었을 뿐 어떤 구조적 관계는 없었으므로 동아시아 세계의 존재를 주장하는 것은 잘못이라고 한다.[21] 그러나 이와 달리 중국에서 黃巢의 난(875~884)이 일어난 이래 한국에서 889년 농민반안이 일어나고, 일본에서 平將門의 난(935~940)과 藤原純友의 난(936~941)이 일어나는 등 세 나라에서 변혁이 동시에 발생한 9세기 말에서 10세기 초에 걸쳐 그때까지 존재하지 않은 동아시아 제민족·제국가 사이의 결합이 생겼다는 의미에서 동아시아 세계 형성의 端緒가 포착될 수 있다는 견해도 있다.[22] 예를 들면 후백제왕 견훤은 황소의 행위에서 배운 것이 있었음이 틀림없다고 하며,[23] 한편 藤原純友의 인민에 대한 적극적인 태도는 견훤에게서 배운 것이 아닌가 생각된다는 것이다.[24]

이처럼 고대 동아시아 3국의 국제관계론을 둘러싸고 일본의 마르크스주의 역사가들 사이에 미묘한 입장의 차이가 있으나, 그럼에도 불구하

---

21) 旗田巍, 「東アジアにおける日本と朝鮮(10~12世紀)」『岩波講座·日本歷史』(岩波書店, 1962); 『日本人の朝鮮觀』(勁草書房, 1969), pp.144~168.

22) 藤間生大, 『東アジア世界の形成』(春秋使, 1966), pp.129~182.

23) 앞의 논문, p.141.

24) 앞의 논문, p.169.

고 唐과 신라가 조공·책봉제도를 기초로 한 매우 긴밀한 관계로 始終했다는 데는 일치된 견해를 보이고 있다. 사실 두 나라의 관계는 단순히 형식적인 조공·책봉관계에 그치는 것이 아니었다. 당이 건국한 직후인 621년 신라가 朝貢使를 보냄으로써 시작된 양국관계는 645년 당 太宗의 고구려에 대한 침략전쟁이 실패로 돌아간 뒤 급속히 가까워져서 마침내 고구려를 공동의 적으로 한 군사동맹관계로까지 발전했다. 양국은 연합작전을 펴서 660년 백제를, 668년 고구려를 각각 멸망시켰다. 다만 고구려가 멸망된 후 신라가 백제지역에 대한 領有權을 행사하려고 한 결과 당과의 대립·갈등이 고조되어 676년 당의 安東都護府가 평양에서 철수할 때까지 양국 군대는 5, 6년 간 한반도 중부지역에서 격렬한 전투를 벌이기도 했다. 그러나 그 뒤 고구려 유민이 동부 만주지역에서 말갈족을 포섭하여 발해를 건국, 당의 변경을 위협하자 신라는 733년 당의 요청을 받아들여 발해 남쪽방면으로 출동하여 협공의 자세를 취했다. 이 사건을 계기로 신라와 당은 다시금 지난날의 군사적 동맹체제를 회복했다. 818년 당의 平盧節度使 李師道가 山東반도에서 반란을 일으키자 신라는 당의 정부군을 돕기 위해 819년 7월 金雄元의 지휘 아래 3만 군을 출병하는 파격적인 好意를 보였다.[25] 이때 신라군은 이사도의 반란세력 진압에 종사하면서 도리어 반란 실습 교육을 받았을 것이라고 추측하는 견해도[26] 있으나, 당시 신라군의 활동에 대한 기록은 없다. 819년 7월은 이미 반란이 진압된 뒤이므로 신라군이 실제로 출동했는지 조차도 명확하지 않다. 더욱이 신라는 815년 이래 서부 변경지대에 큰 기근이 들어 민란이 발생하고

---

25) 『三國史記』 권10, 憲德王 11년 7월 조.

26) 松本新八郎, 앞의 논문, p.295.

流民들이 살 길을 찾아 중국과 일본으로 떼지어 이주했을 때이므로 대군을 편성하여 해외에 파견할 형편이 되지 못했다. 또한 880년을 전후한 시기에 황소의 반란군이 당의 수도 長安을 점령하는 등 당의 위기가 크게 고조되었을 때 신라의 憲康王은 군사 원조를 自請하기까지 했다. 이 제안은 山東반도 일대를 관할하는 靑州절도사 安師儒가 후방을 방비할 필요가 있다는 이유를 들어 거절함에 실현되지는 않았다.[27]

이 같은 신라·당관계의 긴밀성으로 미루어볼 때 당에서의 내란 내지 변혁적 사건이 신라조정이나 민간의 야심가들에게 끼친 영향을 忽視할 수 없다고 생각된다. 768년 당의 사절단의 副使로 신라에 온 顧愔은 자신이 견문한 바를 기록한 『新羅國記』에서 일찍이 孝昭王(692~702)이 왕위에 올라 당나라 황실의 복을 빌고자 왕경인 경주에 望德寺를 세웠는데,[28] 安祿山이 반란을 일으킨 755년 同 13층탑이 진동하고 開合하여 며칠 동안 쓰러질 뻔했던 사실을 놓고 신라인들이 安의 난과 결부시켜 해석하고 있었음을 증언한 바 있다. 이 반란이 진압된 지 5년 뒤인 768년 신라에서 귀족들의 대란이 일어나 무열왕 계통의 왕실이 단절되는 시발점이 된 것도 전혀 우연적인 일치라고 할 수 없다. 또한 이로부터 120여 년이 지난 뒤 황소의 난이 일어나고, 그것이 진압된 지 꼭 5년 뒤인 889년 신라에서 농민반란이 일어난 것도 마찬가지 경우로 보인다.

최치원은 895년 전국적인 내란의 소용돌이 속에서 절을 지키다가 죽은 僧兵들을 위해 만든 합천 海印寺 境內의 한 供養塔의 記文에서 "唐土에서 벌어진 전쟁과 기근의 두가지 災殃이 서쪽 唐에서는 멈추었는데, 동

---

27) 崔致遠 撰, 『東文選』 권33, 謝恩表.
28) 『三國遺事』 권5, 感通 眞身受供 조.

쪽 신라로 옮겨와서 惡中惡이 없는 곳이 없고, 굶주려 죽은 시체와 戰骸는 들판에 별처럼 흐트러졌다"고 당시의 처참한 상태를 기술하고 있는데,[29] 이를 보면 그는 신라의 재앙을 唐에서부터 옮겨온 것으로 파악했음을 알 수 있다. 唐에서 직접 황소의 난을 체험한 바 있는 그로서는 故國에서 벌어지고 있던 비슷한 내용의 재앙이 당의 그것이 波及 연장된 것으로 느껴졌을 법하다. 이는 黑水말갈의 침범이 농민반란의 端緖를 이룬 것처럼 파악하고 있던 當代 隨一의 國際通다운 역사감각이라 아니할 수 없다.

또한 당시 최치원이 897년 즉위한 孝恭王을 위해 지은 唐의 황제에게 보내는 외교문서를 보면 정식으로 冊封를 받지 못한채 10년 간 在位했던 진성여왕을 '權知 當國王事' 혹은 '權守蕃務'라고 지칭하고 있는 것이 눈에 띈다.[30] 이는 여왕에게는 단순히 儀禮상의 瑕疵에 그칠 뿐아니라 대대로 唐 황제의 책봉을 받아 온 종전의 관례에 비추어볼 때 치명적인 약점일 수도 있는 문제였다. 실제로 여왕은 893년 당에 사신을 보내어 旌節을 還納하는 기회에 先王들에 대한 追封과 겸하여 자신도 책봉을 받으려 한 듯 하지만 – 이때 여왕이 당의 황제에게 보내는 외교문서를 작성한 것도 최치원이었다– 공교롭게도 이 사절단의 대표가 항해 중 溺死한 까닭에 목적을 이루지 못했다. 그 뒤 최치원이 賀正使로 임명되었으나 도적들이 들끓어 길이 막히는 바람에 당에 갈 수 없었다. 894년 일본에서는 菅原道眞이 遣唐使 폐지를 건의하여 실현되었는데, 그가 그 이유로 주장한 것이 唐은 내란으로 피폐해져서 배워야 할 것이 더 이상 없어졌고, 그밖에 海上의 遭難사고와 신라 해적의 피해를 들었다. 이처럼 농민반란으로 신라 해

---

29) 최치원 찬, 「海印寺妙吉祥塔記」(黃壽永 편저, 『韓國金石遺文』, 一志社, 1976), p.167.
30) 최치원 찬, 『동문선』 권33, 謝嗣位表·謝恩表.

적이 한반도 서남해안 일대에 橫行한 것이 견당사 폐지의 주요 이유가 될 만큼 해상의 안전이 크게 위협받고 있었다.

진성여왕 때 끈질기게 시도된 唐에의 사신 파견 노력은 끝내 성공하지 못하고 여왕이 退位한 직후 가까스로 실현되었다. 897년 6월 여왕이 조카에게 양위할 무렵에 최치원이 작성한 중국 황제에게 보낸 외교문서에 "先朝 때로부터 매양 新正의 德을 경축하여 해마다 闕禮가 없는 것이 역사서에 빠짐없이 기록되었아온데, 근자에 鯷岑(신라를 가리킴)에 안개가 자욱하고 파도가 蠻壑을 놀라게 하여, 臣이 비록 禮를 닦을 마음이 있었으나 가로막혀 이룰 수가 없었아옵고, 오래도록 梯航이 막혔으니 (황제의) 斧鉞을 피하기 어렵나이다"고 한 것을[31] 보면 그 간의 딱한 사정을 충분히 짐작할 수 있다. 한편 당시 신라가 직면하고 있던 곤경이 북쪽의 발해에까지 알려져서 897년 7월 신라의 賀正使인 守倉部侍郎 級湌 金穎은 당의 황제 面前에서 발해 사신에게 봉변을 당하기까지 했다. 즉 발해의 하정사인 왕자 大封裔는 신라가 바야흐로 衰微해졌다는 것을 이유로 신라 사신보다 上席에 자리를 마련해 줄 것을 당의 조정에 요구했다. 이 같은 발해의 요청은 舊例에 어긋난다고 하여 받아들여지지 않았고, 얼마 뒤 신라의 왕은 이에 감사하는 외교문서를 당에 보냈다.[32] 요컨대 신라의 멸망 원인을 생각할 때 동아시아 세계 붕괴의 同時性, 특히 907년 당의 멸망이 신라 朝野에 끼친 영향을 주목하지 않을 수 없을 것으로 믿는다.

---

31) 최치원 찬, 『동문선』 권31, 新羅賀正表.
32) 최치원 찬, 『동문선』 권33, 謝不許北國居上表.

5. 영토의 확장 때문이라는 명제에 대하여

藤田은 통일기 신라의 지방행정제도를 고찰하면서 영토의 확장이 멸망의 원인이 되었다는 독특한 견해를 제시했으나, 유감스럽게도 구체적인 설명은 缺如하고 있다. 어쩌면 그의 견해는 "(신라는) 경주지방에 偏在해 있을 때는 왕실의 힘이 잘 부근의 土豪를 탄압할 수 있어 국력도 발전했던 셈이지만, 영토가 확대되어 백제·고구려의 여러 부족을 수용함에 미쳐서는 해체하지 않을 수 없게 되었다고 할 수 있다"고 한 稻葉岩吉의 견해[33]를 祖述한 것인지도 모르겠다. 그것은 어쨌든 이 같은 생각은 로마의 멸망 원인에 대한 서양학자들, 특히 로스토프체프(Mikhail I. Rostovtzeff)의 견해를 想起시킨다. 즉 로스토프체프는 로마가 방대한 국가 유지에 몰두한 나머지 국내의 사회적·경제적 문제들을 등한시한 결과 멸망했다고 생각했다. 또한 그는 아주 넓은 영토 내의 지방 割據주의를 극복하지 못한 것도 그 주요 원인의 하나로 지적했다. 요컨대 그는 로마제국의 확대, 바로 그것이 몰락의 원인이라고까지 생각했다.[34] 그러나 신라의 경우 이러한 로마史의 知見이 그대로 적용될 수 있는지 어떤지는 의문이다. 삼국통일이라고 해야 백제의 전 영역과 大同江 이남의 일부 고구려 땅을 차지한 데 불과하다. 이는 신라의 통치 力量에 비추어 볼 때 결코 부담스러울 정도의 영토확장이었다고는 생각되지 않는다. 하기야 한 때 미국의 신진 한국사 연구자였던 언러(Ellen S. Unruh)는 신라가 삼국통일로 말미암아 확보하게 된 방대한 점령지를 효과적으로 통치할 만한 人的, 재정적 자원을 갖고 있지 못한 까닭에 백제와 고구려의 지방 엘리트 요원을 고용함으로써

---

33) 稻葉岩吉,「朝鮮民族史」『朝鮮史講座·分類史』(조선사학회, 1924), p.115.

34) 大類伸,「古代ローマ沒落史觀の槪要」『西洋文化史論考』(誠文堂新光社, 1961), pp.53~75.

人的 부족을 메울 수밖에 없었다고 지적한 바 있다.[35] 그러나 이는 명백히 실제와 거리가 먼 추측일 뿐이다.

다만 신라가 통일 후에도 경주 중심의 閉鎖性을 그다지 탈피하지 않은 것은 사실로 인정된다. 신라는 장기간 지속된 통일전쟁 시기에는 전쟁을 원활하게 수행하기 위해 경주의 6部民 외에도 지방민의 협조를 절대적으로 필요로 한 때문에 外位만을 부여하던 지방사회의 유력자들에게도 6부민에게만 한정했던 京位를 주는 등 종전의 차별정책을 폐지하는 개방적인 태도로 전환했다. 그러나 통일전쟁이 끝난 뒤 신라는 소극적인 정책으로 후퇴했다. 비록 지방사회의 유력자들은 京位를 받았으나 정치 참여는 여전히 배제되었다. 그들은 수도에 사는 지배자공동체의 배타적인 신분제도인 骨品제도에 포섭되지 못한 탈락신분층(Out-Caste)으로 신라가 멸망할 때까지 계속 차별을 받았다.

통일에 따른 지방행정제도의 개편을 정력적으로 추진한 神文王은 689년 達句伐(대구)로 수도를 옮기려 했으나 眞骨귀족들의 반대에 부딪쳐 계획을 포기하지 않으면 안되었다. 당시 신라는 5개의 小京을 설치하여 경주의 偏在性을 극복하고자 했는데, 金官京(김해) 한 곳을 제외하고는 현재의 원주·충주·청주·남원 등 小白산맥 너머에 설치되었다. 이는 경주를 기준으로 해서 볼 때 마치 소백산맥을 경계로 하여 방어태세를 취한 듯한 느낌을 준다. 이 소경제도와 더불어 신라 지배층의 영역의식을 상징적으로 보여주는 것이 국가의 제사가 행해진 五岳이다. 그런데, 이 경우에도 西岳(공주 鷄龍山) 하나를 제외하면 모두가 소백산맥 일대와 그 동남쪽

---

35) Ellen Salem Unruh, Reflections of the Fall of Silla, *Korea Journal*(May, 1975), p.59.

에 있는 산들인 점이 주목된다. 삼국통일로 신라의 국경선이 멀리 대동강 이남에까지 뻗친 점을 감안한다면 북방을 수호하는 鎭山으로서의 北岳은 당연히 서울의 北漢山쯤으로 지정했어야 옳았을 것이지만, 실제로는 太白山(榮州·奉化)을 지정했다. 이는 신라의 前身인 斯盧國이 辰韓 12개 국을 병합한 단계에서나 어울림직한 조치였다.[36]

더욱이 780년 태종무열왕 계통의 專制주의적 왕권이 무너진 뒤 9세기에 들어와 김헌창의 반란과 왕위계승 쟁탈전을 겪으면서 초기의 영역인 경주와 그 부근을 우선적으로 고려하는 정치가 행해지는 등 지역적 분파주의(Sectionalism) 경향이 한층 강화되었다.[37] 신라는 735년 唐으로부터 浿江(예성강) 이남의 지역에 대한 영유권을 정식으로 승인받은 뒤 748년까지 그 일대에 14개의 郡과 縣을 설치하고, 다시 820년대에 대동강 유역 평양 이남에까지 추가적으로 몇 개의 군·현을 설치했다. 이들 지역은 행정 관할상 漢山州에 소속되었으나, 실제로는 782년 平山에 설치된 浿江鎭의 軍政 지배하에 놓여 있었다. 이 패강진은 발해의 침입에 대비한 최일선의 군단으로 屯田兵制 형태로 유지되었다. 신라 조정은 9세기를 통해서 패강진 관할지역에서 줄곧 성장하고 있던 지방할거의 경향에 대해 거의 주의를 기울이지 못했다. 그 결과 이 서북 변경의 후진지대에서 다른 지역에 비해 훨씬 단결력이 강한 봉건적 단위가 형성되어 농민반란을 계기로 신라에 반항적인 후고구려, 고려에 차례로 접수되고 말았다. 패강진 세력을 핵심으로 한 고려 태조 왕건에 의해 후삼국시대의 動亂이 수습되고 신라

---

36) 李基東, 「新羅의 風土와 그 歷史的 特性」『千寬宇華甲紀念 韓國史學論叢』(正音文化社, 1985); 『新羅社會史研究』(일조각, 1997), pp.16~19.

37) 井上秀雄, 『古代朝鮮』(日本放送出版協會, 1972), pp.236~238.

가 그에 자진해서 항복한 것은 매우 逆說的이다.[38] 이 같은 의미에서 신라는 영토가 팽창되었기 때문이라기 보다는 오히려 고유의 지역적 폐쇄성, 즉 경주 제1주의에 끝까지 집착했던 것을 멸망의 한 원인으로 지적할 수 있다고 생각된다.

6. 점령지역의 문화를 융합하는 데 실패했기 때문이라는 명제에 대하여

앞에서 소개했듯이 언러(Ellen S. Unruh)는 신라 멸망 원인을 다룬 小論에서 백제와 고구려가 신라에 의해 倂合된 뒤 두 지역에서의 문화적 흐름에 대해 주목했다. 그녀는 삼국이 본디 종족적·문화적으로 차이가 있었고, 그 때문에 언어와 관습 등도 다소간 달랐을 것으로 생각했다. 나아가 그녀는 신라가 삼국을 통일한 뒤 여러 가지 力量의 제약 때문에 점령지역의 엘리트들에게 통치를 맡긴 결과 이들 지역에서는 신라와는 다른 고유의 문화적 전통이 溫存되었을 것으로 보았다. 그러나 그녀가 이 같은 推理를 입증하는 것으로 든 근거는 모호하다. 즉 그녀는 신라 말기에 반란을 일으킨 주요 지역이 대개 옛 백제와 고구려 영토였던 점에 주목하여 아마도 반란군을 묶는 유대는 신라조정에 의해 억압을 받은 문화적 전통을 복구하고 싶은 욕망이 아니었을까 추측했을 뿐이다. 이 같은 의미에서 그녀는 본래의 신라지역과 옛 백제·고구려 지역 간의 문화적 차별을 보여주는 가장 공고한 확증이 미술사와 고고학 영역에서 장차 발견될 것을 기대하면서 지금까지 미술사 연구자들이 이 같은 요소에 대해 거의 言及하지 않

---

38) 李基東,「新羅 下代의 浿江鎭」『韓國學報』4(일지사, 1976);『新羅 골품제사회와 화랑도』(일조각, 1984), pp.208~231.

은 것에 실망감을 드러낸 바 있다.[39)]

그녀의 주장은 한국 역사학계의 일반적 通說에 대한 근본적인 문제 제기로 주목된다. 왜냐하면 한국의 연구자들은 삼국시대가 전개되는 가운데 중국문화의 영향이 강력해짐에 따라 그 이전 시기의 다양한 부족적 지역문화가 차츰 同質化되어 갔고, 특히 260여 년 간에 달하는 통일신라시대를 통해서 이 같은 경향이 더욱 강화되어 마침내 한국민족, 한국문화의 原型이 만들어진 것으로 보았기 때문이다. 다시 말하면 신라가 한반도의 통일국가로 君臨한 이 시기는 單一 통치 아래 한민족이 형성되는 결정적 기간이었으며 동시에 한국 고대의 잡다한 정치·사회·문화적 전통을 하나의 큰 용광로 속에서 일정한 鑄型으로 융합시킨 기간으로 간주할 근거가 많이 남아 있다. 이 시기 긴밀한 관계를 유지한 唐을 통해 중앙아시아 및 아랍세계의 문화와도 접촉했던 신라가 유독 한반도 내의 점령지역에 대해 문화적 차별 혹은 억압을 꾀했을 것이라는 추측에는 동의하기 어렵다. 하기야 모든 것이 수도를 중심으로 짜여져 있는 신라에서 外來문화의 享有도 수도에 사는 6부민에 의해 독점되었을 가능성이 없지는 않다. 그러나 5개의 小京을 통해서 그것이 지방사회에 波及되었을 것은 분명하다. 실제로 경주를 중심으로 하여 변경과 연결되는 北海通 등 5대 간선 교통망을 통해서 물자 유통과 문화 전파가 충분히 가능했다고 생각된다.

비록 그녀는 言及하지 않았으나 통일기에 옛 백제지역 사람들 가운데 遺民이라는 의식을 갖고 살았던 部類도 없지는 않았다. 그 현저한 사례가 중국의 고승전에까지 올랐던 유명한 眞表이다. 그는 백제가 망한 지 1

---

39) Ellen S. Unruh, 앞의 논문, pp.59~61.

세대쯤 지난 뒤 현재의 전라북도 金堤지방의 유력한 家門에서 출생하여 백제의 전통을 강하게 의식하면서 성장했다. 그는 12세에 승려가 되어 고통받는 옛 백제지역 사람들을 정신적으로 구원하기 위한 一念에서 修行에 정진했다. 그는 彌勒신앙에 傾倒되어 戒律을 통한 理想국가 건설을 꿈꾸며 주로 옛 백제·고구려 지역에서 포교활동에 종사했다. 그가 추종자들 사이에 영향력을 떨치게 되자 景德王(742~765)은 그를 왕궁으로 초청하여 菩薩戒를 받기도 했다. 그는 금강산에서 은둔하다가 죽었다. 李基白은 그의 이 같은 신앙 활동을 백제의 정신적인 부흥운동으로 이해하고, 150여 년 뒤 견훤과 궁예, 왕건 등 후삼국시대의 主役들에 의해 현실적인 정치운동으로 구체화된 것이 아닐까 추측한 바 있다.[40]

승려 진표의 경우로 미루어 볼 때 백제지역의 엘리트들 중에서 反신라적인 감정이 싹트고 있던 것을 부정할 수 없다고 생각된다. 다만 830년대에 張保皐가 현재의 전라남도 莞島에 설치한 군사기지 淸海鎭을 중심으로 해적을 소탕하는 한편 국제무역에 뛰어들어 거대한 富와 군사력을 아울러 갖고 있을 때 마침 신라조정이 왕위계승 쟁탈전으로 분열되어 백제부흥운동을 일으키기 위한 絶好의 기회가 찾아온 셈이었다. 그러나 그가 신라 조정에 충성을 다 한 것으로 보면 어느덧 백제지역에서의 反신라적 감정이 사그러든 것이 아닐까 하는 느낌이 든다.

---

40) 李基白, 「眞表의 彌勒信仰」 『신라사상사연구』, pp.265~276.

Ⅲ. 沙伐州 농민반란의 분석

이상 신라의 쇠망 원인에 대한 여러 견해를 여섯 개의 命題로 총괄하여 각각의 문제점을 검토해 보았다. 그 중에는 직접적인 원인도 있었으나 간접적이랄까 遠因的인 것도 많았다. 어쩌면 첫 번째로 제기한 명제, 즉 귀족·지방호족·사찰의 대토지 소유와 이로 인한 小農의 몰락이라는 사실이 그 으뜸가는 원인으로 지목할 수 있지 않을까 생각된다. 왜냐하면 이 것이 889년 농민반란의 직접적인 도화선이랄까 發火口가 되었고, 나아가 조정이 이를 초기에 진압하지 못하여 전국적인 내란으로 파급 확산되어 가는 가운데 끝내 신라가 멸망했기 때문이다. 그러므로 신라의 쇠퇴와 멸망의 원인을 탐구하기 위해서는 마땅히 먼저 이 889년의 大破局에 대한 분석에서부터 시작할 필요가 있다.

종래 역사학계에서는 889년 파탄의 起點을 흔히 836~839년의 왕위계승 쟁탈전에서 찾았다. 이것은 확실히 편리한 時點이고, 어떤 점에서는 타당성을 갖고 있는 것으로 보인다. 즉 이 분쟁으로 말미암아 당시 집권체제가 크게 동요, 약화된 것이 사실이고 또한 이에 反比例하여 지방세력이 증대하였을 것임이 분명하기 때문이다. 그러나 현재 남아 있는 사료가 워낙 零星한 까닭에 유감스럽게도 우리들은 839년부터 889년까지의 半세기 간에 걸친 구체적인 사태의 변화를 확인할 수 없는 실정이다. 다시 말하면 이 시기에 신라의 전반적인 상황이 惡化一路를 달렸다고 짐작은 되지만, 이를 傍證할 만한 자료가 남아 있지 않다. 오히려 장보고의 군사 개입에 의해서 839년 정월 왕위계승을 둘러싼 近親왕족 간의 內戰이 수습된 뒤 889년에 이를 때까지 정치적인 큰 분쟁이 없었던 점으로 미루어 볼 때 신라 조정이 성장하고 있는 지방세력의 위협에 공동으로 대처하기 위해 汎진골 귀족세력과 정치적 타협을 모색했던 것이 아닐까 하는 견해마저 나오고 있는 실정이다.[41] 요컨대 정치사적 측면에서 보면 839년 이후 반세기 간의 推移는 반드시 절망적인 것은 아니었고, 오히려 희망적인 점도 분명히 있었다.

왕위계승 쟁탈전에서 서로 대립했던 金憲貞·金均貞 형제를 각기 中始祖로 하는 元聖王系 왕실 내의 양대 家系는 쟁탈전이 끝난 뒤 두 차례에 걸친 혼인관계를 통해 정치적 타협을 이끌어 냈다. 그 결과 861년 김균정系의 憲安王이 後嗣없이 죽어 왕통이 단절되자 왕의 유언으로 사위인 김헌정의 증손자 金膺廉이 왕위에 올랐다. 이 景文王 계의 왕실은 912년 단절되어 朴氏 왕통이 등장하게 될 때까지 5代 50여 년 간 왕위를 평화적으로 계승했다. 경문왕은 지혜로운 성품에 儒學과 한문학에 대한 造詣가 깊었고 더욱이 화랑으로 활동할 때 명성도 높았으므로, 內外에 큰 촉망을 받았다. 하지만 김균정 계 일부 귀족들 사이에는 왕의 즉위에 불만을 품고 逆謀를 꾀한 사건이 잇따라 발생하는 등 왕실을 둘러싼 분위기는 결코 밝지 않았다.

경문왕이 875년 죽자 뒤를 이어 즉위한 장남 憲康王은 태평성대에 어울리는 文人風의 군주였다. 젊은 왕은 타고난 독서인으로 詩文과 유학에 큰 흥미를 갖고 있었다. 마침 왕이 즉위하던 그 해 중국에서 黃巢의 농민반란이 일어나 9년 간 唐제국은 엄청난 혼란에 휩싸이게 되었는데, 그 소식은 신라에 계속 전해졌다. 이에 따라 신라조정은 국내의 여러 문제를 돌

---

41) 李基白, 「韓國史新論(改正版)」(一潮閣, 1976), p.116.

아볼 모처럼의 기회를 가졌을 법하다. 당시 신라의 형편으로 말한다면 진 골귀족집단 전체의 화합과 연대를 꾀하는 한편 이를 토대로 한 강력한 집 권체제의 재편성이 긴요했을 때였다. 어쩌면 헌강왕 자신도 문인 다운 남 다른 직관력으로 신라 朝野를 뒤덮고 있는 暗雲이 과연 무엇이었는지를 간파하고 있었을 터이다. 중앙귀족과 지방호족의 대토지 소유, 귀족사회 에 만연한 願刹 건립의 유행과 사원경제의 肥大化, 이로 인한 小農의 궁 핍과 대규모 流民의 발생, 王京人의 분별 없는 허욕과 사치, 소비풍조 등 갖가지 나쁜 현상에 대한 깊은 省察을 통해서 이에 急所를 加할 근본적 인 대책을 강구하지 않으면 안 되었다. 현재 일부 남아 있는 金石文 자료 를 검토해 보면 경문왕과 헌강왕 父子는 종래의 翰林臺를 瑞書院과 같은 본격적인 文翰기구로 확대 정비하여 學士들에게 文筆과 정치문제의 자문 을 구한다거나 혹은 종래의 洗宅(中事省)과 같은 국왕의 시종·비서기관을 강화한 다거나 宣敎省과 같은 近侍기구를 두어 권력을 국왕 개인에게 집 중시키려는 노력을 끈질기게 꾀했던 사실을 어렴풋이나마 짐작할 수 있 다.[42] 그러나 유감스럽게도 두 왕이 정치문제의 현안에 정면 대결하려고 한 흔적은 찾아볼 수 없다. 특히 文弱한 헌강왕을 보좌하고 있던 上大等 金魏弘은 왕의 숙부로 복잡한 현실의 여러 문제에 직접 대처해야 할 의무 가 있었다. 하지만 그 또한 유능한 현실 정치가는 못 되었고 鄕歌를 수집 정리하는 일에 보다 관심을 쏟았을 뿐이었다. 그리하여 국왕을 비롯한 상 대등, 그밖에 국가 樞要의 직에 있던 인물들은 주요한 정치적 과제들을 거 의 방치 한 채 거대한 향락의 소비도시로 변질한 王京 내의 매우 제한된

---

42) 李基東,「羅末麗初 近侍機構와 文翰機構의 擴張」『歷史學報』77(역사학회, 1978);『신라 골품제 사회와 화랑도』, pp.241~242 및 pp.262~264.

궁정에서 일부의 寵臣, 學士들과 어울려 소중한 시간을 허송한 느낌이 든다. 헌강왕이 886년 죽은 뒤 동생 定康王이 즉위했으나 재위 1년에 그쳤고, 그 뒤를 이어 여동생인 眞聖王이 887년 7월 즉위했다. 경문왕의 딸로서 여왕이 물려받은 정치적 유산은 앞에서 본 바와 같은 궁정정치의 퇴폐적인 타성이었다. 여왕은 즉위하자 악화된 재정 형편을 고려하지 않은 채 전국민에게 1년 간 조세를 면제하는 善心策을 썼다. 그러나 이듬해 5월 가뭄이 들어 농사를 망치게 되고, 이에 따라 國庫가 바닥을 드러내자 889년 왕은 전국 각지에 관원들을 보내어 貢賦 독촉을 심하게 한 결과 농민들의 거센 저항을 촉발하고 말았다. 『三國史記』 진성왕 本紀에는 도적이 벌떼와 같이 일어났을 때 元宗과 哀奴 등이 沙伐州(尙州)를 근거지로 하여 반기를 들자 왕명에 의해 진압에 나선 奈麻 슈奇가 반란군의 보루를 바라보고 두려워한 나머지 진공하지 못하자 村主 祐連이 힘껏 싸우다가 전사했다고 기술되어 있다. 이는 신라를 멸망의 길로 몰아넣은 전국적인 농민반란에 대한 설명으로서는 진실로 疏略하기 짝이 없다는 느낌이 든다. 그렇지만 이 짧막한 기사 속에는 좀 더 검토해 볼 사항이 적지 않다.

첫째, 조정의 강력한 조세 收納에 맞서 농민들이 즉각적으로 반란을 일으켰다는 기사에 대한 의문이다. 일반적으로 농민들이 조세 독촉에 저항하여 일차적으로 대응하는 수단은 流亡을 통한 납세의 회피 내지 거부, 즉 抗租운동을 일으키는 것인데, 그것이 곧바로 농민반란으로 전개되었다는 것은 889년 당시의 정치적·경제적 제반 상태가 매우 심각한 위기 局面에 처해 있었던 점을 충분히 고려하더라도 잘 이해 가 가지 않는다. 『三國史記』 新羅本紀에는 이 시기 농민의 流亡에 대한 기사가 거의 보이지 않으나, 한편 寺院 관계 기록이나 혹은 日本側 역사기록을 보면 농민반란이 일어나기 얼마 전부터 다수의 유민이 발생하여 도적이 橫行하던 情況을 짐작할 수 있다. 이를테면 『崇巖山 聖住寺事蹟』에는 保寧 藍浦의 群賊들이 성주사로 쳐들어왔다가 朗慧和尙 無染(800~888)의 교화를 받아 改過遷善하여 그 중 100여 명이 出家하여 道를 깨쳤다고 되어 있다.[43] 아마도 절에서는 이들에게 陳田이나 황무지를 개간하도록 권장했을 것으로 짐작된다. 또한 이름 높은 禪僧이었던 澄曉大師 折中(826~900)이 888년 駐錫하고 있던 영월 興寧寺를 떠나 공주를 거쳐 進禮郡(금산·무주·진안) 경계를 지나다가 도적의 무리를 만나 길이 막히는 등 만년에 신변의 안전에 위협을 느끼면서 각지를 유랑하다가 강화도에서 臨終을 맞은 것은 잘 알려진 사실이다. 한편 일본의 『扶桑略記』 894년 9월 조에는 對馬島를 습격하다가 붙잡힌 45隻의 신라 해적선 선원 가운데 賢春을 供招한 내용이 실려 있는데, 그는 "(본국에) 곡식이 여물지 않고 창고는 모두 비어 王城이 불안하며, 더욱이 왕의 명령으로 곡식과 絹織物을 빼앗아 감으로 이렇게 (일본에) 와서 노략질을 하게 된 것"이라고 자백했다. 이는 최치원이 897년 진성여왕의 退位에 즈음하여 唐에 보낸 上表文에서 "모든 창고가 한결같이 비어 있다"고 한 것과[44] 놀랍도록 일치한다. 그런데 이처럼 신라인들이 일본 서부지방에 출몰한 것은 농민반란이 일어나기 20여 년 전부터 빈발한 현상이었다. 즉 『日本三代實錄』 권16에는 869년 여름 신라 해적선 2척이 北九州 博多港에서 일본의 貢調船을 습격한 사실이 상세하게 기록되어 있으며, 아울러 신라인이 九州 일대를 관할하는 大宰府의 고위 관리들과 몰래 結託하여 모반을 꾀한 듯한 기사가 잇따라 등장하고 있다. 8세기

---

43) 曹凡煥, 「新羅禪宗研究 : 朗慧無染과 聖住山門을 중심으로」(一潮閣, 2001), pp.140~141.
44) 최치원 찬, 『동문선』 권43, 讓位表.

중엽 이래 신라 본국에서 일어나고 있는 정치사회적 변화 양상이 서일본 沿海지역에 신라 流民의 증가 등 여러 가지 형태로 나타나고 있는 만큼 이 같은 일본측 역사기록을 예사롭게 보아 넘길 것이 아니라고 생각된다.

둘째, 농민반란군의 성격을 둘러싼 의문이다. 관군을 물리친 반란군이 사벌주를 근거로 반기를 들었다고 하였는데, 이는 州治인 현 상주시로 特定할 것이 아니라 州管下의 10개 군, 30개 현 가운데 어떤 한 지역으로 보는 것이 좋을 듯하다. 『三國史記』 권34 地理志(1)의 첫머리에 기재되어 있는 사벌주의 관할 범위를 보면 鳥嶺에서 秋風嶺에 이르는 소백산맥 동서에 걸쳐 있다. 즉 동쪽에 州의 중심인 상주를 비롯하여 예천·문경·안동(일부)·의성·선산·군위·김천 등지가 이에 포함되며, 산맥 서쪽으로는 보은·옥천·영동 지역이 포함된다. 그런데 왕명을 받고 출동한 슈奇가 반란군의 보루를 바라보고 두려워 한 나머지 진격하지 못했다고 한 것으로 미뤄볼 때 반란군은 단지 鳥合之卒의 소규모 지역 농민집단은 아니었던 듯하다. 더욱 이 현지의 촌락을 실제로 대표하고 있던 村主가 힘껏 싸웠다고 한 것으로 보면 적어도 반란군은 현지에 거주하고 있던 농민들이 아니라 他地에서 이동해 온 것으로 짐작할 수 있다. 그렇다면 관군과 맞서 싸운 반란군은 어떤 사람이었을까? 여기서 문득 생각나는 점이 822년 熊州都督 金憲昌이 반란을 일으켰을 때 조정의 진압상황이다. 이때 진압군은 소백산맥 일대에까지 진출한 반란군을 보은의 三年산성에서 격파한 다음 俗離山쪽으로 군사를 돌려 적의 주력을 격파한 뒤 전군이 공주를 향해 진격했다. 어쩌면 889년 사벌주에서 관군을 격파한 반란군은 각지를 떠돌면서 약탈을 자행하던 流亡농민들이 군사전략상 유리한 소백산맥일대로 몰려들어 그곳에 거점을 확보하고 있던 비교적 큰 규모의 草賊이었을 개연성이 크다고 생각된다. 특히 반란군의 지도자 중 한 사람의 이름이 진골 귀족 출신에게나 어울리는 元宗을 칭한 것으로 볼 때 결코 예사스런 농민 출신은 아니었다는 느낌이 든다. 이보다 몇 해 뒤 역사의 무대에 등장하게 되는 弓裔도 처음 世達寺에서 승려생활을 할 때 善宗이라 자칭 했는데, 그가 이처럼 당돌하게 행세한 것은 자신이 본디 신라왕의 아들이라고 굳게 믿었기 때문이다.

셋째, 반란 진압 명령을 받고 출동한 슈奇의 직책도 확실하지 않다. 가령 833년 만들어진 菁州 蓮池寺鐘 명문에는 及干과 大奈末(麻)의 관등을 갖고 있는 2명의 村主와 나란히 軍師 2명의 이름이 보인다. 이 군사는 삼국통일 이전 시기 在地의 村사회에서 군사력 편성의 중심 인물로, 통일전쟁에 종군하여 다수가 軍功에 대한 포상을 받았다. 이 연지사종 명문에 보이는 군사의 존재로 미루어 통일기 王都 및 9州에 편성된 師子衿幢의 실재를 입증하는 것으로 보는 견해도[45] 있으나, 다만 군사의 관등이 새겨져 있지 않은 점이 석연치 않게 생각된다. 그런데 슈奇를 法幢군단에 소속된 군관이 아니었을까 추측하는 견해가 있다. 이 법당군단이란 삼국통일 이전 시기 京外의 여러 지역에 편성된 잡다한 부대와 특수 병기를 다루는 몇몇 부대들에 대한 合稱인데, 통일기에 들어와서는 그 군사적 기능이 거의 消失된 채 주로 勞役軍으로 잔존해 있었다. 하긴 긴급상황에서는 지방의 치안 유지를 위해 동원되었을 가능성도 없지는 않다. 889년 농민반란 진압에 나선 병력을 법당군단 소속으로 볼 경우, 영기가 갖고 있던 관등 나마는 縣令 정도의 직위에 보임될 수 있어 어쩌면 그는 法幢主와 같은

---

45) 李仁哲, 『新羅政治制度史研究』(一志社, 1993), p.390.

군관직을 겸하고 있지 않았을까 추측된다는 것이다.[46)]

　그러나 통일기에 들어와 州마다 常駐兵團인 停이 하나씩 설치되었으므로, 반란 진압에 나선 부대는 아무래도 상주 靑里面에 설치된 音里火停으로 보는 것이 옳을 듯 하다. 9세기 초두에 건립된 것으로 보이는 元曉를 기리는 誓幢和尙碑에는 제1行에 "音里火 三千幢主 級湌 高金△鐫"이라 하여 음리화정 소속 삼천당주가 鐫字한 것으로 되어 있어 당시 이 부대가 아직 건재했음을 보여준다. 『三國史記』 권40 職官志(下) 武官조에 의하면 삼천당주는 各停에 6인씩 배치되며, 그 관등은 沙湌 이하 舍知까지로 되어 있다. 그런 만큼 나마 관등을 가진 영기는 삼천당주에 보임될 수 있 었 다.[47)] 결국 지방부대의 중견 장교였던 영기는 비겁한 태도를 보임에 따라 왕의 특명에 의해서 참형을 당했다고 하거니와, 이는 국가권력의 쇠퇴에 隨伴하여 군대 역시 쇠퇴했음을 말해준다고 하겠다. 잘 알려져 있듯 신라 는 군사문제에 관한 한 탁월한 능력을 가진 나라였다. 그것은 특히 군부대 의 조직과 전국적인 편성에서 잘 발휘되었는데, 9세기에 들어오면 지방에 배치된 군대는 물론 수도권을 방비하는 9개의 부대(誓幢)조차 虛設化되어 겨우 이름만 남아 있었다. 김헌창이 반란을 일으켰을 때 조정에서는 주로 진골귀족들이 제공한 私兵에 의존하여 반란군 진압에 나섰다.[48)] 이는 병 사를 공급하는 자영농민이 몰락한 데 그 근본 원인이 있었겠으나, 한편 삼

---

46) 李仁哲, 『新羅村落社會史硏究』(一志社, 1996), p.308.

47) 통일기 停과 三千幢을 같은 부대로 파악하는 것이 학계의 통설이지만, 이를 別個의 부대로 보는 연구자도 있다. 즉 停은 기병군단이며 삼천당은 그 예하의 지원부대로서 왕경인 출신 승병으로 편성된 보병이었다는 것이다. 李仁哲, 『新羅政治制度史硏究』(一志社, 1993), p.335~340 참조.

48) 李基白, 「新羅私兵考」 『歷史學報』 9(1957); 『新羅政治社會史硏究』(一潮閣, 1974), pp.259~260 및 pp.273~274.

新羅의 衰退에 대하여　　**43**

국통일 후 오랜 기간에 걸쳐 국제평화가 계속 유지되어 군사문제가 소홀하게 다루어진 것도 그에 못지 않게 중요한 원인이었다고 생각된다.

889년의 농민반란은 810년대 주로 國西지방을 휩쓴 기근과 도적 봉기, 나아가 이를 왕권 탈취의 좋은 기회로 포착하여 일어난 김헌창의 반란과 비교하면 훨씬 더 非조직적인 것이었다고 할 수 있다. 그렇지만 조정은 초기에 반군의 기세를 제압하지 못하고 도리어 반군에 패함으로써 약체와 무능을 만천하에 드러내고 말았다. 이것이 一波萬波로 번져나가 城主혹은 장군을 자처하는 전국 각지의 지방호족들에 의한 自立 운동으로 확대되었거니와 『三國史記』 권50 弓裔傳에 그가 절을 나와서 891년 竹州(안성)의 箕萱에게 歸附할 당시의 상태를 묘사하여 "王畿 밖 州縣의 叛·附가서로 半半이었다"고 했다. 그러니까 지방의 호족 중 조정에 반기를 든 세력과 그렇지 않은 세력이 대략 비슷했다는 것이다. 그러나 조정을 지지하던 세력은 머지않아 후백제·후고구려 등 반란국가가 등장함에 따라 신라에 대한 지지를 철회하고 돌아서게 되었다.

이처럼 신라는 농민반란의 洪水와 지방 호족의 離叛에 의해서 무너지고 말았는데, 여기서 소농민층과 호족의 관계 그리고 호족과 국가권력의 관계를 각각 살펴 볼 필요가 있다. 소농민층이 통일기에 들어와 均質的인 지배가 불가능해 질 만큼 촌락공동체 내부에서 줄곧 계층분화가 진전되는 가운데 발생한 몰락계층인 데 반하여 호족 중 다수를 차지하는 지방 土豪들은 庶民地主로 立身한 사람들이었다. 이들 중에는 村主 출신이 많았을 것으로 짐작된다. 삼국시대만 하더라도 촌락 내부에는 相互扶助적인 관행이 크게 작용하여 공동체 성원들은 어느 정도 집단보호를 받았으나, 장기 간의 전란을 겪으면서 많은 농민들이 사회적으로 몰락해 갔다. 더욱이 통일기에 들어와 律令制에 입각한 稅役제도가 강화된 결과 다수의 농민들이 貧農·小農層으로 떨어져 다른 사람의 토지를 경작하는 傭作에 의해서 겨우 연명하는 처지가 되었다. 이에 따라 촌락공동체 내부에서의 부유한 농민층과 빈농층의 대립이 격화되었을 것으로 짐작된다.

한편 호족은 대토지 소유자로서 국가로부터 何等 탄압을 받는 존재가 아니었다. 하긴 국가가 지주의 토지 소유를 엄격히 제한하는 限田制를 강행하여 호족의 이익을 크게 침해할 경우라면 호족들도 정권 타도를 목적으로 일어날 수 있었겠지만, 9세기 신라의 약화된 국가권력으로써는 이같은 과감한 조치를 취할 만한 형편이 못되었다. 실제로 그 부작용도 만만치 않았다. 한전제가 실시되면 자연히 토지 매매가 금지되어 빈궁한 농민은 토지를 兼倂하는 호족들보다도 더 큰 불편을 겪게 마련이었다. 왜냐하면 빈농인 처지에서 그나마 토지를 처분하지 않고서는 당장 배를 채울 수 없었기 때문이었다. 호족들은 국가의 탄압을 받기는 커녕 오히려 그들 대다수는 국가권력과 타협하여 그 庇護를 받게 됨으로써 在地사회에서의 세력을 溫存 내지 확대시킬 수 있었다. 또한 국가의 입장에서도 이들을 회유 조종함으로써 지방사회 末端에까지 국가의 의지를 침투시킬 수 있는 利點이 있었다.

농민반란과 호족의 반란은 이론적으로 截然히 구별되지 않으나, 兩漢 交替期의 中國史의 事例 검토[49]를 통해서 다음과 같은 차이를 抽出할 수 있다. 신라 통일기에 각종 災害로 농사를 망쳐 식량 기근이 들 때마다 농민들은 살던 지역을 떠나 유민이 되어 민란을 일으켰으나, 번번히 실패했

---

49) 木村正雄, 『中國古代農民叛亂の硏究』(東京大學出版會, 1979), pp.219~221, p.303(각주 66), p.308(각주 118).

다. 왜냐하면 그들은 일단 지역에서 遊離된 만큼 더 이상 생산집단이 아니었고 더욱이 郡·縣과 연계를 도모할 수 있는 정치집단도 아니었으므로, 결국 각지를 떠돌며 약탈하는 이상의 것을 이루어 낼 수 없었다. 그들이 다른 반란세력과 연대를 꾀하여 비교적 큰 세력집단을 이룬 것이 889년 尙州의 농민반란이었지만, 그들은 곧 반란의 주도권을 호족들에게 양보하지 않으면 안 되었다. 이에 비해 여러 촌락을 직접 장악한 호족들은 군·현의 생산집단인 동시에 지방권력과 일정한 수준으로 결합관계에 있는 정치집단이었다. 실제로 호족들의 일족은 胥吏로서 州·군·현의 통치에 깊숙이 연관되어 있었다. 그런 까닭으로 호족 들은 조정에 대해 반기를 들었으면서도 지방민으로부터 안정적으로 稅役을 수탈함으로써 장기간 반란집단을 유지할 수 있었다. 최초 농민반란이 일어난 직후부터 반세기 가까이 호족세력의 동란이 계속될 수 있었던 근본원인은 바로 이 점에 있었다.

IV. 지방 豪族세력의 대두와 국가권력에 대한 도전

앞 章에서 살펴보았듯이 농민반란이나 지방호족들의 離叛 自立 현상은 국가권력에 대한 지방사회 불만의 집중적 표현이었다고 할 수 있다. 그중에서도 특히 오랜 기간 국가권력의 庇護 아래 성장을 거듭한 호족층이 바야흐로 조정에 대한 對抗体로 등장하게 된 것은 주목할 필요가 있다. 이같은 의미에서 통일기에 들어와 농촌사회가 재편성되는 가운데 지방세력가들이 어떠한 배경과 조건에서 형성 대두했으며, 한편 그들의 불만 대상이 과연 무엇이었는 지를 추구하는 것은 긴요한 연구과제가 된다고 생각한다.

新羅史를 통해서 지방사회가 큰 변화를 겪게 된 계기는 이른바 中古시대(514~654)를 통해서 장기간 치열하게 전개된 국가 保衛 및 삼국통일전쟁이었다. 6세기 초까지만 하더라도 신라의 영토확장을 위한 전투는 王京6部民만으로써 수행할 수 있을 정도의 작은 규모로 진행되었다. 왕경 6부는 하나의 戰士공동체로서, 군 복무야말로 그들의 의무인 동시에 특권이었다. 그러나 6세기 중엽 加耶諸國을 병합하고 곧이어 백제와 고구려를 공동 적으로 한 국가 보위전쟁을 수행하게 되면서 이에 필요한 인적, 물적 자원의 대부분을 지방민에게 의존하지 않으면 안 되었다. 하긴 군대의 주력인 大幢을 비롯한 誓幢·郞幢·貴幢 등 정예부대의 병사들은 왕경인 중에서 징집 혹은 召募의 형식으로 편성했으나, 外餘甲幢을 비롯한 8개 보병부대와 弩幢을 비롯한 4개의 특수 兵器로 증강된 부대를 합친 이른바 法幢군단은 모두 지방의 城·村에서 징발된 농민병사로 편성하여 삼국통일전쟁 당시 최대 규모를 자랑했다.

이처럼 지방농민들은 장기간 전쟁에 出戰하여 많은 희생자를 냈다. 하긴 촌락사회 내부에서 농민을 직접 장악하고 있던 村主들이나 혹은 촌락민을 이끌고 종군한 軍師들 가운데 일부는 군사적 공로로 각종 포상을 받은 것도 사실이다. 조정은 삼국 간의 항쟁이 본격화 될 무렵인 624년(진평왕 46년) 倉部에 포상 업무를 전담하는 賞賜署를 두기까지 했을 정도였다. 군사들 중에는 7세기 중엽 그때까지 지방민을 차별하는 方便으로 부여하던 外位 관등 대신 왕경 6부민이 독점해 온 京位 관등을 받기도 했다. 그 뒤 신라가 唐과 모험적인 전쟁을 벌이고 있을 때인 674년(문무왕 14년), 백제와 고구려 유민들에게 새로이 관등을 부여하는 기회에 外位를 정식으로 폐지하고 京位로 一元化하는 획기적인 조치를 취했다. 뿐만 아니라 지방민들 가운데 삼국통일전쟁에 현저한 공을 세운 일부의 사람에게는 수도로 옮겨 와 거주하는 특전을 베풀기도 했다. 다만 통일기에 들어와 郡 아래 縣이 설치되면서 그때까지 군에 직속되어 있던 촌주의 실제적 세력기반은 축소되지 않을 수 없었다. 즉 촌주는 중앙에서 파견된 縣令의 지시를 받게 되어 종전에 비해 한층 좁은 지역을 대표할 뿐이었다. 757년(경덕왕 16년) 당시 117개 군에 현이 293개였으므로, 군은 평균 3개 정도의 현으로 분할되었음을 알 수 있다.

무엇보다도 촌주를 頂點으로 한 지방 촌락사회의 상층부는 모처럼 경위 관등을 받았음에도 불구하고 律令官制에 규정된 官位相當官, 즉 정식 관원이 되는 길이 계속 봉쇄되었다. 그들은 기껏해야 州·郡·縣의 吏屬이 되어 중앙에서 파견된 지방관을 보좌하는 역할에 만족해야만 했다. 이는 8~9세기 日本의 경우와 비교해 볼 때 큰 차이가 난다. 즉 일본에서는 율령국가시대에 들어와 在地首長層이 外位制에 포섭되어 있으면서도 國 아래 군의 장관직인 郡司로 임명되어 임기 연한에 구애받지 않는 終身職의 특혜를 누렸다. 그러니까 일본에서는 지방 세력가들의 位階가 외위인 까닭에 官位相當官職을 받을 수 없었음에도 불구하고 군사직을 주는 개방적인 정책을 편 반면 신라는 이들에게 관위상당관이 될 수 있는 京位를 주면서도 실제로는 州·郡·縣의 하급직인 吏屬職으로 제한한 것이다. 이는 신라가 통일기에 들어와 骨品제도에 입각한 인재의 등용에 있어서 어떠한 변화도 허용하지 않았음을 보여준다. 世界史를 보면 로마 공화정 시기의 역사가 평민들의 참정권(시민권) 획득을 위한 신분투쟁사였고, 그것이 단계적으로 실현되어 정복전쟁에 본격적으로 돌입하기 직전의 B.C.4세기경에는 마침내 귀족과 평민 간의 차별이 사라지게 되었을 뿐아니라 지방 屬州 출신자인 경우에도 일정한 군복무를 마치면 시민권을 부여했으나, 신라는 삼국통일 전쟁에서 큰 軍功을 세운 지방민에게 관등제도에 있어서만은 왕경인과 지방민의 차별을 폐지하면서도 정작 긴요한 참정권문제에 있어서는 차별이 여전히 존속하는 모순이랄까 불철저함을 보였다. 골품제도의 정치적 기능 가운데 가장 중요한 것이 관등 및 관직에 대한 規制였음을 想起할 때 그 모순은 차라리 의도적인 欺瞞策에 불과했다고 볼 수 있다. 이 같은 골품제도의 모순이야말로 9세기에 들어와 唐에서 유학하고 돌아온 六頭品 출신의 신지식인 뿐아니라 지방 호족세력들에게 불만의 최대 요인이 되었다.

백제와 고구려가 멸망된 뒤 唐이 어제의 동맹국가인 신라마저 羈縻州 체제로 간접 통치하려는 야욕을 드러내자 文武王은 감연히 당과의 一戰을 각오하고 항쟁을 전개했다. 다행히 이때 吐蕃의 침략 위협에 직면한 당이 평양성에서 군대를 철수함에 따라 나·당 전쟁은 신라의 승리로 종결되었다. 이에 따라 오랜 전란이 그치고 小康상태에 접어들었지만 다만 신라가 昇平의 盛世를 이룩하는 데는 그로부터 반세기 이상의 세월이 걸렸다. 聖德王(702~737) 말경에 이르러 비로소 국내적으로 안정되고 唐과의 우호 친선관계를 회복하게 되었다. 이렇게 되기까지 역대 국왕이 治世에 쏟은 열정은 주목할 만하다. 문무왕은 고구려를 멸망시킨 이듬해인 669년 2월 대대적인 赦免을 단행하는 한편 모든 채무자에게 利息을 탕감하는 획기적인 조치를 취했다. 특히 자연재해로 농사를 망친 지역의 농민들에게는 元金(本穀)마저 면제해 주는 일대 德政令을 반포했다. 문무왕이 681년

7월 1일 내린 遺詔에서 그간 병기를 녹이어 농기구를 만들었고, 賦稅와 徭役을 가볍게 한 결과 집안이 넉넉해지고 인구가 증가하며 창고가 넘치게 되었다고 자랑한 것을 볼 수 있다. 조정이 장기간의 약탈적인 戰時경제에서 평상시의 경제체제로 회복시키려고 노력한 것을 어느 정도 인정할 수 있다.

문무왕이 세심하게 民情을 보살펴 이를 개선하려고 노력했다면, 그의 야심만만한 후계자인 神文王(681~692)은 통일에 따른 집권체제의 정비작업을 정력적으로 추진했다. 왕은 685년까지 지방행정 구역을 9州로 나누었고, 5小京제도를 정비했다. 신라는 6세기 영토 확장과정에서 주요 지방사회에 대한 지배권 확립을 목표로 소경을 설치, 경주 6부민을 집단적으로 徙民시키는 방식을 채택했다. 558년 國原(충주)에 설치된 소경이 바로 그것이었는데, 통일 후 685년까지 5개의 소경을 두어 전국적인 규모로 이를 확대시켰다. 이에 앞서 674년 六徒 진골을 소경과 주에 出居시킨 바 있다. 또한 본래의 신라인 외에 고구려·백제·말갈 등 피정복민까지 차출하여 중앙군으로 9誓幢을 편성했다. 이 밖에도 왕은 종래 진골귀족 관료들에게 일종의 특권으로 묵인해 왔던 祿邑을 689년 폐지하고 그 대신 年俸(혹은 月俸)에 해당하는 歲租를 지급하여 국가의 토지 및 농민에 대한 지배를 한층 강화하였다. 신문왕의 차남으로 형 孝昭王의 뒤를 이어 즉위한 성덕왕은 거의 모든 부문에 걸쳐 제도를 정비하여 큰 성과를 거두었지만, 그중 특히 주목되는 것은 민생문제에 주력한 점이다. 왕의 재위 시대도 여느 때와 마찬가지로 물난리와 가뭄이 마치 전염병처럼 발생했다. 이 때문에 농사를 망치게 되어 식량기근이 만연했다. 조정은 그때마다 창고를 열어 貧民을 救恤했는데, 707년에는 7개월 동안 한 사람 당 粟 3升씩을 지급하여 모두 30만 500石을 방출하는 전무후무한 시책을 폈다. 그러나 왕은 이 같은 임시방편의 구제책으로써는 농민의 궁핍문제를 해결할 길이 없다고 판단하여 근본대책으로 722년 8월 백성에게 처음으로 丁田을 지급했다. 하긴 관련 기록이 너무나 단편적이어서 구체적인 내용을 알 수가 없고, 이 점 唐의 均田制를 받아들여 丁男에게 口分田을 지급한 것으로 보는 견해 도 나오고 있다. 하지만 농민들이 그 전부터 보유하고 있던 私有地를 국가 가 班給하는 형식을 취하면서 일정한 법적 절차를 밟아 그 소유권을 인정 한 것이거나 혹은 그간 삼국통일전쟁으로 황폐해진 농경지를 給田형식으 로 농민들에게 분배한 것으로 이해하는 편이[50] 무난하다고 생각된다. 한 편 일본 正倉院에 있는 신라 帳籍에 보이는 烟受有田畓을 이 丁田과 같은 것으로 보는 데는 거의 모든 연구자들이 동의하고 있다.

성덕왕 때 이르러 정전제를 시행한 일반적인 배경으로 농법의 발전, 철제 농기구의 보급 확대, 水田 및 牛耕의 확대 실시 등으로 토지의 생산 성이 높아졌을 가능성이 거론되고 있는데, 국가는 이로써 토지면적을 기 준으로 농민에게 地稅인 田租를 부과했을 것이 틀림없다.[51] 하긴 정전이 완전한 사유지였다면 그 소유에 대한 재산세를 부과해야 마땅할 것이고 토지 사용에 대한 用益稅라고 할 전조는 부과할 수 없는 것이었다.[52] 바

---

50) 姜晉哲, 「韓國土地制度史·上」 『韓國文化史大系 Ⅱ 政治·經濟史』(고려대 민족문화연구소, 1965); pp.1202~1220; 林健相, 「신라의 '정전제'에 대하여」 『력사과학』 1997-4호, 1978-1호; 『임건상전집』 (혜안, 2001), pp.402~407.

51) 李喜寬, 『統一新羅土地制度研究』(一潮閣, 1999), pp.155~162. 다만 9등호제에 의한 토지면적이 아니라 結負制에 의해서 田租를 수취한 것으로 보는 견해가 있다. 金基興, 『삼국 및 통일신라 세제의 연구』(역사비평사, 1991), p.165.

52) 중국 고대의 田租를 토지소유와 관계 없이 직접생산자가 그 생산에 대해 납부했다는 의미에서 生産稅라고 命名하기도 한다. 木村正雄, 「中國古代專制主義の基礎條件」 『中國古代農民叛亂の研究』 pp.62~63 참조.

로 이 점이 정전의 복잡한 성격을 암시하는 것으로 보인다. 그것은 어쨌든 정전이 公田이 아닌 사유지에 속하는 한에 있어 토지의 兼併 혹은 상실의 계기를 내포한 것은 중요한 의미를 지닌다고 할 수 있다. 왜냐하면 이는 촌락공동체 내부에서 차츰 부농층과 빈농층으로 양극화되는 계층분화 현상의 가장 주요한 動因으로 작용했기 때문이다.

8세기 전반경에 이미 지방사회에는 대토지소유자가 상당수 등장했을 것으로 짐작된다. 그것은 소경제도에 따라 지방에 정착했거나 혹은 녹읍 제도나 관직을 매개로 특정지역과 연고를 맺게 된 진골귀족들이 적지 않았기 때문이다. 이들은 자신의 세력기반을 구축하기 위해 현지의 토착세력과 私的인 결합을 꾀했을 것이 분명하다. 다만 당시만 해도 이들의 토지획득은 농업경영이나 토지시장을 통한 것이라기보다는 역시 정치적 특권에 의해서 賜田·食邑을 받거나 혹은 陳田 개간에 의존했을 것으로 짐작된다. 한편 이 무렵에는 아직 在地세력 출신의 대토지 소유자는 등장하지 않았을 것으로 보인다. 이처럼 중앙귀족의 지방 진출에 따라 지역사회의 재편성이 진행되는 가운데 전제주의 왕권을 확립하기 위한 景德王(742~765)의 개혁정치가 추진되었다. 특히 757년 3월 녹읍제도를 부활하고 그해 12월 군현제도를 개편한 것은 매우 주목되는 사실이다. 이때 부활한 녹읍을 68년 전에 폐지한 그 녹읍(이른바 前期 녹읍)과 똑같은 것으로 이해해야 할지 어떨지에 대해서는 연구자들 사이에서 논란이 많다. 전기 녹읍과 후기 녹읍 사이에 사회경제적 與件의 차이를 충분히 감안한다면 양자 간에는 뚜렷한 질적 차이를 想定할 수도 있겠으나,[53] 근본성격에 있어서는 같

---

53) 金基興, 앞의 책, pp.144~145.

은 것이 아닐까 하는 느낌이 든다. 또한 녹읍이 부활된 지 9개월 뒤 실시
된 모든 郡·縣 명칭의 漢式 二字로의 통일도 단순히 명칭의 변경에 그치
는 것이 아니라 녹읍제도 부활의 의미를 실질화하기 위한 목적에서 일부
군·현에 대한 昇降 조치를 취하는 등 실제로 중대한 의미를 내포하는 개
편이었다. 『三國史記』 地理志에 반영되어 있는 757년의 군·현제 개편에서
는 州·군·현 간의 지배 領有관계에서 후대의 이른바 飛地(越境地)와 같은
交差현상이 나타나고 있는데, 이는 단순한 정치적 통제에 그치는 것이 아
니라 경제적 利害관계를 내포하는 것으로, 국가권력과 在 地세력 사이의
보이지 않는 갈등관계를 암시하는 것으로 생각된다.[54]

　개혁정치에 대한 진골귀족들의 저항이 최고조에 달했던 경덕왕대 말
기는 국제정세도 왕에게 크게 불리하게 작용했다. 755년 11월에 일어난
安·史의 대반란은 당과 긴밀한 관계를 맺고 있던 신라 朝野를 충격의 도
가니 속으로 몰아 넣었다. 반란은 763년까지 중국대륙을 휩쓸었다. 경덕
왕은 권력투쟁에 지친 데다가 믿고 의지하던 唐제국마저 크게 흔들리자
정치의 의욕을 잃고 宴樂에 탐닉하다가 765년 세상을 떠났다. 이에 8세의
어린 아들 惠恭王이 즉위하여 무거운 짐을 짊어지게 되었으나, 768년 7월
一吉湌 大恭과 그 아우 阿湌 大廉이 반란을 일으켜 왕궁을 33일 간이나
포위하기까지 했다. 『三國遺事』 권2 혜공왕 조에는 대공이 반란을 일으키
자 수도를 비롯한 5개 道에 걸친 주·군에서 96명의 角干(진골만이 오를 수
있는 최고위 관등으로 진골신분에 대한 通稱임)이 서로 싸워 크게 어지러웠다
고 한 것을 보면 전국적인 내란이었음을 짐작할 수 있다. 『新唐書』 권220

---

54) 木村誠, 「新羅郡縣制の確立過程と村主制」 『朝鮮史研究會論文集』 13(조선사연구회, 1976); 『古代
朝鮮の國家と社會』(吉川弘文館, 2004), pp.58~60.

신라전에는 이때의 내란이 3년만 에 진정되었다고 기술되어 있는데, 이는 770년 8월에 일어난 대아찬 金融의 반란을 대공 형제의 난에 연속하는 것으로 파악한 때문인 듯하다.

이 768년의 반란 때 중앙귀족과 지방의 호족세력이 서로 뒤엉켜 싸운 것이 분명한데, 이를 계기로 하여 호족세력의 큰 교체가 이루어지지 않았을까 짐작된다. 즉 삼국통일 후 그간 지방에서 성장해 온 진골귀족 출신의 호족들이 대거 반란에 가담했다가 큰 타격을 입게 되자 토착세력 출신의 지주들이 그 공백을 메우면서 깊숙이 파고 들었을 것으로 생각되기 때문이다. 다만 8세기 후반은 780년의 역사적인 왕실 교체에도 불구하고 국가권력에는 이렇다 할 동요 현상을 보이지 않았다. 혜공왕 정권을 타도한 汎진골 연합세력의 최고 지도자였던 上大等 金良相은 宣德王이 되어 782~783년 그 간의 浿江鎭 설치작업을 완료하여 서북지방의 개척에 巨步를 내디뎠다. 또한 그의 협조자인 상대등 金敬信이 뒤를 이어 元聖王으로 즉위, 뛰어난 정치 능력을 발휘했다. 왕은 788년 國學의 졸업시험으로 讀書三品科를 제정하여 인재 를 뽑았는데, 이는 골품제에 입각한 권력구조면에서 볼 때 매우 前向的인 조치였다. 무엇보다도 왕이 사회의 재생산을 확고히 보장하는 기제인 勸農에 힘쓴 것은 성덕왕의 그것과 비교할 만했다. 즉 왕은 790년 全州 등 7개 주의 사람을 징발하여 한반도 제일의 곡창지대에 위치한 碧骨堤를 증축했고, 죽기 직전인 798년 4월에는 농민들로 조직된 작업부대인 法幢 소속의 法功夫 1만4천여 명과 같은 숫자의 농민을 切火郡(영천)·押梁郡(경산)에서 징발하여 永川의 㳍 둑을 수축하도록 했다. 治水·灌漑공사야말로 국가의 기반이 되는 소농민을 유지하고 나아가 새롭게 創出하기 위한 으뜸가는 수단임을 상기할 때 원성왕의 권농정책은 크게 주목되어 마땅할 것이다.

원성왕이 798년 12월 고령으로 죽은 뒤 그의 후계자들은 극단적인 왕실 친족 곧 宗室 중심의 권력구조를 지향했다. 그 결과 汎진골귀족세력의 정치적 단결은 깨어지고 각기 家系 단위로 분열 독립하여 정치적 행동을 취하려는 경향이 차츰 농후해졌다. 더욱이 憲德王(809~826) 때는 사회경제적으로도 혹독한 시련기였다. 814년 여름 國西지방에 홍수가 발생한 이래 매년 흉년이 들어 기근이 만성화되었다. 조정에서는 처음 일년 간 조세와 貢物을 면제한다거나 일부 救恤策을 쓰기도 했으나, 815년 이래 각지에서 草賊이 일어나 국내가 매우 소란해졌다. 自活의 길을 찾아 중국이나 일본으로 건너가는 사람이 속출했고, 심지어 자식을 팔아 생계를 꾀하는 사람도 나타났다. 이른바 新羅奴가 중국의 沿海 일대에서 매매되기 시작한 것도 이 무렵의 일이었다.

바로 이 같은 사회적 혼란을 틈타서 822년 3월 熊州都督 金憲昌이 반란을 일으켰다. 그는 태종무열왕의 7대손으로, 아버지 金周元이 785년 선덕왕의 후계자로 최초 群臣회의에서 추대되었음에도 불구하고 상대등 김경신이 책략을 써서 왕위를 가로챘다고 거사의 구실을 내세웠다. 그는 반란 직전 4개 州의 도독과 3개 小京의 仕臣(장관), 그리고 여러 군·현의 守令을 위협하여 지지를 강요하는 등 자못 기세가 등등했지만 결국 지지를 약속한 일부 도독들이 이탈한 결과 고립되어 관군에 의해 비교적 쉽사리 진압되고 말았다. 이처럼 김헌창의 반란은 실패로 끝났으나 그것이 앞으로 닥쳐올 사태의 전개에 끼친 영향은 매우 컸다. 그것은 첫째로 이 반란이 지방 호족의 割據的 경향을 크게 촉진시켰다는 의미에서 그러하며, 둘째로 830년대의 왕위계승 쟁탈전의 先聲을 지었다는 의미에서 그러하다.

현재 일본 奈良 正倉院에 남아 있는 신라 통일기 촌락 帳籍은 바로 이 시기 西原京 지방 4개 촌락의 실태를 잘 보여주는 자료로서 주목된다. 이 장적의 작성연대인 乙未年을 둘러싸고서는 연구자들 사이에 서기 695년, 755년, 815년으로 比定하는 등 견해가 엇갈리고 있으나, 장적에 보이는 戶□의 현저한 이동현상으로 미루어 볼 때 사회경제적 疲弊현상이 집중적으로 나타나기 시작한 9세기 초 곧 815년으로 볼 수 있는 개연성이 가장 크다고 짐작된다. 8세기를 통해서 律令制에 입각한 收取행정이 차츰 강화됨에 따라 각종 납세와 課役에 시달리게 된 농민층은 9세기에 들어와 참으로 피폐해진 모습을 드러냈다. 무엇보다도 4개 촌 중 일부 缺落이 있는 C村을 제외한 3개 촌을 보면 총 36개의 孔烟 가운데 20개가 토지재산을 기준으로 等級化 한 9等戶制 가운데 최말단에 해당하는 下下烟이고, 여섯 번째 등급에 해당하는 仲下烟 이상은 찾아볼 수 없다. 이 하하연이 아주 가난한 自然戶나 혹은 다른 곳에서 移入해 온 戶를 인위적으로 2~3개씩 묶어 만든 編成戶임을 생각할 때 거의 無田농민에 가까운 존재들이 촌락 호구의 절반 이상을 차지하고 있었음을 알 수 있다. 이 밖에도 장적에는 戶等 구분에서 제외된 호도 있는데, 이는 어쩌면 唐에서의 경우처럼 遊離乞食하는 극빈자들에게 촌락에 정착할 수 있도록 일정기간 면세 조치를 취한 호구가 아닐까 짐작된다.[55] 한편 4개 촌 전체 인구 462명 가운데 노비는 25명으로 5.4 퍼센트에 불과하여 생각보다 많지 않은 편이다.[56]

이 같은 사태의 발생은 근본적으로 중앙귀족들이 권력쟁탈에 몰두한 결과 지방사회의 변화에 副應한 적절한 시책을 소홀히 한 데 있었다. 삼국

---

55) 金基興, 앞의 책, p.130.

56) 李仁哲, 『新羅村落社會史研究』, pp.185~192.

통일을 전후한 시기에 村主를 매개로 하여 굳게 結束했던 중앙과 지방사회와의 긴밀한 연결망은 촌주 위에 군림하는 새로운 대토지소유자의 대두로 말미암아 차츰 파괴되어 갔고, 그 만큼 조정의 지방에 대한 정치적 영향력은 減退될 수밖에 없었다. 국가는 일반 농민들이 농촌 高利貸자본에 희생되어 負債노비로 전락된다거나 혹은 조세 부담에 견디지 못하고 촌락공동체에서 이탈하여 유민이 되는 데도 제대로 보호조치를 취하지 못했다. 또한 국가는 촌락에 잔류하고 있는 대다수의 소농민들이 자기 토지를 잃고 지방 유력자의 비호 아래 들어가 대토지소유제에 포섭되는 것을 放置했을 따름이다. 그런데 대토지소유자의 땅을 빌려 경작하는 소농민의 경우 그 농업경영 방식은 어디까지나 개별적으로 자기 경영을 했으므로 국가의 지배에서 벗어날 수도 없는 처지에 놓여 있었다. 이처럼 소농민들이 국가의 요구와 지주의 요구라는 二重의 압박 속에서 더욱 貧窮化되어 간 것이 889년 농민반란의 근본원인이 되었다.

이밖에 9세기에 들어와 민간의 상업부문이 차츰 성장하고 더욱이 張保皐가 828년 설치한 淸海鎭의 눈부신 번영이 말해주듯 중국과 일본을 상대로 한 교역이 매우 활발해진 결과 왕경은 물론 농촌사회에까지 상업적 요소가 침투되어 촌락구조 재편성의 추가적인 요인으로 작용했다. 통일기 신라의 귀족들은 여전히 토지에 자산을 쏟아붓고 있었으나, 그 중 일부는 毛氈 생산 등에 투자하여 8세기 중엽 使行무역의 형태로 일본에 수출하기까지 했다. 하긴 고급 수공업 제품은 宮中에 설치된 30여 개 전문 工房에서 생산을 독점하고 있었으나, 기술자(匠人)들은 工價를 租로 받아 작업에 종사한다거나 업종별로 분화되는 등 그 사회경제적 지위가 향상

되었다.[57] 또한 9세기 경의 유통경제는 아직 금속화폐가 주조되지 않은 劣惡한 상태에서 布와 곡물을 주축으로 한 현물교환경제에 머물고 있는 등 크게 未熟性을 띠고 있었으나, 가난한 농민 중 상업에 종사하는 사람이 꾸준히 증가하고 있었던 것만은 분명한 사실이다.[58] 청해진이 설치되던 828년 4월 漢山州 瓢川縣의 어떤 妖術人이 '빨리 부자가 되는 법'(速富之術)을 가졌다고 사람들을 속이다가 먼 섬으로 귀양갔다는 『三國史記』新羅本紀의 기사는 당시 빈곤으로 불안해 진 농촌사회에서 미신과 갖가지 예언이 성행했음을 잘 말해주고 있다.

왕위계승 쟁탈전이 일어난 뒤 신라 조정은 약체화된 왕권으로 지방세력의 성장에 대처하기 어려워진 것을 새삼스레 깨닫게 되었다. 그리하여 자기방어의 태세를 갖추기 위한 방법으로 지역차별을 강화하는 동시에 극단적인 수도 중심체제를 固守했다. 이처럼 국가권력이 급속히 쇠퇴해 가는 시대적 배경하에서 지방사회의 구조는 한 층 더 力動的으로 개편되어 마침내 토착세력 출신의 대토지소유자들이 신라 全域에서 대두한 것으로 보인다. 興德王이 834년 만연한 사치풍조를 금지하고자 내린 敎書에 의하면 色服·車騎·器用·屋舍 등에 대한 신분별 규정에 있어서 眞村主는 5두품, 次村主는 4두품과 같은 적용을 받는다고 선언했다. 그러니까 조정은 지방 촌주를 왕경 6부의 平人·百姓(3~1두품)보다 높은 5두품·4두품에 準하는 신분으로 대우하는 한편 이들을 上·下 두 계층으로 분류했음을 알 수 있다. 하긴 이보다 1년 전에 만들어진 菁州(진주) 蓮池寺鐘의 명문에는 2명의 卿村主의 관등이 及干과 大奈末(麻)로 되어 있어 본인들은 각

---

57) 朴南守, 『新羅手工業史』(新書苑, 1996), pp.299~309.
58) 金昌錫, 『삼국과 통일신라의 유통체계 연구』(일조각, 2004), pp.202~212.

각 6두품과 5두품 신분을 자처했음을 알 수 있다. 또한 856년에 만들어진 竅興寺鐘의 명문에도 촌주가 上촌주·제2촌주·제3촌주의 세 계층으로 分化되어 있으며, 아울러 三重沙干·沙干·及干 등 모두 6두품만이 차지할 수 있는 관등을 과시하고 있다. 요컨대 9세기에 들어와 시간이 흐를수록 촌주의 계층분화가 복잡하게 진행되는 가운데 촌주들이 공공연히 조정의 규정을 무시하면서 보다 높은 신분을 주장하고 있던 점에서 그들의 한껏 鷹揚해 진 자세를 엿볼 수 있다. 호족은 대체로 군·현 단위의 최상급 촌주에 해당하는 존재였거니와, 지방 사회 구조의 가장 현저한 변화가 발생한 9세기 격동과 전환 시기의 역사적 산물이었다고 할 수 있다.

9세기 초부터 신라에 流入되기 시작한 禪宗은 흔히 호족불교의 성격을 띠고 성장했다는 평가를 받고 있다. 그런데 九山禪門의 성립사를 연구한 어떤 論者에 의하면 이른바 民의 성장을 배경으로 농민반란이 일어났고, 선종 또한 민의 성장과 함께, 그리고 민의 힘에 의해서 세력을 키워갔다고 한다. 다만 농민반란 이후 선종이 王政 및 지방의 유력자들에게 의탁함으로써 민의 반감을 유발하여 일시적으로 침체했다는 것이다.[59] 여기서 말하는 '민'이란 일반 농민층을 지칭하고 있는데, 이들이 신라 말기에 성장하고 있었다는 견해는 朝鮮 후기 '민'의 세력이 꾸준히 성장하여 19세기 反권력 투쟁을 줄기차게 이끌었다는 견해와 軌를 같이 한다고 볼 수 있다. 하지만 19세기의 민중항쟁들은 봉건사회 내부에서 새롭게 성장한 신흥 富民層과 일부 상공업세력에 의해서 주도된 것이었고, 민중의 절대 다수를 차지하고 있던 窮民(貧農)들은 이들 농촌 엘리트계층의 야심과

---

59) 秋萬鎬, 『나말려초 선종사상사 연구』(이론과 실청, 1992), pp.132~133 및 pp.148~150.

憤懣에 의해서 동원된 병사에 지나지 않았다고 생각된다. 신라 말의 경우도 변혁의 주체는 어디까지나 정치 참여의 길이 막혀 있던 지방호족세력이었지 결코 소농민은 아니었다. 이렇게 본다면 조선 후기나 신라 말 변혁운동에 대한 파악은 계급투쟁론의 관점보다는 오히려 사회학자 렌스키(Gerhard E. Lenski)가 제시한 '지위의 一致·不一致'에 관한 이론이 보다 적합한 것이 아닐까 생각한다.[60] 주지하듯이 이 이론에 의하면, 사회적 변동으로 말미암아 上昇한 사람들은 富를 얻지만 지위와 권력이 이에 隨伴하지 않고, 반면 사회적으로 몰락한 사람들은 지위를 여전히 간직하고 있으나 富와 권력을 잃고 말아 결국 그 괴리가 불안을, 불안이 분노를, 그리고 분노가 공격을 초래한다는 것이다.

V. 맺는말

신라통일기는 東아시아 국제관계가 크게 안정된 번영의 시대였다고 할 수 있다. 실로 이 같은 국제평화를 基調로 하여 문화의 교류와 국제교역에 눈부신 진전이 있었다. 무엇보다도 이 시기 韓國 古典文化가 滿開하여 황금시대를 謳歌한 것은 다 아는 사실이다. 다만 국제평화의 어두운 면도 작용했다. 즉 신라는 삼국통일을 달성할 때까지 적에 대항할 필요에서 국내의 정치적 대립을 최대한 自制하고 緩和시켜 오로지 전쟁의 수행에 모든 노력을 집중시켰다. 그 결과 정치적 대립을 잠재우고 국민통합 면에

---

60) 李基東, 「民衆史學論」『現代 韓國史學과 史觀』(翰林科學院叢書 I, 1991);『전환기의 韓國史學』(일조각, 1999), pp.88~90.

서도 큰 성과를 거둘 수 있었다. 그런데 전쟁이 끝나 장기간의 고난과 긴장된 생활에서 해방되자 그 간 어렵게 봉합되어 온 정치·경제·사회적 모순이 터져나오기 시작한 것이다. 그런 까닭으로 통일기의 역사 속에서 쇠퇴의 징후를 찾아내기란 그리 어렵지 않다고 생각된다.

종래 신라 衰亡의 원인을 둘러싸고 여러 사람들이 공통적으로 거론한 것이 귀족·사찰·지방호족의 대토지소유와 이로 인한 소농민의 몰락이라는 문제였다. 조정이 889년에 일어난 농민반란을 初場에 진압하지 못하여 半世紀 간에 걸친 지방호족의 自立 및 후삼국의 동란 끝에 신라가 멸망했으므로, 소농민과 호족의 관계, 나아가 양자의 국가권력과의 모순을 추구하는 것이 긴요한 연구 과제가 된다고 믿는다. 소농민은 대토지소유제에 포섭된 경우라도 개별적인 자기경영 방식을 취했으므로 국가의 지배에서 벗어날 수 없었다. 그런 까닭으로 그들은 국가와 지주로부터 二重의 압박을 받아 窮乏해 질 수밖에 없었다. 그들이 반란을 일으킨 것도 그 때문이었다. 반면 대토지소유자로서의 호족들은 국가권력과 타협하여 오히려 그 庇護를 받았으나 骨品제도의 제약으로 말미암아 胥吏職 이상의 정치참여가 봉쇄되었던 까닭에 조정에 대해 憤懣을 품고 있었다.

流民집단의 형태를 띠고 蜂起했을 것으로 짐작되는 소농민세력은 889년 반란을 일으켜 緖戰에 관군을 격파하여 기세를 올렸으나 지역과 遊離되어 생산집단도 아니었고 더욱이 郡·縣과 연계를 꾀할 수 있는 정치집단도 아니었으므로, 각지를 떠돌며 약탈 이상의 것을 이룰 수 없었다. 이에 반해 호족들은 조정에 대해 반기를 들었으면서도 지방민에게서 안정적으로 稅役을 징발함으로써 반란집단을 장기간 유지할 수 있었다. 이렇게 볼 때 조정이 삼국통일 직후 지방민에게 京位 관등을 부여할 때 王

京人에 準하는 참정권을 주지 않은 것이 큰 失策이었다고 생각된다. 하지만 한편 지방호족들이 중앙에 대해 반기를 들 수 있었던 것은 궁극적으로 국가권력이 쇠퇴한 데 연유하고 있는 만큼 汎眞骨연합세력이 家系 단위의 族黨으로 분열하여 왕위계승 쟁탈전을 벌임으로써 국가권력을 결정적으로 弱體化시킨 것도 호족의 성장에 못지않게 주목되어 마땅하다고 보인다.

나말여초 사회변동과 후삼국

이인재

연세대학교 미래캠퍼스 역사문화학과 교수

목차

1. 서론

지금부터 천여 년 전, 9세기 후반에서 10세기 전반 사이 전근대 한국 사회에서는 크나큰 사회변동이 있었다. 삼국통일 전쟁이후 남북국으로 발전해 오던 신라와 발해가 후삼국을 거치면서 고려로 재통일되는 과정을 겪었다. 이른바 나말여초 사회변동이다. 천년 왕조 신라의 붕괴와[1] 오백

---

1) 나말여초 사회변동 가운데 신라의 멸망원인에 관한 여러 학자들의 논의는 다음 글에 잘 정리되어 있다. 신호철, 2008, 「신라의 멸망원인」 『한국고대사연구』 50. 한국고대사연구회편, 1994, 『신라말 고려초

년 왕조 고려의 건국은, 단순한 왕실의 교체가 아니었다. 고조선 건국 이래 열국시대, 삼국시대, 남북국 시대의 오랜 역사를 거치면서 성장해 온 경제와 사회, 정치와 문화에 여전히 남아 있던 전근대 전기, 이른바 고대적 잔재를 청산하면서 이루어진 하나의 사건이었다.[2]

　사실 이 시기는 신석기혁명 이후 고대 국가 성립 과정을 거친 후,[3] 국내적으로 수천년의 왕조국가 운영 경험을 축적한 시기였으며, 전근대 중국과 일본을 비롯한 세계와의 밀접한 교류를 통해 동아시아 문명과 주체적으로 교류할 국제적 안목도 쌓은 상태였다.[4] 가령 농업 부문에서는 농기구 및 수리, 관개, 토목 기술과 농사 경험의 축적으로 농지 확대가 이루어졌으며,[5] 농민층 내부에서는 소유 및 경영의 분화와 더불어, 지속적인 전쟁과 정쟁(政爭)으로 인한 가족과 친족, 마을과 촌락 등 사회 내부의 분화도 다양해졌다. 이러한 분화과정에 맞추어 한국 전근대 전기 왕조 국가들은 시기별로 중국 주대, 진한대, 남북조, 수당 시기를 거치면서 발전해 온 법과 제도, 정책의 역사를 수용하거나 참조하는 한편, 한국 고유의 결부제와 편호제를 바탕으로 한 조세·공부제도 및 식읍·녹읍 등의 토지분급제를 시행하고, 군현제와 봉건제, 관등제와 관료제를 수용, 운영하면서 지방제도 및 중앙제도를 통해 국가를 통치하는 역사적 경험을 축적해 가고 있었던 것이다. 특히 결부제는 역사문헌 전면에 등장하지 않은 대소 농

의 정치사회변동』.

2) 이인재, 2002, 「한국 중세의 기점」『한국 전근대사의 주요 쟁점』; 2009, 『논쟁으로 읽는 한국사 1 −전근대』.

3) 김용섭, 2000, 「토지제도의 사적 추이」『한국중세농업사연구』

4) 김용섭, 2008, 『동아시아 역사속의 한국문명의 전환』.

5) 이경식, 1986, 「고려전기의 평전과 산전」『이원순교수화갑기념논총』

민들의 파종량 대비 수확량 확대라는 오랜 농사 경험을 수렴하고, 그에 따른 자연호의 다양한 수확능력 차이를 편호제를 활용하여 국가제도에 반영함으로써 한국 전근대 토지제도에서 농민들의 존재형태도 추정할 수 있는 장치를 마련할 수 있었다.[6] 요컨대 나말여초 사회변동은 이러한 동아시아 문명의 변화와, 고조선에서 남북국시대에 이르는 역사적 경험의 연속선상에서 이루어지고 있었던 것이다.

그런데 지금까지의 나말여초 사회 변동에 관한 연구는 국내적으로는 이른바 골품제사회론과, 국제적으로는 조공·책봉체제론이라는 국내·국제 질서를 중심으로 진행된 바가 크다. 골품제사회론은 남북국기 신라까지 가족과 친족, 촌락과 지방제도, 중앙제도 운영의 중심에 혈족 원리가 주요하게 작동한다는 것으로서, 그에 의한 국가성격이 전제왕권론으로 정리되고,[7] 조공·책봉체제론은 국가와 국가와의 관계조차 힘의 강약에 따른다는 것으로서,[8] 두 이론 모두 역사발전의 다양한 동력을 무시하고, 지나치게 정치적인 논리에 편재될 위험성이 있었다.

본고는 이러한 인식을 배경으로 해서, 나말여초 사회변동과 후삼국 정립에 대한 몇 가지 사항을 점검하려고 한다. 우선 889년 주민(州民)들의 불수공부(不輸貢賦) 사건은, 공부에 국한되는 것이 아니라 협의의 조세를 포함한 모든 조세 운영항목에 대한 이의제기(항세운동)일 뿐만 아니라 조세를 단서로 한 국가운영체계에 대한 문제제기(叛)임을 서술하고, 그 다음

---

6) 이인재, 1995, 『신라통일기 토지제도연구』(연세대 박사학위논문).

7) 김기흥, 2000, 「골품제 연구의 현황과 전망」『한국고대사논총』 9. 주보돈, 2009, 「신라 골품제 연구의 새로운 경향과 과제」『한국고대사연구』 54.

8) 임기환, 2003, 「남북조기 한중 책봉·조공관계의 성격」『한국고대사연구』 32.

으로 호족이라는 용어 사용 문제와, 호족에 내포된 비혈연적 친속에서 행정촌, 영속관계, 경외상잡, 당이상잡의 진행과정을 살펴보고자 한다. 이를 토대로 거주반(據州叛)의 문제를 살펴야 귀부를 중심으로 한 후삼국의 정립 문제를 해명할 수 있다는 것이다. 사실 나말여초 사회변동을 정리하려면, 사회발전에 따른 농민층분해론과 국가재조론, 천하화론을 종합적으로 제기해야 그 실상을 이해할 수 있을 것으로 판단하고 있다.

2. 주군(州郡)의 반부(叛附)와 신라 나마(奈麻) 영기(令奇)의 공포심

나말여초 사회변동의 배경에 대해 이 시기를 살았던 최치원은, 889년 (진성여왕 3)부터 895년(진성여왕 9)까지 전쟁과 흉년이라는 두 가지 재난이 당나라(서쪽)에서 다하고 신라(동쪽)로 와서 더 이상 나빠질 것이 없을 정도로 굶어 죽거나 싸우다 죽은 시체가 들판에 즐비하였다고 하였고,[9] 해인사 승려 훈은, 889년(진성여왕 3)부터 895년(진성여왕 9)까지 7년 동안(自酉及卯) 천지가 온통 난리로 어지러워 들판이 전쟁터가 되고, 사람들은 방향을 잃고 짐승같이 행동하였다고 서술하였다.[10]

그런데 고려의 주요 정치가이자 역사가인 김부식은 7년 재난은 진성여왕 재위 3년차인 889년부터 시작된 '도적봉기(盜賊蜂起)'라는 현상과 함

---

9) 崔致遠, 895, 『海印寺 妙吉祥塔記』(한국고대사회연구소편, 1992, 『역주 한국고대금석문』 3, 정병삼 역주).

10) 僧訓, 895, 『五臺山寺 吉祥塔詞 除序』(한국고대사회연구소편, 1992, 『역주 한국고대금석문』 3, 정병삼 역주).

께 그 원인으로서의 '불수공부(不輸貢賦) 사건'을 거론하였다.[11] 전근대 이상기후에 따른 자연재해와 이에 동반되는 질병의 확산은 전근대 어느 왕조국가든지 해결 능력이 제한적인 반면에, 전쟁은 전근대에 맞는 정치가들의 정책 기획 능력에 따라 조정 가능하리라는 판단이 가미된 것이었겠는데, 7년 재난의 원인을 '불수공부(不輸貢賦)'라는 구체적인 제도의 마비를 특정함으로써, 김부식은 최치원, 승 훈과 대비하여 국정경험이 풍부했다는 자신의 안목을 드러내는 효과를 거둘 수 있었다.

그럼에도 불구하고 김부식이 '불수공부(不輸貢賦)'로 제한하여 거론한 정확한 이유를 파악하기는 쉽지 않다. 사실 전국의 이른바 '도적'들이 봉기했다면 신라 정부의 개별 정책 운영의 미비가 아니라 오히려 여러 문제가 종합하여 분출된 결과였을 것이다. 예를 들어 이른바 '도적'의 처지에서 보면, '불수공부(不輸貢賦)'는 항세(抗稅) 문제였을 것인데, 이 문제에만 국한시켜 본다고 하더라도 신라에는 공부만이 아니라 조세도 있었다.[12] 그런데 왜 공부 항목으로만 제한하여 문제를 제기하였을까?

사실 진성여왕이 거두지 못한 공부에 대해 40여년이 지난 932년 고려 태조도 문제로 여기고 있었다. 전국적으로 노역(勞役)이 그치지 않고, 공비(供費)가 이미 많은데도 공부(貢賦)를 덜어줄 수 없으니, 걱정이라는 것이다. 더구나 군국(軍國)의 공부(貢賦)를 면제해 줄 수도 없었다. 그러므로 중앙정부에서 공도(公道)를 행하지 않아 백성들도 하여금 원망과 한탄케 하여, 변이(變異)에 이르게 하면 안 되니, 군신(群臣)들은 각자 마음을 고쳐서

---

11) 『三國史記』 卷11 眞聖王 3年.
12) 이인재, 1995, 『신라통일기 토지제도연구』(연세대 박사학위논문).

화가 미치지 말게 하라고 하였다.[13] 이 조치를 이어받아 이보다 십수년이 지난 949년 광종이 즉위하자마자 했던 조치 가운데 하나가 주현의 세공 액수를 정하는 것이었다.[14] 그렇다면 각 주현, 주군에 책정해야 할 공부 (貢賦)는 공도(公道)에 맞추어 징수했어야 했는데, 여러 가지 이유로 그렇 게 하지 않았기 때문에 진성여왕 당시에 '불수공부(不輸貢賦)'이 터질 수밖 에 없었던 셈이 된다. 그렇다면 진성여왕 당시 공도를 넘어 공부를 수취하 게 된 배경은 무엇일까?

이 점을 보다 깊이 이해하기 위해서는 공부가 조세와는 달리 지(地), 즉 군현의 편호에게 부과된 세 항목이라는 점을 염두에 두어야 한다.[15] 당시 군현은 전국의 민인·토지·산림·천택에 대한 통치·관할의 총체적 개별기 구로서 국가·국왕의 공적(公的) 치소(治所)이고 왕경(王京)의 번병(藩屛)이 기 때문에 그 자체 공부(貢賦)를 납부하는 위치에 있었다.[16] 공부는 상공 과 별공, 공역으로 구별하여 부담하였는데,[17] 특히 고려시대에도 자주 문 제가 되었던 것은 공역(貢役)이었다. 품목이 정해져 있던 상공과 별공보다

---

13) 『高麗史』 권2 태조 15년 5월. "今四方 勞役不息 供費旣多 貢賦未省 竊恐緣此 以致天譴 夙夜憂懼 不敢違寧 軍國貢賦 難以蠲免 尙慮群臣 不行公道 使民怨咨 或懷非分之心 致此變異 各宜悛心 毋及 於禍."

14) 『高麗史』 권78 식화1 공부. "定宗四年 光宗卽位命 元甫式會元尹信康等 定州縣歲貢之額"

15) 정도전은 고려의 조세제와 관련지워 설명하면서 「田租는 田에서 나오는 것을 官에 내는 것이고, 常徭·雜貢은 地의 소출을 官에 납부하되, 庸 = 常徭는 身이 부담하는 것이고, 調 = 雜貢은 戶가 부담 하는 것」이라고 하였다(鄭道傳 「朝鮮經國典」上 賦稅 『三峰集』 卷7). 이를 통해 租庸調와 貢賦는 田의 소출, 地의 소출로 대별되는데, 地의 소출은 다시 身이 부담하거나 戶가 부담했음을 엿볼 수 있다. 이 인재, 1995, 『신라통일기 토지제도연구』(연세대 박사학위논문).

16) 이경식, 2005, 『韓國 古代·中世初期 土地制度史』.

17) 『高麗史』 권78 식화1 공부. "睿宗 三年 二月 判 京畿州縣 常貢外徭役煩重 百姓苦之 日漸逃流 主 管所司 下問界首官 其貢役多少酌定施行 銅鐵瓷器紙墨雜所別貢物色 徵求過極 匠人艱苦而逃避 仰所 司 以其各所別常貢物多少酌定奏裁"

는 공역 운영에 자의성이 개재될 여지가 컸던 것이다. 진성여왕 당시에는 바로 이런 공부를 공도에 맞지 않게 '마음대로' 운영하기 때문에 문제가 되었던 것이다.

사실 공부만이 문제는 아니었다. 전정제(田丁制)에 기초하여 운영되는 조세 영역도 문제는 심각하였다. 가령 이 시기 문제가 되었던 전조(田租) 과다 징수 문제(近世暴歛 一頃之租 收至六石)도 심각하였다. 태조 왕건이 이 문제를 바로 잡으면서 내건 사유가 후삼국이 서로 대립하면서 생긴 급한 재정용도, 즉 '전공(戰功)'이 아무리 급하더라도 공도(公道)에 맞는 전조 징 수가 지켜져야 한다는 소신을 펼친 것을 보면,[18] 조세 영역에서도 혼란을 겪기는 마찬가지였을 것이다. 조세 영역이 흔들리기 시작하면, 그에 기초 한 녹읍이나 식읍 역시 운영상의 혼란을 겪었을 것임은 불문가지이다.

이렇게 공부 영역, 조세 영역 모두 혼란스러웠지만, 김부식이 '불수공 부(不輸貢賦)'를 특정했던 이유는, 당시 이른바 '도적'들이 거주반(據州叛)하 였기 때문이었겠다. 이들이 굳이 거주(據州)를 표방했던 이유는 반민(叛民) 들이 공감할 수 있던 주민(州民)들의 공동 문제가 있었기 때문이었을 것인 데, 그런 공동 문제로 조세 영역은 적절하지 않았다. 왜냐하면 조세 영역 의 토대가 된 전정제에는 다양한 이해관계가 표출될 수 있는 사적 소유지 문제가 내포되어 있었기 때문에 이해관계가 상이할 수 있었다. 이에 반해 공부 납부 거부 문제는 참여 반민(叛民)들이 공감하기 쉬운 문제였을 것이 다. 그러므로 김부식이 도적봉기를 공부 문제로 특정했다 하더라도, 공부 만이 문제라는 것은 아니었겠다. 국정 전반에 걸친 대책마련이 필요하였

---

18) 『高麗史』 권78 식화1 녹과전. 신우 14년 7월 七月 大司憲趙浚等上書.

겠다. 그런데 막상 진성여왕의 경주 중앙정부가 대처 방안이라고 기껏 내놓은 것이 공부 납부를 재촉하는 '발사독촉(發使督促)'이었고, '도적' 토벌이었다. 그나마 도적 토벌도 실패로 끝나고 말았다. 당시 경주정부의 이른바 '도적' 토벌 실패 상황에 대해 김부식은 다음과 같이 기록하였다.

즉 중앙에서 나마(奈麻) 영기(令奇)를 파견하고, 지방에서는 촌주(村主) 우련(祐連)이 주력군이 되어 상주를 근거로 하여 반란을 일으킨 원종과 애노 연합군과 맞서게 했다는 것이었다. 결과는 패배였다. 그런데 패배의 양상이 흥미롭다. 경주에서 파견된 영기 군은 원종애노군이 포진해 있는 것을 바라보고 두려워 공격조차 하지 못했던 반면에, 우련만이 촌주 군을 이끌고 애써 싸우다가 전사해 버렸다는 것이다. 현지에 살던 우련은 현실을 파악하고 있었지만, 경주에서 생활하던 영기는 현실이 공포였던 것이었다. 영기의 공포는 당시 경주 중앙정부가 안주했던 진성여왕의 공포이기도 했겠다. 당시 진성여왕은 전쟁에 소극적인 영기(令奇)를 베고, 겨우 10여 세 된 우련의 아들을 촌주직을 잇게 한 것으로 사건을 마무리 지었다. 영기, 즉 경주 귀족의 공포심이 자신의 죽음을 초래했던 것이다.

그러니 신라가 말년에 쇠약해져 정치가 어지러워지고 백성들이 흩어지자, 왕기(王畿) 밖의 주현들의 반은 예전과 같은 부(附) 상태였고, 반은 반(叛)한 상태였는데(叛附半半), 반란을 일으킨 원근의 주현들에는 군도(群盜)들이 벌떼처럼 일어나고 개미처럼 모여들었다고 판단하였던[19] 김부식의 입장에서는 진성여왕 정부의 이런 대책을 납득하기 어려웠을 것이다. 그는 이런 대책의 미숙성이 궁정의 소인배들이 측근으로 있으면서(嬖竪

---

19) 『三國史記』 권50 궁예. 『三國遺事』 권2 후백제 견훤.

在側) 정권을 농락하여 나라 기강이 문란하였고, 여기에 더해 기근이 겹쳐 생긴 일이라고 하였다.[20] 소인배들에 의한 기강문란이 요인이고, 기근이 계기였다는 것이고, 체제적이고, 구조적인 문제가 아니라, 운영주체의 경륜 부족에서 야기된 운영상의 문제라는 것이었다. 경륜 부족의 대표적인 사례로 거론된 인물이 나마 영기였지만, 경주 귀족들과 진성여왕 정부가 그 평가 대상에서 제외되는 것은 아니었겠다.

3. 사회 변동의 주인공들
: 호족층(豪族層), 호부층(豪富層)

군도(群盜)에서 호족(豪族)으로의 호칭 변화

9세기 후반에서 10세기 전반까지 신라 말의 상황은 김부식이 설명한 대로 왕기(王畿) 밖의 주현들의 반은 예전과 같은 부(附) 상태였고, 반은 반(叛)한 상태였다(叛附半半). 후하게 설명해서 반반이지, 신라왕조에 이반한 사람들은 그 이상이었겠다. 진성여왕이 왕위에서 물러나면서 중국에 보낸 사양위표(謝讓位表)에서 최치원은 당시 상황을 묘사하면서 전국의 군읍이 '모두' 적의 소굴이 되었고, 산천이 '모두' 전쟁터가 되었다고 하였다.[21] 이 지적이 사실과 가까웠을 것이다. 그런데 이렇게 신라 왕조를 이반한 수많은 사람들, 지금 우리가 나말여초 사회변동의 주인공이라 부르고자 하는 사람들을 최치원은 모두 적이라고 불렀다. 이러한 인식은 김부

---

20) 『三國史記』 권50 견훤.

21) 崔致遠, 「謝讓位表」 『東文選』 권33. "今也 郡邑遍爲賊窟 山川皆是戰場"

식도 예외는 아니었다. 이들은 적수(賊帥)이고,[22] 초적(草賊)이며,[23] 군도(群盜)였다.[24]

　부정적 의미의 군도가 긍정적 의미의 군웅으로 바꿔 인식한 사람이 고려말 조준이었다. 그는, "삼국이 세발달린 솥처럼 우뚝 솟아(三國鼎峙) 군웅이 각축하던 시기(群雄角逐)였기 때문에 전쟁 비용으로 재화의 쓰임이 급하였다(財用方急而我太祖後戰功)"고 서술하고 있다.[25] "우리 태조께서는 시기심 많고 포악스러운 군주, 궁예 밑에서 벼슬을 했다"고[26] 이해하고 있던 고려왕조 사람들의 처지에서 나말여초 변동기를 삼국정치(三國鼎峙)로 정리하는 것은 매우 자연스럽다. 조준으로 인하여 나말여초 변동기의 주역은, 이전의 초적·군도에서 군웅(群雄)으로 승격되고, 김부식 당시에는 열전에 배치할 수밖에 없었던 견훤과 궁예가 삼국이라는 왕조국가의 건설자로 인정받게 되었던 것이다. 조준이 인정한 삼국이 바로 우리가 현재 사용하고 있는 후삼국이다.

　조준 이후 오백여년이 지난 1950년대 남북한 역사학자들은 군웅(이병도)과 토호(박시형)라는 용어를 사용하였다. 신라 하대 중앙정계에서 벌어졌던 왕위쟁탈전의 배경으로 ① 국토의 확대, ② 산업의 증진, ③ 외래문물의 수입, 특히 진보된 대륙제도의 채용으로 인해 그 이전 '씨족적 단결'을 중시하던 정신에서 '개인'의 힘을 존중하는 풍조로 바뀐 결과로 정리한 이병도는, 원종·애노·양길·기훤 등의 활동을 '군웅할거(群雄割據)'의 상태

---

22) 『三國史記』 권12 경명왕 2년 추7월.

23) 『三國史記』 권10 헌덕왕 11년 3월.

24) 『三國史記』 권50 궁예.

25) 『高麗史』 권78 식화1 전제 녹과전 우왕 14년 7월 조준 상서.

26) 이제현, 『익재난고』 권9 하 사찬.

라 하였으며, 이 시기의 역사적 추이를 신라의 붕괴, 후삼국의 출현, 고려의 통일로 정리하였다.[27] 고려말 조준이 후삼국 군주들에게만 제한해서 사용했던 군웅을, 이병도는 폭넓게 사용하여 나말여초 사회변동의 주인공들을 모두 군웅으로 격상시킨 것이다.

같은 시기, 9세기 말 농민봉기의 원인을 지방 봉건세력 및 관리들이 조세를 납부하지 않아 국고가 파산된 것을 보충하기 위해 각 지방에 조세독촉 관리들을 파견하였는데, 그 대상이 횡령 장본인이 아닌 하층농민이 되었기 때문이라고 파악한 박시형은 고려왕조에 참여한 사람들은 신라 귀족사회와는 관련이 없는 '지방 토호(地方 土豪)' 출신자들이라고 평가하면서, 이들이 참여한 국내 내전은 태봉국, 후백제 및 신라의 3개 봉건왕국의 분립으로 정리되었다가 왕건의 고려왕조 통일로 종결되었다고 평가하였다.[28]

그런데 정작 6, 70년대 한국의 나말여초 역사상 구축에 지대한 영향력을 행사한 논리는 하타다 다카시(旗田巍)의 '호족사회론'이었다.[29] 이병도의 호족은 「금입택(金入宅)」의 「부윤대택(富潤大宅)」을 「부호대가(富豪大家)」, 즉 대토지의 소유와 수입을 가진 계층이라는 의미에서 호족이라는 용어를 사용했던 것에 반해,[30] 하타다의 호족은 일련의 연구를 통해 일본의 중국 고대사학계에서 중요하게 거론되어 오던 '호족'이라는 용어와 같은 맥락에서 '호족'을 사용하면서 나말여초 사회변동의 주역으로 만들어

---

27) 이병도, 『한국사-고대편』(진단학회), p.714, p.718.
28) 박시형, 1960, 『조선토지제도사(상),(중)』 pp181~184.
29) 旗田巍, 1960, 「高麗王朝成立期の府と豪族」 『法制史研究』10 ; 1972, 『朝鮮中世社會史の硏究』
30) 이병도, 『한국사-고대편』(진단학회), p.703,

버렸다.

하타다의 호족론은 지금은 대부분 극복되었지만, 당시에는 그 영향력이 얼마나 컸던지 김철준의 고대국가발달사와, 친족제도론, 신라 하대 선종을 중심으로 한 중세 지성론 조차 한동안 사소하게 여겨질 정도였고, 1988년 창립한 한국역사연구회 고중세사분과의 첫 작업도 하타다의 '호족사회론'에 대한 연구사 검토일 정도였다.[31] 당시 정리된 바를 중심으로 하타다의 '호족사회론'을 간단하게 요약하면 다음과 같다.

호족은 신라 촌주에 기원을 둔다(촌주기원설). 당시 촌락은 15호 정도의 자연촌락으로, 혈연을 중심으로 거주하던 미분화된 소공동체(혈족집단)로서, 촌주는 혈연집단의 장이었다(공동체미분화설). 이런 촌주들이 나말여초 촌락민을 사병으로 만들고, 주변 부락들을 복속시키면서 호족으로 등장하였다. 하타다는 계속해서 고려시대 친족 조직 내에서 전개되는 토지의 적장자 단독상속론과, 군현의 신분적 편성론 및 주속현체제론을 통해 고려전기 내내 고대사회적 특성이 지속됨을 논증하고자 하였던 것이다. 이러한 하타다의 호족사회론은 종래 경주 중심의 신라 골품제 사회론에 더하여 50년대 이전에는 다룰 수 없었던 촌락문서 연구를 토대로 한 촌락론, 군현제론을 첨가함으로써 한국 고대에서 고려까지 이어지는 경제구조론, 사회조직론, 국가조직론의 특성을 일괄 정리했다는 점에서 무게감을 가질 수밖에 없었고, 이후 연구에도 지대한 영향력을 미칠 수 있었다.

사실 하타다의 논리를 따르면 한국 고중세사회의 가족친족론, 향촌사회론, 중앙정부 상층지배자론 및 지배기구들의 조직, 편성의 원리가 모두

31) 박종기, 1990, 「고려전기 사회사연구동향」 『역사와 현실』 2, 나말여초연구반, 1991, 「나말여초 호족의 연구동향」 『역사와 현실』 5.

혈연사회론에 기초하게 된다. 그가 설명한 바와 같이 국가의 최하부 단위인 촌락에서 벌어지는 토지소유의 미숙성이 가족친족편성에서 중앙정부 편성에까지 영향력을 줄 수밖에 없었고, 그 결과 지배층의 피지배층에 대한 과다한 수탈이 일반적인 양상으로 설명할 수밖에 없었다. 하지만 그런 사회로 이해하기에는 한국 고중세의 사회 특성은 훨씬 다양하고 역동적이었다. 그러므로 이후 연구자들이 호족이라는 용어를 사용하여 나말여초 사회변동을 설명하더라도 그 내용은 판연히 달랐다. 본고와 관련하여 세 가지 점만을 서술하면 다음과 같다.

첫째, 촌락문서에 투영된 신라 기층사회의 모습에 대한 이해가 달라졌다. 이 시기만 하더라도 휴경, 상경을 중심으로 농업생산력 수준의 미숙성이 연구의 기초가 되었던 것에 반하여 이후 휴경상경 단계설론에 이어[32] 최근에는 고조선 이래 토지의 상경전과 휴경전이 병존했다는 설이 유력하다.[33] 이에 더해 촌락문서의 성격도 편호와 행정촌, 전정제적 수취제도의 반영이라고 보는 것이 타당하다.[34]

둘째, 가족친족의 운영 원리도 신라 하대를 기준으로 조상을 기준으로 한 친족집단이 와해되고 자신을 기준으로 한 친속으로서의 친족관계가 확대 발달되었으며,[35] 권력집단의 구성도 친족집단을 토대로 한 것이 아니었다는 것이다.[36] 뿐만 아니라 향촌사회의 편제 원리도 단순히 혈연적

32) 이태진, 1986, 「畦田考」『한국사회사연구』.

33) 이경식, 2005, 『韓國 古代·中世初期 土地制度史』.

34) 이인재, 1995, 『신라통일기 토지제도연구』(연세대 박사학위논문).

35) 노명호, 1988, 『고려시대 양측적 친족조직에 관한 연구』(서울대 박사학위논문).

36) 노태돈, 1978, 「羅代의 門客」『한국사연구』 21·22합. 노명호, 1986, 「고려초기 왕실출신의 향리세력-여초 친속들의 정치세력화 양태」『고려사의 제문제』.

인 관계가 아니라 호부층과 지역민이 향촌의 자위를 위해 호부층의 선진적인 농업경영 능력과 향촌교화의 주재자, 권농의 기능과 향촌 공동제사, 향도조직 등을 통해 자율적으로 편성되었음이 밝혀졌다.[37]

셋째, 군현제와 부곡제, 군현제 내의 주현과 속현이라는 영속관계의 등장도 나말여초 혈족관계의 대소관계에 따른 신분적 편성론이 아니었다. 부곡제는 4~6세기 생산력 발전에 따라 광범위하게 형성된 새로운 촌락 가운데 토지나 인구가 군현이 될 수 없는 지역이 국가의 지방질서 재편 의지에 따라 형성되었는데, 나말여초 사회변동에서도 이러한 경향은 계속되었으며, 이에 더해 나말여초 시기에 반왕조적인 지배세력을 편성하는 과정에서 새로운 속성이 첨가되었으며, 영속관계 역시 남북국기 신라의 주·군−영현체제에서 비롯된 것으로서 정치·경제·군사적으로 중요한 지역에 주현을 설치하고 미약한 지역에 속현을 설치함과 동시에 소규모촌락(부곡)이나 특수물품생산지역(소)을 주현에 예속시킨 주속현 체제였던 것이다.[38]

물론 토지제도 연구를 연구 출발로 삼았던 첫 번째 입장과 사회사를 연구 출발로 삼았던 두 번째 입장 사이에 크나큰 연구 간격이 있다. 가령 첫 번째 입장에서는 호족 성립의 배경이 되었던 남북국기 신라 사회의 가족친족과 지배집단의 결합 원리를 연호들의 단혼 소가족과[39] 상층지배층

37) 채웅석, 2000, 『고려시대의 국가와 지방사회−본관제의 시행과 지방지배질서』(서울대출판부).

38) 박종기, 2002, 『지배와 자율의 공간−고려의 지방사회』. 윤경진, 1996, 「고려 태조대 군현제 개편의 성격−신라 군현제와의 상관성을 중심으로」 『역사와 현실』 22. 윤경진, 2001, 「고려 군현제의 운영원리와 주현−속현 영속관계의 성격」 『한국중세사연구』 10.

39) 허흥식, 1981, 「고려시대의 가족구조」 『고려사회사연구』. 노명호, 1988, 「고려시대 향촌사회의 친족관계망과 가족」 『한국사론』 19. 이인재, 1993, 「신라통일기 연호의 토지소유」 『동방학지』 77, 78, 79합.

의 친속관계로 이해하면서 두 번째 입장의 연구 전제가 되었던 남북국기 신라까지의 친족공동체론과[40] 그에 기반한 부역(部役) 질서에 대해서는 의견을 달리한다. 이 가운데 부역질서에 대한 두 자료를 검토하면 다음과 같다.

하나가 모량 익선 아간이 죽지랑의 낭도였던 득오를, 화랑인 죽지랑도 모르게 급하게 차출하여 부산성 창직에 임명하고, 죽지랑이 방문할 당시 득오가 익선의 밭에서 예에 따라 역을 수행하고 있다(今在益善田 隨例赴役) 는 사실이다.[41] 이 기록에서 득오가 부산성 창직을 맡아 역을 수행해야 했던 것은 죽지랑이 지적한 바와 같이 '공사(公事)'임이 분명한데, 이 공사가 '부역(部役)'인지, '국역(國役)'인지가 문제가 되고, 다른 하나는 익선전(益善田)이 부장(部長)으로서의 익선의 토지(部田)인지, 당전(幢典)으로서의 익선이 관할하는 둔전(屯田)인지가 문제가 된다. 부역(部役), 부전(部田)이라는 설이 김철준 이래 노태돈, 채웅석이 주장하는 설이고,[42] 국역, 국전이라는 설이 필자가 이해하고 있는 바이다.[43]

두 번째가 진정사가 출가 전에 군복무(卒伍)를 하였는데, 집안이 가난하여 장가를 들지 못하고 부역(部役) 틈틈이 품을 팔아 곡식을 얻어 홀어머니를 봉양했다는 기록(白衣時 隷名卒伍 以家貧不娶 部役之餘 傭作受粟)의 부

---

40) 친족공동체론에 대해서는 초기의 7세대 공동체론에서 5세대 공동체론을 거쳐 최근 3세대 공동체론으로 의견을 모아나가고 있고, 최근 논문에 의하면 고구려 초기 왕위계승 원리도 전왕과의 혈연관계보다 신성한 권능 및 군사지휘력 등 비혈연적 요소가 더 중요하게 작용하였다고 한다. 김철준, 1968, 「신라시대의 친족집단」『한국사연구』1. 이광규, 1977, 『한국가족의 사적형태』. 이종욱, 1999, 『신라골품제연구』. 여호규, 2010, 「고구려 초기의 왕위계승원리와 고추가」『동방학지』150.

41) 『三國遺事』卷2 孝昭王代 竹旨郞.

42) 김철준, 1962, 「新羅 貴族勢力의 基盤」『人文科學』7, 노태돈, 1975, 「삼국시대 부에 관한 연구」 『한국사론』2, 채웅석, 2000『앞책』.

43) 이인재, 1995, 『신라통일기 토지제도연구』(연세대 박사학위논문).

역(部役)이다.[44] 선입견 없이 부역(部役)을 보면, 졸오와 연관시켜 자연스럽게 부오지역(部伍之役)이라는 군역을 설명하는 용어라 판단된다.[45]

한편 부곡제와 군현의 영속관계의 형성에서는 남북국기 신라와 고려 전기제도의 계승성에 대해서는 공감되는 점이 많지만, 영속관계 형성의 원동력에 대해서는 이견이 있을 수 있다. 정치·경제·군사적 중요성의 다소보다는 무언가 구체적인 국가운영원리의 고려가 있었을 것으로 판단되기 때문이다.

이러한 과정을 거쳐 나말여초 사회변동의 주인공은 군도(群盜)에서 호족(豪族)으로 격상할 수 있었다. 그리고 이 호족(혹은 호부)은 하타다의 호족사회론의 호족과 달리, ① 사적토지소유의 발전과정에서 스스로의 사회경제적 정체성을 확인하고, ② 자신을 기준으로 한 친속으로서의 친족관계를 정립하며, ③ 향촌사회가 되었건 중앙정부에서 정치경제사회적 지위를 확보해 나갈 때, 자신의 선진적인 농업경영 능력과 향촌교화의 주재자, 권농의 기능과 향촌 공동제사, 향도조직 등을 활용하거나 문객이나 종당, 족당과 같이 비혈연적 요소로서 정치경제사회적 관계를 형성하는 존재로서, ④ 군현의 영속관계나 부곡제 영역에서의 활동에 참여하는 존재였던 것이다.

호족의 정체성과 시대적 과제

신라는 삼국통일전쟁을 전후하여 중국을 중심으로 한 이차 천하화와

---

44) 『三國遺事』 卷5, 眞定師孝善雙美.
45) 초창기 노태돈은 이를 신라 육부의 부(部) 단위 혹은 부내부(部內部) 단위의 역으로 해석하였다. 노태돈, 1975, 「앞글」.

천하체제에 적극적으로 대응하고 있었다.[46) 중국에서는 진한시대를 거치면서 작제와 봉건제 및 관료제 및 군현제에 대한 논의가 후자를 중심으로 수렴되었던 반면에,[47) 한국에서는 열국기와 삼국기에 관등제와[48) 봉읍·봉국체제 및 관료제와 군현체제 병행론을 유지하면서[49) 식읍제와 조용조제를 병행하다가[50) 삼국통일전쟁을 전후하여 당과의 연합을 통해 통일전쟁을 수행하고 고구려와 백제의 유민들을 융합할 수 있도록 한당 유학을 본격 수용하면서 이차 천하화를 진행하고 있었던 것이다. 김부식은 이를 '당이상잡(唐夷相雜)'이라고 하였다.[51)

'당이상잡(唐夷相雜)'이 진행되면서 왕조국가의 국제적 지위에서부터 조세·수조권분급에 이르기까지 통일기 신라 사회 내에서는 다양한 사회현상이 드러나게 되었다. 가령 어떤 이는 신라국가를 황제국으로 보기도 하고,[52) 혹은 제후국으로 보기도 하였고,[53) 관등제와 관료제의 융합을 전제로 한 당의 육전체제와 삼국기 신라의 전통적인 국가운영체제가 서로 섞여 운영되기도 하였으며,[54) 봉읍·봉국론과 군현제의 신라식 적용 가능

---

46) 하일식, 2000, 「당 중심의 세계질서와 신라인의 자기인식」『역사와 현실』 37. 김용섭, 2008, 『동아시아 역사속의 한국문명의 전환』.

47) 민후기, 2004, 『古代 中國에서의 爵制의 形成과 展開』(연세대학교 대학원 박사학위논문).

48) 하일식, 2000, 「삼국시대 관등제의 특성에 대하여」『한국고대사논총』 9.

49) 서의식, 2006, 「한국고대국가의 이종용립 구조와 그 전개」『역사교육』 98.

50) 이인재, 2006, 「부여·고구려의 식읍제」『동방학지』 136.

51) 『三國史記』 38, 雜志 7, 職官 上. "新羅官號, 因時沿革, 不同其名言, 唐·夷相雜"

52) 김창겸은 갈경사석탑기의 경신대왕·소문황태후, 삼국사기의 先皇이라는 용어에 주목하여 다음 논문을 작성한 바 있다. 김창겸, 1999, 「신라 원성왕계 왕의 황제·황족적 지위와 진골 초월화」『백산학보』 52.

53) 장일규, 2008, 『최치원의 사회사상 연구』.

54) 정덕기, 2009, 「신라 중고기 중앙행정체계 연구」(연세대학교 대학원 석사학위논문).

성이 논의되면서 후자적 성격이 강한 군현제가 시행되기도 하고[55] 그에 대한 반발로 경주를 포함한 전국에서 전자적 성격이 강한 96각간의 난이 일어나기도 하였으며,[56] 녹읍이 폐지되고 부활되기도 하였다.[57] 당연히 그 사이의 균형을 잡는 것이 나말여초의 첫 번째 과제라 할 수 있겠다.

국제적으로 '당이상잡(唐夷相雜)'이 하나의 흐름이었다면, 국내적으로는 '경외상잡(京外相雜)'이 주요한 흐름이었다. 674년(문무왕 14) 진골(六徒眞骨)들을 9주의 치소(治所)와 5소경에 이주시켰다는 것이 그 시작이었다.[58] 그런데 이 조치에서 흥미로운 점은 진골 정착 지역 관위의 고유성을 인정하고(別稱官名), 그 관등을 경위에 준하게 했다는 것인데, 이 조치의 주요 목적은 당연히 삼국기 이래의 신라지역이 아니라, 옛 백제지역과 옛 고구려지역의 관명 사용 전통을 허용하겠다는 것이었겠다. 그런데 이 조치와 통일전쟁 이후 민족융합정책에 나섰던 신라가 바로 전해에 673년(문무왕 13) 백제인들을, 10여년 후인 686년(신문왕 6)에 고구려인들을 신라 관등에 편입시킨 조치와 연결시켜 보면,[59] '경외상잡(京外相雜)' 현상은 자연스럽게 나타날 수밖에 없었겠다.[60] 사실 전근대 농업국가에서 농토를 이

---

55) 『三國史記』 권9 경덕왕 16년 12월.

56) 『三國遺事』 권2 혜공왕.

57) 이경식, 2005, 『韓國 古代·中世初期 土地制度史』.

58) 『三國史記』 卷40, 職官 下, 外位. "文武王十四年 以六徒眞骨出居 然五京九州 別稱官名 其位視京位"

59) 『三國史記』 卷40, 職官 下, 高句麗人 官等, 百濟人 官等.

60) 김철준 이래 지금까지의 호족 연구는, 이들 진골의 지방 이주를 낙향귀족으로 정의하여, 즉 지방 거주가 곧 중앙권력에서의 소외나 족강(族降)에 따른 비자발적 이주로 보아 반신라성을 부각시키는 방향으로 연결시켜 왔으나, 그렇게 보기는 어렵다. 다구나 신라 행정체계의 일부였던 군진이나 촌주 등도 비골품세력이기 때문에반신라적 존재였을 것으로 평가해 왔으나, 그 또한 수긍하기 어렵다. 해상세력 역시, 남북국기 신라 국가체제에서 활동이 활성화되었을 것이므로, 역시 납득하기가 쉽지 않다. 김철준, 1964, 「후삼국시대의 지배세력의 성격」 『이상백박사회갑기념논총』. 이기백, 1990, 『한국사신론』. 정청주, 1996, 『신라말고려초 호족연구』.

동시킬 수 없을 바에야 관할 농지가 넓어진 남북국기 신라 사람들이, 유민이건 사민이건 금입택주건 녹읍주건 전국의 농토를 중심으로 이동하여 거주하는 것은 매우 자연스러운 현상이다.

실제 9세기 상황을 전해 주는 몇몇 주요 선사들의 가족 상황을 보면, 왕경 출신이면서도 지방에 거주하면서 활동하는 이들이 적지 않다. 진철 이엄(870~936)의 원조(遠祖)는 경주에 거주하다가 통일전쟁 전후기에 세도를 잃고 유랑하다가 웅천(熊川 : 공주)에 내려가 거주하게 되었고, 아버지는 부성(富城 : 서산)에 머물면서 정작 이엄을 출산한 곳은 소태(蘇泰 : 태안)였다. 대경 여엄(862~930)의 원조(遠祖) 역시 경주에서 벼슬 때문에 남포로 이주한 후 아버지 김사의 때까지 남포에 거주하면서 여엄을 낳았고, 자적 홍준(882~939)도 선대는 경주에 거주하다가 적어도 할아버지 때부터는 □주(州)에 거주하였다.[61] 8세기 후반에도 이런 사례를 예측할 수 있는데, 보조 체징(804~880)의 종성이 김씨이고 웅천사람(宗姓金, 熊津人也)이라는 것으로 보아, 선대가 경주에서 살다가 언젠가 웅진으로 이주한 인물이었을 것임이 분명하다.[62]

그렇다고 한다면 674년(문무왕 14) 육도진골들의 9주 및 5소경 이주는 이주처가 치소에 국한되지 않고 전국을 대상으로 이주한 셈이 되는데, 그 중에서 여엄 집안처럼 7세기부터 9세기까지 한 곳에 오래 머물기도 하고, 이엄 집안처럼 한 대에도 이주를 거듭하기도 하였다.

이러한 활발한 이주는 경주에서 지방으로의 이주뿐만 아니라 지방에서 지방으로의 이주도 활발했던 듯하다. 가령 정진 긍양이나 요오 순지,

---

61) 한국역사연구회 나말여초연구반, 1996, 『역주 나말여초금석문 상·하』
62) 한국고대사회연구소편, 1992, 『역주 한국고대금석문』 3.

법인 탄문처럼 공주, 패강, 광주 고봉 등 한 지역에서 누대에 걸쳐 거주하기도 하였지만, 징효 절중이나 원랑 대통, 혜거 지□ 집안처럼 모성에서 휴암, 취성에서 통화부 중정리, 명주에서 황려로 거주처를 옮기면서 살기도 하였다.[63] 특히 절중의 경우 원조(遠祖)가 지금의 금화면 일대인 모성에서 군족으로 편입되었다가(其先因牟城 遂爲郡族)가 아버지 대를 전후하여 지금의 봉산인 휴암 사람이 되었다.

절중(826~900)이 태어 날 무렵 휴암에는 철감 도윤(797~868) 집안이 여러 대에 걸친 호족으로 자처하고 있었다.[64] 절중의 성씨가 확인되지 않아 도윤과 절중이 족인(族人)인지 아닌지는 파악할 수 없지만, 절중 집안이 족인을 찾아 이주했더라도[65] 이주 후 도윤집안에 곧바로 편입되지는 않은 것으로 보아 이주 사유는 매우 개별적이었을 것이다. 이렇게 개별 가족들이 개별적인 여러 사정으로 거주처를 옮기고 군적(郡籍)에 편입됨으로써 정치, 경제, 문화적으로 서로 섞이는 현상, 즉 경외상잡(京外相雜)과 이와 동시에 진행되었을 외외상잡(外外相雜)은 이 시기 매우 자연스러운 현상이었겠다.

당이상잡과 경외상잡 현상은 특정 호족들의 성씨 취득에서도 드러난다. 전통성을 중시하던 대부분의 이 시기 지방 거주 호족들이 무성씨(無姓氏)를 유지하고 있음에도 불구하고,[66] 어느 특정 집안사람들은 굳이 자신들의 집안을 중국에서 이주해 왔다고 주장하는 것이다. 가령 보통의 경우

---

63) 한국역사연구회 나말여초연구반, 1996, 『역주 나말여초금석문 상·하』
64) 『조당집』권17 쌍봉화상 도윤. "累葉豪族 祖考仕宦 郡譜詳之"
65) 최병헌, 1972, 「신라하대 선종구산파의 성립」『한국사연구』 7.
66) 이종서, 1997, 「나말여초 성씨 사용의 확대와 그 배경」『한국사론』 37.

에는 요오 순지(생몰년 미상) 집안이나 정진 긍양(878~956) 집안, 법인 탄문(900~975) 집안, 진관 석초(912~964) 집안처럼 자신들이 국내의 전통 있고 오랜 집안(① 가업웅호(家業雄豪) 세위변장(世爲邊將). ② 군읍지호(郡邑之豪), ③ 화현명가(花縣名家) 난정무족(蘭庭茂族), ④ 적유가문(積有家門) 심명예악(深明禮樂))이었음만을 주장했던 반면에, 법경 현휘(879~941) 집안은 자신의 집안이 노자의 후예임을 특별히 거론하기도 하고, 법경 경유(871~921) 집안은 대한종지(大漢宗枝), 선각 형미(864~917) 집안은 박릉 땅의 높은 귀족(博陵冠盖), 낭공 행적(832~916) 집안은 주나라 태상공의 후예(周朝之尙父遐苗 齊國之丁公遠裔)임을 주장하기도 하였는데,[67] 이는 이 시기 특정 개별 집안사람들이 경외상잡에 더하여 당이상잡 유행 추세까지 수용하여 시대의 선각임을 증거 하려던 결과였겠다.

이에 더하여 정치, 경제적으로 상하상잡(上下相雜)도 심화되었다. 이의 가장 극적인 사례는 역시 후삼국의 맹주로 등장했던 견훤 집안과 궁예 집안이었다. 당시 사벌주에는 '불수공부(不輸貢賦) 사건' 발생에 불과 2~3년 앞선 885년에서 887년 사이(光啓年間)에 농업으로 성장한(以農自活) 아자개가 장군을 자칭(自稱將軍)하고 있었다.[68] '이농자활((以農自活)'은 사적 소유권이 발달해 있던 신라 천년동안 언제든지 가능한 사안이지만, 자칭장군(自稱將軍)은 이 시기에 발견할 수 있는 특징적인 '사건'이었다. 이른바 문무왕 이래 신라 정부가 인정한 '별칭관명(別稱官名)'의 자격 요건으로 조정할 수 없는 사건이기 때문이다. 궁예 집안의 존재 역시 흥미롭다.[69] 헌

---

67) 한국역사연구회 나말여초연구반, 1996, 『역주 나말여초금석문 상·하』
68) 『三國遺事』 卷2 後百濟 甄萱 "父阿慈个, 以農自活, 光啓中據沙弗城(今尙州), 自稱將軍"
69) 『三國史記』 권50 궁예.

안왕(재위: 857~860) 혹은 경문왕(재위: 861~874)의 아들이라는 김부식의 평가엔 의문이 있지만 최소한 신라 왕실, 혹은 낙향진골귀족의 후예라는 점을 수용한다면,[70] 신라 최상층에서 단계적으로 몰락하여 경제적으로 아주 어려운 처지에 빠진 집안이 된다. 이러한 농민 집안으로부터의 '성장'과 왕실 집안으로부터의 '몰락'은 이 시기 상하상잡(上下相雜)의 주요 사례라 할 수 있겠다.

　나말여초 호족들은 이러한 시대적 환경에서 살고 있었다. 당이상잡, 경외상잡, 상하상잡이 일상화 되었던 시대 환경에 적응하는 주체는 중세적 '개인'과 가족이었으며, 농업경영이나 사회적 관계, 정치적 관계 역시 혈족집단을 중심으로 맺어졌던 것이 아니라, 종당(宗黨)이나 족당(族黨)이라는 비혈연성을 중심으로 관계로 맺을 수밖에 없는 사회였다. 농민에서 성장하건 사회 최상층에서 추락하건 적어도 지방사회에서 호부, 호족이라면 호세부민(豪勢富民)이면서 양가자제(良家子弟)로서 활동할 수 있었다. 지방에서 '이농자활(以農自活)'로 성장한 사람이나 경주에 거주하면서 경향 각지에 전장(田莊)을 소유한 부윤대택(富潤大宅)이 바로 그런 사람들이었겠다. 이런 호부층이 거주 지역에서 인품을 구비하고, 덕목을 실천하며, 자위조직을 운영하며 몰락농민들과의 유대를 강화시키고, 선승과 지방학교를 통해 교화를 담당함과 동시에 공동제사나 향도조직을 운영하기도 하였다.[71] 하지만 경제적으로나 정치적으로 위기에 처하고, 이에 더하여 병흉(兵凶)이 더해져 대처를 못하면, 언제든지 유민이 될 수도 있는 존

---

70) 조인성, 2007, 『태봉의 궁예정권』. 이재범, 2007, 『후삼국시대 궁예정권연구』. 김용선, 2008, 『궁예의 나라, 태봉』.

71) 채웅석, 2000, 『고려시대의 국가와 지방사회─본관제의 시행과 지방지배질서』(서울대출판부).

재였다.

이러한 상황이었기 때문에 남북국기 신라의 농민들과 호족들은 국가의 제도 운영에 민감할 수밖에 없었다. 녹읍의 폐치와 부활은 녹읍주에게만 영향을 주는 것이 아니라, 녹읍에 편제될 녹읍민에게도 긴박한 상황이었으며, 녹읍이 전정제에 입각하여 운영되는 한 녹읍에 편입되지 않은 일반 전정민들에게도 영향력이 미칠 수밖에 없었다. 이 점은 지방제도 개혁에 있어서도 마찬가지였겠다.

경덕왕대 신라 지방제는 관료제와 군현제에 입각한 州—郡—縣이라는 분명한 위계를 지향하고 있었는데,[72] 이러한 방향은 녹읍·식읍제에 내포되어 있던 관등제와 봉읍·봉국제적 전통과는 충돌할 수밖에 없었다. 그러므로 촌

신라 통일기의 군현수
(괄호안은 경덕왕대 기준)

州名	郡數	縣數
沙伐州(尙州)	10(10)	31(30)
揷良州(良州)	12(12)	40(34)
菁州(康州)	11(11)	30(27)
漢山州(漢州)	28(27)	49(46)
首若州(朔州)	12(11)	26(27)
河西州(溟州)	9(9)	26(25)
熊川州(熊州)	13(13)	29(29)
完山州(全州)	10(10)	31(31)
武珍州(武州)	15(14)	43(44)
계	120(117)	305(293)

주는 예외로 한다고 하더라도, 군현까지 외관 파견 범위를 집권성을 강화하는 방향으로 잡을 것인가, 아니면 군현 명칭과 상관없이 외관 파견 유무를 중심으로 영속관계를 정할 것인가 하는 점도[73] 농민, 호족들에게는 중요한 관심사가 아닐 수 없었다. 지방제도 개혁의 토대에는 양전과 호구조

---

72) 옆 표는 다음 논문에서 재인용한 것임. 하일식, 2010, 「신라 말, 고려 초의 지방사회와 지방세력」 『2010, 한국중세사학회 학술발표대회 발표집』

73) 하현강, 1993, 「지방의 통치조직」 『한국사』 13.

사가 전제되어 있었고, 이를 중심으로 군현제 지향의 조세제와 봉읍·봉국제 지향의 녹읍제가 운영되고 있었기 때문이었다.

이와 함께 전통적인 신라 사회 신분제에 대한 문제도 호족들에게는 여전히 해결해야 할 과제였다.[74] 사실 이 시기 신라에서는 최치원이 지적한 바와 같이 여전히 골·두품 성립의 역사에 역사성을 둔 5품제가 영향력을 발휘하고 있었다.[75] 이 기록은 낭혜 무염(800~888)이 821년 왕자 흔의 도움으로 당나라에 유학간 사이, 아버지 김범청이 822년 김헌창의 난에 연루되면서 족강된 사실을 전한 것이다. 난에 가담한 사람 가운데 종족과 당여 239명이 죽임을 당했으나,[76] 김범청은 족강에 그치었다.[77] 그런데 홍

---

74) 주보돈, 2009, 「신라 골품제 연구의 새로운 경향과 과제」 『한국고대사연구』 54.

75) 최치원, 성주사 낭혜화상비. "俗姓金氏 以武烈大王爲八代祖 大父周川 品眞骨 位韓粲 高會出入皆將相 戶知之. 父範淸, 族降眞骨一等 曰得難. 國有五品 曰聖而眞骨 曰得難 言貴姓之難得 文賦云 或求易而得難從言 六頭品 數多爲貴 猶一命至九, 其四五品 不足言" (무염의 속성은 김씨로 무열대왕이 8대조가 된다. 조부 주천의 품은 진골이며, 위는 한찬(5위 대아찬)이다. 고조와 증조가 나가서는 장수가 되고, 들어와서는 재상이 되었음은 집집마다 알고 있다. 아버지는 범청으로 진골에서 한 등급 족강되었으니, 득난이라 한다. 나라에 다섯 품이 있는 바, (첫째는) '성스러우면서도 참된 골(聖而眞骨)'이며, (둘째는) 득난(필자 첨가 : 어려운 것을 얻음)이다. 득난은 귀성의 얻기 어려움을 말하니, 문부의 "혹 쉬운 것을 찾되 어려운 것을 얻는다"를 따라서 말한 것이다. (셋째는) 육두품이니 수가 많음을 귀하게 여긴 것으로, 일명에서 구(명)에 이르는 것과 같다. 네다섯째 품은 족히 말할 게 없다.) 이 해석은 남동신의 해석을 따른 것이다. 남동신, 2002, 「성주사 무염비의 '득난'조에 대한 고찰」 『한국고대사연구』 28. 단 "聖而眞骨"의 聖을 남동신은 9세기 후반 경문왕가의 성골의식 강화와 관련이 있는 것으로 보았지만, 오히려 詞에서 언급한 "海東金上人 本支根聖骨"에 주목할 필요가 있다. 낭혜는 범청의 아들이므로 당연히 득난층이었을 것이고, 8대조인 무열왕은 진골이다. 그럼에도 불구하고 詞에서 언급한 성골에 뿌리를 두고 있다는 서술은 진골의 역사성을 설명하기 위해 필요한 설명이었겠다. "聖而眞骨"이 또 하나의 계층이 아니었다는 것이다. 이렇게 진골과 6두품 사이에 있던 득난은 진골 분화에서 생성된 계층(남동신)일 수도 있고, 진골 분화와 함께 6두품의 성장에서 생성된 계층(서의식)일 수도 있겠다. 서의식, 1995, 「9세기말 신라의 득난과 그 성립과정」 『한국고대사연구』 8.

76) 『三國史記』 권10 헌덕왕 14년 3월. 황선영, 1988, 「신라 하대 김헌창 난의 성격」 『부산사학』 35. 주보돈, 1008, 「신라 하대 김헌창의 난과 그 성격」 『한국고대사연구』 51.

77) 김범청의 족강과 김헌창 난의 연루와의 상관성은 다음 논문이 참고 된다. 최병헌, 1972, 「신라 하대 선종구산파의 성립」 『한국사연구』 7. 족강은 친족공동체 전체의 지위 하락이 아니라 개인에 국한된 처벌이라는 것은 낭혜의 양조국사(兩朝國師) 활동에 저해 요소로 작용하지 않았음에서 유추할 수

미로운 것은 최치원이 서술한 5품제이다.

이 기록에서 우리가 유의해야 할 점은 4, 5품에 대한 설명이다. 왜냐하면 골품제의 변화 과정에서 진골의 역사성은 사(詞)에서 성골 유래설을 주장하고, 현재성은 본문 주에서 귀성 즉 김씨 성이라는 얻기 어려운 지위를[78] 얻었다, 혹은 유지했다는 득난으로의 분화로 설명하고 있는데 반하여, 두품제에 대해서는 6두품의 역사성에 대해서는 '수다위귀(數多爲貴)'라고 본문 주에서 설명하고 있는데 현재성을 설명해야 하는 4품과 5품에 대해서는 단지 족히 말할 것이 없다(不足言)고만 서술하고 있다.[79] 최치원의 글 솜씨로 봐서 자신이 설명한 4, 5품은 말하자면 '수다위하(數多爲下)'가 되기 때문에 3품인 6두품의 '수다위귀(數多爲貴)'와 상충되기 때문에 그 자체로도 무언가 주가 있어야 하고, 득난과 같이 시대성을 반영하더라도 주가 필요하기는 마찬가지이다. 그럼에도 불구하고 보충 설명을 하지 않은 것은 아마도 문무왕대 이래 지방에서 활용되던 '별칭관명' 즉 재지관반과 관련된 용어가 혼효되어 있기 때문에[80] 역사성과 현재성을 설명할 수 없었기 때문에 족히 말할 것이 없다고만 서술한 것이 아닌가 생각된다. 요컨대 최치원의 5품제는 비록 전통성이 강한 진골과 6두품이 있고, 현재성이 강한 득난과 4·5품이 섞여 있지만, 나말여초 호족들이 지향하던 인품제와는 뚜렷이 구분되는 것이기도 하겠다.[81]

있다.

78) 귀성은 진골의 성이라는 주장은 다음 논문이 참고 된다. 윤선태, 1993, 「신라 골품제의 구조와 기능」『한국사론』 30.

79) 지금까지는 모두 4두품과 5두품, 혹은 5두품(4품)과 4두품(5품)으로 해석해 왔던 구절이다.

80) 김광수, 1979, 「나말여초 호족과 관반」『한국사연구』 23.

81) 『高麗史』 권78 식화1 전시과. 경종 원년 11월.

4. 미완의 왕조국가 건설자들
   : 후백제 견훤정권과 태봉 궁예정권

당이상잡, 경외상잡, 상하상잡의 시대상은 전통적인 신라 왕조나, 신흥 왕조국가를 건설하려던 후백제 견훤정권과 태봉 궁예정권 모두에게 기회가 될 수도 있었고, 위기가 될 수도 있었다. 가령 신라의 경우 경문왕은 삼교를 융합한 인물(心融鼎敎)이고,[82] 그의 아들 헌강왕은 중국풍으로 폐풍(弊風)을 일소(以華風掃弊)코자 한 인물이었다.[83] 경외상잡을 삼교융합으로 대처하고, 당이상잡을 화풍 중심 정책으로 정립하고자 한 덕에 신라의 국력이 다시 세워지는 듯하였다.[84] 그러나 정강왕의 예기치 않은 재위 기간 단축과, 헌안왕이 선덕과 진덕의 고사를 들어 선택하지 않았던 여왕의 재위를,[85] 골법(骨法)의 역사성을 거론하며[86] 즉위한 진성여왕의 정책이 균형을 유지하기는 어려웠겠다. 김부식은 언급한 바와 같이 왕기(王畿) 밖의 주현들의 반은 예전과 같은 부(附) 상태였고, 반은 반(叛)한 상태였음에도 불구하고(叛附半半),[87] 궁정의 소인배들이 측근으로 있으면서(嬖竪在側) 정권을 농락하여 나라 기강이 문란해지고, 여기에 더해 기근이 겹쳐 발생했던 것은[88] 결국 이 시기 정책 운영자들이 역사성과 현재성의 균형

---

82) 최치원, 893, 「봉암사지증대사탑비」 (한국고대사회연구소편, 1992, 『역주 한국고대금석문』 3, 남동신 역주). Vladimir Tikhonov, 1996, 「경문왕의 유불선 융화정책」 『아시아문화』 2.

83) 최치원, 893, 「봉암사지증대사탑비」 (한국고대사회연구소편, 1992, 『역주 한국고대금석문』 3, 남동신 역주).

84) 『三國史記』 권11 헌강왕 6년 봄2월.

85) 『三國史記』 권11 헌안왕 5년 춘정월.

86) 『三國史記』 권11 정강왕 2년 5월.

87) 『三國史記』 권50 궁예. 『三國遺事』 권2 후백제 견훤.

잡히지 못한 안목에서 발생한 것이었겠다.

그렇다면 9세기말 10세기초 기왕의 신라 국가나 새로이 신왕조국가를 건설하려는 세력들도 반(叛) 상태의 이른바 '군도(群盜)'들이 체제와 제도에 포섭될 수 있도록 균형 잡힌 정책 철학을 바탕으로 한 체제 보완과 제도 보완을 했어야 했다. 그렇게 되었을 때, 이른바 '군도(群盜)'들의 처지에서는 구왕조가 되었건 신왕조가 되었건 국가체제에 다시 귀부(歸附)할 수 있는, 즉 반(叛) 상태에서 부(附) 상태로 돌아간다는 상당히 위험성이 높은 결정을 감행할 수 있는 여지가 생기는 것이다. 그러므로 귀부 조건에 대한 검토는 나말여초 왕조교체의 성격을 검토하는데, 매우 중요한 단서가 된다고 할 수 있는데, 이러한 귀부 사례를 가장 잘 표현해 주고 있는 사례가 유명한 공직(龔直)의 귀부 사건이다.[89]

공직은 연산군의 영현인 매곡현 장군이었다. 연산군은 원래 백제의 일모산군이었다가 신라 경덕왕 때 연산군이라고 하였으며, 매곡현은 백제의 미곡현이었는데, 경덕왕 때 매곡현으로 이름을 바꾸었다가 고려초에 회인현으로 바뀐 곳이다.[90] 연산군은 지금의 충북 청원군 문의면 일대이고, 매곡현은 보은군 회인면 일대로서, 대청호 상류에 있는 두 곳의 거리는 대략 20㎞ 내외이다.

이 가운데 매곡현 장군 공직의 귀부 사건은 932년 6월에 발생했다.[91] 그 이전까지 견훤의 복심이라 불렸던 공직이 고려에 귀부하기까지의 과

---

88) 『三國史記』 권50 견훤.
89) 『高麗史』 卷92 龔直.
90) 『高麗史』 권56 청주목.
91) 『高麗史節要』 권1 태조 15년 6월.

정을 보면 몇 단계를 거친다. 1단계에 공직은 장자 직달과, 왕건에의 귀부 필요성을 논의하였다. 물론 이 논의는 자발적 논의이다. 2단계는 조알(朝 謁)이다. 귀부를 하면, 해동천자론에 입각한[92] 왕건과는 번병(藩屛)의 관계 가 된다. 그렇기 때문에 왕건의 입장에서는 내조이지만, 공직의 처지에서 는 조알(朝謁)이 된다. 조알의 목적은 당연히 폐읍 보존이다. 3단계는 조알 (朝謁)의 결과이다. 공직이 조알을 하면서 왕건에게 인질을 보냈을 것이라 는 점은 사료에 나와 있지 않지만, 자연스럽게 유추할 수 있다. 그런데 공 직의 귀부 행위에서 주목되는 점은 왕건의 조치이다.

왕건은 공직과 그의 큰 아들에게 대상(大相)과 좌윤(佐尹)이라는 향직 을 주고, 이에 더하여 공직에게는 白城郡(지금의 안성)의 녹읍을 하사하고, 작은 아들과는 왕건 예하의 정조 준행의 딸과 혼인케 하였다. 향직과 녹 읍 하사와 함께, 혼인 정책을 병행하고 있는 것이다. 향직은 당시 지방에 서 광범위하게 운영되고 있었던 지방 관반층을 수용할 수 있는 왕건 정권 의 고유 정책이고, 녹읍 하사는 여전히 운영되고 있던 신라의 후기 녹읍체 계 속에 공직 역시 편입됨을 인정하는 조치라 할 수 있다. 상징적인 조치 가 아니라 실질적인 조치인 것이다.[93]

그러자 공직은 추가 조치를 요청하였다. 접경지역으로서 왕건에 귀부 하려는 매곡과 달리 여전히 후백제에 귀부되어 있는 연산군, 즉 일모산군 의 공격 가능성에 대해 왕건 군이 방어해 줄 것을 요청한 것이다. 공직의 군대와 왕건의 군대의 연합군 형성을 요청한 것이다. 마치 889년 상주에

---

92) 노명호, 1999, 「高麗時代의 多元的 天下觀과 海東天子」『한국사연구』105. 추명엽, 2005, 「高麗 時期 '海東' 인식과 海東天下」『한국사연구』129.
93) 신호철은 이 조치가 상징적인 조치일 것으로 추정하였다. 신호철, 1996, 『후백제견훤정권연구』, p. 99.

서 원종과 애노에 대항하여 중앙의 영기군과 지역의 우련군이 연합군을 형성한 것과 같은 모양이었다. 당연히 왕건은 허락하였다.

공직의 귀부 사건에서 불수공부(不輸貢賦)와 납부공부(納付貢賦)의 요건까지 직접적으로 설명되어 있지 않다. 단지 기록에서는 있을지도 모를 일모산군의 공격을 방어해야 할 필요성으로 매곡현민들이 약탈을 당하지 않고 오로지 농상에 힘쓸 수 있다는 점(使弊邑之民 不被寇竊 專務農桑)을 들고 있다. 왕건에 귀부한 매곡현민의 입장에서는 약탈당하는 것(寇竊)이지만, 공격하는 후백제 견훤에 속해 있던 일모산군 입장에서는 전공(戰功)이 된다. 구절(寇竊)이라 하건 전공(戰功)으로 표현하건, 이러한 상황이 계속되면 농민들의 입장에서는 농상(農桑)에 전념할 수 없는 형편이 된다.

조준은 이 전공(戰功)이 폭렴(暴斂)의 원인이라고 분석한 바 있다. 태조 왕건의 위대한 공의 하나로, 전쟁을 수행하느라 재정이 많이 들어 1경에 6석씩 거두는 것(3/10세)이 일상적인 것에 대해, 십일세법을 썼다는 것(近世 暴斂一頃之租收至六石民不聊生予甚憫之自今宜用什一以田一負出租三升)이다. 납부공부(納付貢賦)의 요건이 전통적인 십일세법으로의 복귀에 있고, 그래야만 오로지 농상에 힘쓸 수 있다는 사실의 반증이라고 할 수 있겠다.

요컨대 나말여초 격동기에 국가에 반(叛)하고 있었던 호부호족, 관반호족의 처지에서는 신라와 같은 옛 왕조국가가 되었건, 백제, 고려와 같은 신 왕조국가가 되었던 당시 자신들이 신라왕조에 반(叛)하지 않을 수 없었던, 그래서 불수공부(不輸貢賦)할 수밖에 없었던 조건들이 해소되지 않으면, 어떠한 국가에도 귀부하기가 어려웠다. 고려의 왕건정권과 같이 1) 지방의 관반체계를 어느 정도 인정한 향직체계가 마련되어 있던가, 2) 관반호족들이 필요로 하는 군사적 지원책이 마련되거나 3) 신라의 전통적인 녹읍이라던가 4) 조세관행에 대한 확고한 시행의지가 있지 않으면 내항(來降)으로도 인식되는 귀부 행위를 할 수가 없었던 것이다.[94] 이런 점이 체제 보완책이며, 제도 보완책이라 할 수 있겠다. 그러면 과연 견훤정권과 궁예정권에서도 이런 조치가 시행될 수 있었을 것인가?

지금까지의 연구를 보면, 견훤과 궁예도 신왕조 개창에 강한 의욕을 가지고 정권을 운영하고 있었음을 확인할 수 있다. 견훤 정권이 칭왕(稱王), 국호 제정, 입도(立都), 설관분직(設官分職) 했던 점도 어느 정도 알려져 있고,[95] 궁예 정권 역시 칭왕(稱王), 국호 제정, 입도(立都), 설관분직(設官分職) 했을 것으로 연구되어 왔다.[96] 그럼에도 불구하고 견훤과 궁예의 신왕조건설을 미완으로 보아야 하는 이유는 어디에서 찾을 수 있을까?

사실 많은 호부호족, 관반호족들의 입장에서는 국가 운영주체에 대한 불신과 이에 입각하여 신라 왕조의 국가 운영 능력을 부정하고 있었기 때문에 누구라도 기회가 되면 견훤과 같이 '자왕(自王)'하거나 궁예가 '개국칭군(開國稱君)' 하듯이 할 수 있었을 것이다. 그리고 궁예의 예와 같이, 896년 도철원성(都鐵圓城)하고, 897년 이도송악군(移都松嶽郡)할 정도라면,[97] 신왕조건설을 꿈꾸었던 호부호족, 관반호족이라면 자신이 거주한 지역에 누구라도 입도(立都) 의지를 천명할 수 있었겠다. 이 점이 이 시기

---

94) 『高麗史』 권2 태조 15년 6월. "六月 丙寅 百濟將軍龔直來降"

95) 신호철은 견훤정권 성립 단계를 1기(889년 이전), 2기(889~892), 3기(892~900), 4기(900년 이후)로 구분하였고, 3기를 稱後百濟王, 후백제 건국기로 설명한 바 있다. 신호철,1996『후백제견훤정권연구』pp. 47~48.

96) 궁예의 후고구려 건국 시점에 대해 신호철과 김용선은 895년 8월 후고구려를 건국하였다고 하였고, 이재범, 조인성, 신호철은 901년 건국했다고 하였다. 신호철, 1996, 『후백제견훤정권연구』 p.229. 김용선, 2008, 『궁예의 나라, 태봉』 p.5. 이재범, 2007, 『후삼국시대 궁예정권연구』 조인성, 2007, 『태봉의 궁예정권』

97) 『三國遺事』 권1 왕력 후고구려.

신왕조건설을 꿈꾸었던 나말여초 사회변동 주인공을 평가함에 있어서 용어에 지나치게 집착하지 말아야 하는 이유이기도 하다. 문제는 '9세기말 본격적으로 신라정부에 반(叛)했던 이들이 부(附)로 돌아갈 수 있도록 체제보완을 하고 제도 보완을 할 수 있는 철학적 자세와 정책 마련 능력을 갖추고 있느냐'이다.

가령 918년 7월 상주의 관반호족 아자개가 고려 왕건에 귀부할 당시,[98] 귀부 행사를 주관하던 고려에서 광평낭중과 직서관이 반열(班列)을 다투는 사건이 있었다. 왕건 정권 역시 그 만큼 미숙한 점이 없지 않았다. 그런데 이때 왕건이 제시한 귀부 자세에 대해 겸양은 예의 으뜸이고, 공경은 덕의 근본이라고 설득하였다. 이런 자세가 필자가 평가하는 철학적 자세이고, 정책 수립의 태도라고 할 수 있겠다. 호세부민(豪勢富民)이면서 양가자제(良家子弟)이며, 거주 지역에서 인품을 구비하고, 덕목을 실천하며, 관반제와 자위조직을 운영하며 몰락농민들과의 유대를 강화시키고, 선승과 지방학교를 통해 교화를 담당함과 동시에 공동제사나 향도조직을 운영하던 관반호족들이 국가에 반(叛)하지 않고, 부(附)할 수 있는 즉, 국가의 법과 제도 속에 안착할 수 있도록 하는 장치를 갖추는 것이 당시 신왕조 건설자라면 마땅히 갖추어야 할 자세였다고 할 수 있겠다.

그런데 견훤과 궁예에게는 이런 점을 찾아 볼 수 없다. 비록 자료에는 찾아지지 않지만 마련되어 있을 것이라고 추정되는 견훤정권의 중앙 설관분직이나, 구체적인 예가 제시되어 있는 궁예정권의 설관분직이라고 하더라도, 미완이라고 생각하는 이유는 왕건의 향직과 녹읍과 같은 관반

---

98) 『三國史記』권12 경명왕 2년 7월. 『高麗史』권1 태조 원년 7월.

호족들에 대한 제도적 지원책의 궁리가 찾아지지 않고, 관반호족 예하의 농민들을 위한 구휼정책이나 조세제도 안정책의 모색이 찾아지지 않는다면, 견훤과 궁예의 신왕조건설 노력은 미완이라고 하지 않을 수 없는 것이다. 앞서 제시한 공직이 일찍부터 견훤정권에 조알하고 장자 직달을 인질로 보내, 견훤정권의 예하에서 살게 하였으나 왕건정권으로 귀부처를 바꾸면 당연히 죽음이 예상되어 있는 직달이 귀부처 변경을 권유했던 것도 당시 호부호족, 관반호족층이 새로운 왕조에의 기대치를 보여주는 주요한 증거라고 판단하고 있다.

요컨대 나말여초 사회변동에 대처하는 왕조국가 건설자들간의 경쟁이 정쟁(政爭)이 아니라 전쟁(戰爭) 양상으로 발전한 것도, 9세기 후반에서 10세기 초반에 걸쳐 국가에 반(叛)할 수밖에 없었던 호족과 농민들을 포섭할 수 없는 철학과 정책의 부재에서 찾아야 할 것이다. 신라의 행정체계를 법흥왕대 당이상잡(唐夷相雜)적 자세에서[99] 출발하였음에도 불구하고, 삼국 통일전쟁 승리 후 발전된 국력을 배경으로 한 경덕왕대 급격하고 성급한 한화정책, 즉 당제 우위정책의 추구가 9세기 신라에 많은 혼란을 초래했다고 한다면, 그 혼란을 극복하는 방법은 왕건이 제시한 바와 같은 '수방이토론(殊邦異土論)'에서[100] 찾아질 수밖에 없었다는 것이다.

99) 정덕기, 2009, 「신라 중고기 중앙행정체계 연구」 (연세대학교 대학원 석사학위논문).
100) 이인재, 2009, 「선사 충담의 생애와 충담비 마멸자 보완 수용문제」 『원주금석문집』 2.

5. 나오면서

신라 천년의 역사는 매 순간마다 격동의 역사였다. 삼국기 신라의 성립기나 통일전쟁 전후한 시기의 신라, 그리고 신라 왕조 체제가 파열음을 내던 신라말도 예외는 아니었다. 그럼에도 불구하고 매 시기 신라사 평가에 제약요건이 되었던 것이 이른바 골품제사회론이었다. 가장 단순하게 요약하면 골품제 사회론은 김씨라는 특정 혈족집단(진골)의 국가 지배가 왕경인조차 골품과 두품으로 차별하고, 왕경의 골품과 두품이 연대하여 지방을 차별하였다는 이른바 전제왕권론으로 구조화되어 있다. 그 결과 골품제사회론은 신라사의 역동성을 설명하는데 제약 요건이 되었고, 신라말 고려초 사회변동조차 골품과 반골품, 중앙의 전제왕권과 지방의 반전제왕권 세력의 갈등으로 볼 수밖에 없었다.

다행히 2000년을 전후하여 등장한 득난에 대한 새로운 해석을 통해 골품제에 대한 새로운 이해가 가능해 지면서, 이 시기 문객이나 종당, 족당 등 비혈연집단 존재와의 관계성이 명확해 지고, 미흡하지만 군현의 영속 관계나 그 속에 내포되어있던 녹읍제와 조세제, 공부제에 대한 설명도 유기적으로 이해할 수 있는 여지가 생기게 되었던 것이다.

사실 나말여초 사회변동은 이미 수많은 연구 성과들이 제시한 바대로, 2차 천하화에 대한 역사성과 고유성을 절충시키려는 인물, 세력, 제도를 중심으로 매우 다양한 모습으로 전개되어 있었다. 그러므로 후삼국의 대결 양상도 전통왕조의 재조와 신흥왕조의 건설 방향과 이를 위해 그들이 수립했던 정책과 제도를 중심으로 이해할 필요가 있다. 본고는 그러한 연구 방향을 목표로 할 때 필요한 몇 가지 사항을 중심으로 정리한 것이다.

후삼국시대사론[*]

이재범

(전) 경기대학교 사학과 교수

1. 서론

본고는 후삼국시대를 어떻게 규정하고, 이해해야 하느냐에 대한 의문을 제기하는 논고이다. 현재 후삼국시대는 일정한 지번을 갖고 있지 못하다. 신라말·고려초 또는 나말려초라고 부르기도 하고, 신라하대에 포함하기도 한다. 그리고 이 시기의 역사적 현상을 끊임없이 지방분권적 양상이 확대되어 가는 것으로 이해하는 경향이 짙다.[1] 그러나 실상은 달랐다.

---

* 본 연구는 2014학년도 경기대학교 학술연구비(일반 연구과제) 지원에 의하여 수행되었음을 밝힌다.
1) 여러 연구자들에 의하여 통칭되고 있다. 근래에는 신라말·고려초에 대한 시기를 '眞聖女王代로부터 고려의 지방관이 파견되기 시작하는 成宗代까지 거의 1세기 동안'을 설정하는 경우도 있다(정청주, 「신라말·고려초 海上勢力의 대두와 그 역사적 의미」『역사학연구』제59집, 2015. 28쪽).

9세기 말에 이르러 지방분권화되었던 정치현실이 궁예와 견훤에 의하여 태봉과 후백제가 건국되면서 통합의 과정을 겪는다. 특히 알려진 바에 의하면 궁예의 마진국 체제는 상당한 행정조직을 구비하였고, 관료들의 체계적 운용이 시행되었으며, 자국의 법률과 형벌을 관장하는 기구도 갖추었던 것으로 알려져 있다. 그리고 후백제도 상대적으로 자료는 적지만, 그에 필적할만한 국가체로서의 존재가 입증된 상태이다.

그럼에도 불구하고 9~10세기를 지방분권화의 계속적인 현상으로 파악하는 것은 지나치게 호족의 존재만을 부각시켜 이를 통일한 왕건의 치적을 극대화하고자 하는 의도로 여겨진다. 왕건이 후삼국을 통일하였다는 자체가 한국사에서 갖는 긍정적 의미는 아무리 강조하여도 모자라지만, 그렇다고 하여 역사적 실상의 변화된 양상을 구체적으로 파악하지 않은 채 의미만 부여해서는 안될 것이다.

본고에서는 신라말에 나타나는 후삼국에 대하여 일정한 시대적 속성을 부여할 수 있는지에 대한 시도를 하고자 한다. 그리하여 '후삼국시대라는 용어는 과연 합당한가? 그렇다면 후삼국시대의 역사적 성격은 어떻게 규명하여야 할 것인가? 그리고 후삼국시대가 지니는 시대적 속성은 어떠한 것인가?' 등의 문제를 규명해 보고자 한다.

2. 후삼국 성립 이전의 시대상황

먼저 거론해야 할 것은 후삼국시대라고 하는 시기 설정이다. 후삼국이라고 했으니 나라가 셋이 있어야 하므로 엄밀히 말하자면 궁예가 후고려를 선포한 901년부터 왕건이 통일을 달성한 936년까지의 36년간으로 설정할 수 있다. 물론 이 시기가 항상 3국이 대등한 상태에서 힘의 균형을 이루고 있었던 것은 아니지만, 삼국으로서의 국호를 표방한 세 나라가 존재했었던 것만은 분명하다.

그렇다고 하여 후삼국시대가 국호를 가진 세 나라의 등장부터라고 할 수 만은 없다. 후삼국이라고 할 수는 없지만, 이미 신라를 국가로 인정하지 않고 자신들의 나라를 세우려고 했던 시도가 있었다. 실제로 신라하대가 되면, 신라는 전국이 분열의 조짐을 보이고 있다. 그런데 그 특징이 상부에 대한 하부의 계급적 투쟁이 아니라 신라의 상층부에서의 세포 분열로 나타난다는 것이다. 다시 말하면 신라의 왕권쟁탈전에서 실패한 왕위계승권이 있는 인물들이 지방으로 가서 자신들의 세력을 구축하고 이를 기반으로 반신라전선에 나서고 있었던 것이다. 현재 이러한 중앙정계에서 밀려나 지방에 세력을 구축한 세력들을 학계에서는 넓은 의미의 호족으로 통칭하고 있는데, 호족이라고 하면 지방에서 강호한 세력으로 엄밀한 의미에서 상층부와 권력이 끈이 닿지 않은 지방의 자생적 세력이 해당될 것이다.

그런데 실제로 호족 가운데에는 지방재지자로서 성장하여 호족이 된 집단들은 드물다. 호족들 대부분은 중앙에서 지방으로 이주한 상층 신분 출신 인물들이었다. 따라서 이들은 지역적으로는 지방에 있지만, 중앙의 왕·귀족들이 이주한 현상에 다름 아닌 것이다. 그리고 이들이 반신라라는 기치를 올렸다는 것은 엄밀한 의미에서는 역모행위로 볼 수 있는 것이다. 단지 그 목적이 중앙 정계에 복귀하여 실권을 잡는 것인지, 아니면 자신의 국가를 형성하여 독립세력으로 신라와 대립하느냐의 차이만 있을 뿐이었다.

대표적인 것이 822년(헌덕왕 14) 웅천주도독(熊川州都督) 김헌창이 일으킨 반란이다. 김헌창의 아버지 김주원은 선덕왕이 죽은 뒤 왕위에 오를 수 있는 위치였으나 여러 가지 정치적 알력으로 즉위하지 못했다. 김헌창은 지방의 외직(外職) 및 중앙의 시중(侍中) 등을 역임하다가 821년 웅천주도독이 되고, 이듬해 부친이 왕이 되지 못했던 것에 대한 반발로 반란을 일으켰던 것이다. 그런데 이때의 반란의 형태를 보면 단순한 신라에 대한 부정적인 의미에서의 행동이 아니었다는 점이다. 김헌창의 난[2]은 국호를 장안(長安), 연호를 경운(慶雲)이라 하였다. 김헌창이 국호를 제정하였다는 사실은 반란을 통하여 신라 조정과 대립하겠다는 의미가 아니었다. 신라를 완전히 부정하고 새로운 사회를 건설하겠다는 의지의 표현이었던 것이다. 신라왕이 되기 위하여 왕위쟁탈전의 연장 차원에서의 반정이 아니라 신라라는 국가를 부정하고 자신의 국가를 설립하겠다는 완벽한 반란이었던 것이다.

그런데 이 반란의 의미는 국호와 연호를 제정하여 독자적인 나라를 만들겠다는 데 그치는 것이 아니었다. 김헌창의 난에 호응한 지역의 범위를 보면, 당시 신라를 부정하고자 하는 의식이 얼마나 깊게 뿌리내리고 있었는가 하는 사실을 확인할 수 있다. 김헌창의 난은 그 주체자들이 무진(武珍)·완산(完山)·청(菁)·사벌(沙伐) 4주(州)의 도독과 국원(國原)·서원(西原)·금관(金官) 3소경의 사신(仕臣)을 비롯하여 여러 군현의 수령들과 한때 충청도·전라도·경상도 일대의 넓은 지역을 제압하였다. 그러나 이 사실은

---

2) 주보돈, 「신라 하대 김헌창의 난과 그 성격」 『한국고대사연구』 51, 한국고대사학회, 2008.

반드시 김헌창의 일방적인 강압에 의하여 타율적으로만 이 지역들이 동원되었다고 보기는 어렵다. 국호와 연호를 제정하는 단계까지 반란에 가담했던 세력들의 자발적인 협력이 없었다면, 이들을 김헌창의 명령만으로 움직이기 어려웠을 것이기 때문이다.

한편 신라의 반란 진압과정을 보아도 알 수 있다. 신라에서는 김헌창의 난을 진압하기 위하여 총력을 기울였다. 김헌창의 난의 소식이 전해지자, 당시 국왕인 헌덕왕은 먼저 8명의 장군으로 경주의 8방을 지키게 하고 난 뒤 군사를 출동시켰다. 반란군이 동경(경주)까지 공격을 할 수도 있다는 우려에서 그랬을 것이다. 그리고 나머지 군사로 먼저 삼년산성(三年山城: 보은)을 공격하였다. 신라군은 다행히 이 전투에서 승리하여 기선을 제압한 뒤 그 뒤의 전투에서 반란군을 격파하였고, 결국 곤경에 처해진 김헌창이 웅진성(熊津城: 공주)에서 자결함으로서 반란은 종결이 되었다. 그런데 반란이 진압된 뒤 김헌창의 여당으로 죽임을 당한 자가 무려 239명에 달했다고 한다. 이 사실은 반란이 강압에 의해서만 일어난 것이 아니라 자발적으로 가담한 세력도 적지 않았음을 말해준다고 할 것이다.

또한 김헌창의 난이 진압된 뒤 그의 아들인 김범문(金梵文)이 825년 고달산적(高達山賊) 수신(壽神)의 무리와 함께 다시 난을 일으켜 실패했는데, 이 사실은 고달산이 있는 여주 일대에서도 김헌창의 난에 호응하는 무리가 있었다는 것을 알게 해준다. 여주라고 하면 김헌창의 세력이 미치는 공주로부터 상당한 거리에 있는 지역으로 이 사실은 고달산적의 자발적 의지가 있었던 것으로 여겨지는 것이다.

결국 김헌창의 난은 신라로부터 독립하여 자신들의 국가를 만들어 신라와 대립하고자 하였다는 의미에서 왕위쟁탈전의 성격을 띠는 다른 신라의 난과는 전혀 그 성격을 달리하는 것이다. 더구나 김헌창은 국호를 장안이라 하여 당의 수도 이름에서 차용하였고, 연호도 설정하여 신라와는 완전히 다른 독립국이라는 의지를 확실히 하였다.

845년에 발발한 장보고[3]의 난은 김헌창의 난과는 성격이 다르다. 장보고는 김우징이 신무왕이 되는 것을 적극적으로 도왔던 인물이다. 김우징을 도와 새로운 나라를 만들고자 하지 않았다는 점에서 장보고는 신라인이다. 장보고는 신라인 노예를 근절시키고, 신라의 국력 증진에 이바지한 공이 컸던 신라인인 것이다. 장보고가 바라는 것은 신라에서의 높은 신분과 명예였다. 장보고의 난 원인은 자신의 딸을 문성왕이 왕비로 채택하지 않았다는 사실이었다. 물론 문성왕보다도 신라의 중앙 귀족이 장보고의 신분이 낮다는 사실을 근거로 반대하였다고 하였지만, 결국 여기에 동조한 것은 문성왕이었다. 그러므로 장보고의 난 새로운 국가를 만들기 위한 것이 아니라 신라에서의 자신의 입지를 공고히 하고자 하였다는 점에서 장보고는 신라를 이탈하지 않았던 것이다. 김헌창이 장안국이라고 하는 독자적인 나라를 세웠다는 사실과 비교하여 볼 때 커다란 차이가 있는 것이다. 여기서 흥미로운 점은 김헌창은 자신이 신라의 왕위계승권이 있는 인물임에도 불구하고 신라왕위 쟁탈전이 아닌 신라를 거부한 새로운 왕국을 건설하려고 했다는 점이다. 이에 비하여 장보고는 신라 왕실과 혈통상 아무런 관계가 없으나, 자신의 딸을 매개로 하여 신라 왕실의 정통성을 등에 업고자 했다는 점이다. 신라의 왕통과 관련있는 인물은 반신라 국가를 건국하는 반면, 신라의 왕통과 무관한 부류들은 여전히 신라의 권위

---

3) 해상왕장보고기념사업회 편, 『장보고관계연구논문선집』(한국편), 해상왕장보고기념사업회, 2002.

를 필요로 하고 있었던 시대였다.

　이와 같이 신라하대에는 여러 반란이 일어났지만, 김헌창과 같이 새로운 국가를 건설하고자 하는 반란과 왕실을 전복시키고 자신이 신라의 왕이 되고자하는 반란도 발생하였다. 이러한 대규모 반란은 신라의 군사력에 의하여 진압되었지만, 신라의 국가체를 전복시킬 정도의 대규모의 반란이 일어나고 있는 사실과 함께 그 성격이 신라라고 하는 존재 자체를 멸실하려는 시도가 행해지고 있었다고 하는 점을 주목해야 할 것이다.

　그러므로 9세기 중반부터 전국적으로 나타나는 대규모의 반란은 기본적으로 위의 두 유형으로 나누어 볼 수 있을 것이다. 첫째, 자신의 나라를 세워 신라의 정통성을 인정하지 않는 경우이다. 둘째, 신라의 왕실이나 권위를 인정하며 권력 탈취를 목표로 하는 존재들이다.

　첫째 유형에 속하는 호족들로서는 견훤, 궁예, 왕봉규 등이 있다.

　두번째 유형의 대표적인 존재는 왕건이다. 왕건은 고려라는 국호를 채택하였지만, 그 자신의 행동이나 신라와의 관계를 보면 신라 의존적이었다. 왕건은 새로운 국가로의 기치를 처음부터 내세우지를 않았다. 왕건의 아버지인 왕륭은 상인 출신의 호족[4]으로서 상인들의 기본적인 덕목은 유통이다. 상인들에게 있어서 이념이나 정의 등은 이익으로 환원된다. 그러므로 왕건의 아버지인 왕륭에게 있어서도 가장 큰 덕목은 이익이었다. 『고려사』에 수록된 왕륭의 통일관은 후대에 미화된 것으로 여겨진다. 왕륭은 궁예가 송악에 오자 그에게 대단한 협상을 제의한다. 자신의 기반을 전부 줄테니 자신의 가문을 살려주고, 아들 왕건을 태수로 봉해 달라는 것

---

4) 『고려사』 고려세계.

이었다. 이렇게 자신의 모든 것을 주고 살아남아야 한다는 자발적인 선택을 할 수 있는 것은 상인이 아니면 할 수 없는 것이었다. 실제로 왕건이 고려를 국호로 다시 채택했다고 하여, 왕건에게 고려의 후계자라는 인식이 강했다고 볼 수 없다. 당시의 중부지역민들의 요구가 궁예가 선택한 태봉이라는 기치(旗幟)보다는 고구려 회귀를 더 원했으므로, 왕건이 국호를 고려로 선택했던 것으로 볼 수 있다. 왕륭과 왕건 등 상인적 기질을 갖춘 인물들만이 이러한 실리적 협상을 할 수 있는 것이다.

이처럼 9세기 초반에 중앙권력에서 이탈하거나 소외된 기성세력들이 주도하여, 신라라는 국가세력에 대한 반란이 자주 발생한다. 이들이 지향하는 바에 따라 크게 두 유형으로 나누어 볼 수 있는데, 하나는 자신의 국가를 세워 정통성을 확립하여 신라를 멸망시키는 유형과 다른 하나는 신라의 왕실을 차지하여 자신이 신라의 왕위계승자가 되고자 하는 것이었다. 그러나 한편으로는 이 두 유형이 차이만 있는 것은 아니었다. 이들이 추구하는 바가 전제적인 국가 권력이라는 공통점이 있었다.

3. 후삼국시대사에 대한 재인식

후삼국시대는 그 시기 설정이 궁예가 후고려를 건국하는 901년부터 후백제가 멸망하는 936년까지로 하여야겠지만, 실제로는 그 전후의 과정까지를 포함하여 포괄적인 시기 구분을 하여야 할 것이다. 김헌창의 난과 같은 독립 국가 건설 시도가 있었던 시기부터 고려의 후삼국 통일 이후 광종이전의 시기까지를 포괄하여 이해하는 것이 더 당시의 시대상에 근접하는데 도움을 줄 것이다.

그리고 그다지 길다고 할 수 없는 기간이지만 후삼국시대는 왕건이 역성혁명을 일으킨 시기를 분수령으로 국가의 성격이 달라지고 시대상이 확연히 구분된다는 사실을 알아야 할 것이다. 궁예의 나라에서 왕건의 나라로 바뀌는 역사적 변화는 단순히 왕통이 바뀌는 것이 아니라 시대상의 대변혁이 일어나고 있었던 것이다. 궁예의 나라인 고대 전제왕국이 몰락하면서, 왕건의 나라인 상인의 나라가 탄생하였던 것이다. 바꾸어 말하면 고대 전제 왕권의 제도국가(율령국가)에서 쌍방 교환의 유통국가로 바뀌어 가는 변화가 크게 일어나고 있었던 것이다. 그러므로 후삼국시대는 왕건의 역모를 계기로 전기 후삼국시대와 후기 후삼국시대로 구분하여 시기 설정을 하여야 한다는 것이 나의 주장이다.

지금까지는 후삼국시대의 이해방식이 의로운 왕인 왕건이 나쁜 왕인 궁예를 몰아내고 정통성과 정의를 이룬 행동에 중점을 두다 보니 이 시기의 시대적 구분이랄지, 이 시기의 특성 같은 것에 대해서는 크게 관심을 갖지 않았던 것이다.

기존의 후삼국시대사에 대한 인식은 왕건의 후삼국통일 완성에 초점이 맞추어져 있었다. 어떤 방식으로 왕건이 후삼국을 통일하여 고려라는 민족 재통일을 이루었는가에 대한 연구가 주를 이루었다.[5] 한편으로는 이 시기에 성장한 호족 세력들에 관한 연구였다. 호족들의 성향 분류와 이

---

5) 김갑동, 『(김갑동 교수의)태조 왕건』, 일빛, 2000. 김갑동, 『고려의 후삼국 통일과 후백제』, 서경문화사, 2010. 김당택, 『고려의 후삼국통합과정과 나주』, 경인문화사, 2013. 김명진, 『고려 태조 왕건의 통일전쟁 연구』, 경북대학교 사학과 박사학위논문, 2009. 류영철, 『고려의 후삼국 통일과정 연구』, 경인문화사, 2004. 문경문화원 편, 『(사료와 전설로 보는)견훤』, 문경문화원, 2003. 문경현, 『고려태조의 후삼국통일연구』, 형설출판사, 1987. 박경식, 『통일신라석조미술연구』, 학연문화사, 1994. 호남사학회, 『고려의 후삼국통합과정과 나주』, 경인문화사, 2013.

들 호족들이 왕건과 어떤 방식으로 결탁하여 골품제 사회였던 신라사회를 와해시키고 발전적인 지향을 할 수 있었던가에 대한 관심이 커지기도 하였다.

그러나 이와 같은 연구경향은 결국 왕건의 고려 건국과 통일이라는 역사적 대사건을 설명하고자 하는 도구였다. 그러므로 후삼국시대의 주역이었던 후백제의 견훤과 태봉의 궁예 등은 일종의 과도기적 인물로 취급을 받았으며 역사적 정당성을 부여받지 못하였다.

특히 태봉의 궁예는 고려의 전단계를 제공한 인물로 그는 자신이 건국한 국가와 함께 고려에 기반을 제공한 것으로 역사적 소임을 다하는 인물로 서술되었다.

그러나 엄밀히 말하자면 후삼국시대는 '전기 후삼국시대'와 '후기 후삼국시대'로 구분되어야 한다. 전기 후삼국시대는 궁예와 견훤, 신라가 쟁패를 겨루던 시기이고, 후기 후삼국시대는 왕건과 견훤, 신라가 쟁패를 겨루던 시기로 양분화 되어야 하는 것이다.

가. 전기 후삼국시대와 시대적 성격

전기 후삼국시대는 분열되었던 신라의 하대가 통일이 되어 가는 과정이다. 김헌창, 장보고 등의 난과 하층에서부터 성장한 호족세력들이 난립하는 가운데 새로운 질서를 형성해 가는 과정인 것이다. 이 과정에서 전기 후삼국시대를 통일에 가깝게 이루어 간 인물은 궁예이고, 태봉이었다. 당시의 기록으로 삼한의 1/2, 2/3을 점령했다는 표현이 나타나고 있는 것이다. 실제로 사료를 검토해 보면 912년의 나주 덕진포해전[6]에서의 전투를 제외하면 태봉과 후백제와의 접전은 보이지 않고 있다. 왕건이 후백제에서 오월에 보내는 함선을 나포하였다는 기록 이외에는 나타나지 않고 있다. 912년의 덕진포해전 이후에 후백제의 활동에 관한 기록은 찾아보기가 어렵다.

이러한 사실로 볼 때 전기 후삼국시대는 태봉에 의하여 후삼국이 거의 통일되기에 이르렀다는 것을 의미하는 것이다. 911년 이후부터는 후백제와의 전투 기록은 나타나지 않고 궁예와 왕건의 갈등관계만이 기록에 나오고 있다. 과장이라고 할 수 있으나, 실제로 이 시기에 있어서 후삼국은 궁예에 의하여 어느 정도 통일되었다고 할 수 있다. 힘의 균형이 태봉에 쏠려 있었던 것이다.

고려사 등에 따르면 이 시기에 있어서 한반도의 중심도시는 철원경이었다. 신라의 동경과 5소경 중심의 사회에서 그 외연이 확대된 중부지역을 포함하여 한반도의 중간지역, 한강권을 중심으로 발달하고 있었던 것이다. 철원은 그 위치가 한반도의 내륙 중심인 한탄강을 끼고 있으나, 바다로 나아가는 그 입구인 조강은 한강과 임진강의 합류로 한탄강과 연결되어 있다. 그러므로 철원은 상당히 활기있는 개방적인 도시였다. 이는 왕창근과 같은 당나라 상인이 방문하였다는 사실로 알 수 있다. 발삽사(勃颯寺)와 같은 종교시설도 철원에 있었다. 왕창근은 고경을 매매하였다는 사실에서 철원경은 유통이 활발했던 도시였음을 알 수 있다.

---

6) 덕진포해전과 관련된 연구물은 적지 않다. 이 해전은 연구자에 따라 '몽탄해전'(문안식·이대석, 한국고대의 지방사회』혜안, 2004, 352~361쪽)· '나주해전'(김주식·정진술, 「장보고와 이순신 양시대의 해양사적 연계인물 연구」『해양연구논총』25, 2001. 173쪽)·'목포대전'(강봉룡, 「나말여초 왕건의 서남해지방 장악과 그 배경」『도서문화』21, 2003, 355쪽), 으로 불리기도 하며, 명칭이나 시기, 전투장소 등에 관하여 견해가 다른 주장들이 있다. 본고에서는 '덕진포해전'(신성재, 『후삼국시대 수군활동사』, 2006, 49~78쪽)으로 하였으며, 전투시기는 912년에 궁예의 친정에 의하여 주도된 전투로 추정하는 견해(최연식, 「강진 무위사 선각대사비를 통해 본 궁예 행적의 재검토」『목간과 문자』7, 2011, 203~215쪽)를 받아 들였다.

궁예가 이 지역에 경을 설치한 이유에 대한 연구가 있으나,[7] 아직까지도 한반도의 중심이며, 교통의 요지라는 점은 크게 부각받지 못하고 있다. 이 지역은 발해와 말갈지역과 활발하게 통하는 지역으로 궁예는 이곳에 고대 전제왕국의 상징이라고 할 수 있는 계획도시를 건설하였다.

태봉의 고대 전제왕국으로서 주목되는 사실은 철원을 '京'으로 칭했다는 사실이다. 이 점은 태봉의 국가 성격을 말할 때 크게 부각되어야 하는 점이다. 태봉은 국호나 연호 등을 독자적으로 제작했으므로 중국의 황제권으로부터의 이탈을 꾀하고 독자적인 황제국으로서의 면모를 갖추고자 했던 것이다. 그리하여 태봉은 철원을 황제의 거처인 '경'으로 칭하면서 자존감을 표현하였던 것이다.[8]

궁예는 자신이 점령한 지역의 호족들을 관료화하거나 직제화하였다. 궁예와 관련된 자료 가운데 官階와 관련된 내용이 두 번이나 나오는 것은 궁예가 관료화를 중요시하였다는 근거로 제시할 수 있을 것이다.[9] 또한 관료화된 호족들을 철원경으로 이주시켜 거주케 하였다는 사실은 왕건이 거주하였던 가옥터가 철원에서 확인됨으로서 어느 정도 확신을 갖게 한다.[10] 물론 이러한 궁예의 조치가 자신들의 근거지에서 제왕적 존재로 군림하였던 호족들을 옥죄었을 것은 분명하다. 그러나 한편으로는 궁예에 함께 전장을 누비며 일급 관료가 된 하층민 출신의 인물들에게 있어서는 영광되고 필요한 조처였을 것이다. 이러한 관료화를 통하여 태봉은 고대

---

7) 정선용, 「궁예의 세력형성 과정과 도읍 선정」 『한국사연구』 97, 1997.

8) 이재범, 「弓裔政權의 鐵圓定都 時期와 專制的 國家經營」 『사학연구』 80, 한국사학회, 2005.

9) 『삼국사기』 권50 궁예열전.

10) 유재춘, 「철원의 고려태조 왕건 구택지설에 대한 검토」 『강원문화사연구』 10, 2005.

전제왕국으로 빠른 속도로 전환을 꾀하였던 것이다.

궁예의 나라는 지역성과 전통성을 버렸다는 특성이 있다. 처음 고구려 유민과 유관한 국호를 내세웠으나 뒤에 마진, 태봉으로 바꾸면서 추상적 명칭의 '유토피아'적 국가가 된다. 이러한 변화도 전기 후삼국시대에 나타나는 상황이다. 그리고 이러한 태봉의 국가경영은 당시의 시대상에 어느 정도 부합되었다고 여겨진다. 후백제의 기록이 912년 이후에는 나타나지 않는다. 후백제라는 국호가 내포하는 지역성, 전통성이 마진·태봉과 같은 상징성에 밀렸다는 것을 의미한다고 보겠다. 물론 마진·태봉과 같은 이상적 목표에 대하여 고려나 백제의 부활을 꿈꾸었던 세력들의 반발이 없었던 것은 아니다. 그러나 신라라는 왕국을 없애고 이상적 국가로 향하겠다는 포부가 나타났던 시기가 전기 후삼국시대라고 할 수 있는 것이다.

나. 후기 후삼국시대와 시대적 성격

왕건의 고려 재건은 궁예의 지향과는 완연히 다른 형태의 국가이다. 궁예는 자신의 나라를 황제의 나라라고 생각하여 철원경을 도읍으로 삼았다. 그리고 강력한 중앙집권적인 관료형 국가를 추구하였다. 그런데 왕건은 이러한 국가에 대하여 반기를 들었다. 권력이 중앙에 집중됨으로써 호족들의 지방분권이 크게 통제되었기 때문이다. 송악의 호족 출신이었던 왕건조차 이러한 궁예의 결단에 쉽게 동의할 수 없었을 것이다. 결국 왕건은 호족들과 연합하여 궁예를 축출하였다.

그러나 왕건의 쿠데타는 쉽게 성공하지 못하였다. 사서에는 1만명이나 되는 사람들이 왕건을 맞이하였다고 하였지만, 실제로는 반왕건 세력들의 반발이 많았다. 공주장군 이흔암, 청주세력 환선길, 배총규 등이 왕건

과 대립하였다. 그리고 명주세력 김순식도 왕건에게 반발하였다.[11]

왕건은 궁예에 비하면 기질이 다른 인물로 평가하고 싶다. 왕건은 해상무역으로 세력을 얻은 '해상세력'으로 상인 집안 출신의 인물이다. 상인은 자신의 주장을 관철시키기 보다는 현실적인 타협을 통하여 당면한 문제를 해결해 나가는 유형의 인간형이다. 왕건은 어려서부터 이러한 경영수업을 가업으로 익혔던 인물로, 실제 정치에서도 이러한 기질과 수완을 발휘한다.

왕건은 절대 강자가 없다는 점을 강조한다. 시기에 따라 무력을 사용하기도 하지만, 그보다는 '유사 가족주의'라고 하는 편이 잘 어울리는 내편 만들기식의 타협을 우선하는 타입이다. 왕건의 힘이 미약했기 때문에 어쩔 수 없는 상황이기도 했지만, 그러한 상황을 해결하는 대책도 왕건은 상인적 기질과 수완을 발휘하여 해결하고자 했다. 그것이 이른바 호족연합정권이라는 형태로 나타났다. 절대 강자도 없고 서로 잘 먹고 잘 사는 법을 채택하였던 것이다.

왕건은 신라와의 관계에서 대립할 필요를 느끼지 않았던 것 같다. 궁예에 있어서는 신라는 없애야 할 죄악적 존재였다면, 왕건에게 있어서는 자신의 세력을 불릴 수 있다면 언제라도 연합을 할 수 있다는 자세였다.

결국 왕건의 정치적 유연성은 어떤 하나를 고집하기 보다는 당면하는 사태에 대비하여 그때마다 해결책을 제시하는 것이었으므로, 왕건은 자신의 반대파가 많은 철원경을 버리고 자신의 근거지인 송악으로 자신의 추종세력과 함께 이주를 단행한다. 쿠데타가 발발한 6개월 뒤였다. 이 이

---

11) 『고려사』 권1, 태조세가 원년.

주과정에서 왕건은 철원경을 동주로 격하시켜버리고, 송악을 개주로 승격시켰다. 이 사실은 왕건의 역성혁명의 명분을 애매하게 만든다.

왕건은 독립국가인 태봉을 멸하는 명분을 '전주(前主)의 탐학'에서 찾았다. 그러나 실제로는 자신이 태봉의 독립성을 유지 하지 못하고 송악의 호족으로 돌아가면서 자신의 근거지를 '주'로 개편하였던 것이다. 이를 정리하면, 왕건은 '철원경'을 도읍으로 하는 '태봉'이라는 국가를 '개주'를 중심으로 하는 '고려'로 바꾸어 놓은 것이다. 다시 말하면 왕건의 혁명이라고 하는 것은 '경'에서 '주'로의 격하 혁명이었던 것이다. 왕건은 고대적 전제왕권국가인 태봉의 시중(侍中)에서 개주의 호족으로 돌아간 것이다.

여기서 주목할 것은 왕건이 철원경을 '경'에서 해제하였다는 사실과 이를 '주'로 만들고 자신의 거주지 또한 '주'로 삼았다는 사실이다. 왕건은 송악을 송악경이나 개경으로 하지 않았다. 자신의 황제적 지위를 포기한 것이다. 또한 철원경에서 거사 이후에 철원의 재지세력을 확실하게 장악하지도 못하였다. 그리고 여기서 제기하고 넘어야 가야 할 문제가 있다. 철원경을 동주, 송악을 개주하고 했을 때 동주와 개주의 상부는 어디인가라는 것이다.

왕건이 천수[12]라고 연호를 사용한 것은 황제적 자존감을 인식하였던 것으로 볼 수도 있으나, 그것은 잠시 뿐이고 왕건은 얼마 되지 않아 후당의 연호를 취하고 있다. 왕건이 후당의 연호를 취하였다는 것은 왕건도 신라를 자신이 섬겨야 할 나라로 인정지는 않았다는 증거 가운데 하나가

---

12) 독자적 연호라고 알려졌으나, 중국에서 사용한 적이 있었다고 하는 실증적 결과가 있다. 마찬가지로 필자가 주장하였던 궁예의 연호에 대해서도 새로운 견해가 제기되었다. 필자는 궁예가 사용한 정개 이외의 연호들은 사용 예가 없다고 하였으나 그것은 오류라고 하는 설득력 있는 지적이 있다 (서금석, 「궁예의 국도 선정과 국호·연호 제정의 성격」 『한국 중세사연구』 제42호, 2015, 230쪽).

될 것이다. 당시 왕건은 신라를 추종하는 것보다 중국의 연호를 사용하는 것이 유익할 것이라는 판단에서 그렇게 하였을 것으로 추정해 볼 수 있다. 왕건이나 그의 가문에 있어서 후당(중국)은 배타적 존재는 아니었다. 왕건은 결국 자신의 지배 영역을 중국의 후당과 연결지어 생각하고자 했던 의도가 있었을 것이다. 왕건 세가에 그의 선대를 당의 황제와 연결[13]시키고 있는 것과 무관하다고만 할 수 없다.

왕건은 자신이 복속한 지역을 자신의 지배구조 안으로 흡수하지 못하였다. 왕건은 국왕의 카리스마적 계급체계라고도 할 수 있는 관계를 확보하지 못하였다. 왕건은 태봉의 관계와 신라의 그것을 혼용한다고 하였다. 다시 말하면 태봉의 관료들이 귀부해 오면 태봉식으로 대우하고, 신라에서 귀부해 오면 골품을 인정한다는 것이다. 자신을 낮추고 상대방을 존중한다는 이른바 중폐비사적 처우라고 할 수 있을 것이다.

왕건이 이러한 단안을 내리게 된 배경에는 왕건의 확실한 정치지배력이 약했기 때문에 어쩔 수 없는 상황이었다고 보아야 할 것이다. 왕건은 삼한의 1/2~2/3 이상의 지역을 자신의 지배영역으로 하고 있었던 궁예를 반역하였다. 왕건의 추종 세력을 제외한 나머지 세력들은 궁예를 지지하거나 아니면 왕건을 추종하지 않고 자신만의 독자적인 세력을 유지하고자 했다. 그러므로 왕건의 세력은 이제 여타 대호족들과 크게 다를 바가 없었다. 오히려 왕건보다 세력이 강한 호족들이 출현하게 되었던 것이다.

고려사 등의 사서에는 마치 왕건이 역성혁명과 동시에 태봉의 정치상황을 완전히 장악한 것처럼 기록하고 있으나, 실제로 왕건의 철원경에서

---

13) 『고려사』 고려세계. 김갑동, 「王建의 중국 출신설'에 대한 비판적 검토」 『동북아역사논총』 19, 동북아역사재단, 2008.

의 처지는 곤혹의 계속이었다. 이흔암, 환선길 등의 반란이 있었고, 그 밖에도 청주세력의 반발, 웅·운주 일대의 성들의 '반부백제' 등 왕건이 기대했던 태봉의 세력은 그대로 왕건에게 이양되지 않고 오히려 반발이 훨씬 더 컸던 것이다. 결국 왕건은 자신이 전복시켰던 태봉의 도읍인 철원경에서 더 이상 머무를 수 없었다. 궁예 휘하에서 관료적 생활을 했던 궁예의 잔존 세력의 반항에 부딪쳐 더 이상 견딜 수 없는 처지가 되었다. 그리하여 마침내 내린 결정이 자신의 기반이 있는 송악으로 돌아가는 것이었다.

그런데 여기서 주목할 점이 있다. 그것은 왕건이 송악으로 돌아가면서 철원경을 동주라고 하였다는 사실이다. 또한 자신의 근거지인 송악을 개주로 하였던 것도 주목할만 하다. 이 사실은 단순한 지명의 변천이 아니라 궁예와 왕건이 지향하고자 했던 국가의 성격과 밀접한 관련을 갖는 것이다. 궁예는 자신의 근거지를 철원경이라 하여 황제가 거주하는 '경'으로 승격을 시켰다. 그러나 왕건은 자신의 근거지를 개주라고 하여 신라의 지방행정구역에 해당하는 '주'로 칭하였다. 그리고 철원경을 동주라고 하여 '주' 단위로 낮추었다. 이 사실은 왕건과 신라의 위상을 알려준다. 왕건이 철원경을 동주로 한 것은 이 지역이 신라로부터 독립한 지역이 아니라 신라의 지배지역이라는 것을 의미하는 것이다. 신라의 도읍이 동경이므로 철원경을 그대로 유지한다는 것은 신라에 대한 강한 적대의식의 표현이라고 할 수 있다. 두 명의 천자를 인정한다는 의미이기 때문이다. 그러므로 왕건은 자신이 신라에 적대적이 아니며, 신라의 신하라는 사실을 인정하겠다는 의도에서 철원경을 동주로 격하시킨 것이다. 그러므로 궁예와 왕건이 지향했던 국가는 신라와의 관계에서 보더라도 그 성격 자체에 있어서 어느 정도의 차이가 있다는 것을 알 수가 있다. 왕건이 태봉의 왕을 죽이고 그 왕위를 승계하였다고 하여도 전왕과 같은 권위와 지배력을 인정받지 못했던 것이다.

그러므로 왕건은 어쩔 수 없이 호족들과 대등한 관계에서 외교관계를 유지할 수 밖에 없었던 것이다. 자신에게 귀부해 오는 세력들에게 성을 내리거나, 발해의 유민을 받아들일 때는 그들의 제사를 그대로 인정하기도 하였다. 왕건의 발해 유민 포섭에 대해서는 동족 의식의 발로라고 하는 것이 일반적인 통설이지만, 실제로 왕건의 발해 유민 포섭은 발해 난민들의 숫자가 많았고, 또한 난민이라는 속성상 흉폭성 등이 당시 왕건으로서는 무력으로 대적하기에 힘이 부쳤기 때문이라고 추정할 수도 있다.[14] 발해 유민들이 고려의 북쪽 국경지대에 집결되기 시작하던 때가 왕건이 후백제로부터 상대적 열세에 처해졌던 시기였던 것이다. 결국 왕건은 호족들과는 호혜평등과 같은 수준의 연합을 꾀하지 않고서는 자신의 세력을 존속하기가 어려웠고, 발해와는 가족에 가까운 결합을 시도함으로서 자신이 국왕이라는 형식적 지위를 유지할 수가 있었을 것이다. 결국 주변의 상황으로 말미암아 왕건의 선택은 무리한 전투보다는 평화적인 결합을 채택할 수밖에 없도록 강요된 상황이라고 할 수 있는 것이다.[15]

이러한 호족연합이 강요될 수 밖에 없었던 시대상이 후기 후삼국시대라고 할 수 있다. 전기 후삼국시대가 절대 강자에 의하여 흡수 통일을 지향하는 사회라고 한다면, 후기 후삼국시대는 자신들의 생존과 함께 다른 세력들의 생존도 동시에 고려해야 하는 연합세력 간의 경쟁시대라고 할 수 있을 것이다. 그러므로 후기 후삼국시대의 상황은 그렇게 진행되었다.

---

14) 이재범, 「고려 태조대의 대외정책 : 발해유민 포섭과 관련하여」『白山學報』 67, 2003.

15) 이러한 조치는 왕건의 품성과 관련도 있겠으나, 기본적으로 왕건의 힘이 미약했기 때문이다

후기 후삼국시대가 되면서, 다시 말하면 왕건이 궁예를 축출하고 중부 지역의 강자로 나타나면서 가장 큰 변화는 후백제의 부활이다. 후백제는 912년 이후 『삼국사기』나 『고려사』에서 거의 나타나지 않는다. 그런데 후백제와 견훤은 918년 왕건의 쿠데타 이후 가장 실력 있는 강자로 기록을 남기고 있다. 이렇게 변한 후백제에 관한 기록은 어떻게 받아 들여야 할까?

   후백제는 후고려보다 1년 앞서 개국을 하여 양국은 서로 각축전을 벌이며 성장하였다. 그리고 911년의 무주지역에서의 전투에서 후백제가 물러난 뒤 완주 일대로 옮긴 뒤 후삼국의 패자적 위치를 후고려에 내주고 이렇다 하게 충돌하지 않게 된다. 또한 후고려도 신라를 공격하면서 약소국화 된 후백제를 더 이상 압박하지 않고 내치단계에 들어가게 된다. 그러므로 이 시기의 후백제 기록이 나타나지 않게 되며, 궁예와 왕건의 대립이 사료의 대부분을 차지하게 된다. 그런데 왕건의 쿠데타로 태봉이 여러 호족들의 세력으로 분산되자 후백제는 다른 호족들을 제치고 가장 강한 단일세력으로 등장하게 되는 것이다. 게다가 후백제는 백제의 고토에서는 백제의 후계자로 정통성을 갖는 존재가 되어, 태봉에서 고려로 환원된 왕건세력에 대항할 명분을 갖춘 집단이자 국가세력으로 나타나게 되는 것이다. 따라서 후백제는 분산되어 세력이 약화된 여러 개별 호족세력 가운데 어떤 세력보다도 강한 단일 세력이 되어 후삼국시대를 주도해 나가는 주역이 되었던 것이다. 그러므로 이 시기를 후기 후삼국시대라고 할 수 있다. 그리고 역사 기록도 이러한 상황을 전하고 있다.

   후백제는 궁예가 왕으로 있었을 때 가장 적대세력이었다. 그러나 왕건이 왕이 되자 가장 먼저 후백제와 고려는 8월에 화친관계를 맺고 있다. 고려와 후백제의 화친관계는 후백제의 요청에 의한 것으로 사서에는 기록되어 있으나, 실제로는 왕건이 자신들의 반대세력들을 무마하기 위하여 후백제와 제휴를 한 것으로 볼 수도 있다. 그러나 이 둘 사이의 관계가 완전한 신뢰를 바탕으로 한 것은 아니었다. 왕건은 자신의 불안했던 내정이 어느 정도 안정이 되자 바로 견훤과 대립관계에 나서고 있다.

920년에 견훤이 대야성을 공격하자 왕건은 신라의 요청으로 군사를 출동시킨다. 이러한 불안한 친선관계는 924년 조물성전투로 이어진다. 이 전투에서 승부가 결정되지 않자 인질을 교환하게 되는데, 그 관계도 926년에 견훤의 조카인 진호가 죽자 끝나게 된다. 이 시기에 있어서 후삼국시대의 패자는 후백제였다. 결국 후백제에 맞선 고려와의 화친 관계는 끝나고, 927년의 공산전투로 인하여 극단적인 적대관계로 변하게 된다. 공산전투에서 고려는 후백제에게 대패를 당하였다. 궁예 재위 시기에는 상대적 약소국이었던 후백제가 왕건의 쿠데타로 태봉의 세력이 여러 지방으로 분권이 되자 일약 패자(霸者)의 위치를 점하게 되었던 것이다.

후백제의 패자적 위치가 바뀌게 된 시기는 930년의 고창(안동) 병산전투 이후부터였다.[16] 이 전투에서 견훤은 8,000여 명 이상의 전사자를 내고 패하였다. 다음날 견훤은 고창전투의 패배를 설욕하기 위하여 순주성(안동 풍산)을 공격하기도 하였으나, 이 전투 이후로 예봉이 꺾이고 후기후삼국의 주도권이 점차 왕건에게로 이양되는 조짐이 보이기 시작한다. 여러 호족들의 왕건으로의 귀부가 시작되는 것이다. 이러한 배경에는 왕건의 여러 정책이 효율적으로 작용하였다. 왕건은 고대 전제왕권의 군주로

---

16) 柳永哲, 「古昌戰鬪와 後三國의 정세변화」 『한국중세사연구』 7, 1999.

행세할 수가 없었으므로 호족들과의 연합을 꾀하였던 것이 주효하였다. 견훤은 궁예 사후에 후삼국의 주도권을 장악한 이후에도 여전히 무력을 주로 사용하여 정복활동을 계속하였다. 이와 달리 왕건은 등거리외교를 펼쳤으므로 호족들의 귀부가 가속되었던 것이다. 그리고 이러한 왕건의 외교에 의한 연합전선이 후삼국통일의 요인이었던 것이다.

아이러니컬하게도 미약했던 왕건의 세력기반이 결과적으로 새로운 시대의 서막을 열었다고 할 수 있다. 왕건의 세력기반이 다른 호족들이나 후백제에 비하여 월등히 강했다면 왕건 또한 무력을 수반한 정복에 의하여 통일을 추구하려고 했을런지도 모른다. 왕건은 궁예의 휘하에서 무력에 의한 통일을 진행했던 인물 가운데 핵심적인 위치에 있었으므로 당연하다고 할 수도 있다. 그러나 왕건의 세력기반이 미약했으므로 왕건은 무력으로 제압을 할 수가 없었다.

그것은 어떻든 이러한 귀부 현상은 고창 병산 전투 이후로 사례가 증가하기 시작하였다. 932년에는 공직(龔直)이 태조에게 귀부하였다. 공직은 연산(燕山) 매곡(昧谷)인으로 본읍(本邑)장군이었다. 후백제 견훤(甄萱)의 세력 아래 있었으나, 견훤이 무도하다고 하여 아들 영서(英舒)와 함께 고려에 귀부하였던 것이다. 태조는 후히 대접하였는데, 견훤은 매우 노하여 직달과 금서 및 그 딸을 잡아 가두고 단근질하여 죽였다.

공직[17]의 예에서와 같이 후백제에서는 내분의 조짐이 보였다. 9월에 견훤은 일길찬 상귀로 하여금 병선을 거느리고 예성강에 가서 3일 동안 염·백·정 3주를 공격하여 배 100척을 빼앗아 불태우고 저산도의 목마

---

17) 신호철, 「신라말.고려초 매곡성(회인)장군 (昧谷城(懷人)將軍) 공직」『호서문화연구』 10, 1992.

300필을 노획하였다. 이러한 조치는 후백제의 내치와 관련된 것으로 전쟁을 통하여 내적 결속을 공고히 하려는 의도가 포함되어 있었던 것으로 보아야 할 것이다.

그러나 견훤의 공격에도 불구하고 전황은 왕건에게 점차 유리해져 갔다. 934년 정월에는 왕건이 운주(홍성군)에서 머물게 되자 견훤이 갑사 5,000명으로 급습하였다. 그러나 견훤의 군대가 오기 전에 장군 유검필이 기병 수천명으로 3,000여 명을 참하였다. 이 지역은 궁예에서 왕건으로의 교체기에 '반부백제'하여 왕건을 가장 괴롭혔던 지역이었다. 운주전투에서 왕건의 군대가 승리하자 바로 그 웅진 이북 30여 성이 자진 항복하였다.[18].

실질적으로 운주전투 이후의 후삼국의 상황은 왕건이 주도하는 정국으로 변하였다. 왕건의 외교는 날로 무력화되어 가던 신라가 전쟁을 포기하고 투항하는 동기를 부여할 수 있게 되었다. 신라는 왕건에게 귀부하였고, 왕건은 신라의 투항과정에서도 경순왕 김부를 '상보'라고 부르면서 태자 이상으로 우대를 하였다. 이러한 왕건의 조치는 후백제의 내분으로 금산사에 유폐되어 있었던 견훤을 자극하였던 것으로 여겨진다. 후백제는 견훤의 자식들 간에 정권 다툼이 일어나 935년 3월에 견훤이 금산사에 유폐되는 사건이 발생하였다. 장자인 신검이 왕이 되었는데, 견훤의 추종세력들의 일부와 그의 사위이면서 섬진강 일대의 해상호족이었던 박영규세력이 936년 2월에 귀부하였다. 이와 같은 후백제 휘하 세력의 왕건으로의

---

18) 김명진, 「고려 태조 왕건의 운주전투와 긍준의 역할」, 『軍史』 96, 2015. 웅·운주 이북 30여 성은 왕건을 가장 곤혹스럽게 하였던 지역이었다. 필자는 이 지역을 태조의 훈요 제 8조에 해당하는 '차현 이남공주강외' 지역의 일부로 지적한 바가 있다.

귀부는 견훤과 왕건의 정책의 차이에서 비롯되었던 것으로 보아야 할 것이다.

견훤은 고대 전제군주의 통솔력을 보였다면, 왕건은 등거리 외교에 의하여 호족들간에 서로 차별 없는 관계로 대하였으므로 자발적인 귀부가 증가하고 있었던 것이다. 그러나 후백제의 신검은 왕건과 달리 고대 전제 왕권의 제왕적 지위를 확립하고자 했던 것으로 여겨진다. 결국 왕건과 후백제와의 통일은 연합이 아닌 무력을 동반한 지배와 복속의 관계로 결론지어질 수 밖에 없었다. 그리고 왕건과 신검의 차이는 일리천전투에서 확연히 드러났다.[19]

신검의 군대는 후백제군으로 일사분란하게 포진하였다. 이에 비하여 왕건의 군사는 호족들을 중심으로 하여 각개 진군하여 일리천에 집결하였다. 그러나 전투가 개시되자 양상은 달랐다. 국가의 군대로 참전한 후백제군에서 일련의 무리가 이탈하여 견훤의 진영 앞으로 달려가 항복의 의지를 표출하고 있는 것이다. 서양 중세를 그린 영화에서나 볼 수 있을 것 같은 장면이 전개된 것이다. 자신이 추종하는 인물 중심의 인간관계가 형식적인 국가보다 더 중요하게 인식되는 그러한 시대로 변하고 있었던 것이다. 물론 일리천전투의 승리는 왕건과 고려의 것이었다. 그러나 그 이전에 이미 바뀌어 가고 있었던 시대적 분위기가 있었다. 그것은 바로 절대왕권이 아닌 '원탁'으로의 변화였다. 그리고 이러한 '원탁'으로의 변화를 받아들인 인물은 왕건이었다.

---

19) 김명진, 「太祖王建의 一利川戰鬪와 諸蕃勁騎」『한국중세사연구』 25, 2008.

4. 결론

지금까지 개략적으로 서술한 내용이 후삼국의 성립과 통일의 과정이라고 할 수 있다. 실제로 후삼국통일은 이미 전기 후삼국시대에 궁예에 의하여 일차적으로 달성되었다고 할 수 있다. 궁예의 통치영역은 삼한의 1/2~2/3로 평가되는 지역이었다. 그리고 그의 국가는 상당한 수준의 통치시스템이 정비되었다. 물론 그 시행상의 난이도는 알 수 없지만, 형식적으로 기록에 나타난 것은 여느 고대 전제국가에 비하여 수준이 낮다고 할 수는 없었다. 또한 관료국가로서의 체계를 보여주는 관계도 분명하게 9관등으로 두 차례 시행을 했던 것으로 나타난다. 국호에 있어서도 자신의 포부를 담아 표방하였고, 연호의 사용으로 자신의 왕국을 독자적으로 운용하고자 하는 의지를 드러냈다. 그리고 이러한 포부를 펼칠 수 있는 공간으로 철원을 선택하여 고대 계획도시를 건설하였다. 그리고 철원을 '철원경'이라고 하여 천자의 도시로 격상하였다. 이에 더하여 자신이 꿈꾸는 이상적 사상체계도 펼치려는 계획도 있었다. 이러한 궁예의 조치를 필자는 궁예에 고대 관료적 전제왕국의 형태라고 상정하고 싶다. 그리고 이러한 궁예의 이상은 이루어졌다고 본다.

그러나 한편으로는 궁예의 고대 왕국이 성취되어 가는 이면에 이에 대한 한계를 인식한 사람들도 있었다. 궁예의 여러 정책이 사실은 신라의 제도를 내용적으로 답습하고, 표면적으로는 중국의 황제를 모방하였다는 지적이다.[20] 그리하여 왕건을 중심으로 한 호족세력들은 이에 대한 대응

---

20) 궁예의 포학성에 대한 지적과 궁예 관제를 참람하다고 표현한 것이 그 예라고 보여진다.

으로 결국 쿠데타를 성공시켜 새로운 나라를 만들었다. 국호는 고려라고 하였지만, 삼한을 통일하겠다는 의지를 가진 나라를 건설하고자 하는 것이었다. 그러나 통일국가였던 태봉이 분열이 되자 다시 지방분권화가 이루어졌고, 왕건의 세력도 송악을 중심으로 한 일개 호족세력화 될 수 밖에 없었던 환경에 처하게 되었다. 이러한 상황에서 왕건은 무력에 의한 통일이 아닌 연합적 세력 통합으로 삼한의 혼란을 수습하여야 한다는 명제 아래 여러 정책을 펼치게 되었다. 결국 절대 강자가 인정되지 않는다는 시대적 정서를 간파한 왕건과 마지막 고대 왕국의 전제군주로 남기를 원했던 후백제의 신검과의 전투에서 승리한 왕건과 고려는 새로운 호족연합세력의 시대를 전개해 나갔다.

후삼국시대는 비록 짧은 기간이라고는 하여도 왕건의 등장을 전후로 하여 추구하고자 하는 시대적 이상이 달랐던 시기로 구분하여야 한다는 것이 필자의 주장이다. 절대왕권의 재현을 목표로 했던 국가건설이 목표였던 전기 후삼국시대와 공존의 사회를 만들어야 한다는 후기 후삼국시대는 분명한 역사적 속성의 차이를 인정하고 구분하여 이해해야 한다는 필자의 주장을 강조하고 싶다.

아울러 후삼국시대가 비록 짧은 기간이었지만, 매우 다양한 역사적 경험이 있었던 시기였음을 강조하고 싶다. 호족들의 분권화가 무조건적으로 확대되어 갔던 시기가 아니었다. 후삼국시대는 지방분권화되었던 호족들을 통일하고자 하였던 시도가 있었고, 그러한 시도가 강력한 국가의 출현으로 나타났고, 또 다시 그에 대한 반발로 분권화되어 가는 등 다양한 역사적 경험이 축적된 시기였다. 한국사에서 가장 치열하게 대립과 화합이 이루어졌고, 중앙집권화와 지방분권화가 첨예한 경쟁적 경험을 하게 되었던 시기도 바로 후삼국시대라고 할 수 있다. 그리고 이러한 다양한 역사적 경험을 하나의 통일체로 이룩한 왕건이 그래서 더욱 역사적 평가를 높이 받을 수 있다고 할 수 있을 것이다.

참고문헌

- 원전류

『삼국사기』『삼국유사』『고려사』『고려사절요』

- 단행본류

류영철, 『고려의 후삼국 통일과정 연구』, 경인문화사, 2004.

문안식, 『후백제 전쟁사 연구』, 혜안, 2008.

신호철, 『후백제 견훤정권 연구』, 일조각, 1993.

이재범, 『후삼국시대 궁예정권 연구』, 혜안, 2007.

조인성, 『태봉의 궁예정권연구』, 푸른역사, 2007.

- 논문류

김명진, 「太祖王建의 一利川戰鬪와 諸蕃勁騎」『한국중세사연구』 25, 2008.

김명진, 「고려 태조 왕건의 운주전투와 긍준의 역할」『軍史』 96, 2015.

류영철, 「일리천전투와 후백제의 패망」『대구사학』 63, 2001.

배재훈, 「견훤의 군사적 기반」『신라문화』 36, 동국대학교 신라문화연구소, 2010.

변동명, 「9세기 前半 武州 西南海地域의 海上勢力」『한국사학보』 57, 고려사학회,
   2014.

신성재, 「후삼국시대 나주지역의 해양전략적 가치」『도서문화』 38, 2011.

신성재, 「궁예정권의 철원 천도와 전쟁사적 의미」『한국사연구』 158, 2012.

신호철, 「호족세력의성장과 후삼국의 정립 -후삼국건국세력과 재지호족세력과의
   관계를 중심으로」『한국고대사연구』 7, 1994.

신호철, 「後三國時代 豪族과 國王」『진단학보』 89, 2000.

유재춘,「철원의 고려태조 왕건 구택지설에 대한 검토」『강원문화사연구』10, 2005.

윤경진,「태봉의 지방제도 개편 -삼국사기 지리지 고구려조의 분석을 중심으로」 『동방학지』158, 2012.

이도학,「後百濟의 全州 遷都와 彌勒寺 開塔」『한국사연구』165, 2014.

이성규,「중화제국의 팽창과 축소 그 이념과 실제」『역사학보』186, 2005.

이재범,「弓裔政權의 鐵圓定都 時期와 專制的 國家經營」『사학연구』80, 2005.

이재범,「고려 태조대의 대외정책 : 발해유민 포섭과 관련하여」『白山學報』, 67, 2003.

정선용,「弓裔의 勢力形成 過程과 都邑 選定」『한국사연구』97, 한국사연구회, 1997.

정청주,「궁예와 호족세력」『전북사학』10, 전북대학교 사학회, 1986.

조범환,「고려 태조 왕건의 대신라 정책」『고문화』55, 한국대학박물관협회, 2000.

조법종,「후백제 견훤의 역사계승인식 -고구려 및 백제의 마한계승인식을 중심으로」 『사학연구』58·59, 1999.

조인성,「궁예의 세력형성과 건국」『진단학보』75, 진단학회, 1993.

조인옥,「후백제 견훤정권연구」『이화사학연구』20·21, 이화사학연구소, 1993.

주보돈,「신라 하대 김헌창의 난과 그 성격」『한국고대사연구』51, 2008.

최연식,「강진 무위사 선각대사비를 통해 본 궁예 행적의 재검토」『목간과 문자』7, 2011.

최연식,「후고구려 불교의 재검토」『보조사상』40, 보조사상연구원, 2014.

후삼국사의 몇 가지 문제

조인성

경희대학교 사학과 교수

Ⅰ. '후삼국시대'의 설정

「한국사연구휘보」(국사편찬위원회의 한국사데이터베이스)에서 후삼국을 검색하면, 약 330여 건의 논저를 찾을 수 있다. 그 중 후삼국이 표제인 것이 80건 정도이고, 이 가운데 '후삼국시대' 19건, '후삼국(시)기' 10건 정도가 찾아진다. '후삼국시대'와 '후삼국시기'를 혼동해서 쓰는 예도 있다[1]

---

1) 논저 중 '후삼국시대'라는 용어를 처음 사용한 것은 金哲埈의 「後三國時代의 支配勢力의 性格」(1964, 『李相佰博士回甲紀念論叢』, 乙酉文化社 : 1975, 『韓國古代社會硏究』, 知識産業社)이 아닌가 한다. '후

『삼국사기』에서는 후삼국의 역사를 신라 말의 역사로 다루었고, 『고려사』에서는 고려 초의 역사에 넣었다. 『동국통감』의 경우 권11 신라기, 권12 신라기에서 935년 견훤과 경순왕의 고려 귀부까지를 다루고, 권13 고려기에서 태조 왕건의 후삼국 통일(936) 이후를 다루었다. 『동사강목』에서는 권5 상, 하에서 935년까지를, 권6 상에서 936년부터의 역사를 다루었다. 통사인 『동국통감』이나 『동사강목』은 후삼국의 역사를 신라사의 일부로 취급하였다.

역대 한국사 개설서의 시대구분을 검토한 바에 따르면, '후삼국시대'는 찾을 수 없다.[2] 왕조의 교체와 3시기 구분을 혼용하는 경우 후삼국사는 신라사에 부속되는 경우가 많다. 신라사와 고려사로 나누어 다루기도 하고, 고려사의 일부로 편입한 예[3]도 있다. 그러므로 '후삼국시대'라고 하는, 독립된 시대를 설정하려는 시도[4]는 의미가 있다.

'후삼국시대'는 삼국시대에 대응하여 나온 용어이다. 즉 신라 말 후백제, 후고구려(고려)가 건국됨으로써 마치 삼국시대가 재연된 것과 같은 상황이 만들어졌던 것이다. 한국사의 시대구분에서 왕조를 기준으로 하는 경우가 종종 있다. 신라 천년, 고려와 조선 약 5백년 등 왕조의 존속 기간

삼국시대'는 여러 논저나 각종 한국사 교과서에서 쉽게 찾아 볼 수 있다. 필자도 이를 여러 차례 사용한 바 있다.

2) 李基白, 1970, 「韓國史의 時代區分 問題」 『韓國史時代區分論』, 韓國經濟史學會 ; 1971, 『民族과 歷史』 47~50쪽 ; 李基東, 1995, 「韓國史 時代區分의 여러 類型과 問題」, 車河淳·李基東·李賢惠·李樹健·洪承基, 『韓國史時代區分論』(翰林科學院叢書 26), 소화 ; 1999, 『전환기의 韓國史學』 一潮閣, 5~23쪽.

3) 한영우, 2014, 『다시 찾는 우리역사』(제2전면개정판), 경세원, 183~189쪽.

4) 이재범, 2016, 「후삼국시대사론」 『신라사학보』 37. "후삼국시대라는 용어는 과연 합당한가? 그렇다면 후삼국시대의 역사적 성격은 어떻게 규명하여야 할 것인가? 그리고 후삼국시대가 지니는 시대적 속성은 어떠한 것인가 등의 문제를 규명해보고자 한다"고 하였다. 위의 논문, 253쪽.

이 상당히 길었다는 점에서 이는 나름대로 의의가 있다. 즉 왕조가 바뀌면서 그에 따라서 지배세력이 교체되었고, 제도나 문화 등 여러 면에서 큰 변화가 있었던 것이다.[5] 그런데 후삼국의 존립 시기는 36년에 불과하였다. 왕조의 변동에 따라 어떤 의미 있는 변화를 찾기에는 짧은 기간이 아닌가 하는 생각이 든다.

한편 '후삼국시대'의 시간적 범위를 확장해서 김헌창의 난(822)으로부터 시작하여, 고려 광종(재위 949~975) 이전까지를 포함시키자는 의견도 제시되었다.[6] 김헌창은 신라의 왕권을 차지하려고 하였던 것이 아니라 새로운 나라를 세우려고 하였다는 것이다.[7] 이점에서 김헌창은 견훤이나 궁예의 선구인 면이 있다고 할 수 있다.[8] 그러므로 김헌창의 난을 기점으로 삼는 것은 일리가 있다고 본다.

그런데 1960년대 이래 신라 말 고려 초가 사회편성의 원리라든지 종교, 사상의 측면에서 중요한 변혁기라는 주장이 제기되었다. 이를 고대에서 중세로의 전환기로 설정하는 설도 적지 않다. 이 시기의 지배세력을 호족으로 보고, '호족의 시대'를 설정하기도 하였다.[9] 그렇다면 김헌창의 난으로부터 광종 치세까지를 '후삼국시대'라고 보는 견해는 이러한 시대구

---

5) 이상 왕조의 변화를 기준으로 하는 시대구분에 대해서는 이기동, 앞의 논문, 24쪽 참고.

6) 이재범, 앞의 논문, 259쪽. 단 광종을 하한으로 하는 이유는 뚜렷이 밝히지 않았다.

7) 이재범, 앞의 논문, 255~259쪽.

8) 김헌창이 백제 유민 후손들의 신라에 대한 반감을 이용하려고 했던 것으로 보는 견해도 있다. 金貞淑, 1984, 「金周元世系의 成立과 그 變遷」『白山學報』28, 174쪽 ; 황선영, 1998, 「신라하대 金憲昌 亂의 성격」『釜山史學』35 ; 2002, 『나말여초 정치제도사연구』, 국학자료원, 47쪽 ; 金甲童, 1999, 「百濟遺民의 動向과 羅末麗初의 公州」『역사와 역사교육』3·4(합), 315쪽 ; 朱甫暾, 2008, 「新羅 下代 金憲昌의 亂과 그 性格」『韓國古代史硏究』51, 247쪽.

9) 이상 이기동, 앞의 논문, 40~42쪽 ; 조인성, 2008, 「고대사회의 해체」『새로운 한국사길잡이(상) (제3판 한국사연구입문)』, 지식산업사, 185~187쪽.

분과 어떤 차별성을 갖는 것일까 하는 의문이 든다.

왕건의 등장을 기준으로 '후삼국시대'를 전기와 후기로 나누고, 전기의 특징으로 '절대 왕권의 재현' 지향과 중앙집권화를, 후기의 특징으로는 '공존의 사회' 지향과 지방분권화를 들기도 하였다. 전기의 대표적인 국가는 태봉이고, 후기는 고려라고 하였다.[10]

궁예는 견훤과의 경쟁에서 우위를 지켰다. 태봉은 후삼국 판도의 2/3를 차지하였다. 태봉이 망한 후에는 후백제와 고려가 각축하였다. 그런데 그 무렵 견훤은 "고대 전제군주의 통솔력"을 보였으며, 신검은 "고대 전제 왕권의 제왕적 지위를 확립"하려고 했다고 하였다.[11] 그렇다면 후기 '후삼국시대'에도 절대 왕권을 재현하려는 움직임이 있었던 것이 된다. 이것은 전기 '후삼국시대'의 특징만은 아니었다고 해야 할 것이다.

시대구분이란 일관된 기준에 입각해서 선후의 시대와 연결되어야 한다. 그리고 각 시대 안에서는 정치. 경제, 사회, 문화 등의 역사적 사실이 상호 연관성을 가지고 설명될 수 있어야 한다.[12] 가령 중앙집권과 지방분권이 한국사의 전 시대를 관통할 수 있는 기준인지, 전후 시대를 연결하는 기준인지에 대한 고려가 필요하다. 또 그것이 같은 시기에 일어난 여러 역사적 현상 즉 경제, 사회, 문화 등의 여러 국면과 어떻게 연결되는지 설명할 수 있어야 할 것이다.[13] 지금으로서는 '후삼국시대'를 독립된 시대로

---

10) 이재범, 앞의 논문, 274~276쪽.

11) 이재범, 앞의 논문, 273쪽.

12) 이상과 관련하여서는 이기백, 앞의 논문, 57~58쪽.

13) 이와 관련하여 후백제와 태봉, 고려의 불교 미술의 특징에 대한 연구가 적지 않게 이루어져왔다는 점이 주목된다. 崔聖銀의 「後百濟地域 佛敎彫刻 研究」(1994, 『美術史學研究』 204), 「나말여초 중부지역 석불조각에 대한 고찰-궁예 태봉(901~918)지역 미술에 대한 시고-」(2002, 『역사와 현실』 44) 등이 선구적이다. 후백제의 불교 미술과 관련하여서는 진정환의 연구를 참고할 수 있는데, 「후백

규정하기에는 아직 미흡한 점이 있는 것이 아닌가 생각한다.

Ⅱ. 후삼국 성립의 국제적 배경

견훤은 상주의 호족 아자개의 아들이었다. 그의 집안이 백제와 어떤 연고가 있었던 것은 아니었다. 견훤은 신라의 군인으로 서남해 방수에 종사하다가 비장으로 출세하였다. 889년부터 곳곳에서 농민들이 봉기하여 혼란이 계속되자, 반기를 들었다. 892년 무진주를 점령하고, 왕이라고 할 수 있을 정도의 세력을 형성했다. 당시 견훤은 "新羅西面都統" 즉 신라의 지방관을 자처하였다. 아직 백제의 계승을 내걸었던 것은 아니었다.

진성여왕 10년(896) 赤袴賊이 나라의 서남쪽 지방에서 일어나 왕경의 서부 모량리에까지 출몰하였다. 적고적은 "백제의 횡포한 도적"이라고도 기록되었다. 진성여왕 때에 "百濟海賊"이 해로를 막자, 唐에 가는 신라 사신이 弓手 50인을 선발하여 대동하였다고 한다. 이들은 옛 백제 지역에서 일어난 도적이었을 뿐만 아니라 백제의 후예를 자처하는 집단이 아니었을까 한다. 위세가 상당하였고, 따라서 어느 정도 조직을 갖추었으리라고 보이는 것이다. 견훤은 옛 백제 지역에 살던 백제 유민의 후손들이 신라에 대해 가졌던 불만과 이로 인한 반발 등을 이용하여 후백제를 건국하였던

제 불교미술의 특징과 성격」(2010, 『동악미술사학』 11)을 비롯하여 「후백제와 태봉 불교석조미술품의 특징과 영향」(2020, 『동악미술사학』 27) 등 여러 논문들이 있다. 태봉과 고려 초의 석조미술에 대한 정성권의 연구는 『태봉과 고려 석조미술로 보는 역사』(2015, 학연문화사)에 묶여 있다. 이러한 연구가 각국의 미술에 한정되지 않고, '후삼국시대' 미술의 특징을 밝히는 데까지 진전되기를 기대한다.

것이다.[14]

견훤은 900년 후백제를 건국하면서 "摠章 연간에 당나라 고종이 신라의 요청으로 장군 蘇定方을 보내 배에 군사 13만을 싣고 바다를 건너게 하였고, 신라의 김유신이 흙먼지를 날리며 황산을 거쳐 사비에 이르러 당나라 군사와 합세하여 백제를 공격하여 멸망시켰다. 지금 내가 감히 완산에 도읍하여 의자왕의 오래된 울분을 씻지 않겠는가?"라고 하였다.[15] 이에 따르면 의자왕의 울분을 풀 대상은 우선 신라, 다음은 당이었다. 그런데 현실적으로 그럴 수 없는 형편임에도 당을 거론한 점이 주목된다.

신라는 당 중심의 국제질서에 편입되었다. 당의 책봉은 신라 왕실의 권위를 국내외적으로 보장하였다. 그러므로 역대 신라 국왕들은 당의 책봉을 매우 중시하였다. 그런데 安史의 난과 黃巢의 난을 거치면서 당은 쇠망하였다. 이에 따라 신라 왕실의 위상도 크게 흔들렸다. 여기에서 후백제 건국 선언에 굳이 당이 소환되었던 이유를 짐작할 수 있지 않을까 한다. 고대 동아시아 세계의 변동을 의식하면서 후백제의 건국을 선언하였던 것으로 생각하는 것이다.

궁예는 헌안왕의 왕자 혹은 경문왕의 왕자라고 알려져 있다. 이에 대해 의심을 품고 진골귀족 가문 출신 등으로 보기도 한다. 어느 경우라도 그는 신라 출신으로서 고구려와 어떤 관계가 있었던 것은 아니었다. 궁예는 896년 철원을 근거지로 하여, 나라를 열고 왕을 칭할 수 있겠다고 자부할 정도로 세력을 모았다. 그 무렵 평산의 호족 박직윤은 大毛達을 칭하

---

14) 이상 조인성, 2018, 「통일에서 분열로 - 후백제의 성립 배경과 관련하여 - 」 『신라사학보』 42, 20~24쪽.

15) 『삼국사기』 권50, 견훤전.

였다. 대모달은 고구려의 장군 大模達이다. 박지윤은 박혁거세의 먼 후손이었지만, 고구려의 부흥을 내세우면서 지역 주민들을 지배하였을 것으로 여겨진다.[16] 평산에 이웃한 재령은 고구려 3경 중 하나였던 한성으로 비정된다. 검모잠과 안승의 고구려 부흥운동이 이곳에서 시작하였던 것도 우연이 아닐 것이다. 부흥운동은 실패하였지만, 그 일대에는 고구려의 전통이 남아 있었던 듯하다.

궁예는 901년 후고구려를 건국하였다. "지난날 신라가 당나라에 군사를 청하여 고구려를 깨뜨렸다. 그런 까닭에 평양 옛 도읍은 무성한 잡초로 꽉 차 있다. 내 반드시 그 원수를 갚겠다"고 하였다.[17] 『삼국사기』 궁예전 찬자는 이를 신라에 대한 궁예의 원한 때문이었다고 풀이하였다. 일리가 있는 말이지만, 이로써 하필 고구려의 원수를 갚겠다고 한 이유가 드러난 것은 아니다.

궁예가 고구려의 원수를 갚겠다고 한 것은 위에서 말한 패서지역의 고구려 계승 움직임을 고려한 것이었다고 할 수 있다. 이와 아울러 한 해 전에 후백제가 건국되었다는 점도 감안할 필요가 있다. 즉 신라와 후백제가 대립하는 상황에서 궁예의 선택은 고구려가 될 수밖에 없는 면이 있었다고 보는 것이다.[18] 한편 궁예도, 견훤과 마찬가지로, 신라가 당을 끌어들

---

16) 鄭淸柱, 1988,「新羅末 高麗初 豪族의 形成과 變化에 대한 一考察 - 平山朴氏의 一家門의 實例檢討 - 」『歷史學報』118 :「新羅末 高麗初 豪族研究」一潮閣, 1995, 44~45쪽. 金光洙는 대모달을 패서지역의 토착어라고 하였다. 1977,「高麗建國期의 浿西豪族과 對女眞關係」『史叢』21·22합집, 139쪽. 한편 박직윤이 비록 건국에 이르지는 못했지만, 견훤이나 궁예의 선구적 존재였다고 보기도 한다. 趙仁成, 1991,「泰封의 弓裔政權 研究」서강대 박사학위논문 : 2007, 『태봉의 궁예정권』, 푸른역사, 82~83쪽,

17) 『삼국사기』권50, 궁예전.

18) 조인성, 2006,「궁예의 후고구려 건국과 관련한 두 문제」『新羅文化』27 : 앞의 책, 182쪽. 이와 관련하여 李基白이 고려의 고구려 계승의식에 대해 "후삼국의 정립 속에서 빚어진 신라나 후백제에

여 고구려를 멸망시켰다는 점을 언급하였다는 점은 우연이 아닐 것이다. 궁예도 동아시아 세계의 변동을 의식하면서 후고구려를 건국하였음을 의미한다고 보는 것이다.

후삼국의 성립은 단순히 신라의 분열로만 볼 것이 아니다. 고대 동아시아 국제질서의 중심이었던 당의 쇠망과 그에 따른 동아시아 세계의 변동이라는 관점도 고려하여야 할 것이다.[19]

Ⅲ. 후삼국의 관계 : '군신론'

궁예가 신라에 대해 매우 적대적이었음은 널리 알려진 바와 같다. 부석사 벽에 그려진 초상화를 칼로 친 사건은 고려시대에도 유명하였다. 궁예는 906년 상주를 확보함으로써 금성을 압박할 수 있는 거점을 마련하였다. 이 무렵 그는 신라를 병탄할 뜻을 갖고 나라 사람들로 하여금 신라

대한 대항의식의 산물이었다고 할 수가 있다. 즉 정치적 색채를 농후하게 지니고 있었다"고 한 지적 (1976, 『'三國史記'論』『文學과 知性』 1976년 겨울호 : 1978, 『韓國史學의 方向』, 一潮閣, 24쪽)이 참고 된다. 그는 이어서 "한강유역 일대가 원래 백제의 영유였다는 것은 너무나 명백한 사실이고, 이것을 고려의 학자들이 모르고 있었을 까닭이 없다. 그럼에도 불구하고 이 지역은 모두 원래 고구려의 영토였다고 하는 생각이 오랜 동안 고려시대에 통용되고 있었다. 『삼국사기』 지리지에서조차 그렇게 되어 있다. 그러므로 고려는 고구려의 영토에서 일어난 국가였다는 이야기가 된다. 이것은 고려가 고구려를 계승한 국가였다는 생각과 뗄 수 없는 밀접한 관계를 지닌다고 믿는다"고 하였다. 고려 전기의 고구려 故地 인식과 관련하여서 서희가 "三角山 이북도 고구려의 옛 땅"이라고 하였음(『高麗史』 권94, 서희전)도 참고 된다.

19) 신라의 쇠망을 동아시아 국제관계의 변화와 관련짓는 논의에 대해서는 李基東, 1981, 「新羅 衰亡史觀의 槪要」『韓▒劤博士停年紀念史學論叢』, 知識産業社 : 1997, 『新羅社會史研究』, 一潮閣, 124~126쪽 참고. 고대 동아시아 세계의 붕괴와 관련하여서는 니시지마 사다오, 1997, 「동아시아세계와 일본사」 : 니시지마 사다오 지음, 이성시 엮음, 송완범 옮김, 2008, 『일본의 고대사인식 '동아시아세계론'과 일본』 역사비평사, 194~198쪽 참고.

를 "滅都"라고 부르게 하였다고 한다. "滅都"의 '都'는 王京인 金城을 가리킬 것이다. 금성이 곧 망할 것이라는 일종의 예언을 백성들로 하여금 퍼뜨리게 하였던 것이다. 또 신라로부터 와서 항복하는 자들을 모두 죽였다고 한다. 금성의 지배층을 용납하지 않겠다는 의지를 천명하였는데, 그것이 이처럼 전해지게 되었을 것이다.[20]

궁예의 신라 적대 정책은 금성의 지배층을 위협하였을 것이다. 한편으로 백성들은 금성을 "멸도"라고 부르면서 자연스럽게 신라의 전통과 왕실의 권위를 낮추어 보고, 무시하는 마음을 갖게 되었을 것이다.[21] '금성멸도설'의 유포는 오랜 동안 신라의 지배질서에서 순응하여왔던 민심의 추이를 바꾸려고 기획되었을 것으로 여겨진다. 이는 역으로, 당시 신라는 정치적으로나 군사적으로 쇠락하였지만, '천년왕국'으로서의 전통과 권위는 여전히 적지 않은 영향력을 행사하였음을 의미할 것이다.

궁예는 911년 연호와 국호를 각각 水德萬歲와 태봉으로 고쳤다. 중대의 신라 왕실은 少昊金天氏의 후예임을 내세웠다. 하대의 경문왕계 왕실에서도 이 점이 강조되었다. 소호금천씨는 金德에 해당한다. 그런데 오행상생설에 따르면 금덕의 왕조에 이어 수덕의 왕조가 등장한다고 한다. 금덕의 신라를 대신할 왕조가 태봉이라는 의미에서 연호를 수덕만세라고 하였던 것이다.[22]

---

20) 조인성, 2003, 「궁예정권의 대외관계」 『강좌 한국고대사 4 - 고대국가의 대외관계』 가락국사적개발원 : 앞의 책, 193~196쪽.

21) 조인성, 2003, 앞의 논문 : 앞의 책, 197쪽에서는 "대내적으로는 자기 백성들의 신라에 대한 적대감을 고조시키는 효과가 더 컸을 것으로 짐작"된다고 하였다.

22) 조인성, 2003, 앞의 논문 ; 앞의 책, 197쪽. 한편 서금석은 "금덕을 지향한 철원의 마진은 수덕인 태봉으로 이어졌다"고 하여, 궁예가 수덕만세를 칭한 것을 마진과 태봉의 관계로 보았다. 2015, 「궁예의 국도선정과 국호·연호 제정의 성격」 『한국중세사연구』 42 : 2019, 「태봉 철원도성연구」 『태봉학

궁예는 신라에 대해 적대적이었고, 태봉은 신라를 군사적으로 압도하였다. 그럼에도 불구하고 수덕의 나라임을 내세웠을 뿐 신라에 대해 결정적인 공격을 가하지는 않았다. 궁예는 안으로 국가체제를 정비하고, 전제왕권을 추구하는데 주력하였다. 밖으로는, 신라 정복에 나설 경우 후백제가 틈을 타 공격할 가능성을 우려하였을 것이다. 여기에 더하여 신라의 전통과 왕실의 권위를 존중하는 민심도 신라 공격을 주저하게 만든 요인이었을 것으로 본다.

927년 견훤은 금성을 침공하였다. 경애왕을 자살하게 하고, 김부를 왕으로 세웠다. 신라를 멸망시킬 수 있는 절호의 기회였지만, 그렇게 하지 않고 철군하였다. 이와 관련하여 견훤은 "그 정권 내에서는 실질적으로 「왕」이었으나, 신라와의 상징적 관계는 「신」"이었으며, "얼핏 앞뒤가 잘 맞지 않는 듯한 견훤의 행동도, 그가 의례적으로는 「신」으로서 「군」을 세워 놓아야 한다는 점을 감안하면 논리적인 모순은 없다"고 풀이하였다. 그리고 왕건도 신라 국왕에 대해 신하의 위치에 있었다고 보았다.[23]

이런 관점에서 견훤이 안으로는 후백제왕이었지만 대외적으로는 신라의 지방관을 자처하였다고 보는 견해도 있다. 왕건의 경우에도 마찬가지였다고 한다. "견훤과 태조 왕건이 주고받은 외교문서가 지극히 의례적이고 형식적인 것에 불과한 것이라고 볼 수도 있지만, 그들 스스로 신라와

회 총서 1), 주류성, 141쪽.

23) 河炫綱, 1988, 『韓國中世史研究』, 一潮閣, 59~60쪽. 다만, 견훤의 철군을 상징적, 의례적 관계에 따른 것으로만 볼 수는 없을 것이다. 가령 금성에 계속 머물 경우 도성인 전주성을 오래 비워 두어야 하는 문제, 왕건의 구원군과의 전투에서 불리할 수도 있다는 점 등을 염두에 두었을 것으로 보인다. 신라를 멸망시켰을 경우 경상도 일대의 민심이 크게 이반할 것을 우려하였을 수도 있다. 요컨대 현실적인 면에서도 철군의 이유를 생각해 볼 필요가 있다고 보는 것이다.

군신관계임을 대외적으로 표명하고 있다는 것은 중요한 의미"가 있다는 것이다. 이는 신라를 적대시 한다거나 혹은 신라를 멸망시키고 새로운 왕조를 건설할 것을 표방하는 것과는 커다란 차이가 있다고 하였다.[24]

신라에 대한 궁예의 태도, 정책과 견훤이나 왕건의 그것은 달랐다. 궁예는 신라 지배층 출신이었다고 여겨지고 있다. 그런 만큼 궁예는 신라의 지배질서와 그 정점에 있는 왕실에 대해 도전하고, 파괴하려는 태도를 보일 수 있었을 것이다. 반면에 견훤과 왕건은 호족 출신으로 출세하였다. 비록 국왕이 되었지만 거의 천년에 이르는 신라의 전통과 권위를 무시하기 어려웠을 것이다.[25]

한편 견훤이 신라에 대해 우호적이었던 기록은 전하지 않는다. 왕건의 경우는 이와 달랐다. 그는 재암성 장군 선필의 도움을 받아 신라에 통호의 뜻을 전했다. 920년 정월 경명왕이 왕건에게 사신을 보냄으로써 고려와 신라는 공식적으로 국교를 맺었다. 920년 10월 견훤은 신라의 대야성을 함락한 다음 금성 방면으로 진군하였다. 경명왕의 구원 요청을 받은 왕건은 군대를 파견하였고, 견훤은 회군하였다. 921년 2월에는 고려의 장군 견권이 신라를 침략하려던 말갈의 別部 達姑의 무리를 등주에서 격퇴시켰다. 경명왕은 왕건에게 사신을 보내 고마움을 표했다. 왕건은 신라의 군사적 보호자 역할을 자임하였다. 고려는 더 이상 반란 세력이 세운 국가가 아니었다. 왕건은 견훤에 비해 명분의 측면에서 우위를 차지하였다. 경상도 일대의 호족들 중 왕건에게 귀부하는 자들도 여럿이었다.

---

24) 이상 신호철, 2008, 『후삼국사』(충북대학교 인문사회연구총서 5), 도서출판 개신, 139~142쪽. 견훤의 신라왕실에 대한 인식은 이미 『後百濟 甄萱政權 研究』(1993, 一潮閣), 106~109쪽에서, 신라 침공과 그 의미에 대해서는 같은 책, 109~122쪽에서 상세히 다룬 바 있다.
25) 조인성, 2003, 앞의 논문 : 앞의 책, 197~198쪽.

견훤과 왕건은 호족 출신이었다는 점에서는 같았지만, 한편으로 다른 면도 있었다. 견훤은 원신라 지역인 상주의 호족 아자개의 아들이었다. 그는 왕경을 거쳐 신라 방수군의 장교로 출세하였다. 반면 왕건은 신라의 서북 변경인 송악의 호족 출신이었다.[26] 왕경의 소식은 풍문으로나 들어 보았을 것이다. 신라의 전통과 권위에 대한 견훤과 왕건의 인식, 태도 차이는 여기에서 비롯되었을 것이다. 즉 견훤에 비해 왕건이 이를 더 선망하였고, 존중하였을 것으로 생각하는 것이다.

신라는 자기 방어 능력조차 현저히 잃어버린 상태였다. 그럼에도 불구하고 왕건은 신라를 포섭함으로써 그를 지지하는 민심을 수습하고, 경상도 일대 호족들의 지지도 이끌어낼 수 있었을 것이다. 나아가 신라의 계승자로서도 자처할 수 있게 되었을 것이다. 왕건이 견훤을 누르고, 후삼국을 통일할 수 있었던 이유 중 하나는 여기에서 찾아야 하지 않을까 한다.

---

26) 洪承基, 1989, 「後三國의 분열과 王建에 의한 통일」 『韓國史 市民講座』 5 : 2001, 『高麗政治史硏究』 一潮閣, 69~70쪽.

참고문헌

1. 단행본 및 저서

金哲埈, 1975, 『韓國古代社會研究』, 知識産業社.

申虎澈, 1993, 『後百濟 甄萱政權 研究』, 一潮閣.

신호철, 2008, 『후삼국사』(충북대학교 인문사회연구총서 5), 도서출판 개신.

정성권, 2015, 『태봉과 고려 석조미술로 보는 역사』, 학연문화사.

河炫綱, 1988, 『韓國中世史研究』, 一潮閣.

한영우, 2014, 『다시 찾는 우리역사』(제2전면개정판), 경세원.

2. 논문

金哲埈, 1964, 「後三國時代의 支配勢力의 性格」 『李相佰博士回甲紀念論叢』, 乙酉
    文化社.

金甲童, 1999, 「百濟遺民의 動向과 羅末麗初의 公州」 『역사와 역사교육』 3·4(합).

金光洙, 1977, 「高麗建國期의 浿西豪族과 對女眞關係」 『史叢』 21·22(합).

金貞淑, 1984, 「金周元世系의 成立과 그 變遷」 『白山學報』 28.

서금석, 2015, 「궁예의 국도선정과 국호·연호 제정의 성격」 『한국중세사연구』 42
    : 2019, 『태봉 철원도성연구』(태봉학회 총서 1), 주류성.

李基東, 1981, 「新羅 衰亡史觀의 槪要」 『韓▨劤博士停年紀念史學論叢』, 知識産業
    社 : 1997, 『新羅社會史研究』, 一潮閣.

李基東, 1995, 「韓國史 時代區分의 여러 類型과 問題」 『韓國史時代區分論』(翰林
    科學院叢書 26), 소화 : 1999, 『전환기의 韓國史學』, 一潮閣, 1999.

李基白, 1970, 「韓國史의 時代區分 問題」 『韓國史時代區分論』, 韓國經濟史學會 :
    1971, 『民族과 歷史』.

李基白, 1976, 「『三國史記』論」『文學과 知性』 1976년 겨울호 : 1978, 『韓國史學의 方向』, 一潮閣.

이재범, 2016, 「후삼국시대사론」『신라사학보』 37.

鄭清柱, 1988, 「新羅末 高麗初 豪族의 形成과 變化에 대한 一考察 - 平山朴氏의 一 家門의 實例檢討 - 」『歷史學報』 118 : 1995, 「新羅末 高麗初 豪族研究」, 一 潮閣.

趙仁成, 1991, 「泰封의 弓裔政權 研究」, 서강대 박사학위논문 : 2007, 『태봉의 궁 예정권』, 푸른역사.

조인성, 2003, 「궁예정권의 대외관계」『강좌 한국고대사 4 고대국가의 대외관계』, 가락국사적개발원 : 2007, 『태봉의 궁예정권』, 푸른역사.

조인성, 2006, 「궁예의 후고구려 건국과 관련한 두 문제」『新羅文化』 27 : 위의 책.

조인성, 2018, 「통일에서 분열로 - 후백제의 성립 배경과 관련하여 - 」『신라사학 보』 42.

조인성, 2008, 「고대사회의 해체」『새로운 한국사길잡이(상)(제3판 한국사연구입 문)』, 지식산업사.

朱甫暾, 2008, 「新羅 下代 金憲昌의 亂과 그 性格」『韓國古代史研究』 51.

진정환, 2010, 「후백제 불교미술의 특징과 성격」『동악미술사학』 11.

진정환, 2020, 「후백제와 태봉 불교석조미술품의 특징과 영향」『동악미술사학』 27.

崔聖銀, 1994, 「後百濟地域 佛教彫刻 研究」『美術史學研究』 204.

최성은, 2002, 「나말여초 중부지역 석불조각에 대한 고찰 - 궁예 태봉(901~918)지 역 미술에 대한 시고 - 」『역사와 현실』 44.

洪承基, 2001, 「後三國의 분열과 王建에 의한 통일」『韓國史 市民講座』 5, 1989 : 『高麗政治史研究』, 一潮閣.

황선영, 1998,「신라하대 金憲昌 亂의 성격」『釜山史學』35 : 2002,『나말여초 정
　　　치제도사연구』, 국학자료원.

니시지마 사다오, 1997,「동아시아세계와 일본사」: 니시지마 사다오 지음, 이성시
　　　엮음, 송완범 옮김, 2008,『일본의 고대사인식 '동아시아세계론'과 일본』,
　　　역사비평사.

태봉학회 총서 3

제2부

신라의 쇠퇴

신라의 쇠퇴와 후삼국의 성립

DECLINE OF SILLA
AND RISE OF LATER BAEKJE,
LATER GOGURYEO

신라 하대 왕위계승전과 사병의 확대

이상훈

육군사관학교 군사사학과 교수

Ⅰ. 머리말

780년 김지정의 반란과정에서 혜공왕이 피살되고 선덕왕이 즉위하면서 신라 하대가 시작되었다. 신라 하대(780~935)는 혜공왕대 진골귀족의 반란으로 태종무열왕 직계의 왕통이 단절된 이후 신라가 멸망할 때까지 155년간을 일컫는다. 이 시기는 정치, 사회, 문화 등 여러 방면에서 한국사상 유례없는 변혁의 시대로 평가된다.[1] 신라 하대에는 무력을 동원한 왕위계승전이 치열하게 전개되었는데,[2] 이 과정에서 '私兵'의 존재가 부각되었다.

　사병은 국가조직 속에 편성되지 않고 개인에게 사적으로 예속되어 있는 존재였다.[3] 이러한 사병의 활동이 뚜렷이 부각되는 시기가 바로 신라 하대였다. 『新唐書』 신라전에 따르면, 宰相家에는 3천명의 奴僮가 있고, 그에 상응하는 무기가 구비되어 있었다.[4] 왕위계승전 과정에서 '族兵'이라 불리는 진골귀족의 사병이 등장한다. 族은 宗族과 같은 뜻으로 파악되는데,[5] 친족집단 내에 소속된 사람이라 하더라도 정치적 이해관계에 따라 家를 단위로 입장을 달리했다. 족병의 실질적인 소유는 家를 단위로 이루어졌으며, 족병은 家兵의 연합체로서 어떤 한 친족집단으로만 구성된 것으로 보기는 어렵다고 한다.[6]

　혜공왕 이후 왕위계승 과정에서 이들 사병의 역할이 부각된 것은 잘 알려져 있다. 특히 이기백은 혜공왕대 대공의 난, 헌덕왕대 김헌창의 난, 흥덕왕대 김양의 난 등의 사례를 언급하며, 신라 하대 사병의 실상을 구체적으로 밝혀냈다.[7] 이를 통해 신라 하대 사병에 대한 관심과 연구가 진전된 것은 틀림없는 사실이다.[8] 다만 그 과정에서 신라 하대의 여러 시대의

---

1) 이기동, 1980, 「신라 하대의 왕위계승과 정치과정」 『역사학보』 85, 1쪽.

2) 신라 하대 왕위계승전과 관련된 대표적인 연구는 다음과 같다.
이기동, 1980, 신라 하대의 왕위계승과 정치과정」 『역사학보』 85 ; 김창겸, 2003, 「신라 하대 왕실세력의 변천과 왕위계승」 『신라문화』 22 ; 김창겸, 2003, 『신라 하대 왕위계승 연구』 경인문화사 ; 권영오, 2011, 『신라하대 정치사연구』 혜안 ; 최의광, 2012, 『신라하대 왕위계승 양상과 성격』 고려대학교 박사학위논문 ; 김창겸, 2018, 『신라 하대 국왕과 정치사』 도서출판 온샘.

3) 이기백, 1957, 「신라사병고」 『역사학보』 9, 38쪽.

4) 『신당서』 권220, 동이열전, 신라.

5) 이기백, 1957, 「신라사병고」 『역사학보』 9, 57쪽.

6) 노태돈, 1978, 「나대의 문객」 『한국사연구』 21·22, 7~9쪽.

7) 이기백, 1957, 「신라사병고」 『역사학보』 9.

사례를 동일선상에서 언급함으로써, 신라 하대 전체가 마치 '사병의 시대'인 것처럼 인식하는 계기가 된 것도 사실이다.

본고에서는 신라 하대 주요 반란 사건을 중심으로 시기별 사병의 위상이 어떠했는지 살펴보고자 한다. 혜공왕대 대공의 난, 헌덕왕대 김헌창의 난, 흥덕왕대 장보고의 난, 후삼국의 성립을 군사적 관점에서 차례로 살펴보고, 그 과정에서 사병과 공병의 역학관계에 어떠한 변화가 있었는지 확인해보고자 한다. 이를 통해 신라 하대 전체가 '사병의 시대'가 아니라 시기별 차이가 있었다는 것을 조금이나마 드러내고 싶다.

Ⅱ. 대공의 반란과 사병의 존재

신라 하대는 원래 780년 선덕왕 즉위 이후를 의미한다. 하지만 선덕왕 즉위 직전인 혜공왕대는 그 사회적 성격이 신라 하대와 비슷하다고 볼 수 있다.[9] 혜공왕대 발생한 진골귀족의 몇 차례 大亂으로 인해 태종무열왕 직계의 왕통이 단절되었고, 이때부터 신라가 멸망하는 935년까지 커다란 변혁을 겪었다. 신라 하대의 왕위계승 분규가 왕위계승 전쟁으로 격화된 것은 신라 정치사상 확실히 새로운 현상이라 할 수 있다.[10] 신라 중대에 누적되었던 일련의 여러 모순들이 혜공왕의 피살로 끝을 맺은 것이다.[11]

---

8) 노태돈, 1978, 「나대의 문객」『한국사연구』 21·22 ; 윤선태, 1995, 「신라 귀족의 족병」『역사비평』 29 ; 김종수, 2011, 「신라 하대 군제의 변화와 그 붕괴」『군사』 80.

9) 이기백, 1957, 「신라사병고」『역사학보』 9, 39쪽.

10) 이기동, 1980, 「신라 하대의 왕위계승과 정치과정」『역사학보』 85, 2쪽.

11) 조범환, 2014, 「신라 중대말 혜공왕의 혼인을 통하여 본 정국의 변화」『신라문화』 43, 247쪽.

혜공왕대 변동의 시작은 바로 대공의 반란이라 할 수 있다.

> ① 7월에 일길찬 大恭이 아우 아찬 大廉과 모반하였다. 衆를 모아 왕궁을
> 에워싼 지 33일 만에 王軍이 討平하고 九族을 주살하였다.[12]
> ② 7월 3일에 각간 대공이 반란을 일으켜 王都와 五道 州郡의 모두 96角干
> 이 서로 싸워 크게 어지러워졌다. 각간 대공의 집안(家)이 망하자, 그 집
> 안의 보물과 비단을 왕궁으로 옮겼다.[13]

　768년(혜공왕 4) 7월 대공과 대렴이 모반하여, 왕궁을 한 달 넘게 포위
하였다. 결국 국왕군에 의해 진압되고, 대공 일족은 주살되었다. 당시 대
공이 무리(衆)를 모아 왕궁을 포위한 점에서 신라 정부군과는 차별되는 군
사력이 동원되었음을 알 수 있다. 여기에서 대공이 사사로이 동원한 '私
兵'의 존재가 확인되는 것이다.

　그렇다면 대공이 사병을 동원할 수 있었던 배경은 무엇일까? 결론부
터 말하자면 기본적으로 경제력이 기반되었다고 할 수 있다. 반란 진압 이
후 대공의 집안이 망하자 그 집안의 재물을 모두 왕궁으로 옮겼다고 한다.
이를 통해 대공 세력의 경제적 기반이 상당했음을 짐작할 수 있다.[14]

　중국의 경우 수당시대에 府兵制가 확립되는데, 그 배경으로 국가의 관
리체계가 정비되고 생산이 증대되며 지방의 유력자가 약화되었기 때문에

---

12) 『삼국사기』 권9, 신라본기9, 혜공왕 4년.
13) 『삼국유사』 권2, 혜공왕.
14) 이기백, 1957, 「신라사병고」 『역사학보』 9, 60쪽.

가능했다.[15] 바꾸어 말하면 국가의 관리체계가 약화되고 생산력이 낮아지며 유력 귀족이 등장할 경우 부병제는 붕괴되고 만다는 얘기와 같다. 실제 당말오대가 되면 부병제는 붕괴되고, 봉건 의무병제는 주도적 지위를 상실하고 말았다. 각지에서 군벌이 할거하고 전쟁이 빈번해지면서, 부족 병력을 보충하기 위해 모병제가 발전하게 되었다.[16] 고려의 경우 무신정변 이후 대토지를 소유한 武臣들은 무사들에게 경제적 기반을 제공하고 기회가 되면 관직에 천거하는 방식으로 자신의 세력을 확장하였다.[17] 이러한 방식은 신라 하대에도 크게 다르지 않았을 것이다.[18] 유력 진골귀족들은 경제적 기반 제공과 관직 천거 약속 등을 제시하며 사병을 육성했을 것이라 짐작된다. 사병 양성에 가장 기본적인 조건은 경제적 보상이었던 것이다.

『삼국유사』 혜공왕조에 따르면, 대공의 난에 96각간이 개입하여 서로 다투어 크게 혼란했다고 한다. 또 대공의 난리가 3달 만에 그쳤다고 되어 있는데,[19] 대공이 처형된 이후에도 한 동안 반란이 지속되었음을 알 수 있다. 즉 1달여 만에 직접 왕궁을 포위하고 있던 대공 세력을 진압하고, 이후 지방에 있던 친 대공 세력까지 완전히 진압하는데 3달이 걸린 것으로 판단된다.

---

15) 谷霽光, 1983, 「論西魏北周和隋唐的府兵」『江西師院學報』 1983-4, 9쪽.

16) 谷霽光, 1984, 「泛論唐末五代的私兵和親軍·義儿」『歷史研究』 1984-4, 27쪽.

17) 정두희, 1977, 「고려 무신집권기의 무사집단」『한국학보』 8, 90쪽.

18) 삼국통일 이후 교역이 활발해지고 도시가 커짐에 따라 인적·물적 교류가 활발해졌고, 흉년과 기근에 따라 유민이 발생하면서 생활 반경도 확대되기 시작했다. 이러한 배경 속에서 족적 질서가 점차 해체되며 일부는 노비로 전락하고 일부는 귀족의 문하로 몰려들게 되었다(노태돈, 1978, 「나대의 문객」『한국사연구』 21·22, 25쪽).

19) 『삼국유사』 권2, 혜공왕.

여기에서 주목할 것은 대공의 반란에 96각간이 참여한 점과 왕궁을 포위한 기간이 33일이라는 점이다. 96각간은 실제 각간 96명이 참여한 것이 아니라, 그 만큼 무수한 고위 귀족들이 연루되었음을 나타낸다. 대공 집안은 宰相 집안이거나 이에 버금가는 집안으로 추정되며, 여러 재상들이 권력 다툼한 것을 96명의 각간이 서로 싸웠다고 표현한 것으로 이해된다.[20] 그리고 왕궁 포위 기간이 33일이었다는 것은 대공 세력과 국왕 세력이 팽팽하게 대립하여, 어느 한쪽이 압도적이지 못했다는 정황을 시사한다. 이는 대공 집안의 경제적 기반뿐만 아니라 군사적 기반 역시 만만치 않았음을 시사하는 것으로 파악된다.[21] 즉 얽히고 설힌 여러 군소 귀족의 사병들이 왕궁 주변에 주둔한 상태에서 사태를 관망하며 섣불리 움직이지 않았다고 볼 수 있다. 결국 어떤 일을 계기로 국왕 세력이 대공 세력을 격파하고, 왕궁 포위를 해제한 후 대공과 관련된 세력들을 진압해 나갔던 것이다.

> 궁궐 북쪽의 변소 안에 연꽃 두 줄기가 피어나고, 또 奉聖寺 밭 가운데에도 연꽃이 났으며, 호랑이가 禁城 가운데로 뛰어들어와 쫓아가 잡으려고 했으나 놓쳤다. 각간 대공의 家 배나무 위에도 참새가 무수히 모여들었다.[22]

위의 사료는 대공의 반란 직전의 상황을 묘사한 것이다. 궁궐 북쪽의

---

20) 전덕재, 2018, 「신라 혜공왕의 시해와 역사적 평가에 대한 고찰」 『신라문화제학술발표논문집』 39, 273쪽.
21) 전덕재, 2018, 「신라 혜공왕의 시해와 역사적 평가에 대한 고찰」 『신라문화제학술발표논문집』 39, 271쪽.
22) 『삼국유사』 권2, 혜공왕.

변소나 봉성사 밭 가운데 연꽃이 피어나고 왕성에 호랑이가 뛰어들었다는 것은 국왕에 반하는 세력이 왕궁과 주변을 정탐한 정황을 나타내는 것으로 여겨진다. 또 각간 대공의 집에 참새가 무수히 모여들었다는 것은 대공을 중심으로 적지 않은 세력들이 결집하여 모의한 정황을 나타내는 것으로 이해할 수 있다. 이 개별 세력들은 각자의 사병을 보유하고 있었고, 이들이 연합해 대공을 중심으로 '사병연합체'를 구성했던 것이다.

> 이찬 金志貞이 모반하여 무리(衆)를 모아 궁궐을 포위했다. 여름 4월 상대
> 등 金良相과 이찬 敬信이 兵을 일으켜 지정 등을 주살하였는데, 왕과 后妃
> 는 亂兵에 해를 입었다.[23]

대공의 반란 이후에도 770년(혜공왕 6) 8월 대아찬 김융이 모반하다 주살되었고, 775년(혜공왕 11) 6월 이찬 염상이 시중 정문과 함께 모반하다가 주살되었다. 결국 780년(혜공왕 16) 4월 혜공왕은 김지정의 반란과 이를 진압하던 혼란한 상황 속에서 피살당하고 말았다.

김지정이 무리를 모아 궁궐을 포위한 시점은 명확하지 않다. 먼저 궁궐이 포위된 상태에서 4월에 김양상과 김경신이 거병하여 김지정을 제거했으므로, 김지정이 궁궐을 포위한 것은 3월의 어느 시점으로 짐작된다. 그렇다면 대공의 반란과 마찬가지로 장기간의 궁궐 포위전이 발생했음을 알 수 있다. 김지정의 병사들과 김양상·김경신의 병사들이 궁궐 주변에서 서로 대치하다가 亂戰이 벌어지면서 결국 궁궐 내부에도 피해가 발생한

---

23) 『삼국사기』 권9, 신라본기9, 혜공왕 16년.

것으로 판단된다.

<표 1> 혜공왕대 반군과 왕군의 표기

대공의 반란		김지정의 반란	
대공 세력	국왕 세력	김지정 세력	김양상·김경신 세력
衆	王軍	衆	兵

　반란을 일으켰던 대공의 무장 세력은 '衆'으로, 국왕의 세력은 '軍'으로 되어 있다. 또 김지정의 무장 세력은 '衆'으로, 반란을 진압한 김양상과 김경신의 무장 세력은 '兵'으로 표현되어 있다. 물론 衆에도 무장한 병사라는 의미가 포함될 수 있겠지만, 아무래도 軍이나 兵과는 차별되는 용어라 할 수 있다. 대공이나 김지정의 衆은 국가 통제 하에 있지 않았던 私兵이었던 것으로 판단된다. 반면 王軍[24]이나 김양상·김경신의 兵은 명칭으로 볼 때 국가와 연관된 병사라고 여겨진다. 물론 이 가운데 사병들이 다수 포함되었겠지만, 그래도 어느 정도 국가 통제나 편제 하에 있던 병사들이 아니었을까 짐작된다.

Ⅲ. 김헌창의 반란과 사병의 부각

　822년(헌덕왕 14) 김헌창은 아버지 김주원이 왕이 되지 못한 것을 구실

---

24) 王軍을 왕의 사병이라 추정하는 견해도 있지만, 당시 혜공왕은 12살에 불과했기 때문에 왕의 사병이라 보는 것은 어렵지 않을까 한다(이인철, 1993, 「8·9세기 신라의 지배체제」『한국고대사연구』6, 157쪽).

삼아 웅천주를 중심으로 반란을 일으켰다. 국호를 長安, 연호를 慶雲이라 하여 신라 왕조를 거부하고 새로운 국가를 지향했다. 무진주·완산주·청주·사벌주와 국원소경·서원소경·금관소경이 이에 호응했다. 신라의 9주 5소경 가운데 4주 3소경이 김헌창의 세력권으로 들어갔을 만큼 큰 사건이었다.

헌덕왕은 곧 진압군을 편성하여 김헌창의 반란을 진압하고, 핵심 관련자 239명을 처형하였다. 이후 825년(헌덕왕 17) 김헌창의 아들 김범문이 또다시 반란을 일으키는 등 그 후유증은 상당하였다. 김헌창의 반란은 호족의 지방할거적 경향을 크게 촉진시켰고, 왕위계승 쟁탈전을 더욱 심화시켰다.[25] 결국 김헌창의 반란 이후 장보고의 등장과 후삼국의 성립에도 적지 않은 영향을 미친 것으로 파악된다.[26]

당시 신라군은 김헌창의 반란을 어떻게 진압했는지 그 과정을 살펴보자.[27]

드디어 員將 8명을 差定하여 王都의 8方을 지키게 한 후 군사를 출동하였다. 일길찬 張雄은 먼저 나아가고 잡찬 衛恭·파진찬 悌凌은 그 뒤를 잇고 이찬 均貞, 잡찬 雄元, 대아찬 祐徵 등은 3軍을 통솔하고 나갔다. 각간 忠恭과 잡찬 允膺은 蚊火關門을 지키고, 明基·安樂 두 화랑은 각기 종군을 청하여 명기는 그 무리와 함께 黃山으로 향하고 안락은 施彌知鎭으로 향하였

25) 이기동, 1980, 「신라 하대의 왕위계승과 정치과정」 『역사학보』 85, 14쪽.
26) 주보돈, 2008, 「신라 하대 김헌창의 난과 그 성격」 『한국고대사연구』 51, 236쪽.
27) 신라군의 반란 진압에 관한 군사활동 부분은 이상훈, 2014, 「김헌창의 난과 신라군의 대응」 『군사연구』 138 참조.

다. 이 때 헌창은 그 장수를 시켜 要路에 거하여 관군을 기다렸다. 장웅이 道冬峴에서 적병을 만나 이를 격파하고, 위공·제릉은 장웅의 군과 합하여 삼년산성을 쳐 이기고 다시 군사를 속리산으로 보내어 적병을 섬멸하였다. 균정 등은 星山에서 적과 싸워 이를 멸하고, 여러 軍이 함께 熊津에 이르러 적과 대전하여 참획함이 이루 셀 수 없었다.[28]

<표 2> 신라의 행군편성과 이동경로

부대구분	장 수	관 위	이동 경로
선발대	장 웅	⑦ 일길찬	도동현 → 삼년산성 → 속리산 →웅진성
	위 공	③ 잡찬	
	제 릉	④ 파진찬	
본 대	균 정	② 이찬	성산→ 웅진성
	웅 원	③ 잡찬	
	우 징	⑤ 대아찬	
별동대	명 기	화랑	황산
	안 락	화랑	시미지진

신라는 진압군을 선발대, 본대, 별동대로 나누어 편성하고, 채 한 달이 되지 않아 김헌창의 반란을 진압해 버렸다.[29] 반란을 진압한 후에는 '宗族'과 '黨與' 239명을 처형하였다. 이와 관련하여 684년(신문왕 4) 보덕성민의 반란이 참조된다. 『삼국사기』에 따르면 안승의 '族子'인 대문이 반

---

28) 『삼국사기』 권10, 신라본기10, 헌덕왕 14년 3월.

29) 『삼국사기』에 따르면 신라는 3월 18일에 김헌창의 반란을 인지하고 진압군을 편성하였는데, 4월 13일에는 김헌창과 관련없는 새로운 기사 내용이 나오고 있다. 따라서 신라군의 작전기간은 3월 18일에서 4월 13일 사이라고 할 수 있다.

란을 도모하다가 처형되자, '餘人'들이 반란을 일으킨 것으로 되어있다.[30] 宗族, 族兵, 族人, 衆, 黨, 宗黨, 黨與 등은 모두 국가 통제 하에 있는 公兵이 아니라 사사로이 운용되는 私兵이었음을 알 수 있다.

중국의 경우 진한시대 이후 사병은 보통 혈연적(宗族)·지역적(鄕里) 기반을 바탕으로 형성되었다.[31] 신라의 경우도 크게 다르지 않았을 것이라 짐작된다. 필요시 노비가 진골귀족의 사병으로 충원될 수 있었으며, 이 외에 門客이라는 형태의 인적 기반도 많았을 것으로 추정된다.[32] 김헌창의 반란 과정에서 보이는 宗族이나 黨與 등은 혈연적·지역적 기반을 바탕으로 형성된 김헌창의 개인세력이었다. 이들은 이미 국가 통제에 따른 사회관계에서 귀족 권력·재력에 따른 개인관계로 전환되었던 것이다.[33]

김헌창의 반란을 진압할 때에는 이미 국가의 군사조직이 붕괴되어, 당시 동원된 신라군은 귀족들의 사병이었다는 견해가 지배적이다.[34] 화랑인 명기와 안락이 '徒衆'을 이끌고 종군한 사실도 이를 뒷받침한다고 한다. 신라 진압군은 일관된 명령체계에 의해 출동한 것이 아니라, 참여자 각자가 독자적인 사병을 거느리고 합류한 것으로 파악하고 있는 것이다.[35] 하지만 花郎徒는 국왕의 허가를 받은 다음 종군하였기 때문에, 그들이 사병화되었다고 속단하기는 이르다.[36]

---

30) 『삼국사기』 권8, 신라본기8, 신문왕 4년 11월.

31) 谷霽光, 1983, 「論西魏北周和隋唐的府兵」『江西師院學報』1983-4, 6쪽.

32) 이순근, 1991, 「신라 귀족세력과 결합한 무인세력」『성심여자대학논문집』23, 74쪽.

33) 신라 하대 門客과 귀족은 골품질서 외곽에서 각각 자신의 이익과 생존을 모색하면서 상호결합하여 사적 주종관계를 맺었다(노태돈, 1978, 「나대의 문객」『한국사연구』21·22, 14쪽).

34) 이기백, 1957, 「신라사병고」『역사학보』9, 42~43쪽 ; 김동수, 1982, 「신라 헌덕·흥덕왕대의 개혁정치」『한국사연구』39, 40쪽 ; 하일식, 2001, 「김헌창」『모반의 역사』, 세종서적, 42쪽.

35) 김동수, 1982, 「신라 헌덕·흥덕왕대의 개혁정치」『한국사연구』39, 40~41쪽.

김헌창의 반란에 가담했던 병력은 주로 주·소경·군·현에 소속된 지방군이 상당수 포함되었다고 할 수 있다.[37] 웅천주를 비롯한 옛 백제권역의 군사력만 해도 만만치 않았을 것이다.[38] 그런데 김헌창의 반란군은 그 규모에 비해 너무도 쉽게 진압되었다.[39] '사병연합체'에 불과한 신라의 진압군에게 일방적으로 패하고 말았던 것이다. 이는 김헌창 자신이 적극적으로 신라를 공격할 의사가 없었고, 신라의 대응 능력을 과소평가하였으며, 신라의 진압군이 빠르게 편성되자 소극적으로 방어전에 나섰기 때문이라 풀이된다.[40] 특히 김헌창의 주력군은 처음부터 끝까지 웅진성에 주둔한 것으로 추정되는데, 진압군이 진군과정에서 맞닥뜨린 반란군 부대는 각 지역에서 봉기한 세력일 뿐이며, 반란군은 매우 분산적이어서 전국적으로 체계적인 조직망을 갖추지 못했던 것으로 이해되고 있다.[41]

하지만 당시 김헌창 반란군의 움직임을 새롭게 볼 필요가 있다. 김헌창이 장수들에게 요충지를 지키라고 명령했던 점, 반란군의 정찰부대가 도동현(영천)지역까지 도착해 있었던 점, 사벌주(상주)의 병력과 청주(진주)의 병력이 성산(성주)에 집결한 점 등을 통해 반란군의 명령 및 지휘체계는 제대로 작동하고 있었다고 보아야 한다. 즉 요충지를 지키라고 한 명령의 결과 삼년산성에서 전투가 벌어졌고, 진압군의 규모나 움직임을 파악하기 위해 영천지역을 정찰하였으며, 대구지역으로 진압군이 행군하자

36) 박남수, 2018, 「신라 진성왕대 효종랑과 화랑도」『사학연구』132, 281쪽.
37) 이인철, 1993, 『신라정치제도사연구』, 일지사, 393쪽.
38) 황선영, 1998, 「신라 하대 김헌창 난의 성격」『부산사학』35, 18쪽.
39) 주보돈, 2008, 「신라 하대 김헌창의 난과 그 성격」『한국고대사연구』51, 259쪽.
40) 황선영, 1998, 「신라 하대 김헌창 난의 성격」『부산사학』35, 1998, 18쪽.
41) 주보돈, 2008, 「신라 하대 김헌창의 난과 그 성격」『한국고대사연구』51, 259~260쪽.

이를 저지하기 위해 성주지역으로 집결한 것이라 판단된다. 따라서 만만치 않았던 김헌창의 반란군이 패한 것은 전적으로 반란군의 문제라기 보다는 오히려 신라 진압군의 대응이 주효했기 때문이라고 여겨진다. 그렇다고 한다면 진압을 성공적으로 수행한 신라군의 훈련정도나 사기가 높았다고 보아야 한다.

신라군의 인적 기반이 단순히 사병연합체였다고 볼 경우, 지휘체계 확립이나 부대편성 과정에서 적지 않은 혼란을 초래할 수 있다. 그리고 1~2일의 단기전이 아니라 장거리 원정이었으므로, 사병 부대별 지휘체계 혼선이나 보급 문제가 일어날 소지가 많다. 이는 결국 전투력의 약화로 귀결될 수밖에 없다. 그러나 신라군은 단기간에 부대를 편성하였고, 공격계획에 따라 아주 질서정연하게 행군하여 손쉽게 반란군을 진압하였다.[42] 신라군을 단순히 진골귀족의 '사병연합체'라고 보기 어려운 대목이다. 이러한 맥락에서 신라군의 편성과 병력 동원과정을 다시 한번 살펴볼 필요가 있다.

① 員將 8명을 차출하여 王都의 8方을 지키게 함.
② 장웅을 먼저 출발시키고 위공·제릉이 뒤를 잇게 함.
③ 균정·웅원·우징 등이 三軍을 거느리고 출정하게 함.
④ 충공·윤응으로 하여금 문화관문을 지키게 함.
⑤ 명기·안락이 徒衆과 함께 종군하도록 함.

---

42) 김헌창의 반란은 신라 중대 김흠돌의 반란보다 훨씬 더 방대하고 조직적인 반란이었는데, 이를 진압한 신라 하대 원성왕계 왕실의 역량도 헤아려 볼 필요가 있다(최의광, 2012, 『신라하대 왕위계승 양상과 성격』, 고려대학교 박사학위논문, 126쪽).

신라는 수도를 방어하고 반란군을 진압하기 위해 병력을 크게 5부류로 편성하였다. ①의 '員將'은 소속된 장수라고 할 수 있으므로 사전에 편제되어 있던 병력일 것이다.[43] ②의 선발대와 ③의 본대 '三軍'은 반란군 진압을 직접 담당하였으므로 신라군의 주력부대라고 할 수 있다. ④에는 동원된 병력이 기록되어 있지 않다. ⑤는 직접 전투기록이 나타나지 않는 화랑의 '徒衆'이다. ①과 ④는 수도 방어에 동원된 병력이며, ②③⑤는 반란군 진압에 동원된 병력이다.

그런데 주력부대와 그 외의 부대를 지칭하는 용어가 다름을 확인할 수 있다. 신라의 주력부대는 '三軍'이라 표현된 반면, 화랑의 무리는 '徒衆'이라고 되어 있다. 선발대의 일원인 장웅의 부대는 '張雄軍'이라 하고, 공격에 나선 신라의 여러 부대들은 '諸軍'이라 표현되어 있다. 당시 신라군의 성격을 軍과 衆으로 나누어, 체계적으로 편성된 부대와 그렇지 않은 부대를 구분해서 서술했을 가능성이 있다.[44] 『삼국사기』무관조에 기록된 23개의 부대명칭을 '軍號'라고 정리한 것도 방증이 될 수 있다.[45] 동원된 장수 가운데 문화관문을 지킨 각간 충공이 가장 높은 지위임에도 ④에 서술된 것은 이러한 서술 원칙에 입각했기 때문일 것이다. 정리하면 신라군의 부대를 성격상 ①②③은 정규 편성부대로, ④⑤는 지원된 부대나 급조된 부대로 구분해 볼 수 있겠다.

특히 '三軍'의 경우는 단순히 세 부대를 의미할 수도 있지만,[46] 신라

---

43) 이 때 차출된 장수들은 가장 충직한 친위병의 지휘관들로서 모두 혈연적으로도 왕실과 가까운 진골 계층으로 추정하는 견해가 있다(황선영, 1998, 「신라 하대 김헌창 난의 성격」『부산사학』 35, 16쪽).

44) 중국 남북조시대에는 사병적 성격의 군대인 部曲을 일반적으로 衆·士衆·兵이라고 불렀다고 한다(宮川尙志, 1955, 「南北朝の軍主·隊主·戌主等について」『東洋史硏究』 13-6, 437쪽).

45) 『삼국사기』 권40, 직관지, 무관.

군 전체를 의미하기도 한다. 660년 신라군이 황산벌 전투에서 고전을 면치 못하던 당시의 일이다. 신라군의 품일은 아들 관창에게 "三軍의 모범이 되겠느냐"며 관창을 앞세웠고, 관창이 사망하자 이에 분격하여 "三軍이 죽기를 결심하고" 전투에 임해 승리하였다.[47] 그리고 649년 백제군이 석토성 등을 공격하자, 신라는 김유신, 죽지, 진춘, 천존 등 4명의 장수를 보내 방어케 하였다. 이 때 "三軍을 五道로 나누어 공격케 하여" 10여 일간 치열한 전투를 벌였다.[48] 여기에 나타나는 3군은 단순히 세 개의 부대가 아니라 신라군 전체를 의미함을 알 수 있다.

이러한 맥락에서 균정·웅원·우징 등이 이끄는 3군을 세 개의 부대라는 의미보다는 신라군 전체로 볼 여지가 있다. 그렇다고 한다면 신라군은 김헌창의 반란 진압에 정규 편성부대를 대대적으로 동원하여 투입시킨 것으로 이해할 수 있다. 나아가 이들 대부분이 정규 편성부대라고 한다면 단순히 진골귀족의 '사병연합체'라고 보기는 어렵다. 물론 병력을 구성하는 것에 적지 않은 사병이 동원되었을 가능성은 있다. 하지만 국가의 군사조직인 '公兵' 제도가 작동하고 있지 않았다면, 이렇게 단시간 내에 대대적으로 병력을 동원하고 조직하여 전격적인 공격에 나선다는 것은 상상하기 어렵다.

---

46) 3군을 좌군, 중군, 우군을 보고, 이러한 3군이 6정·9서당·10정 등 신라의 전통적인 행군조직을 대체했다고 보는 견해도 있다(김종수, 2011, 「신라 하대 군제의 변화와 그 붕괴」『군사』80, 16쪽).

47) 『삼국사기』권5, 신라본기5, 태종무열왕 7년 7월.

48) 『삼국사기』권47, 열전7, 눌최전.

<표 3> 김헌창의 반란 당시 반군과 왕군의 표기

반 군	왕 군		
김헌창 세력	신라 부대	장웅 부대	화랑
宗族, 黨與	三軍, 諸軍	張雄軍	徒衆

혜공왕 이후 사병들의 활동이 두드러지는 것은 사실이다. 하지만 신라 하대 전체에서 공병이 완전히 해체되고 그 자리를 사병이 대체했다고 단정할 수는 없다. 사병의 역할은 국가의 공병이 약화되었을 때 상대적으로 더 부각되기 마련이다. 헌덕왕의 경우 즉위 이전에 兵部令을 역임한 바 있으며, 조카인 애장왕을 살해하고 집권하였기 때문에 군사력 장악에 민감할 수밖에 없었다.[49] 헌덕왕은 신라 하대의 다른 왕들에 비해 상당히 오랜 기간동안 재위하였는데, 귀족의 사병을 약화시키고 국가의 공병을 강화시키고자 노력하였을 것이다. 819년(헌덕왕 11) 실행되지는 않았지만 발해 공격을 위해 甲兵 3만명을 편성한 경험까지 있었다. 특히 반란을 방지하기 위해 왕경 주변의 군사력을 직접 통제 하에 두면서 공병의 육성과 관리에 노력했을 가능성이 크다. 진압군의 편성과 행군과정을 감안할 때, 헌덕왕 당시는 왕도 중심으로 공병이 상당수 존재했던 시기였다고 보아야 자연스럽다.

---

49) 헌덕왕은 이름이 김언승으로 제38대 원성왕의 손자이자 제39대 소성왕의 동생이다. 796년(원성왕 12)에 병부령이 되었고, 800년 소성왕의 아들인 애장왕이 어린 나이로 제40대 국왕으로 즉위하자, 각간에 올라 국정을 장악하였다. 이후 809년 조카인 애장왕을 죽이고 제41대 국왕으로 즉위하였다.

Ⅳ. 김양의 반란과 사병의 활약

제38대 원성왕은 인겸, 의영, 예영을 아들로 두었는데, 이후 인겸계 소성왕(39), 애장왕(40), 헌덕왕(41), 흥덕왕(42)이 차례로 왕위에 올랐다. 하지만 흥덕왕 사망 이후 예영계 희강왕(43)이 즉위하였고, 이어 인겸계 민애왕(44)이 즉위하였으며, 다시 예영계 신무왕(45)이 즉위하는 등 그 혼란이 극심해졌다. 이 과정에서 장보고는 무력을 기반으로 왕위계승 분쟁에 관여하게 되었다.[50]

① 12월에 金陽은 平東將軍이 되어 閻長·張弁·鄭年·駱金·張建榮·李順行과 함께 軍을 거느리고 武州 鐵冶縣에 이르렀다. 왕은 대감 金敏周로 하여금 軍을 내어 맞아 싸우게 하였는데, (김양은) 낙금·이순행을 보내어 馬軍 3,000명으로 돌격케 하여 거의 다 살상하였다.[51]

② 2년 봄 윤 정월에 주야로 兼行하여 19일에 達伐의 땅(丘)에 이르렀다. 왕은 兵이 도착한 것을 듣고 이찬 大昕, 대아찬 允璘·嶷勛 등에게 명하여 兵을 이끌고 가서 막게 하였다. 또 一戰하여 크게 이기니 王軍의 죽은 자가 반이 넘었다.[52]

---

50) 장보고가 직접 병력을 거느리고 출전한 것은 아니지만, 당시 왕위계승 분쟁에 동원된 병력 상당수가 청해진의 병사들이었다. 『삼국사기』에 따르면 당시 김흔이 軍 10만명을 거느리고 대구에서 '淸海兵'을 방어하다가 패배한 것으로 되어 있다(『삼국사기』 권44, 열전4, 김흔). 왕위계승 자체에 주목하느냐 아니면 사병 즉 군사력 자체에 주목하느냐에 따라 시각 차이가 있을 수 있다. 여기에서는 주력 부대를 구성했던 장보고의 군사력에 주목하고자 한다.

51) 『삼국사기』 권10, 신라본기10, 민애왕 원년.

52) 『삼국사기』 권10, 신라본기10, 민애왕 2년.

장보고는 828년(흥덕왕 3)에 설치된 청해진을 기반으로 성장하였다.[53] 836년(흥덕왕 11) 왕위계승 분쟁에서 패배한 김우징 일파가 장보고에게 의탁해 오면서 본격적으로 왕위계승 분쟁에 개입하게 되었다. 838년 희강왕이 피살되고 민애왕이 즉위하게 되자, 김우징 일파가 장보고의 병력을 지원받아 왕경으로 진격하게 되었다.

839년(민애왕 2) 1월 장보고의 군사 5천명이 달구벌(대구)에서 신라군 10만명을 격파하였다. 무려 20배의 병력 차이를 극복하고 장보고의 군사가 대승을 거둔 것이다. 신라 정부군이 과반 이상 사망했다고 기록된 점에서 궤멸당했다고 보아도 무방하다. 이에 대한 이해는 크게 몇 가지로 나뉜다.

첫째, 장보고가 동원한 병력 5천명이 축소되었다는 견해이다.[54] 신라군 10만명을 격파하기 위해서는 적어도 그 이상의 병력이 필요하다는 것은 상식이며, 청해진 설치 당시 1만명이었던 병력이 839년 무렵에는 10여만명으로 증가했다는 것이다. 그렇다고 한다면 장보고의 군사 10만명과 신라 정부군 10만명이 달구벌에서 격돌했다고 볼 수 있다.

둘째, 민애왕이 동원한 병력 10만명이 과장되었다는 견해이다.[55] 실제 신라가 동원할 수 있는 병력은 公兵 10만명이 아니라 민애왕 자신과 측근의 私兵이었을 것이고, 그 숫자는 장보고의 병력을 크게 상회하는 정도는 아니라는 것이다. 그렇다고 한다면 신라 정부군은 국왕과 측근의 사병들

---

53) 장보고와 관련된 연구성과 정리는 권덕영, 2005, 「장보고 연구의 현황과 과제」『장보고연구논총』 4, 239~244쪽과 한준수, 2015, 「신라하대 군진세력의 대두와 율령질서의 이완」『한국고대사탐구』 20, 112~115쪽이 자세하다.
54) 김주성, 1997, 「장보고세력의 흥망과 그 배경」『한국상고사학보』 24, 169~170쪽.
55) 권영오, 2000, 「신라하대 왕위계승분쟁과 민애왕」『한국고대사연구』 10, 291쪽.

을 규합해 약 1만명에서 1만 5천명 정도를 동원했다고 볼 수 있다.

셋째, 장보고의 군사 5천명과 신라의 정부군 10만명을 그대로 보아야 한다는 견해이다.[56] 장보고의 병력 5천명 가운데 3천명이 기병이며, 훈련된 정예 기병으로 급조된 신라군 10만명을 평지에서 충분히 상대할 수 있다는 것이다. 그렇다고 한다면 장보고의 정예 기병 3천명이 주력이 되어, 급히 징발되어 조직적인 훈련을 받지 못한 신라군을 패배시켰다고 볼 수 있다.

이렇듯 장보고와 민애왕이 각각 동원한 병력 규모에 대해 다양한 견해가 제시되어 있다. 가장 먼저 의문이 드는 부분은 과연 당시 10만명에 달하는 대군을 동원할 수 있었을까하는 점이다. 이와 관련하여 676년 삼국 통일 후 163년의 평화기가 인구 증가를 담보했으며, 당시 신라에서는 대규모 농민을 동원할 능력이 있었다고 보는 견해가 제시되었다.[57] 798년 원성왕 당시 영천 菁提를 修治할 때 전국에서 14,140명을 동원한 바가 있다는 것이다. 하지만 839년은 798년에서 40여 년이 흐른 시점이며, 평화기 제방 공사에 동원된 인원과 전쟁기 군대 편성에 동원된 인원을 단순 비교해서는 곤란하다. 자신의 생명을 담보할 수 없는 전쟁은 평화기에 진행되는 공사와 전혀 다른 개념이기 때문이다. 원성왕 시기 제방 공사에 동원된 인원이 1만 4천여 명인 반면, 민애왕 시기 군대에 동원된 인원이 10만명이다. 무려 7배 이상 차이가 나타난다. 따라서 제방 공사에 동원된 인원을 통해 당시 신라가 10만명을 충분히 동원할 수 있었다고 단정하기는 어렵다.

---

56) 서영교, 2002, 「장보고의 기병과 서남해안의 목장」『진단학보』 94, 59~63쪽.

57) 서영교, 2002, 「장보고의 기병과 서남해안의 목장」『진단학보』 94, 59쪽.

전시 상황이자 왕권이 강했던 나당전쟁기(670~676) 신라군의 총 병력은 약 7만여 명으로 추산된다. 백제 및 고구려 유민들을 흡수하여 7~8만 명 정도 운용할 수 있었을 것이며, 강제 징발할 경우 최대 10만명까지는 동원 가능했을 것으로 추정된다.[58] 그런데 신라 하대는 왕권과 군사 동원 체계가 점차 약화되고 사병이 활성화된 시기이다. 따라서 전국이 아니라 왕경을 중심으로 제한된 지역에서 아무리 강제 징발한다 해도 10만명까지 동원하기는 무리라고 여겨진다.

> 3월에 勁卒 5,000명으로써 武州를 습격하여 城下에 이르니 州人들이 모두 항복하였다. 다시 南原으로 나아가 新羅兵과 마주 싸워 이겼다. 祐徵은 士卒들이 오래 피로하였으므로 다시 海鎭으로 돌아가 兵馬를 휴양시켰다. … 陽은 平東將軍이라 일컫게 되었다. 12월에 다시 출동하였는데, 金亮詢이 鵡州軍을 거느리고 來會하고, 우징은 또 날래고 용맹한 염장·장변·정년·낙금·장건영·이순행 6將을 보내 兵을 통솔케 하니 軍容이 매우 성하였다.[59]

다음으로 장보고의 군사 5천명을 어떻게 이해할까 하는 점이다. 『삼국사기』 김양전에는 838년 3월 김양이 勁卒 5천명을 인솔하여 먼저 무주와 남원을 공격한 것으로 되어 있다. 이어 김양이 다시 출동하여 839년 윤 정월 달구벌(대구)에서 金昕이 이끄는 신라 정부군 10만명을 격파하였다. 이는 『삼국사기』 민애왕 원년조에서 확인된다. "드디어 兵을 나누어 5천명을 그의 친구인 鄭年에게 주며 말하기를 '그대가 아니면 禍難을 평정할 수

58) 이상훈, 2012, 「신라의 군사 동원 능력」 『나당전쟁 연구』 주류성, 302~303쪽.
59) 『삼국사기』 권44, 열전4, 김양.

없다'고 하였다"라고 되어 있다.[60] 『삼국사기』 장보고전에서도 "保皐가 군사 5천명을 나누어 年에게 주며, 年의 손을 잡고 울며 말하기를 '그대가 아니면 禍難을 평정할 수 없다'고 하였다"라고 되어 있다.[61] 실제 정년이 김양 휘하의 장수로 편성된 점에서 장보고의 군사를 단순히 5천명으로 받아들이기 쉽다.

그런데 우리가 간과한 부분이 있다. 장보고가 정년에게 '分兵'하여 준 병력이 5천명이다. 당연히 이 정년의 병력이 김양군의 주력이 되었을 것이다. 문제는 이 5천명 이외에 또 다른 병력의 존재 가능성이다. 앞서 김우징은 '殘兵'을 거두어 837년 8월 청해진으로 들어갔으며, 이 소식을 들은 김양은 '謀士'와 '兵卒'을 모집하여 838년 2월 청해진에 합류하였다.[62] 김우징이 수습한 잔병과 김양이 모집한 병졸이 얼마인지 알 수는 없다. 그들의 정치적 영향력을 감안했을 때 적지 않은 숫자였을 것이다. 여기에 838년 12월 김양이 평동장군이 되어 출정할 때 김양순이 鵝州의 군사를 거느리고 합류하였다.[63]

장보고가 정년에게 分兵해 준 병력 5천명, 김우징과 김양이 수습하고 모집한 병력, 김양순 등이 거느리고 온 병력 등을 감안할 필요가 있다. 다만 이들의 수효를 모두 합해도 1만명 이상을 넘지는 못했을 것이다. 장보고는 자신이 직접 통제 가능한 병력을 최소 과반 이상은 유지하려 노력했음에 분명하다. 왜냐하면 자칫하다가는 출정 군사들에 대한 주도권을 김

---

60) 『삼국사기』 권10, 신라본기10, 민애왕 원년.

61) 『삼국사기』 권44, 열전4, 장보고.

62) 『삼국사기』 권44, 열전4, 김양.

63) 본격적인 출정에 앞서 무주와 남원을 공략했는데, 당시 전투에 참가했던 병사들이나 그곳의 백성들을 새롭게 편성하여 병력을 확충했을 가능성이 있다.

우징 일파에게 잃어버릴 수도 있기 때문이다. 이에 신임할 수 있는 정년에게 청해진 소속 5천명을 분병하여 주었던 것이다. 정리하면 신라 왕경으로 진군한 장보고의 군사는 5천명을 상회할 가능성이 크며, 최대 1만명 가까이로 추정해 볼 수 있겠다.

신라 정부군 10만명은 다소 과장되었다고 보더라도 위기 상황에 직면하여 수만 단위는 동원되었다고 보는 것이 자연스럽다. 신라 정부군이 경주 분지로 들어오는 길목이 아니라, 달구벌이라는 상대적 평지에 주둔한 것은 수적 우위로 인한 자신감이 있었기 때문일 것이다. 김흔이 '大將軍'이라는 직책에 임명되어 수만명을 통솔한 점을 감안하면, 당시 신라 정부군의 군사 체계도 어느 정도 작동하고 있었다고 보아야 한다. 물론 다양한 귀족의 사병들과 강제 징발된 병력들이 급조되어 전투력은 그다지 높지 않았을 것이다.

<표 4> 장보고의 반란 당시 반군과 왕군의 표기

반 군			왕 군	
김양 부대	김양	낙금·이순행	국왕 세력	김흔
軍	平東將軍	馬軍	王軍	大將軍

신라 정부군 수만명은 채 1만명이 되지 않는 장보고 군사에게 달구벌에서 패하였다. 여기에서 주목할 점은 이제 더 이상 중앙군이 지방군을 이길 수 없는 상황에 처해진 것이다. 다시 말해 더 이상 중앙이 지방을 이길 수 없는 상황을 적나라하게 보여준 사건이라 할 수 있다. 이 시기 반란군에 대해 '軍' '將軍' '馬軍' 등으로 표기된 점을 주목할 필요가 있다. 반란군과 국왕이 모두 軍으로 지칭되었다는 점에서 둘 다 체계적인 군사 편제

과정을 거쳤던 것으로 여겨진다.

반란군은 청해진 병력을 이끌고 왕경을 장악하였고, 김우징은 민애왕을 제거하고 제45대 신무왕으로 즉위하였다. 이후 846년(문성왕 8) 장보고는 자신의 딸을 국왕이 받아들이지 않는 것을 원망하며 반기를 들었다. 이때 신라 정부는 장보고를 직접 공격하기도 어려웠고, 그대로 내버려두기도 곤란했다고 한다.[64] 결국 염장에 의해 장보고가 살해되면서 반란은 큰 무력 충돌없이 종결되었다.

당시 장보고의 納妃 밀약이 진행되었다는 것은 골품질서가 그만큼 이완되었다는 사실을 반영하고 있다. 하지만 결국 납비 밀약은 실행되지 못했고, 골품질서가 왕위계승 및 왕실혼에서 여전히 기능하고 있었음을 알 수 있다.[65] 동일한 맥락에서 이 시기 사병이 크게 활약했다고는 하지만, 공병이 완전히 소멸되었다고 볼 수는 없다. 공병은 후삼국이 성립되면서 소멸하게 된다.

V. 후삼국의 성립과 공병의 소멸

왕위계승 분쟁 초기에는 왕경에서 진골귀족이 중심이 되어 난을 일으켰다. 이후 김헌창의 반란을 계기로 지방에서 진골귀족이 중심이 되어 난을 일으키는 현상이 나타났다. 후기에는 장보고의 반란을 시작으로 궁예·

---

64) 당시 장보고 세력이 상대적으로 강했고, 문성왕 정권이 중앙과 지방의 공병을 확고하게 장악하지 못했기 때문이라 풀이된다(권영오, 2009, 「신라하대 중기(839~888) 왕위계승과 정국의 안정」 『지역과역사』 24, 166쪽).

65) 김창겸, 2003, 『신라 하대 왕위계승 연구』 경인문화사, 377쪽.

견훤 등 지방의 비진골 세력이 중심이 되어 난을 일으켰다. 이러한 변화로 인해 지방을 근거로 비진골 세력이 새로운 왕조를 건국하기에 이르렀다.[66] 보다 구체적으로 언급하자면 887년 진성왕이 여왕으로서 즉위하면서 정국은 더욱 혼란해졌고, 889년 대대적인 농민반란으로 지방에 대한 통제력을 상실하게 되었다. 결국 892년 견훤이 후백제를 세우고, 901년 궁예가 후고구려를 세우면서 후삼국이 성립하게 되었다.[67]

> 3년에 국내 여러 州郡에서 貢賦를 바치지 않아 國庫가 虛喝되고 用度가 궁핍하므로, 왕이 사자를 보내 독촉하니 이로 인해 到處에서 도적이 벌떼같이 일어났다. 이 때 元宗·哀奴 등은 沙伐州에 거하여 반기를 들었다. 왕이 奈麻 令奇에게 명하여 捕捉케 하였는데, 영기는 적의 보루를 바라보고 두려워하여 나아가지 못했다. 村主 祐連이 힘껏 싸우다가 전사하였다.[68]

889년(진성왕 3)이 되면 그 이전부터 악화되어 오던 신라의 경제가 붕괴되고 만다.[69] 자영농이 신라의 경제적 토대였음을 고려하면, 신라의 실질적 종말은 889년 농민 봉기에서 시작되었다고 볼 수도 있다.[70] 원종과 애노가 왕경에서 그리 멀지 않은 사벌주(상주)에서 반란을 일으켰지만, 신

---

66) 김창겸, 1994, 「신라하대 왕위찬탈형 반역에 대한 일고찰」 『한국상고사학보』 17, 259~260쪽.

67) 이러한 후삼국시대는 한국사에서 가장 치열한 대립과 화합이 이루어졌고, 중앙집권화와 지방분권화가 첨예하게 경쟁했던 시기로 평가된다(이재범, 2016, 「후삼국시대사론」 『신라사학보』 37).

68) 『삼국사기』 권11, 신라본기11, 진성왕 3년.

69) 진성왕대의 농민반란은 災異에 대한 경문왕가의 누적된 대응 미비도 지방민의 불만을 초래한 원인 중의 하나라고 할 수 있다(이기봉, 2016, 「신라 진성여왕대의 재이와 농민반란」 『역사학연구』 62, 84쪽).

70) 조인성, 2018, 「통일에서 분열로」 『신라사학보』 42, 42쪽.

라 정부는 이를 진압할 병력이 거의 없었다. 반란 '鎭壓'이 아니라 '捕捉' 하라고 한 점에서 더 이상 무력을 동원해 강제하기 어려웠던 정황을 알 수 있다. 「開豊瑞雲寺了悟和尙眞原塔碑」에 따르면, 893년(진성왕 7) 무렵 에는 잇따른 가뭄과 기근 그리고 도적들의 횡행으로 "왕경은 섬과 같이 고립되었다"고 한다.[71] 896년(진성왕 10)에는 赤袴賊이라는 무리가 출현 해 수도 경주 일대를 공격하기도 했다.[72]

이 시기에 이르러 신라의 공병 체계는 무너지고, 지방의 실력자들이 사병을 육성해 할거하게 된다.[73] 국가재정과 지방통치의 한 부분을 담당 했던 軍鎭 세력도 정치적 지향이나 중앙정부와의 친밀도에 따라 분화·이 탈하기 시작했다.[74] 이러한 분위기에서 견훤과 궁예가 등장하게 되었던 것이다.[75]

> 8월에 弓裔가 兵을 움직여 우리의 邊邑을 침탈하여 竹嶺 동북쪽에 이르자,
> 왕은 강역이 날로 줄어감을 듣고 매우 걱정하였으나 이를 방어할 힘이 없
> 었으므로, 여러 城主에게 명하여 삼가 出戰하지 말고 성벽을 굳게 하여 지
> 키라고만 하였다.[76]

---

71) 박남수, 2018, 「신라 진성왕대 효종랑과 화랑도」 『사학연구』 132, 292~293쪽.

72) 『삼국사기』 권11, 신라본기11, 진성왕 10년.

73) 귀족의 사병 소유를 더욱 조장하고 또 가능하게 한 것은 신라 병제의 붕괴와 이에 따라 군사력을 통한 국가 통제력 상실이라 할 수 있다(이기백, 1957, 「신라사병고」 『역사학보』 9, 54쪽).

74) 한준수, 2015, 「신라하대 군진세력의 대두와 율령질서의 이완」 『한국고대사탐구』 20, 136쪽.

75) 견훤과 궁예정권에 대한 대표적인 연구는 다음과 같다.
신호철, 1993, 『후백제 견훤정권연구』 일조각 ; 이재범, 2007, 『후삼국시대 궁예정권연구』, 혜안 ; 조인성, 2007, 『태봉의 궁예정권』, 푸른역사.

76) 『삼국사기』 권12, 신라본기12, 효공왕 9년.

위의 사료는 당시 상황을 적나라하게 보여주고 있다. 897년 민심 이반으로 진성왕이 효공왕에게 왕위를 물려준 이후, 905년(효공왕 9) 무렵에는 신라가 외부 세력에 대한 방어 능력을 완전히 상실했음을 알 수 있다. 이 시기에 이르면 신라의 공병 체계는 더 이상 작동할 수 없었다. 공병의 소멸이라고 해도 무방할 것이다.

신라 하대 반란군과 국왕군의 군사력을 표기하고 있는 대표적인 사례들을 정리해보면, 다음의 <표 5>와 같다.

<표 5> 신라 하대 반군과 왕군의 표기

시기		주체	표기	반군	왕군	비고
768	혜공왕 4년	대공	叛	衆	王軍	반란 진압
780	혜공왕 16년	김지정	叛	衆		국왕 사망
809	애장왕 10년	김언승	亂	兵		국왕 사망
815	헌덕왕 7년	도적	蜂起	盜賊	軍	봉기 진압
822	헌덕왕 14년	김헌창	叛	兵	師, 三軍, 諸軍	반란 진압
825	헌덕왕 17년	김범문	謀叛	賊	兵	반란 진압
838	희강왕 3년	김명	亂			국왕 사망
838	민애왕 1년	김양		平東將軍, 馬軍	軍	김민주 패배
839	민애왕 2년	김양		兵	兵, 王軍	국왕 사망
846	문성왕 8년	장보고	叛	衆	卒	장보고 사망
874	경문왕 14년	근종	謀逆	黨	禁軍	반란 진압
887	정강왕 2년	김요	叛		兵	반란 진압
889	진성왕 3년	원종·애노	叛	賊		진압 불가
891	진성왕 5년	양길		賊		강원도 공략
892	진성왕 6년	견훤		賊		후백제 건국
894	진성왕 8년	궁예		衆, 將軍		장군 자칭

| 901 | 효공왕 5년 | 궁예 | | 軍 | | 태봉 건국 |

혜공왕대의 반란군은 '衆'이라 되어 있고, 애장왕대와 헌덕왕대에는 '兵'이나 '賊'으로 표기되어 있다. 반면 이 시기 국왕군은 '王軍'이나 '軍'으로 표기되어 있다. 혜공왕 4년 대공이 모반하여 '衆'을 모아 왕궁을 포위하였으며, 동왕 16년에도 김지정이 모반하여 '衆'을 모아 궁궐을 포위하고 침범하였다.[77] 여기에서 衆은 兵衆 내지 私兵의 뜻을 가지고 있다고 파악된다.[78]

무력으로서 '兵'과 '軍'은 엄밀히 구분되는 것이 아니다. 하지만 대체로 조금 다른 의미로 사용되고 있는 듯하다. 兵이라는 것은 무기 또는 무기를 사용하는 사람을 지칭하고, 軍이라는 것은 부대 또는 조직을 지칭하는 것으로 파악된다.[79] 이를 따른다면 무기를 소지한 사람을 병이라 하고, 이러한 병들을 조직화한 것을 군이라 할 수 있다. 다시 말해 군은 일정한 체계로 편성되어 조직화된 무장단위인 것이다. 여기에서 일정한 체계란 군령체계라 할 수 있으며, 이는 일반적으로 군사통수권자인 국왕에게 부여된 권한이다.

이와 관련하여 삼국통일기의 사례가 참조된다. 624년 백제가 대대적으로 침공하자 신라는 5軍을 파견한 적이 있으며,[80] 나당전쟁 당시 당군을 막기 위해 9軍을 출동시킨 사례가 있다.[81] 여기에서 5군과 9군은 각각

---

77) 『삼국사기』 권9, 신라본기9, 혜공왕 4년 7월·16년 2월.
78) 이기백, 1957, 「신라사병고」 『역사학보』 9, 44쪽.
79) 신범규, 2018, 「신라 중고기 군역의 형태와 운영 양상」 『한국고대사탐구』 30, 92쪽.
80) 『삼국사기』 권42, 열전2, 김유신(중).
81) 『삼국사기』 권7, 신라본기7, 문무왕 15년.

5개의 부대와 9개의 부대를 의미하는 것으로 볼 수 있다. 7세기는 신라군의 주력이 公兵이었으며, '軍'이라는 용어는 공적인 군사조직으로 인식되며 상당히 정제된 느낌을 준다.

874년(경문왕 14)에는 근종이 역모를 꾀하자 '禁軍'을 동원해 진압에 성공하였다. 이 때 금군을 왕의 군대 내지는 왕의 사병으로 이해하는 경향이 강한데, 금군은 문자 그대로 '금군'으로 파악하는 것이 바람직해 보인다. 왕궁을 수비하고 국왕을 호위하는 병력인 것이다. 또한 견훤은 881년(헌강왕 7) 무렵을 전후해 '從軍'한 것으로 추정되는데,[82] 먼저 경주로 들어왔다가 서남해에 防戍하러 나간 것으로 되어 있다.[83] 헌강왕 무렵만 해도 '軍'이라는 시스템이 어느 정도 작동하고 있었다[84]고 볼 수 있는 것이다.

사병과 공병을 이해함에 있어, 진골귀족 산하의 병력이든 일반 농민 징발병이든 자원병이든 '兵員'이 중요한 것이 아니다. 이들 전체를 지휘·통제하는 軍事統帥權이 누구에게 있느냐가 관건이다. 군사통수권은 일반적으로 최고 통치자인 국왕에게 내포되어 있다.[85] 이러한 군사통수권은 군인에 대한 동원·편성·인사 등을 담당하는 軍政權과 군조직에 대한 지휘·명령·감독 등을 담당하는 軍令權으로 크게 구분된다. 군정권 일부를 귀족이 행사하고 있었다고 하더라도 군령권을 국왕이 가지고 있었다고 한다면, 이는 공병으로 보는 것이 바람직한 것으로 여겨진다. 다시 말해 국왕 통제하의 병력이냐 아니냐는 사실이 중요한 것이다. 이러한 관점에

---

82) 김종수, 2011, 「신라 하대 군제의 변화와 그 붕괴」 『군사』 80, 23~24쪽.
83) 從軍이라는 것은 자원해서 모병에 응한 것이라 해석되며, 왕경으로 들어왔다는 것은 중앙군에 편입되었다는 것을 의미한다(이기백, 1957, 「신라사병고」 『역사학보』 9, 56쪽).
84) 김종수, 2011, 「신라 하대 군제의 변화와 그 붕괴」 『군사』 80, 24쪽.
85) 이문기, 1997, 『신라병제사연구』 일조각, 274쪽.

서 볼 때 '왕군'과 '금군'이라는 표현은 '국왕의 사병'이라는 개념이 아니라, '국왕이 통제하는 병력' 즉 공병이라고 할 수 있다.

신라 하대 반란군과 국왕군의 활동을 살펴보면, 김헌창의 반란 때까지만 해도 공병 체계가 뚜렷이 작동하고 있음을 알 수 있다. 당시 신라 중앙군이 빠르게 조직·편성되어 지방군을 손쉽게 진압할 수 있었다. 하지만 장보고의 반란을 전후해서는 반란군이 '軍'을 자칭하였으며, 오히려 이 시기에는 반란군이 국왕군을 패배시켜버렸다. 다시 말해 지방군이 중앙군에 승리를 거둔 것이다. 이후 신라의 경제 상황이 악화되고 병력 자원은 점차 고갈되면서 지방 반란에 대한 진압이 불가한 상태에 빠지고 말았다. 군 조직 편성 능력을 통해 본다면, 진성왕대에 이르러 공병 체계가 붕괴되었음을 알 수 있다.[86]

<표 6> 신라 하대 국왕의 군사 관련 활동

국 왕		반란 주체	군사 활동	
37	선덕왕		3년 3년	시림벌에서 大閱 대곡진 군주 임명
38	원성왕	제공	2년	武烏兵法·花鈴圖 제작
39	소성왕			
40	애장왕	김언승, 김제옹	5년	알천에서 大閱
41	헌덕왕	김헌창, 김범문	11년 18년	발해 공격을 위해 甲兵 3만명 편성 패강에 長城 축조
42	흥덕왕		3년 4년 9년	청해진 설치 당성진 설치 서형산 아래에서 大閱, 무평문에서 觀射

---

86) 『삼국사기』 권12, 경애왕 4년조에 "봄 정월에 태조가 몸소 백제를 정벌했는데 (경애)왕이 군사를 出兵 도왔다"라고 되어 있는데, 당시 경애왕이 출정 명령을 내린 군사력의 실체는 왕궁 수비에 한정된 소수 인원이었던 것으로 여겨진다. 국왕 통제 병력보다 비통제 병력이 월등히 많은 상황에서 현실적 지원이라기 보다는 형식적 제스처에 가까웠다고 볼 수 있다.

43	희강왕	김명, 이홍		
44	민애왕	김양, 김우징, 장보고		
45	신무왕			
46	문성왕	장보고, 김식, 대흔	6년	혈구진 설치
47	헌안왕			
48	경문왕	윤흥, 숙흥, 계흥 김예, 김현, 근종		
49	헌강왕	신홍	5년	준례문에서 觀射, 혈성원에서 田獵
50	정강왕	김요		
51	진성왕	원종·애노, 양길, 견훤		★ 후백제 건국
52	효공왕	궁예		★ 태봉 건국
53	신덕왕			
54	경명왕	왕건		★ 고려 건국
55	경애왕			
56	경순왕			★ 신라 멸망

신라 하대는 제37대 선덕왕부터 제56대 경순왕까지 155년간을 의미
한다. 이 기간 동안 신라사의 성격은 물론 국왕의 위상이 한결같지는 않았
다. 신라 하대 정치형태에서 연립적 성격이 존재하기는 하나, 통칭하여 귀
족연립이라고 하기에는 좀 부적합하다고 파악된다.[87] 마찬가지 맥락으로
국왕 통제하의 공병과 사병과의 관계도 한결같았다고 할 수 없다. 신라 하
대는 신라 왕실의 몰락과 지방 세력의 성장으로 상징되지만, 한편으로 신
라는 국가 체제를 유지하려는 노력도 지속하였다.[88] 비록 '사병'을 동원해

---

87) 김창겸, 2016, 「신라 하대 정치형태와 국왕의 위상」『한국고대사연구』 83.
88) 장일규, 2011, 「신라 멸망 이해의 길잡이(전기웅, 신라의 멸망과 경문왕가, 혜안, 2010)」『한국고
대사연구』 62.

왕권을 차지했다고 하더라도 즉위 후에는 왕권의 안정과 강화를 추구하는 것이 국왕들의 기본 속성이다.

삼국이 통일되고 평화기가 지속되면서 군사조직은 자연 감소하게 마련이다. 8세기 중엽 경덕왕대에는 군제개혁이 이루어져 허설화된 군사조직들이 정리되었는데, 왕경 주변은 오히려 군사적 성격이 강해졌다고 한다.[89] 신라 하대로 오면서 군사조직들은 더욱 허설화되었겠지만, 왕궁과 왕경을 수비하는 군사력은 왕권을 뒷받침하는 직접적인 물리력이었기 때문에 상당부분 유지되었을 것으로 추정된다.

<표 6>에 보이는 閱兵, 觀射, 田獵 등은 모두 국왕의 군사통수권을 대내외에 과시하는 자리라고 할 수 있다.[90] 국왕이 친히 거행하는 군사의례를 통해 신라 국왕 자신의 군사적 능력을 대내외에 천명하였을 것이다.[91] 신라 하대 군사활동 양상을 살펴보면, 진성왕 이전 시기까지 군사통수권을 확립하기 위해 꾸준히 노력했음을 알 수 있다. 시기별 사병의 활동 및 공병의 작동에 편차가 있었음을 충분히 짐작할 수 있다. 국왕이 병력 편제나 동원의 주체가 될 경우 비록 사병 출신이라 하더라도 제도권에 편입이 되면 사병이라 보기 어려우며, 이는 공병화된 병력이라 보아야 할 것이다.

공병은 국왕의 지휘통제를 받는 무력집단이라 할 수 있고, 사병은 국가제도권에서 벗어나 귀족들이 사사로이 운용하는 무력집단이라고 할 수 있다. 공병과 사병을 구별하는 것은 공식 지휘계통을 따라 국왕의 지휘와

---

89) 이문기, 1997, 『신라병제사연구』 일조각, 426쪽 ; 한준수, 2012, 『신라중대 율령정치사 연구』 서경문화사, 231쪽.

90) 삼국시대 군사통수권에 관해서는 김영하, 1990, 「백제·신라왕의 군사훈련과 통수」 『태동고전연구』 6 참조.

91) 채미하, 2010, 「신라의 군례 수용과 왕권」 『한국사연구』 149, 126쪽.

통제를 받는지 아닌지를 확인할 필요가 있다. 시기에 따라 국가의 병역제 도가 '집병제'에서 '모병제'로 변화했다고 해서 그것을 국가의 공병이 무너지고 사병의 시대가 열렸다고 할 수는 없다. 비록 내부 구성원 상당수가 사병연합체라고 하더라도 국왕의 지휘통제, 즉 군사통수권에 편입되면 이것은 사병이 아니라 공병으로 보아야 한다. 정리하면 신라 하대에 신라의 공병이 소멸하게 된 것은 진성왕대로 보아야 하며, 국왕에 따라 시기별 공병과 사병의 역학관계는 변동이 있었다고 할 수 있다.

Ⅵ. 맺음말

신라 하대는 정치, 사회, 문화 등 여러 방면에서 유례없는 변혁의 시대로 평가된다. 이 시기에는 진골귀족들의 왕위계승 분쟁이 치열하였고, 그 과정에서 私兵의 존재가 드러났다. 혜공왕대 대공의 난, 헌덕왕대 김헌창의 난, 흥덕왕대 장보고의 난 등에서 사병들의 활약이 두드러졌다. 이에 따라 신라 하대는 국가의 공병이 작동하지 못하고 사병이 주축이 된 것처럼 인식되고 있다.

전체적으로 볼 때 신라 하대는 사병이 확대되고 공병이 소멸되는 과정이었지만, 국왕에 따라 공병 체계가 작동하는 수준이 달랐다. 김헌창의 반란 당시에는 대규모 진압군을 신속히 편성해 투입할 정도로 공병 체계가 제대로 작동하고 있었다. 신라 중앙군이 지방군을 손쉽게 진압했던 것이다. 김양의 반란 당시에는 대규모 진압군을 편성해 투입하기는 했지만 패배하고 말았다. 신라 중앙군이 지방군에게 패배하며 공병 체계의 문제가 여실히 드러났다. 이후 후삼국이 성립하면서 신라의 공병 체계는 완전히 그 기능을 상실하고 말았다. 더 이상 지방을 통제할 여력이 없었으며, 결국 신라는 멸망의 길로 접어들게 되었다.

신라 하대에도 국왕들은 즉위 후 끊임없이 왕권 강화와 군사력 통제를 위해 노력하였다. 大閱, 觀射, 田獵 등을 통해 대내외에 군사통수권을 과시하고자 했으며, 병법서 제작이나 축성 작업 그리고 군진 설치 등을 통해 지속적으로 군사력 강화에 관심을 기울였다. 이에 따라 국왕권의 변화가 있었고, 또한 사병과 공병의 역학 관계도 시기별 변동이 있었다. 신라 하대에 사병의 활동이 부각된다고 해서 공병이 존재하지 않았다고 볼 수는 없다. 이에 신라 하대 전체를 단순히 '사병의 시대'로 인식해서는 곤란할 것이다.

본고에서는 사병의 시기별 변화 양상에 주목하다보니, 후삼국 정립기 궁예나 견훤의 사병 확대과정에 관해서는 고찰하지 못했다. 이에 관해서는 추후 연구과제로 삼고자 한다.

참고문헌

1. 사료

『삼국사기』『삼국유사』『신당서』

2. 단행본 및 저서

권영오, 2011, 『신라하대 정치사연구』, 혜안.

김창겸, 2003, 『신라 하대 왕위계승 연구』, 경인문화사.

김창겸, 2018, 『신라 하대 국왕과 정치사』, 도서출판 온샘.

신호철, 1993, 『후백제 견훤정권연구』, 일조각.

이문기, 1997, 『신라병제사연구』, 일조각.

이상훈, 2012, 『나당전쟁 연구』, 주류성.

이인철, 1993, 『신라정치제도사연구』, 일지사.

이재범, 2007, 『후삼국시대 궁예정권연구』, 혜안.

조인성, 2007, 『태봉의 궁예정권』, 푸른역사.

최의광, 2012, 『신라하대 왕위계승 양상과 성격』, 고려대학교 박사학위논문.

한준수, 2012, 『신라중대 율령정치사 연구』, 서경문화사.

3. 논문

권덕영, 2005, 「장보고 연구의 현황과 과제」 『장보고연구논총』 4.

권영오, 2000, 「신라하대 왕위계승분쟁과 민애왕」 『한국고대사연구』 10.

권영오, 2009, 「신라하대 중기(839~888) 왕위계승과 정국의 안정」 『지역과역사』
        24.

김동수, 1982, 「신라 헌덕·흥덕왕대의 개혁정치」 『한국사연구』 39.

김영하, 1990, 「백제·신라왕의 군사훈련과 통수」『태동고전연구』6.

김종수, 2011, 「신라 하대 군제의 변화와 그 붕괴」『군사』80.

김주성, 1997, 「장보고세력의 흥망과 그 배경」『한국상고사학보』24.

김창겸, 1994, 「신라하대 왕위찬탈형 반역에 대한 일고찰」『한국상고사학보』17.

김창겸, 2003, 「신라 하대 왕실세력의 변천과 왕위계승」『신라문화』22.

김창겸, 2016, 「신라 하대 정치형태와 국왕의 위상」『한국고대사연구』83.

노태돈, 1978, 「나대의 문객」『한국사연구』21·22.

박남수, 2018, 「신라 진성왕대 효종랑과 화랑도」『사학연구』132.

서영교, 2002, 「장보고의 기병과 서남해안의 목장」『진단학보』94.

신범규, 2018, 「신라 중고기 군역의 형태와 운영 양상」『한국고대사탐구』30.

윤선태, 1995, 「신라 귀족의 족병」『역사비평』29.

이기동, 1980, 「신라 하대의 왕위계승과 정치과정」『역사학보』85.

이기백, 1957, 「신라사병고」『역사학보』9.

이기봉, 2016, 「신라 진성여왕대의 재이와 농민반란」『역사학연구』62.

이상훈, 2014, 「김헌창의 난과 신라군의 대응」『군사연구』138.

이순근, 1991, 「신라 귀족세력과 결합한 무인세력」『성심여자대학논문집』23.

이인철, 1993, 「8·9세기 신라의 지배체제」『한국고대사연구』6.

이재범, 2016, 「후삼국시대사론」『신라사학보』37.

장일규, 2011, 「신라 멸망 이해의 길잡이(전기웅, 신라의 멸망과 경문왕가, 혜안, 2010)」『한국고대사연구』62.

전덕재, 2018, 「신라 혜공왕의 시해와 역사적 평가에 대한 고찰」『신라문화제학술발표논문집』39.

정두희, 1977, 「고려 무신집권기의 무사집단」『한국학보』8.

조범환, 2014, 「신라 중대말 혜공왕의 혼인을 통하여 본 정국의 변화」『신라문화』 43.

조인성, 2018, 「통일에서 분열로」『신라사학보』 42.

주보돈, 2008, 「신라 하대 김헌창의 난과 그 성격」『한국고대사연구』 51.

채미하, 2010, 「신라의 군례 수용과 왕권」『한국사연구』 149.

한준수, 2015, 「신라하대 군진세력의 대두와 율령질서의 이완」『한국고대사탐구』 20.

황선영, 1998, 「신라 하대 김헌창 난의 성격」『부산사학』 35.

宮川尙志, 1955, 「南北朝の軍主·隊主·戍主等について」『東洋史硏究』 13-6.

谷霽光, 1983, 「論西魏北周和隋唐的府兵」『江西師院學報』 1983-4.

谷霽光, 1984, 「泛論唐末五代的私兵和親軍·義儿」『歷史硏究』 1984-4.

신라 하대의 경제적 양극화와 재해

이기봉

충남대학교 강사

목차

Ⅰ. 머리말

신라 下代는 『삼국사기』의 시기구분에 의하면 宣德王에서 敬順王代에 이르는 시기이다. 이 시기에는 왕계의 변화 뿐만 아니라 정치·사회·사상적인 측면에서도 中代와 다른 양상이 전개되었다고 이해되고 있다. 정치적으로는 진골귀족들간의 갈등과 왕위쟁탈전, 골품제도 운영상의 문제점이 서서히 나타나고 있었다는 것이다. 사회적으로는 지방사회의 동요, 사상적으로는 선종의 유행 등이 거론되고 있다.[1] 이러한 검토과정에서 이 시기 지방사회의 動搖는 재해 발생과도 연관되었음이 언급되기도 하였다. 이는 재해 피해가 나타났지만 국가적 대응이 미비하였을 때에 盜賊이나 海賊의 잦은 발생 그리고 民들의 대규모 반란이 일어 나는 모습을 통해서 알 수 있었다.[2]

하지만, 아직까지 신라 하대에 재해로 야기된 경제적 변화가 구체적으로 어떠하였는지에 대해서는 검토가 부족하다. 물론 기존의 연구에서도 이러한 부분에 대한 언급이 있었지만, 재해발생으로 인한 구체적인 피해상과 이에 대한 국가적 대응, 그리고 재해로 야기된 민들의 동향들이 시계열적으로 살펴지지는 못한 것이다. 또한 신라 하대 민들의 경제적 상황의 약화가 재해와 어떤 관계가 있었는지에 대해서도 그러하다. 이러한 점이 밝혀진다면, 신라 하대의 전개과정에서 재해가 지닌 역사적 의미를 보다 구체적으로 밝혀볼 수 있으리라 본다.

이에 여기에서는 기존 연구성과를 바탕으로 신라 하대에 발생한 재해가 어떠한 변화를 야기하였는지를 구체적으로 살펴볼 것이다. 먼저 이 시기의 재해피해와 국가적 대응양상을 살펴보고, 이로 인한 민들의 동향을 검토할 것이다. 마지막으로 이 시기의 특징으로 언급되는 경제적 양극화

---

1) 신라 하대의 제변화에 대한 연구사적 정리는 김창겸, 2003, 『신라 하대 왕위계승 연구』, 경인문화사 ; 김두진, 2007, 『신라하대 선종사상사 연구』, 일조각 ; 권영오, 2011, 『신라하대 정치사 연구』, 혜안 ; 이문기, 2015, 『신라 하대 정치와 사회 연구』, 학연문화사 등에서 이루어졌다.

2) 이기동, 1980, 「신라 하대의 왕위계승과 정치과정」『역사학보』80 ; 김동수, 1982, 「신라 헌덕·흥덕왕대의 개혁정치」『한국사연구』39 ; 이기동, 1997, 「신라 쇠망사관의 개요」『한국사회사연구』, 일조각 ; 권덕영, 2002, 「신라하대 서남해 해적과 장보고의 해상활동」『대외문물교류연구』1 ; 주보돈, 2008, 「신라 하대 김헌창의 난과 그 성격」『한국고대사연구』51 ; 이기봉, 2012, 「신라 원성왕대의 재이와 정치·사회적 변동」『신라사학보』25 ; 김창겸, 2012, 「9세기 일본 연안에 나타난 신라인들」『신라사학보』26 ; 이기봉, 2016, 「신라 진성여왕대의 재이와 농민반란」『역사학연구』62 : 2016, 「新羅 憲德·興德王代의 災異와 정치·사회적 영향」『역사와 경계』100 ; 손흥호, 2019, 「9세기 전반 신라의 사회변동과 지방사회」『대구사학』135.

가 재해와 어떤 연관이 있는지를 알아볼 것이다. 이러한 검토를 통해 신라 하대의 재해가 경제적 양극화에 어느 정도 영향을 끼쳤는지 그리고 신라 멸망과는 어떤 연관성을 지니고 있었는지를 알아보고자 한다.

Ⅱ. 재해피해와 국가적 대응양상

신라 하대에서는 재해 피해의 빈도가 높았던 시기도 있었고, 비교적 적었던 경우도 있었다. 여기에서는 『삼국사기』기록상 재해피해가 자주 발생한 왕대를 먼저 살펴보도록 하겠다.[3] 그 이후에 재위기간이 짧거나 재해피해 기록이 적었던 시기에 대해서 검토하겠다.[4]

이 시기에 재해 피해가 나타난 시기는 元聖王代부터이다.[5] 『삼국사기』의 기록에 의하면, 원성왕대에는 旱災가 재위 2년(786), 4년, 6년, 11년, 14년 등 5차례나 발생하였다.[6] 이러한 한재의 발생은 기근으로 이어지기

---

3) 신라 하대의 재해관련 기록은 『삼국유사』에서도 보이고 있다. 그렇지만, 『삼국유사』에는 『삼국사기』의 재해기사와 세부적인 내용과 연대의 차이가 있기는 하지만 대체적으로 본 연구에서 분석한 『삼국사기』와 비슷한 재해 기록을 전하고 있다. 이에 본 연구에서는 『삼국사기』의 기사를 토대로 신라 하대의 재해발생양상을 검토하였다. 한편, 윤순옥·황상일은 『삼국사기』에 기록된 재해 중에서 가뭄, 흉년, 역질, 홍수, 황해 등의 시기별 발생 추이에 대해서 살펴보아 참조된다(2009, 「삼국사기를 통해 본 한국 고대의 자연재해와 가뭄주기」 『대한지리학회지』 44권 4호).

4) 신라 하대의 재해피해와 국가적 대응 양상은 이기봉, 2016, 「統一新羅時代 災異와 政治·社會 變動」 충남대 박사학위논문의 3장과 4장의 내용을 보완하고 재정리하였음을 밝혀둔다.

5) 신라 하대의 첫 국왕인 선덕왕대에는 설해가 한 차례 발생하였다("二月 京都雪三尺"(『삼국사기』 권9, 선덕왕 4년)). 그러나 겨울에 눈이 석자가 내린 것이라 큰 피해가 있었을 것으로 생각되지는 않는다.

6) "秋七月 旱 九月 王都民饑 出粟三萬三千二百四十石以賑給之 冬十月 又出粟三萬三千石以給之"(『삼국사기』 권10, 원성왕 2년) ; "秋 國西 旱蝗 多盜賊 王發使安撫之"(『삼국사기』 권10, 원성왕 4년) ; "三月 大旱 五月 出粟賑漢山熊川二州饑民"(『삼국사기』 권10, 원성왕 6년) ; "夏四月 旱 親錄囚

도 하였다. 원성왕 2년에는 王都, 5년에는 漢山州,[7] 6년에는 한산주·웅천주에 기근이 발생한 것이다.[8] 동왕 12년에는 경도에 기근과 역질이 야기되었다.[9]

원성왕대에 蝗害는 3차례 발생하였다. 원성왕 3년과 13년에는 황해로 곡식이 상하는 피해가 야기되었다.[10] 그리고 원성왕 4년에는 國西지역에 황해가 한재와 동시에 발생하였는데, 이로 인해 도적이 많이 활동하였다고 한다.[11] 이를 볼 때 이때의 황해와 한재로 피해가 나타났음을 알 수 있다. 그렇다면 원성원대에 발생한 황해는 모두 피해를 야기케 하였다고 할 수 있다. 이 시기에 서리는 2차례 내렸는데, 이로 인해 곡식이 상하는 피해가 나타났다.[12] 이 밖에 원성왕 2년에는 우박으로 곡식의 피해가 야기되었고,[13] 7년에는 경도에 눈이 내려 凍死者가 발생하기도 하였다.[14] 그리고 원성왕 9년에는 大風으로 인해 벼가 쓰러지는 피해도 있었다.[15]

이와 같이 원성왕대에는 재해 피해가 적지 않았다. 기근이 자주 발생하였으며, 疫疾과 인명의 피해까지 나타난 것이다. 이에 대한 대응으로는 사신파견과 賑給 그리고 赦免 등이 찾아진다. 그러나 이것으로 민들이 입

至六月乃雨(『삼국사기』 권10, 원성왕 11년) ; "夏六月 旱"(『삼국사기』 권10, 원성왕 14년).

7) "春正月甲辰朔 日有食之 漢山州民饑 出粟以賙之"(『삼국사기』 권10, 원성왕 5년).

8) "五月 出粟賑漢山熊川二州饑民"(『삼국사기』 권10, 원성왕 6년).

9) "春 京都飢疫 王發倉廩賑恤之"(『삼국사기』 권10, 원성왕 12년).

10) "秋七月 蝗害穀"(『삼국사기』 권10, 원성왕 3년) ; "秋九月 國東蝗害穀"(『삼국사기』 권10, 원성왕 13년).

11) "秋 國西 旱蝗 多盜賊 王發使安撫之"(『삼국사기』 권10, 원성왕 4년).

12) "秋七月 隕霜傷穀"(『삼국사기』 권10, 원성왕 5년) ; "秋八月 隕霜害穀"(『삼국사기』 권10, 원성왕 11년).

13) "夏四月 國東雨雹 桑麥皆傷"(『삼국사기』 권10, 원성왕 2년).

14) "冬十月 京都雪三尺 人有凍死"(『삼국사기』 권10, 원성왕 7년).

15) "秋八月 大風折木偃禾"(『삼국사기』 권10, 원성왕 9년).

은 재해 피해가 복구되었다고 보기는 어렵다. 이는 王都民을 대상으로 이루어진 원성왕 2년의 사례에서 먼저 짐작할 수 있다. 이때에 진급은 한재로 인한 것인데, 이때에 가뭄이 왕도에만 발생하지 않았을 가능성이 높기 때문이다.[16] 그리고 원성왕 12년 京都에 기근과 역질이 발생하자 진급을 통해 구제하였는데, 이러한 피해는 원성왕 11년의 한재와 서리로 인해 야기되었을 가능성이 높은데 유독 경도에서만 이러한 피해가 나타났다고 볼 수 없는 것이다. 마지막으로 재해피해에 대한 복구 노력이 전혀 이루어지지 않은 경우도 적지 않다. 원성왕 3년의 황해와 9년의 대풍 그리고 재위 13년의 황해와 이듬해의 가뭄발생에 대해서는 아무런 대응책이 강구되지 않았던 것이다. 이러한 점에서 원성왕대의 재해에 대한 국가적 대응은 어느 정도 한계가 있었다고 할 수 있다. 이에 원성왕 4년에는 국서지역에서 도적까지 발생한 것이다.

원성왕대 이후 신라 하대에서 재해 피해가 자주 발생한 시기로는 憲德王과 興德王代가 찾아진다. 먼저 헌덕왕대에 발생한 재해를 살펴보도록 하겠다. 이 시기에 발생한 재해로는 雪害, 大水, 旱災 등이 찾아진다. 설해는 헌덕왕 7년(815), 14년, 15년 등 3차례 발생하였는데, 이 중 7년의 경우가 관심을 끈다. 이때에는 작농기인 5월에 눈이 내렸기 때문이다. 작농기의 설해는 같은 해 8월 기근이 든 주요한 원인으로 작용하였을 가능성이 높다.[17] 또한, 헌덕왕 14년에는 눈이 다섯 자나 내려 나무들이 고사하였고,[18] 이듬해에는 시기에 맞지 않게 가을에 눈이 내렸다.[19]

---

16) 이기봉, 2012,「신라 원성왕대의 재이와 정치·사회적 변동」『신라사학보』 25, 297~298쪽.
17) "夏五月 下雪 秋八月己亥朔 西邊州郡大飢"(『삼국사기』 권10, 헌덕왕 7년). 전덕재, 2013,「제2장 삼국~고려시대 3절 통일신라」『서울재해사』, 서울특별시사편찬위원회, 105쪽.

헌덕왕 6년에는 국서지역에서 큰 비가 한 차례 내렸다.[20] 이와 더불어 이듬해 여름에 눈까지 내리자 이것이 서변주군에 大饑饉의 발생으로 이어진 것으로 보인다. 또한 이 시기에는 두 차례 가뭄이 발생하였다. 먼저 헌덕왕 9년에는 여름 5월부터 비가 내리지 않아 10월에 기근이 야기되어 굶어죽는 사람까지 발생하였다.[21] 또한 헌덕왕 12년에도 한재가 발생하여 겨울에 기근이 들었으며,[22] 이듬해에는 기근이 발생하여 민들이 子孫을 팔아 생활하는 상황에까지 이르게 되었다.[23] 또한, 동왕 8년에는 흉년으로 기근이 들자 중국으로 떠나는 자들까지도 있었다.[24]

이와 같이 헌덕왕대에는 재해로 기근이 야기되고 餓死者의 발생이 있었으며, 민들 중에는 자신의 근거지를 떠나거나 자식을 팔아 자활하는 상황까지 이를 정도로 그 피해가 컸다. 이에 대한 국가적 대응책으로는 조세 면제, 진급, 군대파견, 기우제의 시행 등이 찾아진다. 하지만, 원성왕대와 마찬가지로 이러한 대응책에는 일정한 한계가 있었다고 할 수 있다. 이는 먼저 헌덕왕 6년과 7년의 연이은 재해로 도적이 봉기하자 군대를 보내 이들을 토벌하는데에만 그치는 것에서 찾아볼 수 있다.[25] 이때에 굶주린 백성들에 대한 진급이 병행되지는 않았던 것이다. 또한 헌덕왕 12~13년에

---

18) "秋七月 雪"(『삼국사기』권10, 헌덕왕 15년).

19) "二月 雪五尺 樹木枯"(『삼국사기』권10, 헌덕왕 14년).

20) "夏五月 國西大水 發使撫問經水州郡人民 復一年租調"(『삼국사기』권10, 헌덕왕 6년).

21) "夏五月 不雨 遍祈山川 至秋七月乃雨 冬十月 人多饑死 敎州郡發倉穀存恤"(『삼국사기』권10, 헌덕왕 9년).

22) "春夏 旱 冬飢"(『삼국사기』권10, 헌덕왕 12년).

23) "春 民餓 賣子孫自活"(『삼국사기』권10, 헌덕왕 13년).

24) "春正月 年荒民飢 抵浙東求食者一百七十人"(『삼국사기』권10, 헌덕왕 8년).

25) "秋八月己亥朔 西邊州郡大飢 盜賊蜂起 出軍討平之"(『삼국사기』권10, 헌덕왕 7년).

는 재해 피해가 심하였는데도 불구하고 국가적 차원의 대응책이 전혀 강구되지 않는다는 점에서도 이를 짐작할 수 있다.

다음으로 흥덕왕대의 재해피해 상황을 살펴보도록 하겠다. 이 시기에는 서리, 가뭄, 설해 등의 재해가 발생하였다. 서리는 흥덕왕 2년(827) 한차례 내렸다.[26] 이때 서리는 작물의 생장기인 5월에 내려 피해가 있었을 가능성이 높았지만, 이에 대한 기록은 보이지 않는다. 가뭄은 두 차례 들었다. 흥덕왕 2년에는 경도에 大旱,[27] 동왕 7년에는 봄과 여름 동안 가물었다. 흥덕왕 7년의 경우에는 7월에 비가 내렸지만, 지속된 가뭄으로 결국 같은 해 10월에 기근과 흉년이 발생하였으며 도적까지 곳곳에서 활동하였다.[28] 그리고 동왕 8년에는 기근이 들었으며, 전염병으로 민들이 사망하기도 하였다.[29] 한편, 흥덕왕 3년에는 시기에 맞지 않게 봄에 눈이 내렸는데,[30] 기록에 보이지는 않지만 이로 인한 피해가 야기되었을 가능성이 높아 보인다.

이와 같이 흥덕왕대에는 재해로 인해 기근과 疫疾의 발생이 있었으며, 인명의 피해 역시 나타났다. 또한 서리의 발생은 곡식의 피해로 이어졌을 것이다. 이에 대한 대응책으로는 사신파견과 국왕의 근신, 赦免 등이 찾아진다. 그렇지만 이러한 대응책으로는 민들이 입은 피해를 일정 정도나마 복구하는데 까지는 이르지 못한 것 같다. 이는 흥덕왕 7년에 도적들이 발

---

26) "夏五月 降霜"(『삼국사기』 권10, 흥덕왕 2년).

27) "秋八月 京都大旱"(『삼국사기』 권10, 흥덕왕 2년).

28) "春夏旱 赤地 王避正殿 減常膳 赦內外獄囚 秋七月乃雨 八月 飢荒 盜賊遍起 冬十月 王命使安撫之"(『삼국사기』 권10, 흥덕왕 7년).

29) "春 國內大飢 夏四月 王謁始祖廟 冬十月 桃李再華 民多疫死"(『삼국사기』 권10, 흥덕왕 8년).

30) "三月 雪深三尺"(『삼국사기』 권10, 흥덕왕 3년).

생한 것을 통해서 짐작할 수 있으며, 이듬해의 기근과 역질 발생에 아무런 구제책이 강구되지 않았다는 점에서도 알 수 있다.

계속해서 신라 하대에서 재해피해가 자주 발생하였던 시기를 검토하도록 하겠다. 이 시기로는 文聖王代와 景文王代가 찾아진다. 먼저 문성왕대에는 가뭄, 우박, 서리, 홍수, 황해 등의 재해가 발생하였다. 가뭄은 두 차례 발생하였다.[31] 문성왕 2년(840)에는 4월부터 6월까지 비가 내리지 않았는데 이로 인해 겨울에 기근이 들었고, 이듬해에는 역질까지 야기되었다.[32] 한편, 문성왕 10년에도 봄과 여름 동안 비가 내리지 않았는데, 이에 대한 피해 기록은 보이지 않지만 가뭄의 특성상 피해가 야기되었을 가능성이 높아 보인다. 문성왕 6년에는 京都에서 우박이 한 차례 내렸다.[33] 동왕 13년에는 서리가 발생하였다.[34] 이때 우박과 서리로 인한 피해의 기록은 보이지 않지만, 그 발생 시기를 보면 어느 정도 곡식의 피해를 야기하였을 가능성이 높다. 문성왕 15년에는 홍수와 황해가 발생하였다.[35] 홍수는 그 발생지역이 확인되지 않지만, 황해는 西南지방에서 나타난 것으로 나오고 있다.

문성왕대에는 재해로 기근과 역질의 발생 및 곡식의 피해 등이 있었다. 이에 대한 국가적 대응책은 보이지 않는다. 다만 문성왕 17년에 동왕 15년에 황해가 발생한 西南州郡으로 사신을 보내 위문한 기록이 보이는

---

31) "自夏四月至六月 不雨 冬饑"(『삼국사기』 권11, 문성왕 2년) ; "春夏旱 侍中魏昕退 波珍~金啓明爲侍中"(『삼국사기』 권11, 문성왕 10년).

32) "春 京都疾疫 一吉~弘弼謀叛 事發逃入海島 捕之不獲"(『삼국사기』 권11, 문성왕 3년).

33) "三月 京都雨雹 侍中良順退 大阿~金茹爲侍中"(『삼국사기』 권11, 문성왕 6년).

34) "夏四月 隕霜"(『삼국사기』 권11, 문성왕 13년).

35) "夏六月 大水 秋八月 西南州郡蝗"(『삼국사기』 권11, 문성왕 15년).

데,[36] 시간적인 차이로 보아 이때의 사신파견을 재해 피해에 대한 대응책으로 보기는 어려워 보인다.

경문왕대에 발생한 재해로는 洪水, 蝗害 등이 찾아진다. 홍수는 2차례 발생하였는데, 모두 피해가 야기되었다. 재위 7년(867년)에 발생한 大水는 흉년으로 이어졌으며, 경문왕 10년 7월에 대수가 있자 겨울에 역질이 발생한 것이다.[37] 황해는 경문왕 12년에 한 차례 발생하였다.[38] 이때의 황해로 곡식의 피해가 있었는데, 이것이 이듬해 기근과 역질의 발생으로 이어졌을 것이다.[39]

이처럼 경문왕대에는 재해발생으로 기근과 역질, 흉년 등의 피해가 나타났다. 이에 대한 대응으로는 사신의 파견을 통한 구제만이 찾아진다. 大水로 흉년이 발생한 경문왕 7년과 기근과 역질이 야기된 13년에 각기 사신을 파견하여 구제한 것이다.[40] 이러한 점에서 경문왕대에도 재해로 야기된 피해에 비해 대응은 그리 적극적이지 못하였다고 할 수 있다.[41]

신라 하대에는 위에서 살펴 본 시기 이 외에 재해가 발생한 왕대로는 먼저, 昭聖王, 哀莊王, 憲安王代가 있다. 소성왕대는 재위 기간이 짧은 탓인지 재해 발생과 피해 기록이 많지는 않다. 재위 2년(800년)의 大風 발생만이 찾아진다. 이로 인해 나무와 기와가 날라갔고, 임해문과 인화문 두

---

36) "春正月 發使撫問西南百姓"(『삼국사기』 권11, 문성왕 17년).

37) "秋八月 大水 穀不登 冬十月 發使分道撫問 十二月 客星犯太白"(『삼국사기』 권11, 경문왕 7년) ; "秋七月 大水 冬無雪 國人多疫"(『삼국사기』 권11, 경문왕 10년).

38) "秋八月 國內州郡 蝗害穀"(『삼국사기』 권11, 경문왕 12년).

39) "春 民饑且疫 王發使賑救"(『삼국사기』 권11, 경문왕 13년).

40) "秋八月 大水 穀不登 冬十月 發使分道撫問"(『삼국사기』 권11, 경문왕 7년) ; "春 民饑且疫 王發使賑救"(『삼국사기』 권11, 경문왕 13년).

41) 이기봉, 2012, 「新羅 景文王代의 政局運營과 災異」『신라문화』 39, 110~112쪽.

문이 무너지는 피해가 발생하였다고 전한다.[42] 애장왕대에는 大寒,[43] 大雪,[44] 大旱[45] 등의 재해가 발생하였다. 『삼국사기』에 기록된 애장왕대의 재해 중 피해상황을 보여주는 것은 2년에 발생한 大寒뿐이다. 이로 인해 소나무와 대나무가 고사되었다고 하는데, 이것은 전염병의 야기로 이어졌을 가능성도 있어 보인다.[46] 한편, 애장왕 10년(809)에 발생한 大旱은 그 발생시기로 보아 어느 정도 농업생산에 피해를 야기하였을 가능성이 높다. 헌안왕대 역시 재위 기간이 짧은 탓인지 재해 발생과 이에 대한 피해 기록이 그리 많지는 않다. 헌안왕 2년에 서리와 가뭄 등의 재해가 발생하였는데, 이것이 이듬해의 기근으로 이어졌을 것이다.[47] 지금까지 살펴본 소성·애장·헌안왕대에 재해 피해에 대한 국가적 대응이 있었던 경우는 헌안왕 3년의 경우가 유일하다. 이때에 사신을 파견하였으며, 제방을 수리하는 권농정책을 추진한 것이다.

신라 하대에서 재해가 자주 발생하였던 경문왕대 이후로는 定康王 元年 國西 지방에서의 가뭄과 흉년,[48] 진성여왕 2년에 가뭄이 발생한 기록

---

42) "夏四月 暴風折木蜚瓦 瑞蘭殿簾飛不知處 臨海仁化二門壞"(『삼국사기』 권10, 소성왕 2년).

43) "冬十月 大寒 松竹皆死"(『삼국사기』 권10, 애장왕 2년).

44) "秋八月 大雪"(『삼국사기』 권10, 애장왕 8년).

45) "秋七月 大旱"(『삼국사기』 권10, 애장왕 10년).

46) 이현숙은 애장왕대에 大寒으로 피해가 나타났을 것으로 보아 참조된다. 애장왕 2년에 마애삼존석불 조성, 그리고 2년 뒤에는 당으로 사신으로 보내 『廣利方』등의 중국의학서를 도입하였는데, 이는 당시 전염병이 돌았기 때문으로 보았다. 이러한 상황에서 발생한 大寒은 면역력이 약한 소아나 노인 그리고 만성질환자에게는 큰 타격을 주었을 것으로 파악하였다(2000, 「신라 애장왕대 당 의학서 『廣利方』의 도입과 그 의의(2)」『동양고전연구』 14, 207~215쪽).

47) "夏四月 降霜 自五月至秋七月不雨"(『삼국사기』 권11, 헌안왕 2년) ; "春 穀貴人饑 王遣使賑救 夏四月 教修完隄防 勸農"(『삼국사기』 권11, 헌안왕 3년).

48) "八月 國西旱且荒"(『삼국사기』 권11, 정강왕 원년).

등이 찾아진다.[49] 이러한 재해 발생에 대한 피해 기록은 보이지 않지만, 발생한 재해가 가뭄임을 볼 때 적지 않은 피해가 야기되었을 가능성이 높아 보인다. 孝恭王代에는 재해 피해가 적지 않았다. 이 시기에는 재위 6년(902) 3월과 9년 4월에 서리가 내렸다.[50] 동왕 10년에는 4월에서 5월까지, 11년에는 봄과 여름 내내 비가 오지 않았다.[51] 효공왕 12년 3월에는 서리 그리고 4월에는 雨雹까지 내렸다.[52] 이처럼 효공왕대에는 서리, 우박, 한재 등 작물의 생장에 큰 영향을 주는 재해가 자주 발생하였지만, 이에 대한 국가 차원의 대응 기록은 전혀 찾아지지 않는다.

효공왕대 이후에는 神德王代와 景明王代에 재해가 발생하였다. 먼저 신덕왕 재위 2년(913)과 3년에는 연이어 서리가 내렸다.[53] 이때 서리가 작농기인 봄과 여름에 내렸기에, 이로 인한 곡식의 피해가 있었을 가능성이 높다. 그리고 경명왕 5년에는 대풍, 황재, 한재 등이 발생하여,[54] 이로 인한 피해가 야기되었을 가능성이 높지만 효공왕대와 마찬가지로 국가적인 대응책이 강구되었음을 보여주는 기록은 찾아지지 않는다.

지금까지 검토한 『삼국사기』기록에 의하면 신라 하대에는 원성왕대 4회, 헌덕왕대 5회, 흥덕왕대 2회, 문성왕·헌안왕·경문왕대 각 1회 등 총 14번이나 기근이 발생하였다. 한편, 신라 중대에는 문무왕대 2회, 성덕왕대

---

49) "夏五月 旱"(『삼국사기』 권11, 진성왕 2년).

50) "春三月 降霜 以大阿湌孝宗爲侍中"(『삼국사기』 권12, 효공왕 6년) ; "夏四月 降霜"(『삼국사기』 권12, 효공왕 9년).

51) "自夏四月至五月不雨"(『삼국사기』 권12, 효공왕 10년) ; "春夏無雨"(『삼국사기』 권12, 효공왕 11년).

52) "三月 隕霜 夏四月 雨雹"(『삼국사기』 권12, 효공왕 12년).

53) "夏四月 隕霜"(『삼국사기』 권12, 신덕왕 2년) ; "春三月 隕霜"(『삼국사기』 권12, 신덕왕 3년).

54) "夏四月 京都大風拔樹 秋八月 蝗旱"(『삼국사기』 권12, 경명왕 5년).

3회, 경덕왕대 2회 등 7차례에 걸쳐 기근이 야기되었다.[55] 이 중 문무왕대에 발생한 기근은 전시상황과 관련되었다는 점을 감안하면, 이 시기에 순수하게 재해로 야기된 기근의 발생건수는 5회로 줄어든다.[56] 이를 통해 신라 하대에는 재해로 인한 기근의 발생 빈도가 중대보다 높았음을 알 수 있다. 기근이 많이 발생했다는 사실은 그 만큼 민들의 피해가 컸음을 보여준다고 하겠다. 앞서 보았듯이 신라 하대에는 재해 피해를 입은 민들에 대한 국가적 차원의 적극적인 대응 노력이 이루어지지는 못하였다. 이와 달리 신라 중대에는 재해피해를 입은 민들의 어려움을 해결하기 위한 국가적 대응이 어느 정도 강구되었다.[57] 이에 신라 하대에는 이전보다 민들의 경제적 상황이 나빠졌다고 할 수 있다.

Ⅲ. 민들의 경제적 기반 약화와 재해

앞 장에서 신라 하대의 재해피해와 국가적 대응양상에 대한 검토를 통해 이 시기에는 재해 피해가 자주 나타났으나, 국가적 대응책은 그리 적극적으로 강구되지 않아 민들의 경제적인 어려움이 중대보다 크게 나타났다고 보았다. 그러면 신라 하대에는 재해 피해를 입은 민들에 대해 다른 방법으로나마 구제를 하였을까. 이와 관련하여 다음의 기사가 참조된다.

---

55) 신라에서 발생한 재해 중 가뭄, 흉년, 역질, 홍수, 황해 등의 시기별 발생빈도에 대해서는 윤순옥·황상일, 2009, 앞의 논문, 499쪽의 표1이 참조된다.

56) 이에 대해서는 이기봉, 앞의 학위논문, 12~27쪽 참조.

57) 신라 중대의 재해에 대한 대응과 관련하여서는 이기봉, 2011, 「신라 성덕왕대의 재이와 유교정치」 『한국사연구』 152 및 앞의 학위논문, 37~60쪽이 참조된다.

A. 大赦를 실시하고 여러 주와 군의 租稅를 1년간 면제해 주었다. 황룡사에
서 百座法會를 열고 왕이 몸소 거둥하여 설법을 들었다. 겨울에 눈이 오
지 않았다(『삼국사기』 권11, 진성왕 즉위년).

위의 기사는 眞聖女王 즉위년에 여러 주와 군의 조세를 면제해 주었다
는 내용이다. 이러한 조치가 이루어진 것은 여왕의 즉위에 대한 반발을 무
마하고 민심을 수습하기 위함이라고 보기도 한다.[58] 한편, 이러한 점 뿐만
아니라 재해발생과도 연관 지어 이러한 조치를 취하였다고 파악하기도
한다. 이때의 조치는 진성여왕 즉위 전해인 정강왕 원년의 가뭄과 흉년의
발생[59]과도 관련 있었지만, 당시 상황에서 민들의 경제적 어려움을 해결
하는데 별다른 도움을 주지 못하였을 가능성이 높다는 것이다.[60]

이러한 조치 역시 민들에게 도움이 되지 않았다면 신라 하대의 민들은
재해 피해에 대한 국가적 대응의 미비 그리고 도적들의 활동 등의 요인으
로 그들의 경제적 기반이 약화되었을 것은 분명해 보인다. 앞에서 살펴보
았듯이 신라 하대에서는 재해에 대한 구제가 미비하였던 원성·헌덕·흥덕
왕대에 盜賊과 草賊들의 두드러진 활동이 있었기 때문이다. 『삼국사기』기
록에서는 도적의 발생 정도만을 알려 주고 있지만, 아래의 기사에서는 이

---

58) 권영오, 2004, 「김위홍과 진성왕대 초기 정국 운영」『대구사학』 76 ; 2011, 『신라하대정치사연
구』 혜안, 232~239쪽에서는 진성여왕 즉위 초에 이루어진 조세면제와 대사 등의 조치는 김위홍이
주도하여 이루어진 것으로 보았다. 전기웅은 신라정부와 왕경 귀족들의 가혹한 수탈에 대하여 불만
과 고통이 누적되어 있던 지방민의 민심을 회유하려는 목적으로 조세감면 조치를 취하였다고 파악
하였다(2010, 「『삼국유사』소재 '진성여왕대거타지'조 설화의 검토」『한국민족문화』 38 ; 2010, 『신
라의 멸망과 경문왕가』 혜안, 143쪽).
59) "八月 國西旱且荒"(『삼국사기』 권11, 정강왕 원년).
60) 이기봉, 2016, 「신라 진성여왕대의 재이와 농민반란」『역사학연구』 62, 68~70쪽.

당시 도적들의 활동을 좀 더 구체적으로 전하고 있어 관심을 끈다.

> B. (8월) 甲戌 … 大宰府에서 말하기를 "新羅人 金巴, 兄 金乘弟, 金小巴 등
> 3사람 이 아뢰기를 '지난 해 저희 縣의 곡식을 운반하기 위하여 뽑혔다
> 가 바다 가운데서 도적을 만나 함께 모두 죽고 오직 우리들만 다행히 하
> 늘의 도움을 입어 겨우 훌륭한 나라에 도착하였습니다. 비록 인자하신
> 은혜를 깊이 입었으나 혈육을 돌아보지 않을 수가 없습니다. 지금 듣건
> 대 고향 사람이 왔다고 하니 놓아주시어 돌아갈 수 있게 해주십시오. 엎
> 드려 바라건대 같은 배에 의지해 타고 함께 고향으로 돌아가게 해주십
> 시오'라고 합니다"라고 하였다. 그것을 허락하였다(『일본후기』 권21, 太
> 上天皇 嵯峨).

이 기사는 헌덕왕 3년(811)에 신라인 김파 등이 표류하다가 일본에 도
착한 내용을 전한다. 이는 당시 해적의 활동을 구체적으로 보여주는 사례
로서 관심을 끌고 있다.[61] 여기서 관심을 끄는 사실은 신라 지방에 있던
海賊들이 바다에서 국가의 조세곡까지 탈취하였다는 것이다.

신라 하대에 접어들어 앞서 살펴 본 육지의 도적이나 초적 뿐만 아니
라 B기사에서 전하는 것과 같이 바다의 해적까지 발생하게 된 것은 이 시
기 유이민 현상이 만연하였음을 짐작하게 한다. 이러한 유이민의 증가는
농촌경제의 어려움을 가중시킬 수 밖에 없다. 노동력 부족으로 생산력의
감소가 야기되었을 뿐만 아니라, 이들의 유망으로 생긴 조세 수취는 남아

---

61) 권덕영, 2002, 「신라하대 서남해 해적과 장보고의 해상활동」『대외문물교류연구』 1 ; 김창겸,
2012, 「9세기 일본 연안에 나타난 신라인들」『신라사학보』 26.

있는 자들에게 전가되었기 때문이다.[62] 이에 유이민들이 더욱 증가하게 되며, 이러한 유이민 중에서 생존을 위해 도적이나 해적이 되는 경우도 나타난 것이다.[63]

한편, 9세기 전반에는 B기사와 같은 해적들의 활동이 두드러지게 보이고 있다. 이 시기에는 해적들이 신라 良民을 약탈하여 중국 산동반도에서 노비로 팔았으며, 일본 서남해안에 신라 해적들이 자주 나타나 일본의 사회문제가 되기도 했던 것이다.[64] 그런데 해적이 자주 발생한 9세기 전반은 헌덕왕과 흥덕왕대에 해당된다. 이 왕대에서는 앞서 설명한 바와 같이 재해가 자주 발생하였지만, 이에 대한 대응은 그리 적극적이지 못하였다. 그렇다면 9세기 전반 두드러지게 보이는 해적들의 활동이란 재해발생과도 일정한 관련이 있다고 할 수 있다.

이처럼 9세기 전반에 해적들이 활발한 움직임을 보이자 흥덕왕은 청해진을 설치하여 해적을 소탕하려는 노력을 하였고, 그 결과 9세기 중반경까지는 해적의 활동이 두드러지게 나타나지는 않았다.[65] 하지만 그것은 일시적 소강상태에 불과했다. 경문왕대에 다시 해적들의 활동이 본격적으로 전개된 것이다. 일본 사료에서는 경문왕 4년(864)과 6년 그리고 9년 등 3차례나 신라의 해적이 일본의 연안에 침입하였음을 전하고 있는 것이다.[66] 경문왕대에는 앞에서 살펴보았듯이 재해로 야기된 피해 복구

---

62) 김창겸, 2000, 「고려 건국기 유이민의 양상」 『이수건교수정년기념한국중세사논총』 이수건교수정년기념 한국중세사논총간행위원회, 20~21쪽.

63) 김창겸, 2012, 「9세기 일본 연안에 나타난 신라인들」 『신라사학보』 26, 329~330쪽.

64) 전덕재, 2006, 『한국고대사회경제사』 태학사, 385~389쪽 ; 김창겸, 2012, 「9세기 일본 연안에 나타난 신라인들」 『신라사학보』 26, 307~310쪽.

65) 김창겸, 위의 논문, 310쪽.

에 별다른 노력을 기울이지 않았다. 이러한 까닭에 일반민은 유망할 수밖에 없었고, 이들 중 일부는 도적이나 해적으로 변하게 된 것이다.[67] 한편, 신라 하대 도적의 활동과 관련하여서는 다음의 기사도 주목할 필요가 있다.

> C. 도적들이 나라의 서남쪽에서 일어났다. 그들은 바지를 붉은색으로 하여 스스로를 다르게 하였으므로 사람들은 그들을 赤袴賊이라 불렀다. 州縣을 무찔러 해치고 서울의 서부 모량리에까지 이르러 민가를 약탈하여 갔다(『삼국사기』 권11, 진성왕 10년).

위의 기사는 진성여왕 10년에 赤袴賊이라는 도적 집단이 왕경의 민가를 약탈하였다는 내용을 전하고 있다. 왕경에서조차 민들은 도적들에 의해 피해를 입은 것이다.[68] 물론 진성여왕 10년의 사례는 동왕 3년의 농민반란으로 야기된 치안 부재와 관련 있는 것이지만,[69] 이전에도 도적들이 민가를 약탈하는 경우가 적지 않았음을 짐작할 수 있게 해준다.

이처럼 신라 하대에 접어들면서 민들은 재해 피해에 국가적 구제를 받

---

66) 김창겸, 2000, 「고려 건국기 유이민의 양상」 『이수건교수정년기념한국중세사논총』, 이수건교수정년기념 한국중세사논총간행위원회, 7쪽.

67) 신라 하대 도적과 해적들의 활동에 대한 부분은 이기봉, 앞의 학위논문, 129~131쪽을 참조하여 작성하였다.

68) 진성여왕대 왕경의 치안이 극히 불안하였다는 점은 『삼국사기』 권48, 효녀 지은조에서 지은에 대한 포상을 하면서 도적들이 재산을 빼앗을 것을 염려하여 이에 대한 대책도 수립하였다는 사실에서도 짐작할 수 있다. 권영오, 2007, 「진성여왕대 농민봉기와 신라의 붕괴」 『신라사학보』 11 : 2011, 『신라하대정치사연구』, 혜안, 270~271쪽.

69) 진성여왕대의 농민반란이 재이와도 관련되었음은 이기봉, 2016, 「신라 진성여왕대의 재이와 농민반란」 『역사학연구』 62를 참조.

지 못하면서 경제적 어려움이 가중되었다. 위에서 살펴본 바와 같이 민들 중에는 경제적 어려움을 극복하기 위해 도적이나 해적으로 변하기도 한 것이다. 또한 자신의 근거지에서 생활하던 민들은 국가 공권력이 제어하지 못하는 도적이나 해적들의 활동으로 재산을 약탈당하면서 경제적 기반은 더욱더 약화될 수 밖에 없었을 것이다.

Ⅳ. 신라의 멸망과 재해

지금까지 신라 하대의 재해피해와 이에 대한 국가적 대응양상으로 야기된 민들의 경제적 기반 약화 현상에 대해 살펴보았다. 신라 하대에 들어서는 경제적 부를 축적하는 양상이 다양하게 나타났다고 이해된다. 여기에서는 신라 하대의 재해발생과 이에 대한 국가의 미온적인 대응이 특정 집단으로의 부의 축적, 즉 경제적 양극화와 어떤 연관성이 있는지를 먼저 살펴보도록 하겠다.

> D. 여름 4월에 청해대사 궁복은 성이 張氏인데(궁북은 일명 保皐라고도 하였다). 당나라에 들어가 徐州에서 군중소장이 되었다고 후에 본국으로 돌아와 왕을 찾아 뵙고 군사 1만명으로 청해를 지켰다(청해는 지금의 완도이다). 漢山州 瓢川縣의 妖人이 스스로 말하기를, 빨리 부자가 되는 술법을 가지고 있다고 하였으므로 많은 사람들이 그 말에 흘렸다. 왕이 이 말을 듣고 "옳지 않은 도로 여러 사람들을 미혹케 하는 자를 벌하는 것은 선왕의 법도이다."라 하고는 그 사람을 먼 섬으로 쫓아 버렸다(『삼

국사기』 권10, 흥덕왕 3년).

이 기사는 흥덕왕 3년(828)의 청해진 설치와 速富之術을 행한 妖人에 대한 내용을 전하고 있다. 이때의 청해진 설치는 서남해안의 지방 통제력을 유지하려는 국왕의 의도와 서남해를 중심으로 무역활동을 하려는 장보고의 의도가 맞아 떨어진 결과로서 이해된다.[70] 즉 흥덕왕이 재위했던 9세기 전반에는 해양활동이 활발하였는데 신라인들은 황해와 남해를 중심으로 활동을 전개하였다는 것이다.[71] 이에 흥덕왕은 청해진의 설치를 통해 국가 통제력을 유지하려 하였으며, 장보고 입장에서는 해상 무역의 독점으로 부의 축적을 이루려고 하였다는 것이다. 이에서 9세기 전반에 私貿易을 통해 부를 축적해가는 집단이 있었다는 것을 짐작할 수 있다.

위의 기사에서는 청해진 설치 이후에 한산주 표천현에 사는 妖人의 '속부지술'과 관련된 내용도 전하고 있다. 최근의 연구에 의하면 이때의 '속부지술'은 당시 사무역이 활성화 되면서 비합법적인 물품의 제조나 채취, 혹은 노비 약매를 통해 그리고 심하면 해적 활동으로 '速富'를 이루려고 하는 사회적 분위기와 관련 있다고 본다. 즉 흥덕왕대에는 전반적인 사회적 분위기가 부의 축적에 집중되고 있었다는 것이다.[72] 여기서 관심을 끄는 것은 이러한 청해진 설치와 '속부지술'은 앞서 살펴 본 바와 같이 잦은 재해 피해가 발생한 이후에 이루어졌다는 것이다. 흥덕왕 2년에는 霜害와 大旱, 그리고 이듬해 봄에는 雪害등의 재해가 발생하였다. 그런데 이

---

70) 손흥호, 2019, 「9세기 전반 신라의 사회변동과 지방사회」 『대구사학』 135, 25쪽.
71) 이문기, 2015, 『신라 하대 정치와 사회연구』 학연문화사, 79쪽.
72) 손흥호, 앞의 논문, 15~23쪽.

에 대한 국가적 차원의 대응은 제대로 이루어지지 않았다. 이러한 상황에서 공공연하게 사무역을 통해 부를 축적해나가고 있는 집단이 있었던 것이다. 이는 재해로 야기된 사회적 혼란으로 국가의 지방통제력이 이완되었기 때문에 가능하였다고 할 수 있다.

사실 신라 하대 국가권력의 지방통제력 이완은 흥덕왕 이전인 헌덕왕대부터 나타났다. 이와 관련하여 다음의 기사를 보자.

> E. 3월에 熊川州 都督 憲昌이 그의 아버지 주원이 왕이 되지 못한 것을 이유로 반란을 일으켜 국호를 長安이라 하고, 연호를 慶雲 元年이라 하였다. 武珍·完山·菁·沙伐의 네 주 도독과 國原·西原·金官의 仕臣 및 여러 군·현의 수령들을 위협하여 자기의 소속으로 삼으려 하였다(『삼국사기』 권10, 헌덕왕 14년).

이 기사는 헌덕왕 14년(822)에 김헌창이 반란을 일으켰음을 전하고 있다. 이러한 김헌창의 반란에는 지방세력들도 가담하였기 때문에 이 사건은 중앙과 지방의 분열, 그리고 지방세력의 대두와 관련되어 이해된다.

김헌창의 반란이 일어난 정치적 배경으로는 헌덕왕의 정국운영에 대한 불만이 거론된다. 헌덕왕이 자신의 동생인 金秀宗과 金忠恭을 중심으로 정국운영을 추구하자, 김헌창이 이에서 소외된 세력들을 결집하여 반란을 일으켰다는 것이다.[73] 한편 김헌창이 반란을 일으킬 수 있었던 또 다른 배경으로 이 시기의 사회적 상황이 살펴지고 있다. 헌덕왕대 잦은 재해

---

73) 김동수, 앞의 논문, 38~41쪽 ; 박용국, 2005, 「新羅 憲德王代 金憲昌의 亂과 晉州地域」『퇴계학과 한국문화』37, 253~262쪽 ; 주보돈, 앞의 논문, 237~248쪽.

로 인한 지방민의 동요는 김헌창이 반란을 일으킬 수 있는 중요한 배경이라는 것이다.[74) 그런데 김헌창의 반란은 앞에서 살펴 본 이 시기의 재해발생과도 관련하여 그 배경을 구체적으로 이해할 수 있다. 헌덕왕대에는 잦은 재해발생과 이로 인한 기근 피해에 대해서 적극적으로 대응하지 못한 것이다.[75)

이러한 점에서 헌덕왕 14년에 일어난 김헌창의 반란은 국가의 재해에 대한 대응양상도 중요한 배경이라고 할 수 있다. 특히 김헌창의 반란은 호족할거적인 경향을 촉진시켰다고 평가된다.[76) 즉 헌덕왕대에는 재해로 야기된 사회적 혼란이 국가의 지방 통제력이 이완으로 이어져 대규모 반란으로까지 이어졌다고 할 수 있다.[77) 이것이 흥덕왕대에도 이어져 사무역 등이 활발하게 이루어져 부를 축적하는 집단들이 나타나게 되었다고 볼 수 있다.

---

74) 이기동은 헌덕왕대는 사회경제적 사태의 악화로 만성적인 식량 기근현상이 일어난 때이며, 이 때문에 동왕 7년 8월과 11년(819) 3월 두 차례에 걸쳐 초적이 봉기하는 등 불안한 기운이 감돌았다고 한다. 이러한 혼란된 정국을 틈타서 일어난 대규모의 조직적인 반발이 김헌창의 반란이라고 하였다(1980, 앞의 논문, 14쪽). 박용국은 헌덕왕대는 원성왕대와 달리 도적이 조직화되었다고 보았다. 원성왕대는 재해 피해로 인해 몰락 농민이 도적화하였으나 조직적인 저항의 형태는 없었던 것과 달리 헌덕왕대는 민의 대응양상이 보다 적극적이고 조직적인 형태를 띠고 있었다는 것이다. 이러한 지방민의 동향 또한 김헌창의 반란의 배경으로 작용하였다고 보았다(앞의 논문, 271~275쪽). 주보돈 또한 헌덕왕대의 재해발생에 관심을 두었다. 헌덕왕대에 잦은 재해피해는 지방민을 크게 동요하게 하는 결정적 요인으로 작용하였다는 것이다. 김헌창은 이러한 지방민의 불만을 이용하여 반란을 일으켰다고 보았다(앞의 논문, 246~247쪽).

75) 이문기는 『일본기략』에 보이는 신라상인의 활동을 통해서 헌덕왕대를 비롯한 9세기 전반에 잦은 재해 피해가 발생하자 백성들은 이러한 절박한 사정을 벗어나기 위해 외국으로 시야를 돌리게 하였고, 이들을 민간 차원의 교류를 활성화시킨 주역으로 파악하였다(2015, 『신라 하대 정치와 사회 연구』, 학연문화사, 107~109쪽).

76) 이기동, 1984, 『新羅 骨品制社會와 花郎徒』, 일조각, 157쪽.

77) 신라 하대 김헌창의 반란을 재해발생과도 관련시켜 검토한 연구로는 이기봉, 2016, 「新羅 憲德·興德王代의 災異와 정치·사회적 영향」 『역사와 경계』 100이 참조된다.

또한, 신라 하대에는 귀족들이나 사원세력들이 田莊 경영의 확대를 통해 부를 축적하는 양상이 전개되었다. 이 시기에는 전장 소유자층인 귀족과 사원이 전장을 확대하기 위해서 적극적으로 나서고 있었던 것이다. 이들은 토지의 買入, 奪占 등을 통해 자신의 소유지를 확대해 갔는데, 이는 이들의 경제력을 증대시켰을 뿐만 아니라 민들을 자신들의 私民으로 예속시켰다고 이해된다. 이에 국가에서는 전장에 흡수되지 않는 민들에게 조세 부담을 전가하면서 민들이 몰락하고 도적화 되어 가는 양상이 나타났다는 것이다.[78]

이와 같이 신라 하대에는 국가 지방통제력 상실로 귀족이나 사원세력들이 경제적 부를 축적해 나가고 있었다. 그런데 신라 하대에 두드러진 귀족이나 사원세력들의 전장 경영의 확대 등을 통한 경제적 부의 축적은 잦은 재해발생과 이에 대한 국가적 차원의 대응 양상과도 관련시켜 볼 수 있지 않을까 한다. 신라 하대에 잦은 재해피해에 대해 국가적 대응이 제대로 이루어지지 않게 되자 민들 중에는 그들의 농토를 팔거나 고리대를 이용할 수밖에 없었던 상황이 초래되었을 가능성이 높기 때문이다. 즉 국가적 차원에서 재해피해가 복구되지 않았을 때에 민들은 공적영역이 아닌 민간 영역에서 그들의 자구책을 강구할 수밖에 없었다는 것이다.[79] 이와 관련하여 다음의 기사를 보자.

---

78) 김창석, 1991, 「통일신라기 전장에 관한 연구」 『한국사론』 25, 70~84쪽.
79) 이의 구체적인 예로 들 수 있는 것은 재해피해에 대한 국가적 차원의 대응 노력이 미비하였던 헌덕왕대에 자손을 팔아가면서 살아갈 수 밖에 없었던 민들이 있었다는 『삼국사기』헌덕왕 13년의 기록이다. 여기서 경제적 처지가 어려운 민들의 자손을 살 수 있었던 사람은 경제적 부를 가진 집단일 수 밖에 없다고 본다.

F. 재상의 집에는 녹이 끊어지지 않으며, 노비가 3천명이나 되고, 갑병과 우, 마, 돼지도 이에 맞먹는다. 가축은 해중의 산에 방목을 하였다가 필요할 때에 활을 쏘아서 잡는다. 곡식을 남에게 빌려 주어서 늘리는데, 기간 안에 다 갚지 못하면 노비로 삼아 일을 시킨다(『신당서』, 동이열전 신라).

이 내용은 신라 중대말과 하대초의 상황을 전하는 것으로서 이해되고 있다. 이 기사는 귀족들이 고리대를 통해 부를 축적해 나가는 것을 보여주는 사료로서 일찍부터 관심이 두어졌다.[80] 여기서 조금 더 주목해야 할 것은 이들이 고리대를 통해 보다 많은 부를 축적할 수 있었던 배경에는 민들이 이들에게 고리대를 빌려 살아야 할 만큼 경제적 처지가 열악해졌기 때문이라는 점이다. 앞서 보았듯이 신라 하대에 민들은 재해로 경제적 기반이 약화되었는데 이들은 귀족 혹은 사원세력들에게 경제적인 의존을 하거나 아니면 아예 자신의 근거지를 이탈해 도적이 되었을 가능성이 높은 것이다. 이에 이 시기에 귀족이나 사원세력들은 고리대 등을 통해 그들의 경제적 부를 더욱더 축적해나가면서 민들을 예속화시킬 수 있었던 것이라고 본다.[81] 이러한 점에서 민들이 고리대를 사용하고, 이를 통해 귀족들이 부를 축적할 수 있었던 배경에는 민들의 경제적 처지가 열악해지는데 상당한 영향을 끼친 재해발생과 이에 대한 국가적 미온적 대응도 있었다고 보아야 할 것이다.

---

80) 김철준, 1962, 「신라 귀족세력의 기반」 『인문과학』 7 : 1975, 『한국고대사회연구』 지식산업사.
81) 김창석은 앞의 논문, 75쪽에서 신라 하대의 민들이 몰락하는 것은 자연재해에 의한 우연한 현상이라기보다는 사회 구조적인 원인으로 보아야 한다고 언급하였다. 하지만, 신라 하대 민들의 몰락에는 재해에 대한 국가적 대응의 미비 또한 중요한 배경으로 보아야 한다고 생각한다.

이러한 상황에서 신라 하대에는 지방사회에서 재해에 대한 대응도 점차 독자적으로 하는 모습도 나타나게 된다. 이와 관련하여 다음의 기사를 보자.

G. 天祐 5년 무진년 겨울 10월에 護國義營都將 重閼粲 異才가 南嶺에 八角登樓를 세웠다. 나라의 경사를 빌로 전쟁의 화를 물리치기 위한 까닭이다 … 閼粲[異才]은 진실한 在家菩薩로서 蔚然히 나라를 받드는 忠臣이 되었다. 佛法[般若]을 창과 방패로 삼고 眞理[菩提]를 갑옷과 투구로 삼아 능히 한 境內를 편안히 하는데 거의 10년이 걸렸다.[82]

위 기사는 효공왕 12년(908) 최치원이 찬술한 「新羅 壽昌郡護國城 八角登樓記」의 일부로, 閼粲 異才가 10월에 대구 지역에 八角登樓가 건립한 내용을 전하고 있다. 여기서 이재가 현재의 대구 지역인 수창군 일대를 장악하고 이를 독자적으로 지배하기 시작했던 시기가 '登樓記'가 작성된 효공왕 12년(908)에서 10년을 거슬러 올라간다고 한 점은 관심을 끈다. 이에 이재가 호족으로 자립한 시기는 대략 898년(효공왕 2년)경으로 추정하고 있으며, 이는 진성여왕 3년의 농민반란으로 중앙집권적 지방지배가 거의 불가능한 지경에 이르렀던 상황을 보여주는 것이라 이해된다.[83]

위의 '등루기'에서는 이재가 境內, 즉 壽昌郡 일대를 편안히 하였다고 한다. 이는 지방세력이 농민반란 이후의 사회적 혼란을 극복하는 주체로

---

82) 「新羅 壽昌郡護國城 八角登樓記」 이하의 해석은 이문기, 2015, 「『新羅 壽昌郡護國城 八角登樓記』로 본 新羅末 大丘 豪族 再論」 『東方漢文學』 63을 참조하였다.
83) 이문기, 2015, 앞의 논문, 165쪽.

등장한 구체적인 사례라 할 수 있다. 그렇다면 이재가 팔각등루를 조성한 이유는 무엇일까. 이 역시 등루기에서 그 내용을 전하고 있어 관심을 끈다.

> H. [異才가] 꿈에서 깨어난 평소 생각했던 바를 말하기를, "하늘이 재앙을 내린 것을 아직 뉘우치지 않고 있는데, 땅은 오히려 간악한 무리를 허용하는 구나. 시국이 위태로우면 생명 모두가 위태롭고 세상이 어지러우면 物情 또한 어지러운 법이다. … 임금의 은혜에 보답할 것을 결심함은 대개 佛事를 높이는 것이다. 라는 바는 어두운 곳이 생기지 않고, 미혹한 무리를 두루 깨우치는 것이니, 오직 法燈을 높이 달아서 빨리 兵火를 없애야 하겠다(「新羅 壽昌郡護國城八角登樓記」)."

위의 기사에서는 이재가 신라를 하늘에서 재앙이 내려진데다가 간악한 무리가 활개치고 있는 땅으로, 또 병화가 위태롭고 어지러운 세상으로 인식하였음을 전해주고 있다. 그래서 이런 문제들을 해결하기 위하여 팔각등루를 건립했다고 한다.[84]

그런데 팔각등루의 건립은 보다 구체적으로 살펴볼 수 있지 않을까 한다. 이와 관련하여 팔각등루의 건립 시점이 주목된다. 이것은 효공왕 12년에 건립되었는데, 앞서 살펴본 바와 같이 효공왕 10년부터 12년까지는 재해가 계속해서 발생하였다. 효공왕 10년과 11년에는 연이어 가뭄이 들었으며, 12년에도 서리와 우박이 내린 것이다. 이러한 점에서 이재가 '하늘이 재앙을 내린다'에서 말한 재앙에는 이 시기의 계속적인 재해의 발생도

---

84) 이문기, 2015, 앞의 논문, 160쪽.

포함되었을 가능성이 높다고 할 수 있다. 이러한 점에서 이재가 팔각등루를 건립한 것은 재해에 대한 대응으로도 볼 수 있지 않을까 한다. 이처럼 효공왕대에는 이재의 활동에서 보듯 지방 호족들이 농민반란 이후의 사회적 혼란과 재해에 대한 대응을 하였다.[85]

지금까지 검토한 내용을 토대로 신라 멸망과정에서의 재해의 역할이 어느 정도였는지를 알아보도록 하겠다. 신라 하대에 접어들면서 재해 피해, 특히 기근 상황이 심각해졌지만 이에 대한 국가적 대응은 적극적이지 못하였다. 이에 민들의 경제적 어려움은 이전 시기인 중대보다 나빠졌다고 할 수 있다. 이러한 점은 도적이나 해적등의 활동이 신라 중대보다 두드러지게 나타나고 있다는 사실을 통해서도 짐작할 수 있다. 이러한 상황에서 귀족들이나 사원세력은 매입, 탈점, 고리대 등의 방법으로 민들을 예속시켜 나갔는데, 그 이전부터 지방에서의 통제력을 상실하고 있었던 국가권력은 이를 통제하지 못한 것이다. 민들은 국가권력이 경제적 어려움을 극복하는데 도움이 되지 못하자 자활책으로 귀족이나 사원세력의 경제력에 의존할 수 밖에 없었고, 이것이 결국 지방사회에서의 호족이 대두하게 된 하나의 원인이라고 생각된다.[86]

신라 멸망의 시작점으로 이해되는 진성여왕 3년의 농민반란은 조세수취의 모순뿐만 아니라 재해 발생과 국가의 미온적인 대응과도 관련되어

---

85) 이기봉, 앞의 학위논문, 153~154쪽.
86) 신라 하대의 재해와 멸망과의 연관성에 대해서는 윤순옥과 황상일의 연구도 참조된다. 여기에서는 신라의 멸망은 재해발생과 이에 따른 국가적 대응 양상 뿐만 아니라 통일신라기의 자연환경과 기후환경의 변화와도 관련되었다고 보았다. 자연환경에 대한 파괴와 이에 따른 생활방식의 변화 역시 신라의 멸망에 영향을 끼쳤다는 것이다(2013, 「자연재해와 인위적 환경변화가 통일신라 붕괴에 미친 영향」『한국지리학회지』19(4)).

일어났다.[87] 원신라 지역인 사벌주에서의 농민반란을 국가권력이 막지 못하자, 전국적으로 이의 여파가 미치게 된 것이다. 효공왕 이후에도 재해가 자주 발생하였지만, 국가적 대응은 전혀 이루어지지 않았다. 이러한 까닭에 지방사회에서는 호족들이 독자적으로 이러한 상황을 극복하는 모습도 나타났는데, 이 과정에서 지방사회의 독자성은 강화되어 갔을 것이다. 이러한 지방사회의 독자성 강화와 이후의 이들에 의한 신라 멸망은 재해 발생과 이에 대한 국가적 대응과도 어느 정도 관련 있다고 할 수 있다.

V. 맺음말

지금까지 신라 하대에 재해발생과 국가적 대응양상으로 야기된 민들의 동향과 경제적 양극화 그리고 이 시기의 재해와 신라의 멸망과의 연관성에 대해서 살펴보았다. 여기에서는 본문의 내용을 요약하는 것으로 맺음말에 대신하고자 한다.

신라 하대에는 재해로 인한 기근의 발생 빈도가 중대보다 높았다. 기근이 많이 발생했다는 사실은 그 만큼 민들의 피해가 컸음을 보여준다고 하겠다. 하지만 신라 중대와 달리 이 시기에는 민들이 입은 피해에 대한 국가권력 차원의 적극적인 노력이 강구되지 못하였다. 이에 이 시기에는 민들의 경제적 상황이 더욱더 나빠졌다.

이처럼 신라 하대에 접어들면서 민들은 재해 피해에 국가적 구제를 받

---

87) 이기봉, 2016, 「신라 진성여왕대의 재이와 농민반란」 『역사학연구』 62, 74~82쪽.

지 못하면서 경제적 어려움이 가중되었다. 이에 이들 중에는 경제적 어려움을 극복하기 위해 도적이나 해적으로 변하기도 하였고, 자신의 근거지에서 생활하던 민들은 국가 공권력이 제어하지 못하는 도적이나 해적들의 활동으로 재산을 약탈당하면서 경제적 기반은 더욱더 약화될 수 밖에 없었던 것이다. 또한 귀족들이나 사원세력은 경제적 기반이 약화된 민들의 토지를 매입, 탈점하거나 고리대 등의 방법으로 민들을 예속시키면서 경제적 부를 확대해 나갔던 것이다.

신라 멸망의 주요한 계기로 작용한 진성여왕 3년의 농민반란은 조세 수취의 모순 뿐만 아니라 재해 발생과 국가의 미온적인 대응과도 관련되어 일어났다. 효공왕 이후에도 재해가 자주 발생하였지만, 국가적 대응은 전혀 이루어지지 않았다. 이러한 까닭에 지방사회에서는 호족들이 독자적으로 이러한 상황을 극복하는 모습도 나타났는데, 이 과정에서 지방사회의 독자성은 강화되어 갔다. 이러한 점에서 지방사회의 독자성 강화와 이후의 이들에 의한 신라 멸망은 재해발생과 이에 대한 국가적 대응과도 어느 정도 관련 있다고 할 수 있다.

참고문헌

1. 단행본 및 저서

김철준, 1975,『한국고대사회연구』, 지식산업사.

이기동, 1984,『新羅 骨品制社會와 花郎徒』, 일조각.

김창겸, 2003,『신라 하대 왕위계승 연구』, 경인문화사.

전덕재, 2006,『한국고대사회경제사』, 태학사.

김두진, 2007,『신라하대 선종사상사 연구』, 일조각.

전기웅, 2010,『신라의 멸망과 경문왕가』, 혜안.

권영오, 2011,『신라하대 정치사 연구』, 혜안.

이문기, 2015,『신라 하대 정치와 사회 연구』, 학연문화사.

2. 논문

이기동, 1980,「신라 하대의 왕위계승과 정치과정」『역사학보』80.

김동수, 1982,「신라 헌덕·흥덕왕대의 개혁정치」『한국사연구』39.

김창석, 1991,「통일신라기 전장에 관한 연구」『한국사론』25.

이기동, 1997,「신라 쇠망사관의 개요」『한국사회사연구』, 일조각.

김창겸, 2000,「고려 건국기 유이민의 양상」『이수건교수정년기념한국중세사논
　　　총』, 이수건교수 정년기념 한국중세사논총간행위원회.

이현숙, 2000,「신라 애장왕대 당 의학서『廣利方』의 도입과 그 의의(2)」『동양고
　　　전연구』14.

권덕영, 2002,「신라하대 서남해 해적과 장보고의 해상활동」『대외문물교류연구』1.

박용국, 2005,「신라 헌덕왕대 김헌창의 난과 진주지역」『퇴계학과 한국문화』37.

윤순옥·황상일, 2009,「삼국사기를 통해 본 한국 고대의 자연재해와 가뭄주기」

『대한지리학회지』 44권 4호.

주보돈, 2009, 「신라 하대 김헌창의 난과 그 성격」 『한국고대사연구』 51.

이기봉, 2011, 「신라 성덕왕대의 재이와 유교정치」 『한국사연구』 152.

이기봉, 2012, 「신라 원성왕대의 재이와 정치·사회적 변동」 『신라사학보』 25.

김창겸, 2012, 「9세기 일본 연안에 나타난 신라인들」 『신라사학보』 26.

윤순옥·황상일, 2013, 「자연재해와 인위적 환경변화가 통일신라 붕괴에 미친 영향」
        『한국지리학회지』 19(4).

이문기, 2015, 「「新羅 壽昌郡護國城 八角登樓記」로 본 新羅末 大丘 豪族 再論」
        『東方漢文學』 63.

한준수, 2015, 「신라하대 군진세력의 대두와 율령질서의 이완」 『한국고대사탐구』 25.

이기봉, 2016, 「신라 진성여왕대의 재이와 농민반란」 『역사학연구』 62.

이기봉, 2016, 「新羅 憲德·興德王代의 災異와 정치·사회적 영향」 『역사와 경계』
        100.

손흥호, 2019, 「9세기 전반 신라의 사회변동과 지방사회」 『대구사학』 135.

헌강왕의 유학 진흥책과 사상적 혼돈

배재훈
아시아문화원 연구원

I. 들어가며

농민의 저항이 벌집을 쑤신 듯 신라 전역에서 일어나, 후삼국의 혼란이 본격적으로 시작되는 889년(진성왕 3)은 경문왕계의 세 번째 왕이었던 진성왕의 재위 시점이었다. 그의 아버지인 경문왕은 헌안왕의 사위 자격으로 왕이 된 인물이었다. 헌안왕은 원성왕의 3자인 金禮英의 아들인 金均貞의 후손으로 이루어진 균정계의 인물이었지만, 적자가 없다는 이유로 사위인 金膺廉을 후사로 삼았다. 이로써 흥덕왕 사후 진행된 왕위 계승

전쟁의 승자였던 균정계 국왕은 신무왕, 문성왕, 헌안왕의 3명, 22년의 짧은 기간의 통치를 끝으로 끊기게 된다.

한편, 경문왕으로 즉위하는 김응렴의 선대는 김예영의 아들인 金憲貞으로 이어지는 헌정계였다. 김헌정의 아들로 김균정·金祐徵과 대립했던 金悌隆, 즉 희강왕이 그의 조부이며, 아버지는 金啓明이다. 경문왕의 즉위는 예영계 내의 균정계와 헌정계 사이에서의 왕위 계승이다. 이는 836년(흥덕왕 11) 흥덕왕의 사후에 발생한 정치적 격변에도 불구하고, 두 집단의 갈등이 어느 정도 봉합되었음을 보여준다. 그렇다면 당시 양 세력이 견제하고자 하는 대상은 인겸계였을 가능성이 높다.

원성왕의 즉위 이후 인겸계와 헌정계, 균정계는 신라 중앙의 권력을 나누어 가지면서 폭넓은 왕위 계승 집단을 형성하고 있었다. 하지만, 839년(신무왕 1) 신무왕의 즉위 이후 인겸계가 축출되었고, 경문왕이 즉위한 후로는 경문왕가의 좁은 범위 내로 그 대상은 한정되었다. 아울러 경문왕계 내에서는 '骨法'[1]과 같은 한 가문 내의 신체적 특징이 왕위 계승의 사유가 되기도 하였다. 이는 단일 가계의 왕위 계승이 여러 가지 장치에 의해 합리화되는 과정을 보여주는 것인데, 일종의 명분론이라 할 수 있다.

특정 가계의 중시와 그 가계의 우월적 왕위계승권을 인정하면서 이를 명분론적 논의로까지 승화시킬 수 있었던 것은 경문왕계의 정치 이념이 '유학'[2]적 이념에 크게 기대고 있었음을 의미한다. 그러나 이런 흐름은 후

---

1) 『삼국사기』 권11, 신라본기11, 정강왕 2년 ; 『삼국사기』 권11, 신라본기11, 진성왕 9년. 골법은 그 단어만 보자면, 골품에 따른 신분적 차이로 이해될 수 있는 부분이 있다. 하지만, 실제 기록상의 내용은 철저하게 신체적 '골격'의 특이함 정도로 언급되고 있다. 한편으로는 그 신체적 특수성을 경문왕가의 '신이한' 왕재로서의 자격의 하나로 내세웠을 가능성도 있다. 이 골법은 왕위 계승의 정당성이 매우 의심되는 상황 속에서 동원되고 있기 때문이다.

계가 없는 왕의 등장으로 인하여, '여성 왕'의 재등장이라는 '유학'적 정통론을 부정하는 상황을 불러오기도 했다. 또한, 결과적으로는 '박씨왕가'의 재등장으로 귀착되어, 원성왕계 뿐 아니라 내물왕 이래의 김씨왕계 전체를 정치 일선에서 후퇴시키는 선택이 되었다.

이런 상황 속에 신라 중앙 정부의 지방에 대한 통제도 빠르게 이완된다. 무리하게 진행된 진성왕의 즉위 3년 차인 889년에는 전국적인 농민 반란이 시작되며, 이를 제대로 수습하지 못하는 상황 속에서 견훤과 양길, 궁예와 같은 유력한 인물들이 등장하게 된다. 이후 견훤이 892년(진성왕 6) 무진주를 점령하고 이를 기반으로 하여 독자적인 세력을 표방하는 것으로 후삼국의 분리와 신라의 몰락은 더욱 가속화된다. 그리고 진성왕 즉위 후반인 895년(진성왕 9) 무렵에는 철원을 중심으로 궁예가 독자적인 세력으로 독립하게 되어, 사실상 후삼국의 형세가 만들어지게 된다.

진성왕대 신라의 몰락은 이처럼 너무나 뚜렷한 모습을 보였지만, 적어도 헌강왕에서 정강왕에 이르는 시기의 신라 중앙 정치는 안정된 모습을 보였다. 그리고 헌강왕 즉위 6년차에는 그렇게 안정된 당대의 모습을 "주상께서 즉위한 이래 음양이 조화롭고 비바람이 순조로워 해마다 풍년이 들어 백성들은 먹을 것이 풍족하고, 변방 지역은 잠잠하여 민간에서는 기뻐하고 즐거워하니, 이는 전하의 어진 덕이 불러들인 바이옵니다."[3]라고

---

2) 헌강왕과 동시대에 활동한 최치원은 자신이 기반한 지적 전통을 儒道라 언급한 바 있다(「鳳巖寺智證大師寂照塔碑」). 유학에 대해서는 이외에도 유교라는 표현도 많이 쓰이지만, 종교적 의미를 가진 것으로 오해할만한 부분도 있기 때문에 여기에서는 '유학'으로 표현하고자 한다.

3) 『삼국사기』 권11, 신라본기11, 헌강왕 6년. 하지만, 『삼국유사』 권2, 기이2, 처용랑 망해사조에는 헌강왕대의 몇 가지 이적들에 대해, "나라가 장차 망할 것을 알았으므로 춤을 추어 그것을 경고하였는데, 나라 사람들이 깨닫지 못하고 상서가 나타났다고 여겨 탐락이 더욱 심하였으므로 나라가 마침내 망하였다."라는 해석도 존재한다. 다만, 이는 경문왕가와 신라의 몰락을 본 후대인의 평가라는 점을

표현하기도 했다. 적어도 위의 기록만 보자면, 880년(헌강왕 6)의 상황은 9년 뒤와는 판이한 '안정적'인 모습이었던 것이다.

헌강왕대의 정국 운영에서 주목할 만한 점으로는, 그가 취한 적극적인 漢化 정책과 그에 따른 관료 체제 운영이 지적된 바 있다.[4] 이에 따르면, 당시의 정책은 경문왕대 정치의 연장으로 관료 기구 및 관직의 한화와 能官人 우대 등으로 진행되었다고 한다. 이러한 흐름은 관료 조직의 변화와 정비를 드러내며, 실제 그 흐름은 중대 이후로 지속적으로 진행되고 있던 것이기도 하다. 하지만, 헌강왕대에는 그 외에도 중국식의 예법의 도입과 그에 따른 통치 행위, 그리고 國學에 대한 진흥책 등이 진행되었다. 이는 국왕을 정점으로 하는 유학적 통치 질서와 이상적 사회상을 신라 사회에 적용하려는 노력으로 볼 수 있다.

경문왕의 아들로 재위 중에 태어나 일찍부터 태자로 책봉되어 유학적 기반의 제왕 교육을 받은 헌강왕은 그러한 사회 구조의 도입과 운영에 매우 적합한 인물이기도 했다. 그리고 적어도 그의 즉위 동안 이러한 정책은 신라 사회의 분위기를 크게 바꾼 것처럼 보였다. 하지만 그렇게 만들어진 유학 진흥의 기조 위에 '진성왕'의 즉위와 같은 상황이 벌어졌을 때의 반발은 상당히 거셌을 가능성이 높다. 유학적 정통론 위에서 당시의 정국을

유념할 필요가 있다.

4) 전덕재는 이를 '漢化' 정책으로 파악하고, 경문왕대에 이어 헌강왕대까지 진행된 일련의 정책들을 광범위하게 검토하였다(전덕재, 2011, 「신라 경문왕·헌강왕대 한화정책(漢化政策)의 추진과 그 한계」『東洋學』50). 한편, 田美嬉는 이러한 관료제의 기반이 되는 인물에 주목하여 경문왕과 헌강왕대에 활동한 '能官人' 등용 정책과 國學의 기능을 검토한 바 있다(田美嬉, 1989, 「新羅 景文王·憲康王代의 '能官人' 登用政策과 國學」『東亞研究』17). 이 시기의 한화는 곧 和風에 대한 강조로 드러났는데, 본 논문에서는 이를 추진하는 기반이 된 관료제, 학제, 예법 등의 정비를 유학적 통치 질서 강화로 보고자 한다.

이끌어온 이들에게, 200여 년 전을 끝으로 그간 고려되지 않았던 여성 왕의 즉위는 수용하기 어려운 일이었을 가능성이 높다.

이는 신라적 특수성일 뿐, 유학 이념의 기반 위에서 정통성을 인정받기는 어려운 측면이 있다. 신라의 전통에서 벗어나 유학적 정치·사회 질서를 적극 도입하여 이를 왕권 강화의 수단으로 삼았던 경문왕가였다. 그렇기 때문에 적어도 진성왕 이후 '유학적 원리와 정통성'은 양날의 검으로 작용하기 시작했던 것으로 보인다. 아울러 비교적 짧은 기간이었지만, 유학적 전통의 강조는 일단의 새로운 사회적 분위기도 형성하게 되었을 것이다.

본 논문은 경문왕대에 하나의 정치적 방편으로 선택되고, 헌강왕대에 강화된 '유학적 질서의 도입' 즉 유학 진흥책에 대한 검토를 통해 그것이 당대의 신라와 이후의 역사 전개에 미친 영향들을 검토하고자 한다. 이에 대한 접근은 유학적 기반의 문한 기구의 설치와 관료 양성과 선발, 각종 중국 예제의 도입 등으로 정리할 수 있다. 물론, 이러한 흐름들이 정책적 고려 속에 명확한 '진흥책'으로 체계적으로 진행된 흔적은 발견하기 어렵다. 하지만 일부 기록 등에서 간취되는 당대의 시대적 분위기에서는 그것이 초래한 사회 변화의 일면도 읽을 수 있을 것이다.

경문왕가 왕실의 안정적 통치라는 측면에서 무리하게 선택하게 되는 여성 왕의 등장이나 서자의 왕위 계승과 같은 문제는 그렇게 변화된 사회 분위기 속에서 폭넓은 반발을 불러오게 되었을 가능성이 높다. 유학적 정통론에서 여성 왕은 인정하기 힘든 부분이 있고, 서자의 왕위 계승도 무리한 행위였을 가능성이 높기 때문이다. 따라서 헌강왕대의 유학적 질서 강화, 즉 유학 진흥책과 그로 인해 발생한 '사상적 혼돈'[5]은 이후의 역사 흐름이 '후삼국'으로 흐르게 되는 것과 그렇게 형성된 사회를 이해하는 데에 있어 매우 중요한 핵심 사항들 중의 하나가 될 것이다.

Ⅱ. 경문왕의 즉위와 경문왕가

836년(흥덕왕 11) 흥덕왕의 사후 왕위계승을 두고 발생한 정치적 혼란 가운데, 최종적인 승자가 된 이는 김우징, 즉 신무왕이었다. 그는 당시 가장 유력한 왕위 계승 후보였던 김균정의 아들이었다. 그럼에도 불구하고 836년의 상황은 인겸계와 헌정계의 연합 및 그에 비해 정치·군사적 역량이 떨어지는 균정계의 패배로 정리될 수 있다. 중앙 정계에서 몰락한 김우징은 청해진의 장보고 세력과 결탁하게 되고, 이를 군사적 기반으로 하여 절치부심하며 재기를 노리게 되었다. 그런 가운데 신라 중앙 정계의 흐름이 그에게 유리한 상황으로 흘러가기 시작한다.

헌정계의 김제륭이 희강왕으로 즉위하게 되면서, 적어도 형식적으로 이 정치적 혼란은 수습된 것처럼 보였다. 하지만, 인겸계의 金明(민애왕)이 정치적으로 성장하여 희강왕을 죽이고 왕으로 즉위하게 되면서, 균정계에게 다시 기회가 생기게 된다. 김명은 신하의 지위에 있으면서 국왕인 희강왕을 핍박하여 죽게 만들었다.[6] 이는 왕위 찬탈이며, 그렇게 즉위한 민

---

5) 李基白은 이 시기의 혼란에 대해서 유학적 정치 개혁의 제창과 현실적 제한들의 반발에 의해 발생한 '사상적 혼돈' 혹은 '사상적 혼미'라는 지적을 한 바 있다(李基白, 1986, 『新羅思想史研究』, 一潮閣, 232~236).

6) 『삼국사기』 권10, 신라본기10, 희강왕 3년.

애왕의 즉위에는 심각한 도덕적, 명분론적 결함이 발생하게 되었다. 아울러 이는 균정계를 몰락시키는 데에 함께 힘을 모았던 인겸계와 헌정계의 분열을 드러내는 사건이기도 했다.

　이들의 분열은 헌정계와 균정계라는 예영계의 두 세력이 다시 하나로 결집할 수 있는 기회를 제공했다.[7] 여기에 장보고의 청해진이 가진 군사력이 더해지면서, 839년(신무왕 1) 이들은 민애왕을 죽이고 정권을 탈환하게 된다. 신무왕으로 즉위한 김우징은 범예영계의 결속을 위해 헌정계에 대한 배려를 잊지 않았다. 희강왕의 아들인 김계명은 신무왕의 딸과 혼인하고,[8] 문성왕대에는 侍中에 임명되어[9] 국왕을 근시하는 역할을 맡게 되었다. 그리고 이 가계에서 김응렴(경문왕)이 태어난다. 경문왕은 균정계의 신무왕을 외할아버지로, 헌안왕을 장인으로 둔 인물이 된다.

　짧은 신무왕의 치세가 끝나고 문성왕이 즉위하게 되면서, 균정계의 왕권은 안정화될 수 있었다. 하지만 태자가 사망[10]하게 되면서, 왕위는 당대의 실력자였던 신무왕의 이복동생 金誼靖(헌안왕)에게 가게 된다. 그러나 문성왕의 가계가 金安-金敏恭-金實虹-金孝宗-金傅[11]로 이어지는 것을 고려할 때 당시의 왕위 계승에는 무언가 석연치 않은 측면이 있다. 또한, 신

---

7) 838년 희강왕의 사후, 왕위를 찬탈한 인겸계의 민애왕을 견제하기 위해 양 세력이 결합했다는 견해가 있다(박미선, 2017, 「신라 경문왕계의 佛事 활동과 骨法의 의미」 『신라문화』 50, 159쪽 ; 최의광, 2012, 「新羅 下代 王位繼承 分爭과 國人」 『史叢』 75).

8) 『삼국유사』 권1, 왕력1, 제48 경문왕. 경문왕의 어머니는 광화부인인데, 『삼국유사』의 찬자는 그녀를 신무왕의 딸로 기록하고 있다. 반면, 『삼국사기』 내에는 그에 대한 기록이 없다.

9) 『삼국사기』 권11, 신라본기11, 문성왕 10년.

10) 『삼국사기』 권11, 신라본기11, 문성왕 14년.

11) 「新羅敬順王殿碑」 김실홍을 제외한 세계는 다른 기록에서도 확인할 수 있다. 『삼국유사』에는 경순왕의 조부로 김실홍이 아닌 '김관○'이 언급되고 있어 이론이 있다(『삼국유사』 권1, 왕력).

무왕과 김의정이 이복형제였다는 점을 고려하면, 정치적 문제가 배경에 있었을 가능성이 높다.

더군다나 이렇게 즉위한 헌안왕은 슬하에 아들이 없었다. 문성왕의 후예로 신무왕의 적손이 존재함에도 불구하고, 왕위는 첫째 사위인 김응렴이 잇게 되어, 경문왕가가 성립하게 된다.[12] 여기에는 문성왕대에 시중을 지냈고, 헌안왕대에도 상당한 정치력을 발휘했을 김응렴의 아버지 김계명의 역할이 컸을 것이다.[13] 그는 헌안왕이 즉위 과정에 큰 역할을 수행하였을 것으로 판단된다. 즉위 시점 헌안왕에게는 혼기가 찬 두 딸이 있었다.[14] 그럼에도 불구하고 헌안왕은 즉위하고 4년이 지나 딸들의 나이가 20살, 19살이 된 시점에야 김응렴과의 혼사를 진행하게 된다.

헌안왕이 김응렴과의 혼사를 고려하는 때는 곧 어린 김응렴이 장성하여 혼인할 나이가 된 시점이다. 반면에 그의 딸들은 혼인 시기를 놓쳤다고 해도 좋을 정도의 나이가 되어 있었다. 양자의 혼인은 이미 두 세력이 정치적으로 연합하여 헌안왕의 왕위 계승을 판가름하는 시점에 약속된 것이었을 가능성이 있다. 그리고 아들은 없이 딸만 둘이었던 헌안왕에게 있어서 그것은 자신의 후계를 고려한 것이었을 가능성이 높다. 명분도 부족하고, 정통성도 없었던 헌안왕 즉위의 문제점은 그를 이어 왕위를 계승한 경문왕에게도 하나의 과제였을 가능성이 높다.

---

12) 이에 대해서는, 이재환, 2017, 「新羅 骨品의 '家系 分枝化'에 대한 재검토」 『大丘史學』 127, 16~24쪽 참고.

13) 이 시기 김계명의 활동에 대해서는 김창겸, 2018, 『신라 하대 국왕과 정치사』 도서출판 온샘 146~148쪽을 참고. 김창겸의 연구에 따르면 김계명은 문성왕과 헌안왕, 그리고 경문왕대에 정치적 영향력을 발휘한 인물로, 헌안왕과 아들인 경문왕의 즉위에 큰 영향을 발휘하였다고 한다. 아울러 경문왕 초기 정국의 운영도 그의 주도 아래 진행된 것으로 보았다.

14) 『삼국사기』 권11, 신라본기11, 헌안왕 4년.

즉위 이후 경문왕은 神宮에 직접 제사를 지내고, 당에 사신을 보냈다.[15] 그리고 재위 3년에는 國學에 거둥하여 박사 이하의 敎官으로 하여금 經義를 강론하게 하고 차등을 두어 물품을 주었다.[16] 국왕이 국학을 찾은 것은 혜공왕 이후[17] 신라 하대에 들어서는 최초의 사건이었다. 이는 경문왕이 국학을 중시했음을 드러내는 것이다. 또한, 국학 교관들의 사기를 진작하기 위해 그들의 강론을 직접 듣고 물품을 사여한 일도 국학이 세워진 682년(신문왕 2)[18] 이후로 처음 있었던 일이었다.

경문왕의 국학에 대한 관심은 곧 국학을 중심으로 하여 유학적 질서를 강화하겠다는 뜻을 내보인 것이라 할 수 있다.[19] 그리고 그 모습은 이전까지 신라 하대의 국왕들이 보여온 것과는 대비되는 매우 적극적인 것이기도 했다. 그러나 그는 이외에도 앞서 언급한 신궁의 제사,[20] 감은사에서의 望祭,[21] 황룡사의 연등 행사 등을 직접 주관하는 등 신라 전통의 신앙과 불교에 대한 관심과 지지도 높았다.[22] 따라서 경문왕이 보인 국학에 대한

---

15) 『삼국사기』 권11, 신라본기11, 경문왕 2년.

16) 『삼국사기』 권11, 신라본기11, 경문왕 3년.

17) 『삼국사기』 권9, 신라본기9, 혜공왕 12년.

18) 『삼국사기』 권8, 신라본기8, 신문왕 2년. 국학의 설치 시점에 대한 논의 중에는 이를 651년(진덕왕 5)으로 보는 견해도 있다. 이는 『삼국사기』 권38, 잡지7, 직관 상 국학조의 관련 기술에 등장하는 國學 大舍의 설치 내용에 의한 것이다. 유사한 서술 구조는 다른 직관 기록 내에서도 등장하는데, 이는 이전 단계의 기구에 대한 내용인 것으로 추정하는 것이 바람직할 것이다. 단적으로 직관지 국학조에서 해당 기구의 설치 시점은 신문왕 2년, 즉 682년으로 언급되고 있다.

19) 경문왕대와 헌강왕대의 국학과 근시직의 유학계 관료 등용을 통한 왕권 강화에 대해서는 李基東의 연구가 있다(李基東, 1984, 『新羅骨品制事會와 花郞徒』 一潮閣, 231~208쪽 : 1997, 『新羅社會史研究』 一潮閣, 295~300쪽). 이기동은 경문왕의 자질을 논한 사료의 내용을 분석하여, 그가 즉위 이전 화랑 시절에 이미 국학 교육을 받았을 가능성이 있음을 지적하기도 했다.

20) 경문왕은 이외에도 즉위 12년 차였던 872년에도 신궁에 직접 제사를 지냈다(『삼국사기』 권11, 신라본기11, 경문왕 12년).

21) 『삼국사기』 권11, 신라본기11, 경문왕 4년.

관심이 직접적인 유학 진흥책 등으로 이어지기는 어려웠을 것이다.

반면, 당에 의해 신라왕으로 책봉된 이후[23] 경문왕은 자신의 선대를 추봉하는 일에 적극적으로 나서게 된다.[24] 이 작업은 그와 그 후계들의 정치적 정통성과 관련된 부분이었다. 그로서는 매우 중요한 일이 아닐 수 없었다. 하지만, 당에 의한 책봉이 늦었기 때문에 즉위 이후 바로 진행할 수는 없었던 것으로 보인다. 경문왕은 이때에 자신의 아버지 김계명을 懿恭大王, 어머니 光和夫人을 光懿王太后로 책봉하였으며, 아들 金晸(헌강왕)을 왕태자로 삼았다.

경문왕의 이러한 조치는 왕권을 공고히 하는 것으로서, 자신의 선대에 대한 추봉을 통한 정통성 확보, 그리고 태자 책봉을 통한 후계 구도의 안정화를 의도한 것이라 판단된다. 그러나 이러한 경문왕의 조치, 특히 태자 책봉은 다른 경쟁자들의 저항을 불러왔고, 신라의 중앙 귀족 집단의 일부는 이에 대한 직접적인 저항에 나서기도 했다. 책봉이 진행된 866년(경문왕 6)에는 이찬 金允興이 아우 金叔興, 金季興 등과 더불어 모반하는 일이 발생하였다.[25] 이에 대해서 경문왕은 반란을 일으킨 김윤흥 이하의 목을 베고 그 일족을 멸하는 조치를 취한다.

당시의 반란이 왕위계승상의 정통성을 강화하는 조치에 이어 발발했

---

22) 경문왕은 불교 행사 주관뿐 아니라, 갖가지 조영 활동을 진행하기도 했다. 김창겸은 이 시기에 진행된 불사조영을 '修造役事'과 왕권강화라는 측면에서 검토한 바 있다(김창겸, 2018, 앞의 책, 165~191쪽). 이 시기의 주목할만한 불사로는 崇福寺 중창, 동화사 비로암 삼층석탑(민애대왕원탑) 건립, 황룡사구층탑의 중수 등이 언급될 수 있다. 각각 원성왕의 원찰, 인겸계 국왕에 대한 추복, 신라왕실과 호국의 상징 등으로 불교사적 의미에 덧붙여 정치적 의미를 지니는 활동이라 할 수 있다.

23) 『삼국사기』 권11, 신라본기11, 경문왕 5년.

24) 『삼국사기』 권11, 신라본기11, 경문왕 6년.

25) 『삼국사기』 권11, 신라본기11, 경문왕 6년.

다는 것을 고려할 때, 이들은 그러한 상황에서 피해를 보게 될 경쟁 가문에 속하는 인물들이었을 가능성이 높다.[26] 한편, 그에 대한 경문왕의 대응은 매우 철저하여, 이들 가문 전체를 일소하였다. 하지만 이러한 상황은 2년 뒤인 868년(경문왕 8) 발생한 이찬 金銳, 金鉉의 반란에 대해서는 주모자만 죽이는 것으로 마무리되고,[27] 874년(경문왕 14) 발생한 이찬 金近宗의 난에서도 실패하고 도망한 그를 잡아 혼자만 거열형에 처하는 모습을 보인다.[28]

이는 경문왕이 왕권과 왕위 계승의 안정을 위해 상당한 노력을 기울이고 있음을 보여주는 예이다. 반란자의 가문과 당여를 일소하는 행위는 왕위 계승을 두고 경쟁하는 집단을 없애는 것으로, 전대에는 볼 수 없었던 양상이다. 이는 흥덕왕 사후 대립한 제 세력의 후손이 대부분 살아남아 후대에 활동하고 있는 모습에서도 확인된다. 그러나 이러한 상황은 경문왕대에 들어서게 되면 이처럼 전혀 다른 국면으로 흐르게 된다. 그리고 거기에는 태자인 김정으로의 왕위 계승에 대한 경문왕의 명확한 의지가 관철되었던 것 같다.

경문왕에게는 장성한 동생인 金魏弘이 있었고, 그는 왕의 즉위 과정에도 일정한 역할을 수행했을 것이다. 그러나 경문왕은 그를 견제하여, 왕위를 넘볼 수 없도록 하였다. 김위홍은 왕권의 핵심부에서 이를 강화하는 데에 크게 이바지 하였지만,[29] 경문왕가의 왕위 계승은 경문왕의 후계 내에

---

26) 박미선은 경문왕 6년과 8년의 반란의 주체를 균정계로 보았다(박미선, 2017, 앞의 논문, 164쪽).

27) 『삼국사기』 권11, 신라본기11, 경문왕 8년.

28) 『삼국사기』 권11, 신라본기11, 경문왕 14년.

29) 김위홍과 함께 경문왕의 누이인 端儀長翁主도 智證 道憲이나 秀澈 같은 유력 선승들과 경문왕가 사이를 중재하면서, 조카들의 왕권을 강화하는 데에 큰 노력을 기울였던 것으로 보인다. 그녀의

서만 진행되었다. 그리고 이는 유학적 통치 질서와 정통성을 우선하는 세력의 지지를 받으며, 강하게 유지되었던 것으로 보인다. 그러한 기반 속에서 왕권에 도전한 자에 대한 철저한 응징이 이루어지면서, 타 진골 가문에 대응한 경문왕가의 배타적인 우월성도 확보할 수 있었다.

이러한 경문왕대의 정치는 경문왕가의 후대 왕들에게 매우 안정적인 지지 기반으로 작용할 수 있는 배경이 될 수 있었을 것이다. 특히, 경문왕의 아들인 헌강왕은 아버지가 닦아놓은 이러한 기반 속에서 성장하여, 이전의 국왕들과는 전혀 다른 배경과 성장 과정을 갖는 인물이 된다. 그리고 그의 치세 동안 유학적 질서는 신라 사회 내에 이전과는 다른 수준으로 진전된다. 다음 장에서는 이러한 헌강왕대의 정치 상황 속에서 전개된 유학 진흥책의 모습을 살펴보도록 하겠다.

Ⅲ. 헌강왕의 유학 진흥책

경문왕은 통치 행위의 근거를 유학적 질서에서 찾았던 것으로 보이지만, 그 자신은 그런 시스템 속에서 성장한 인물이 아니었다. 동아시아 사회의 국왕은 전대 국왕의 원자이자 태자로서 기나긴 준비 기간을 잘 이겨낸 인물이어야 했다. 이는 비슷한 제도를 도입한 대부분의 국가에서도 공유되는 가치였지만, 신라 하대의 혼란 속에서 이는 지켜지기 힘든 것이었다. 특히, 왕위 계승이 '문란'해지면서, 어린 시절부터 태자로 책봉되어 교

행적은 「實相寺秀澈和尙楞伽寶月塔碑」와 「鳳巖寺智證大師寂照塔碑」 등에서 확인된다.

육받고 준비된 국왕은 좀처럼 만나기 힘든 상황이 되었다.

하지만, 헌강왕은 아버지가 즉위한 뒤 그 아들로 태어나, 태자 책봉 이후 그에 걸맞는 교육받았다. 왕위 계승 역시 비교적 이른 감은 있지만, 아버지의 사후 별다른 경쟁이나 다툼 없이 순조롭게 이루어졌다. 아직 성인이 되기 전에 즉위해야 했음에도 그는 즉위 초반 친정을 했던 것으로 보인다. 그리고 그 첫 조치가 이찬 김위홍을 상대등으로, 대아찬 金乂謙[30]을 시중으로 삼는 것이었다.[31] 김위홍의 경우는 전대라면 왕위를 두고 그와 경쟁할 수도 있는 인물이었다. 하지만, 그런 일은 발생하지 않았으며, 오히려 상대등으로 그의 통치를 지원하는 역할을 수행했다. 이러한 정치적 안정성 위에 헌강왕은 신라 하대의 국왕으로서는 이례적인 유학적 질서의 폭넓은 도입을 시도한다.[32]

헌강왕은 아버지 경문왕이 즉위한 이후 태어났다. 경문왕과 헌안왕 맏공주의 혼사는 860년(헌안왕 4) 9월에 결정되었고, 헌안왕은 이듬해인 861년(헌안왕 5) 정월에 사망하였다. 이 3개월 동안은 사실상 혼인 절차가 진행되었을 것이며, 헌안왕은 그것이 완료되자 사망한 것이나 마찬가지이다. 따라서 헌강왕은 경문왕 재위 중에 태어났을 것이며, 왕의 원자와 태자로서 그에 적합한 교육을 십여 년 이상 받아온 가운데 즉위할 수 있었다. 이러한 경우는 신라 중대의 일부 상황을 제외하고는 거의 발생하지

---

30) 乂謙(銳謙)은 박씨 왕으로 즉위한 신덕왕의 의부이기도 하여, 朴씨가의 인물이라는 주장도 있다. 그러나 이 시기의 시중은 왕실의 친인척으로 유력한 인물이 맡는 경우가 많았기 때문에 범예영계 내의 인물일 가능성이 높다. 이와 관련한 논의는 金昌謙, 2003, 『新羅 下代 王位繼承 硏究』, 景仁文化社, 75~79쪽을 참고.

31) 『삼국사기』 권11, 신라본기11, 헌강왕 즉위조.

32) 김창겸, 2018, 앞의 책, 194~196쪽.

않았던 일이다. 더욱이 그는 "총민하고 독서를 좋아하여 눈으로 한 번 본 것은 다 입으로 외웠다."[33]고 할 정도로 자질이 뛰어났다.

헌강왕의 즉위 이후 신라 왕실은 중요한 변화를 맞이하게 되는 데, 그것은 엄밀한 유학적 질서에 따른 정치 운영이었다. 이 시기에 가장 뚜렷한 변화는 신궁에 대한 제의가 사라졌다는 점이다. 아버지인 경문왕대에는 모두 2차례의 신궁에 대한 親祭가 거행된 바 있다. 그러나 헌강왕이 즉위한 이후 신궁에 대한 친제는 언급되지 않고 있다. 이러한 상황은 국왕의 사찰 거둥에서도 확인된다. 즉위 2년째인 876년(헌강왕 2) 황룡사에서 진행된 百高座와 강경 행사[34]에 참여한 이후, 더 이상 불교 의례의 중심에서 헌강왕은 언급되지 않는다.

즉위 후 2년인 시점이라고는 하지만 당시는 경문왕이 사망한 후 불과 7개월 정도가 지난 시점이었다. 아직은 헌강왕 본인의 뜻에 의한 통치가 진행 중이라고 보기 힘든 때였으므로, 이는 어느 정도 경문왕의 불교 정책이 유지되는 가운데 있었던 일이라 할 수 있다. 경문왕은 즉위 이전부터 興輪寺의 승려와 긴밀하게 교유하는 등[35] 불교에 대해 심취했던 인물이었고, 헌강왕 즉위 초반의 황룡사 백고좌와 강경 행사는 그러한 시대적 분위기가 얼마간 유지되는 가운데 나타난 일이라 할 수 있다.

상황의 변화는 당이 그를 신라왕으로 책봉하는[36] 878년(헌강왕 4) 이

---

33) 『삼국사기』 권11, 신라본기11, 헌강왕 즉위조.
34) 『삼국사기』 권11, 신라본기11, 헌강왕 2년.
35) 『삼국사기』 권11, 신라본기11, 헌안왕 4년 ; 『삼국사기』 권11, 신라본기11, 경문왕 3년.
36) 『삼국사기』 권11, 신라본기11, 헌강왕 4년. 당의 僖宗은 헌강왕을 使持節 開府儀同三司 檢校太尉 大都督 雞林州諸軍事 新羅王에 봉하였다. 반면, 부왕인 경문왕은 開府儀同三司 檢校太尉 侍節大都督 雞林州諸軍事 上柱國 新羅王에 봉해진 바 있다(『삼국사기』 권11, 신라본기11, 경문왕 5년).

후에 감지된다. 그는 당에 사신을 보내는 계획을 결정하고, 일본 사신을 직접 접견하며, 본격적인 정치 활동을 시작했다.[37] 이어 즉위 5년 차인 879년(헌강왕 5)에는 국학 거둥을 시작으로 하여 활발한 정치 활동을 보이기 시작했다. 다음 사료는 그 시기에 진행된 헌강왕의 활동을 보여주는 것이다.

> A. 5년 2월에 왕이 국학에 거둥하여 박사 이하 교관을 명하여 경의를 강론하게 하였다. 3월에 왕이 나라 동쪽의 주군을 순행할 때, 어디서 왔는지 알 수 없는 네 사람이 어가 앞에 나타나 가무를 하였는데 … 10월에 왕이 遵禮門에 임어하여 활쏘기를 관람하고, 11월에는 혈성원에서 전렵을 행하였다.[38]

위의 헌강왕 5년 기사는 중국의 예법에 의해 국왕의 통치의례로 규정된 다양한 행위들이 한꺼번에 등장하고 있어서 매우 흥미롭다. 한편으로 이는 중국 『大唐開元禮』의 각 조목과 상당 부분 일치하는 국왕의 정치 행위들로 채워져 있다. 2월 국학에 거둥하여 강론을 들은 것은 개원례 길례의 '國子釋尊于公宣父'에 해당하는 것이며, 3월의 순행은 개원례 군례의 '征巡', 준례문에서의 활쏘기 관람은 '皇帝觀射于射宮', 11월 혈성원에서의 전렵은 '皇帝田狩'와 비교되는 행위이다.[39]

---

37) 『삼국사기』 권11, 신라본기11, 헌강왕 4년.

38) 『삼국사기』 권11, 신라본기11, 헌강왕 5년.

39) 이상의 서술은 채미하, 2018, 「애장왕·헌강왕대의 대일외교와 그 활용」 『신라사학보』 44, 171~172쪽을 참고한 것이다. 이외에도 헌강왕과 효공왕의 어머니로 추정되는 義明王太后와의 혼인을 중국 황제의 親迎禮를 염두에 둔, '帷宮親迎禮'라고 보는 견해가 있다(김수태, 2015, 「신라 헌강왕

헌강왕의 유학 진흥책과 사상적 혼돈　　**223**

신라의 국왕이 자신의 통치 행위를 중국의 예서를 참고한 거둥을 중심으로 펼치기 시작했다는 점은 이전 국왕들의 모습과 비교되는 점이다. 그래서 이를 헌강왕의 친정 의지 표명으로 보기도 한다.[40] 한편으로 순행 중의 기이한 일의 발생 등은 일련의 '기획'에 의한 행위였을 가능성도 있다. 그리고 당시의 행렬은 처용이나 정령신에 대한 설화를 민간에서 양산하게 될 정도로 이색적이고, 과거에는 보지 못했던 화려한 것으로 추정된다. 이는 화려하게 치장한 호종 행렬의 모습이 기존의 제도에 익숙하지 않은 신라인들에게 특이한 현상으로 읽혀졌음을 의미하는 것일 수 있다.

헌강왕 5년 이후, 전대에는 당연하였던 일이 더 이상 기록 속에 등장하지 않는 예가 있는데, 그것은 국왕의 신궁 거둥과 친제 시행이다. 이후의 경문왕가 관련 기록에서 토속 신앙적 요소인 신궁[41]에 대한 제의 등은 더 이상 나타나지 않게 된다.[42] 신라의 신궁은 고대국가로 성장하는 가운데 매우 중시되었으며, 그 의례는 선대인 경문왕대에도 親祭 형식으로 두

대 국왕 친영례의 변화」『신라문화』45).

40) 신선혜, 2017, 『『삼국유사』 기이편 「處容郞 望海寺」조의 이해』『신라문화제학술발표논문집』 38, 161쪽.

41) 신라의 신궁과 그에 대한 제의에 대해서는 崔光植, 1983, 「新羅의 神宮 設置에 대한 新考察」『韓國史研究』 43 ; 鄭再敎, 1987, 「新羅의 國家的 成長과 神宮」『釜山史學』 11 ; 金台植, 2010, 「新羅國母廟로서의 神宮」『한국고대사탐구』 4 ; 채미하, 2014, 「신라의 건국신화와 국가제의」『韓國史學報』 55 등을 참고할 수 있다. 신라 신궁의 제의 대상에 대해서는 점차 국조로서의 박혁거세라는 주장이 설득력을 점차 얻어가는 중이지만, 아직 다양한 이론이 있는 편이다. 한편으로 수백 년 간 지속된 제의 대상이라는 점에서 신궁의 시대에 따른 성격 변화가 있을 수도 있을 것 같다. 그리고 이는 종묘라는 개념이 확정되어 제도로 시행되기 이전의 모습에 가까운 것으로, 그 안에는 어느 하나의 주신이 존재하기는 어려울 수도 있을 것 같다. 다만, 적어도 인격신에 가까운 모습이라는 점은 긍정할 수 있을 것 같다.

42) 신궁이 다시 『삼국사기』 내에서 언급되는 것은 경애왕 때인 924년의 일이다(『삼국사기』 권12, 신라본기12, 경애왕 1년). 당시 경애왕은 친히 신궁에 제사를 지내고, 대사면을 실시하였다. 그리고 이 시점은 景明王이 사망한지 3개월째에 해당한다. 국왕이 즉위 초반 신궁에 대한 친제에 나선 것은 헌강왕 이전에 흔히 볼 수 있었던 관습 중의 하나였다.

차례 진행되었던 것이 확인된다. 그러나 이는 신라 고유의 것으로, 당시 새롭게 받아들여 적용하고자 했던 당의 예제에 적용하기에는 부적합했던 것으로 보인다.[43]

불교 행사도 헌강왕대에는 매우 절제된다.[44] 그가 깊은 병에 걸려 사경을 헤매던 시점으로 보이는 즉위 12년, 병환의 회복을 위해 황룡사에서 백고좌가 다시 개최된다.[45] 하지만 이 경우도 즉위 2년 때의 경우와 유사하게, 그 자신의 의지는 아니었을 가능성이 있다. 886년(헌강왕 12)의 황룡사 백고좌는 병상에 누운 국왕의 의지보다는 왕후나 왕실 가족의 의지가 반영된 행사였을 가능성이 높아, 국왕이 친히 거둥하여 참여한 과거의 것과는 차이가 크다. 이러한 변화는 경문왕이 이 세 가지 모두에 큰 관심을 보였던 것과는 상이한 태도라 할 수 있다.

헌강왕 5년 기사의 초반을 장식하는 국왕의 국학 거둥은 선왕인 경문왕대에도 진행된 바 있다. 오히려 그 당시에는 박사 이하의 교관에 대한 물품 사여가 이루어지는 등 기록도 더 풍부한 편이었다. 하지만, 헌강왕대에는 일련의 명백한 중국 예제에 따른 행위들의 나열 속에 국학에 대한 거둥이 위치하게 되면서, 그 의미나 비중이 더 크게 느껴지는 측면이 있다. 또한, 헌강왕 5년의 기사 속에서 이 사건은 첫 번째에 시행된 일로 차

---

43) 이는 '신궁'의 존재 자체에 대한 문제점, 혹은 그 제의 대상과 결부된 문제로 볼 수 있다. 아마도 후자일 가능성이 높을 것을 보이는데, 이성의 국조에 대한 제의였다면 유학적 정통론 문제를 피해갈 수 없었을 것이다. 아울러 이의 복구가 박씨 왕인 경애왕 때에 이루어진다는 점도 고려할 필요가 있다.

44) 이 시기의 동북아시아의 정치체들은 불교를 사실상 국교화하고 있었기 때문에, 통치 기반으로서의 유학과 종교로서의 불교는 병립하는 존재일 수밖에 없었다. 따라서 매년 주기적으로 진행되는 연등회를 비롯한 다양한 불교 행사와 불사들이 헌강왕대에도 진행되었을 것이다. 그러나 『삼국사기』를 비롯한 사서 편찬 시에는 이것이 통치 행위의 중요한 요소로 판단될 경우에만 선별적으로 기록했을 것이다. 그에 반하여 국학 행향과 같은 내용은 특수한 경우에 해당한다고 볼 수 있다.

45) 『삼국사기』 권11, 신라본기11, 헌강왕 12년.

후 이어지는 각 행위들을 하나의 맥락에서 이해할 수 있게 하는 요소로 작용하기도 한다.

국학은 신문왕대인 682년(신문왕 2) 유교적 정치 이념 수립의 바탕이 되는 유학 교육과 진흥을 전담하는 교육 기관으로 설치된 것이다.[46] 그러나 진골 귀족의 족적 전통이 강화된 신라 하대 이후로는 점차 유명무실해졌다. 하지만, 경문왕이 이를 방문하고, 그 소속 교관에 대한 우대를 표명하게 되면서 그 위상의 변화가 있었던 것으로 보인다. 경문왕을 이은 헌강왕이 국학에 거둥하고, 강경을 들었던 일은 그에 대한 지지나 기능 강화를 약속한 것이나 마찬가지로 이는 유학 진흥에 대한 의지 표명과 같은 일이었다.

아울러 국학은 禮部 소속으로 그에 속한 박사와 조교 등은 국가 의례의 진행에 대한 조언을 하는 역할도 수행했던 것으로 보인다. 이들은 중국의 의례서나 경전에 대한 지식을 통해 바람직한 의례의 절차 등을 확인하는 작업을 했을 것으로 추정되는데, 이점에서 879년(헌강왕 5) 진행된 순행이나 궁사 관람, 전렵 수행 등의 절차도 그 대상이 되었을 가능성이 있다. 이로 보아 경문왕대를 이어 안정된 통치 기반 속에, 적어도 신라 사회의 중심부는 안정을 찾아가고 있었던 것으로 보인다.[47] 그리고 그 기반은 유

---

46) 국학의 교육 내용과 운영 내용, 신라 하대의 관료 선발로서의 讀書三品科 등에 대한 본격적인 검토는 한영화, 2019, 「신라의 國學 교육과 관인 선발」『新羅史學報』45의 연구를 참고. 이에 따르면 국학은 당의 제도를 신라화하여 수용한 것으로 신분상의 제한이 없었던 제도 취지와는 달리 주로 6두품 이하가 선호하였으며, 관료 선발제도인 독서삼품과와 결부되어 운영된 것이라고 한다. 하지만, 독서삼품과는 國學生 이외의 응시도 가능하였으며, 양 자격 모두가 文籍으로 인정받았다고 한다. 또한, 도당 유학생에 대해서는 문적의 자격을 갖추지 못한 경우도 임용하는 超擢 제도도 운영되었다고 한다.

47) 비록 같은 해 6월 일길찬 信弘의 반란이 있었던 것이 확인되지만, 그 여파는 크지 않았던 것으로 보인다(『삼국사기』 권11, 신라본기11, 헌강왕 5년).

학적 기반의 관료 사회 유지였던 것으로 보인다.

이러한 가운데 헌강왕대에는 문한적 능력이 강조되는 관료 사회의 모습이 일부 드러나는 기사들이 확인된다. 이는 진골 귀족 중심의 족적 기반을 통해 영달하고, 태학과 같은 국가의 정규 교육 체계보다는 화랑제도로 대표되는 구래 전통을 중시하던 기존 중앙 정계의 모습과는 분명 다른 모습이었을 것이다.

> B-1. 7년 3월에 臨海殿에서 여러 신하와 잔치를 벌일 때 주연이 무르익자 왕은 琴을 타고 좌우의 여러 신하들은 각각 歌詞를 지어 바치며 한껏 즐겁게 놀다가 파하였다.[48]
>
> B-2. 9년 2월에 왕이 三郞寺에 거둥하여, 文臣으로 하여금 각각 시 한 수씩을 짓게 하였다.[49]
>
> B-3. 부처의 제자로서 불법을 널리 전한 행적과 임금의 스승으로서 행한 업적, 세속을 진정시키고, 악마들을 항복시킨 위력, 세상에서 활동할 때는 鵬처럼 지내고, 은거하여서는 鶴처럼 지낸 일 등은 太傅에 추증되신 헌강왕께서 직접 지으신 深妙寺碑에 갖추어 기록되어 있음을 알게 되었다.[50]

상기의 사료들은 당시 관료 사회의 분위기를 알 수 있는 기록들이다. 국왕과 신하의 주연에서 왕이 악기를 연주하고, 주변의 신하들은 그에 맞

---

48) 『삼국사기』 권11, 신라본기11, 헌강왕 7년.
49) 『삼국사기』 권11, 신라본기11, 헌강왕 9년.
50) 「聖住寺郞慧和尙白月葆光塔碑」.

추어 즉흥적으로 가사를 지어 바치는 사료 B-1의 모습은 상당한 문한적 능력을 갖춘 이들만이 그 주연에 참여할 수 있었음을 보여주는 것이다. 그에 이어지는 헌강왕 9년의 사료 B-2는 왕이 관료들과 함께 삼랑사를 방문하고, 수종한 문신들에게 시 한 수씩을 짓게 했다는 것이다. 두 기사에는 언급되지 않았지만, 후대의 예에 비추어 당시의 행사에는 가사와 시에 대한 평가가 이어졌을 가능성이 높고, 그 결과에 따라 국왕은 반대급부를 제공했을 것이다.[51] 사료 B-3은 헌강왕이 친제한 심묘사비에 대한 것으로 낭혜화상의 활동에 대한 글을 그가 직접 짓고 공표한 바 있음을 보여준다.

가사나 시, 비문 등을 짓는 데에는 무엇보다 문한적 능력이 중요하지만, 동아시아의 역사 속에서 그것은 곧 유학적 지식의 점검하는 척도로 작용하기도 하였다. 형태를 달리하는 다양한 서사와 운문 속에 깃들인 정서는 유학적 지식을 충분히 함양한 것이었으며, 다양한 유학적 전통을 배경으로 하여 형성된 것이기도 했다. 또한, 사료 B-3은 헌강왕도 친제한 비명을 남길 정도로 문한적 능력을 갖춘 인물이었음을 드러내고 있다. 이러한 소양으로 그는 좌우 근시들의 가사와 시에 대해 적극적인 평가를 내리기도 했을 것이다. 이러한 상황은 당시의 정계에서 관료로 성장하는 데에 유학적 소양과 지식이 매우 중시되었음을 드러내는 것이라 할 수 있다. 이러한 중앙 정계의 분위기는 곧 국가의 의도적인 유학 진흥책 이상의 효과를 불러왔을 것으로 추정할 수 있다.

---

51) 후대의 일이지만, 이러한 제도는 조선시대에는 일종의 '宴會政治'로 詩學의 수준을 평가하고, 그에 따른 보상을 통해 관료층의 유학에 대한 관심을 환기시키는 데에 활용되기도 하였다. 한편으로 임금과 신하가 시를 주고받는 君臣唱和는 유학적 질서에 따른 이상적 국가상, 중앙정치의 상으로 인식될 수도 있는 것이었다. 이에 대해서는 송혜진, 2008, 「세종의 문예감성과 연회의 정치」『오늘의 동양사상』19 ; 金南基, 2006, 「조선시대 君臣의 唱和와 그 의미」『韓國漢文學研究』38을 참고.

다른 한편으로 사료 B-3은 헌강왕이 신라 하대 흥덕왕 이래 전통적으로 지속된 선종 선사 및 사원에 대한 포섭에도 적극적이었음을 드러낸다. 그는 성주산문의 낭혜와 교유하고, 그와 연관된 심묘사비의 비문을 직접 짓는 등 매우 적극적인 모습을 보인다. 헌강왕은 이외에도 희양산문의 지증대사를 월지궁에 불러 '心'에 대하여 묻는 등 매우 적극적인 모습을 보였다.[52] 그런데 이 시기의 선종은 교종 교단 중심의 기성 귀족 불교를 견제하는 데에 효과적인 대응책이 될 수 있었다. 그러나 한편으로 이런 모습은 적어도 흥덕왕 이래로 수십 년 간 지속된 모습이기도 하여서 헌강왕대 새롭게 대두된 정치적 흐름으로 언급하기는 어렵다.

이 시기에는 본격적인 문한 기구의 정비도 함께 진행되었다.[53] 헌강왕은 翰林臺[54]의 직제 개편을 통해 翰林郎을 翰林學士로 변경하였다.[55] 그런데 당의 빈공과에 합격한 최치원이 귀국하여 맡은 직책 중에는 한림학사와 瑞書院監事가 포함되어 있었다.[56] 그리고 893년(진성왕 7) 그가 지은 「鳳巖寺智證大師寂照塔碑銘」에서 최치원은 瑞書院學士로도 등장한다.[57] 한림대와 서서원은 모두 국왕을 근시하는 문한 기구로 판단되며, '監事'와

---

52) 「鳳巖寺智證大師寂照塔碑」.

53) 전덕재, 2011, 앞의 논문. 이 글에서 전덕재는 경문왕과 헌강왕대의 정책을 漢化의 측면에서 다루면서 당시에 진행된 관료제 정비, 즉 학사제나 서서원 등의 기능 정비 등을 검토한 바 있다. 그 밖에 중대 이후 설치된 신라의 문한직에 대해서는 장일규, 2009, 「신라 문한직의 설치와 그 변화」, 『한국학논총』 31 : 2019, 「신라 문한직과 당 문한직의 관계」, 『신라사학보』 45 등을 참고할 수 있다.

54) 『삼국사기』 권39, 잡지8, 직관 중 詳文師. 이에 따르면 한림대는 본래 상문사로 시작한 것이며, 성덕왕대에 통문박사로 고쳤고, 경덕왕대에 한림으로 변경된 것이라고 한다.

55) 고미야 히데타카, 2015, 「9世紀末 新羅의 對唐藩鎭交涉과 그 性格」, 『역사학보』 266, 233쪽.

56) 『삼국사기』 권46, 열전6, 최치원.

57) 「鳳巖寺智證大師寂照塔碑」.

'學士' 등의 분화된 관직명도 확인된다.[58]

　이들 문한 기구의 담당 업무는 주요 서적이나 왕실 관계 문적의 보관, 왕명에 의한 비명이나 외교문서의 찬술이었을 것이다. 이에 속한 관료들은 국학의 박사직이나 외교 업무를 겸직하거나 역임한 인물일 가능성이 높다.[59] 아울러 이들은 병부나 예부 같은 주요 중앙 관직의 차관직인 '시랑'직을 겸임하기도 했다. 이는 동일한 직책을 거친 최치원과 박인범의 활동으로 확인된다. 병부와 같은 핵심적인 중앙 정치 기구 내에 차관직을 왕의 근시직에 해당하는 인물이 맡았다는 것은 이들을 통한 중앙집권적 권력 기구의 장악이라는 왕권 강화의 의도를 보여준다.

　동궁의 부속 관아로 판단되는 숭문대도 당시의 중요 문한 기구였던 것으로 보인다. 정강왕 원년인 886년(정강왕 1) 10월 건립된 「沙林寺弘覺禪師碑」의 비명 찬술은 金薳이 담당하였는데, 그가 밝힌 관직명 중에는 崇文館直學士와 兵部郞中이 있다.[60] 이를 통해 숭문관(숭문대)에 '直學士'가 설치된 것을 알 수 있으며, 한림대나 서서원과 마찬가지로 '학사'직도 설치되었음을 추정할 수 있다. 다만, 김원은 최치원의 학사보다는 낮은 직위인 직학사이며, 그에 따라 겸직한 직위도 병부낭중에 불과하다.

　한편으로 이는 최치원이나 김원 같은 문한관이 병부의 시랑과 낭중을 겸직하여 군권을 장악하고 있는 당시의 정치 상황을 보여준다. 이를 일종

---

58) 연구자에 따라 한림원이 서서원으로 변경된 것으로 보는 경우가 있으나, 양 기관의 관직명이 최치원의 예에서처럼 병기되는 예가 있는 것으로 보아, 별도의 기관으로 보는 것이 옳을 것 같다. 한림대와 서서원에 대해서는 서로 기능상 유사하였으나, 후자의 경우 당의 홍문관이나 집현전과 같이 국왕의 측근으로 활동하는 관서로 자리했다는 견해가 있다(張日圭, 2019, 앞의 논문, 434~437쪽).

59) 신라 하대 설치된 문한직 일반에 대해서는 장일규, 2009, 앞의 논문을 참고.

60) 그가 밝힌 전체 관직명은 '儒林郞守兵部郞中兼崇文館直學士賜緋魚袋'이다(「沙林寺弘覺禪師碑」).

의 문관 통치가 실현된 것으로 볼 수도 있을 것이다. 이들은 국왕과 태자의 근시 기구 소속의 문한관이면서, 동시에 중앙 통치 기구의 요직을 차지하고 있는 것이다. 또한, 신라 하대에는 시중직에 있으면서 병부령을 겸직하는 金陽의 사례가 확인된다.[61] 이는 문성왕대의 사례로 보이는데, 이후에는 병부령이 언급되는 예가 거의 보이지 않는 것으로 보아 겸직이 일상화된 것일 가능성이 있을 것 같다. 이 경우 시중 김민공과 이들 문한관들이 병부의 령과 시랑, 낭중 등을 겸직하여 군권을 장악하였을 가능성이 있다. 그리고 이는 문한관에 대한 우대 정책의 일환으로 읽혀지는 측면이 있다.

헌강왕대에는 최치원과 같은 빈공과나 도당 유학생 출신[62]에 대한 우대가 두드러진다. 그러나 빈공과나 도당유학의 경력이 언급되지 않는 인물들도 있기 때문에 당시에 활동하던 문한관들이 모두 그와 유사한 경우라 보기는 어려울 수 있다. 신라 하대 유학생들에 대한 우대는 超擢으로, 신라 내적 관료 충원 방식인 국학생이나 독서삼품과 출신 등 文籍者에 대한 것과는 다른 방식으로 진행되었다.[63] 이는 기존 문적자들에게 있어서는 불합리한 일일 수 있었으나[64] 양자는 진골의 출신 배경과는 거리가 있었기 때문에 헌강왕의 정국 운영에 대해서 같은 입장이었을 가능성이 있다.

한편으로 경문왕가는 자체의 교육 기구였던 국학의 활성화에 대한 고

---

61) 『삼국사기』 권44, 열전4, 金陽.

62) 신라 하대의 도당 유학생에 대해서는 조범환, 2018, 『중세로 가는 길목 신라 하대사』 새문사, 97~136쪽의 정리를 참고.

63) 이에 대해서는 한영화, 2019, 앞의 논문, 362~367쪽 참고.

64) 이러한 갈등은 독서삼품과의 설치 초반부터 나타났다. 789년(원성왕 5) 원성왕이 子玉을 楊根縣 少守로 삼자, 집사부의 史였던 毛肖가 문적 출신이 아님을 들어 논박을 행한 바 있기 때문이다 (『삼국사기』 권10, 신라본기10, 원성왕 5년).

민도 컸다. 따라서 국학을 통한 문한적 성취와 독서삼품과 등의 취재를 통한 관료 진출도 강화되었을 가능성이 높다. 여기에는 도당유학생들의 學官이나 시험관으로서의 참여도 있었을 것이며, 이는 국학의 질적 수준을 높이는 데에 기여했을 것이다. 아울러 국왕이 주관하는 연회에서 가사와 시문으로 두각을 나타낸 실력자에 대한 우대는 유학적 통치 질서의 기반으로 관료들의 문한적 기풍과 실력을 강화하는 효과를 불러왔을 것이다.

헌강왕대의 신라 중앙 정계는 유학적 통치 질서, 중국의 예제 도입, 문한직의 강화 등으로 인하여 전대와는 다른 모습으로 변모하고 있었다. 그렇다면 이러한 당시의 상황을 신라인들은 어떻게 인식하였을까? 일단은 『삼국사기』 등의 기록 자체가 당시에 대한 후대인들의 인식을 어느 정도는 담고 있었을 것이지만, 최치원이 지은 「大崇福寺碑」에는 당대에 그와 더불어 활동하고, 후대의 역사 과정을 지켜본 지식인 계층의 그에 대한 인식이 일부 담겨 있다.

> C. 헌강대왕은 젊은 나이에 덕이 높았고, 건강한 몸에 정신이 맑았다. … 성품이 華風을 이어받고, 몸소 지혜의 이슬에 젖었으며, 조상을 높이는 뜻을 들어 올리고 ….[65)]

최치원에 의하면, 헌강왕은 "젊은 나이임에도 불구하고 그 덕이 높았고", "건강한 몸에 정신이 맑은" 인물이었다. 이에 더불어 그 성품은 '화풍'을 이어 받았으며, "지혜의 이슬에 젖"고, "조상을 높이는 뜻"이 높은

---

65)「大崇福寺碑」.

국왕이었다. 이는 '성군'이라는 표현에 부합하는 인물평이라 할 수 있다. 물론, 이는 헌강왕의 요구로 저술이 시작되어 진성왕대에 마무리된 왕실 요구에 의한 찬술 활동의 결과물이다. 따라서 이를 문자 그대로 받아들이는 것은 무리한 일일 수 있다. 하지만, 다른 국왕들에게는 나타나지 않았던 '화풍의 계승'을 헌강왕의 개성을 드러내는 데에 사용했다는 점은 의미심장하다.

여기에서의 화풍은 앞서 검토한 중국식 의례의 수용, 신궁 제의와 같은 土俗에 대한 거리두기, 국학의 기능 강화, 관료들의 문한 능력 강화 등으로 언급할 수 있는 것들이다. 그리고 이들은 모두 적어도 오늘날의 관점에서는 유학 진흥이라는 단어로 수렴될 수 있는 것이기도 하다. 그러나 한편으로 최치원에게 있어서 이는 개인적 경험과 직접 연결되는 일이기도 했다. 이 맥락의 화풍 강조는 중국에서 같은 시기에 진행되고 있는 문화 현상 자체를 의미하는 것으로 읽혀질 수도 있기 때문이다. 그리고 그는 대당유학생으로 그 문화를 직접 배워서 신라에 이식한 주역이기도 했다.

하지만, 헌강왕대의 유학 진흥 정책과 이를 통한 왕권의 강화는 곧 그 기조를 계속하여 유지할 수 없는 상황에 처하게 된다. 그러한 측면에서 보자면, 이들의 전성 시기는 오직 헌강왕대에 한정된 것이라 할 수 있을 정도이다.[66] 한편으로 새로운 도전이나 치명적인 위기는 이러한 정책에 대

---

66) 이에 대해 신선혜는 경문왕가 국왕의 재위 기간 대부분이 '정치적 불안정과 잦은 천재지변으로 몰락의 길에 들어섰던 것으로 파악'하고 그 이유를 고려대에 찬술된 『삼국사기』의 편찬자들이 헌강왕 3년 왕건의 출생을 고려, 헌강왕대의 사건들에 대해 유독 분식을 심하게 한 것 같다는 의견을 피력한 바 있다(신선혜, 2017, 앞의 논문). 하지만, 이와 같은 의도에서의 분식이라면, 오히려 왕건의 탄생 앞뒤로 상서로운 일들을 배치하는 것이 더 나았을 것으로 보인다. 『삼국사기』 내에서 관련 기사는 간단하게 출생 사실만을 알리는 정도에 불과하기 때문에, 그와 같은 의도적 분식이 있었다는 견해를 그대로 수용하기는 어렵다.

한 저항이나 반감, 혹은 외부에서 온 것이 아니었다. 그것은 오히려 유학이 강조했던 정통론과 명분론, 그리고 중국적 예제의 수용 그 자체에서 온 것이라 할 수 있었다. 경문왕에서 헌강왕으로 이어지는 짧은 전성이 가고, 곧 경문왕가가 내세운 유학적 가치를 그들 스스로 부정할 수밖에 없는 그런 상황이 도래했기 때문이다.

유력한 진골 귀족 가문을 중심으로 하여, 정치적 합의를 통해 유지되던 신라 하대의 왕위 계승 관습을 경문왕가는 자기 가문 내의 한정된 혈족 집단의 것으로 독점화했다. 그러나 사회적 토대가 약했던 유학적 정통론과 문한 및 근시 기구의 강화만으로는 이를 유지할 수 없었다. 그리고 정통성을 가진 적장자의 부재로 인하여 이 위기는 현실화되었다. 그리하여 그들 스스로 자신들이 세운 정통성의 기반을 다시 무너뜨려야하는 상황이 발생하게 된다.

Ⅳ. 전성과 몰락, 경문왕가의 위기

헌안왕이 사위인 경문왕에게 왕위를 잇게 한 이후로 신라의 왕권은 경문왕과 그 후손들 사이에서 대략 50년 정도 유지되었다. 이 시기는 신라 하대를 기준으로 했을 때 매우 긴 기간이라 할 수 있다. 안정적인 왕가 성립을 위해, 경문왕은 앞서 검토한 바와 같이 진골 귀족 집단 내 경쟁자에 대한 공격적인 대응을 보이는 정책을 보였다. 그런 기반 위에서 성장하여 왕위에 오른 헌강왕은 매우 적극적인 유학 진흥책을 시도하였으며, 이를 통해 경문왕가의 통치를 강화하였던 것이다.

헌강왕대의 정치는 12년의 재위 기간 동안 반란이 단 1회에 그치는 등 매우 안정화된 모습을 보여주었다.[67] 이는 신라 하대의 상황에서는 매우 이례적인 것이었다. 그러나 경문왕가의 내재적인 안정성은 헌강왕대에 작용하는 것 정도로, 이미 그 한계를 다한 상황에 처해 있었고, 전성시대의 해체와 함께 몰락도 함께 다가오고 있었다. 이 장에서는 그 전성과 몰락의 과정을 검토해보도록 하겠다.

> D-1. 왕이 좌우 신하들과 함께 월상루에 올라 사방을 둘러보니, 서울의 민가들이 즐비하고 노래와 음악 소리가 그치지 않았다. 왕이 시중 敏恭을 돌아보고 이르기를, "내가 듣건대, 지금 민간에서 집을 기와로 덮고 띠풀로 지붕을 이지 않는다 하고, 밥을 숯으로 짓고 땔나무를 쓰지 않는다 하는데 과연 그러한가?"라고 하였다. 민공이 대답하기를, "신 또한 일찍이 그와 같은 이야기를 들었습니다."라고 하고, 이어 아뢰기를 "주상께서 즉위한 이래 음양이 조화롭고 비바람이 순조로워 해마다 풍년이 들어 백성들은 먹을 것이 풍족하고, 변방 지역은 잠잠하여 민간에서는 기뻐하고 즐거워하니, 이는 전하의 어진 덕이 불러들인 바이옵니다."라고 하였다. 왕이 기뻐하며 말하기를 "이는 그대들의 보좌에 힘입은 것이지 내게 무슨 덕이 있겠는가?"라고 하였다.[68]
>
> D-2. 제49대 憲康大王 때에는 성 안에 초가집이 하나도 없었으며 추녀가

---

67) 『삼국사기』 권11, 신라본기11, 헌강왕 5년. 이 해에는 2월의 국학 거둥, 3월의 동쪽 주군에 대한 순행 등의 기사에 이어 일길찬 金信弘의 반란 기사가 나타난다. 이는 강화되는 헌강왕의 친정 체제에 대한 저항에서 발생한 일이었을 가능성이 높다. 그러나 김신홍의 반란은 시도되기 전에 발각된 것으로 보이며, 그는 복주되었다.
68) 『삼국사기』 권11, 신라본기11, 헌강왕 6년.

맞붙고 담장이 이어져 있어서 노래와 풍류소리가 길에 가득 차 밤낮 그치지 않았다.[69]

D-3. 제49대 헌강대왕 때는 京師에서 海內에 이르기까지 집과 담장이 연이어져 있었으며, 초가집은 하나도 없었다. 풍악과 노래 소리가 길에 끊이지 않았고, 바람과 비는 철마다 순조로웠다.[70]

위의 사료는 헌강왕대 경주의 모습을 묘사한 기록들이다. 먼저 사료 D-1의 『삼국사기』 기사는 헌강왕이 즉위하고 6년째인 880년(헌강왕 6) 월상루에서 내려다본 경주의 모습을 두고 그와 시중 김민공이 나눈 대화이다. 당시의 경주는 민가들이 즐비하고 노래와 음악 소리가 그치지 않는 태평성대의 공간으로 그려진다. 아울러 헌강왕은 기와로 지붕을 덮고, 밥을 숯으로 짓는 당시 민간의 호화로운 세태를 언급하고 있다. 이는 자신이 다스리는 수도의 외적으로 드러난 번영뿐만 아니라, 내적 풍요에 대한 자신감도 아울러 표현한 것이다.[71]

당시 시중으로 왕과 함께 하였던 김민공은 음양이 조화롭고 비바람이 순조로우며, 해마다 풍년이 들어 백성들이 풍족하고, 변방은 잠잠하여 민간에서 기뻐하고 즐거워한다는 말을 덧붙인다. 그리고 그것은 모두 헌강왕의 어진 덕에 의한 것임을 강조한다. 그러한 김민공의 반응에 헌강왕은

---

69) 『삼국유사』 권1, 기이1, 우사절유택.

70) 『삼국유사』 권2, 기이2, 처용랑 망해사.

71) 반면에 이를 민간 생활에 대한 국왕의 무관심이나 현실 감각의 부재를 보여주는 것이라 보는 견해도 있다(전기웅, 2010, 『新羅의 멸망과 景文王家』 혜안, 93쪽 ; 손석춘, 2018, 「처용설화의 사회서사와 소통 효과」 『문학치료연구』 46, 47쪽). 하지만, 적어도 『삼국사기』 내에서 위의 발화는 헌강왕대의 장기적인 정치적·경제적 안정성을 드러내는 목적으로 인용된 것으로 추정된다.

모든 것은 주위 관료들의 보필에 의한 것이라며, 짐짓 사양하는 모습을 보인다.[72] 이러한 모습은 신라 사회가 태평성대에 이른 상황을 묘사하는 것 같다. 그리하여 일부 연구자는 『삼국유사』 등에 언급되는 '신라의 전성'[73]을 이 시기로 비정하기도 했다.[74]

한편으로 당시는 880년으로, 신라 하대의 몰락이 본격화된 889년(진성왕 3)의 농민 반란과 불과 9년 차이가 날 뿐인 시점이다. 이 시기를 전성이라 하기엔 이상한 점이 많다. 헌강왕을 보좌하여 월상루에 오른 이는 김민공으로 그는 헌강왕 즉위 때에 임명되어 활동한 예겸을 대신하여 시중직을 맡고 있다. 물론, 이를 자만심에 가득 찬 국왕과 그런 분위기를 잘 맞추어 준 근시 관료의 대화 정도로 평가할 수도 있다. 하지만, 당시는 839년(신무왕 1) 이래로 큰 변란이 거의 40년 간 발생하지 않았던 시기이며, 헌강왕의 치세 12년 동안에는 각종 재해에 대한 기록도 나타나지 않는다. 전성의 자격은 충분했다.

사료 D-2와 D-3의 『삼국유사』 속 당시 세태에 대한 평가도 이와 엇비슷하다. 경사의 수도에서 해내에 이르기까지 집과 담장이 연이어 있고, 초가집은 하나도 없을 정도로 풍요를 자랑하는 모습이 그려진다. 거리에는 풍악과 노래가 끊이지 않고, 바람과 비는 철마다 순조로웠기 때문에 이렇다 할 재해도 존재하지 않았다. 물론, 이 기록은 앞서의 『삼국사기』의 기록을 참고한 것일 가능성이 높다. 하지만, 「처용랑 망해사」조의 구조상,

---

72) 이러한 이야기 흐름은 『삼국사기』 내에는 서로 간에 나눈 대화로 정리되어 있지만, 경우에 따라서는 헌강왕과 김민공 등 근시 관료들이 나눈 가사나 시문일 가능성도 있을 것 같다. 그렇게 볼 경우 이 장면은 일종의 군신창화의 형식을 빌어 당시의 세태를 드러낸 것일 가능성도 높다.

73) '新羅全盛'이라는 표현은, 『삼국유사』 권1, 기이2, 진한조 기록에서 확인된다.

74) 정동락, 2016, 「신라하대의 왕궁 거주자」 『서강인문논총』 45, 8~9쪽.

이어지는 내용도 헌강왕이 동해용의 아들인 處容을 얻는 과정이기 때문에, 헌강왕대의 정치를 매우 안정적으로 보고, 그것이 '전성'에 비유할만한 것임을 언급한 것으로 보는 데에는 어려움이 없다.[75]

헌강왕대의 정치에서 큰 변란이라고 할만한 사건은 즉위 5년 차에 있었던 일길찬 金信弘의 모반이 전부이다.[76] 전대인 경문왕대에는 3차례의 큰 반란이 있었고, 그 중에는 주동자의 일족을 멸하는 수준의 공포스러운 대응을 했던 경우도 있었다. 하지만 신홍의 모반은 실제 행동으로 이어지기 전에 발각되고, 주모자가 복주되면서 조용히 끝나고 말았다. 따라서 헌강왕대에는 정치적 변란이라 평할 정도의 큰 귀족들의 저항이나 반란이 없었던 것이나 마찬가지인 상황이었다. 거기에 경제적 안정과 함께 12년간 자연재해가 크게 언급된 바도 없었다. 문한과 근시 기구의 강화 등은 신라 사회의 상무적 기운 등을 해쳤을 것 같지만, 외환도 이 시기에는 크게 발생하지 않았다.

> E. 12년 봄에 北鎭이 알리어 말하기를, "狄國人이 진에 들어와 판목을 나뭇가지에 걸고 갔으므로, 그것을 취하여 바친다."고 하였다. 그 나뭇조각에는 "寶露國이 黑水國人과 함께 신라국을 향해 和通하겠다."는 15자가 쓰여 있었다.[77]

---

75) 반면, 「처용랑 망해사」조의 후반부에는 同禮殿에서 벌어진 연회 가운데 地神이 나타나 춤을 추면서 노래를 했다는 내용도 전하고 있다. 이 기사에는 『語法集』에 인용된 노랫말도 실려 있는데, 그 의미는 신라의 멸망에 대한 경고이다. 기사에 인용된 『語法集』은 후대의 기록으로 보이며, 이는 신라의 멸망을 고려한 상황에서 덧붙여진 것으로 보인다.

76) 『삼국사기』 권11, 신라본기11, 헌강왕 5년.

77) 『삼국사기』 권11, 신라본기11, 헌강왕 12년.

신라의 북진과 접한 적국은 말갈의 무리로서 발해에 복속하고 있었던 세력이었을 것으로 추정된다. 보로국은 발해의 남단, 신라의 북단인 안변 정도에 위치했던 말갈 세력의 일파로 보여진다. 이들은 '보로국'으로 나타나고 있어, 신라와 토지를 접하고 있었던 세력이라 판단된다. 반면에 흑수국은 흑수국인으로 언급되고 있어서, 개별 소속원이나 인적 집단의 자격으로 내투를 밝힌 것으로 판단된다. 보로국은 오늘날의 안변 일부 지역으로 비정된다.[78] 반면, 흑수국은 흑수말갈을 의미하는 것으로 보이며, 이들은 흑룡강 유역에 위치했다.

보로국이 국명으로 등장하는 반면 흑수국은 '흑수국인'으로 언급된 이유는 이들이 본래의 거주지인 흑수(흑룡강 일대)를 떠나 발해의 변방을 방어하는 방수군으로 번상하고 있었기 때문인 것으로 보인다. 따라서 이들이 보인 '화통' 의사는 몰락의 기운이 드러난 발해를 버리고, 신라로 내투하겠다는 것으로 읽혀진다. 이것이 헌강왕대의 변경에서 벌어진 그나마 의미 있는 사건 중 하나이다. 따라서 신라의 전성은 당대의 신라인들만이 그렇게 느낀 것이 아니라, 그 주변국에게도 뚜렷하게 인식되는 상황이었을 가능성이 높다.

이런 외형적인 모습을 보자면, 당시는 분명 전성이라 할 만한 시기였음이 분명했다. 그러나 이 기간은 길지 않았다. 앞서 언급한 바와 같이 경문왕가의 위기는 내부에 있었다. 경문왕에서 헌강왕으로 이어지는 순조로운 왕위 계승은 이후 다시는 되풀이될 수 없었다. 경문왕가 내에서 왕의 원자로 태어나 태자로 책봉되고, 체계적으로 왕위 계승을 준비하며 성

---

78) 이병도 역, 2002, 『삼국사기 상』 을유문화사, 294쪽, 각주 37번.

장한 인물은 헌강왕 외에는 없었다. 헌강왕은 "건강한 몸에 정신이 맑았다"[79]라는 최치원의 평과는 달리, 즉위 12년 만에 20대의 나이로 사망하였다. 그에게는 어린 두 딸[80]과 당시 20대로 추정되는 金晃(정강왕)과 金曼(진성왕)의 두 동생, 그리고 아마도 유복자로 헌강왕도 존재를 몰랐을 金嶢(효공왕) 밖에는 없었다.[81]

헌강왕은 후계에 대한 유조도 남기지 못하고 황망하게 사망했던 것으로 보인다. 만약 그에게 후계가 될만한 아들이 있었다면 그의 재위 중에 태자 책봉 등이 진행되었을 것이나 그런 일은 없었다. 아들을 기약할 수 없는 건강 악화가 긴 시간 진전되었다면, 그의 동생을 '부군이나 태자'[82]로 세우더라도 그에 대한 대비가 있었을 것이다. 그러나 헌강왕에게는 그럴만한 시간이 주어지지 않았던 것으로 보이며, 이것이 그와 경문왕계에게는 가장 큰 불행 중 하나였다.

헌강왕이 사망하기 직전인 886년(헌강왕 12) 6월에는 증상의 호전을 위해 황룡사에서 백고좌와 강경이 진행되었다. 그러나 병세는 차도를 보

---

79) 「大崇福寺碑」.

80) 헌강왕의 딸은 훗날 신덕왕이 될 朴景暉와 혼인한 義成王后 및 경순왕의 아버지인 金孝宗과 혼인한 桂娥太后 등 두 명이 확인된다. 이들의 가계와 혼인 관계에 대해서는 金昌謙, 2003, 앞의 책, 60~86쪽 및 88~89쪽의 표를 참고.

81) 효공왕의 출생에 대해서는 『삼국사기』에 의거 헌강왕의 서자라는 전통적인 견해 이외에 최근 적장자라는 주장도 제기된 바 있다(李文基, 2007, 「新羅 孝恭王(嶢)의 出生과 王室의 認知 時期에 대하여」 『新羅文化』 30 ; 김수태, 2015, 앞의 논문). 흥미로운 주장이다. 그러나 『삼국사기』와 『삼국유사』 공히 서자설을 언급하고 있으며, 헌강왕 재위 중 태자 책봉 등이 진행되지 않았고, 그의 왕위 계승 과정에서 진성왕이 골법 등을 운운하는 것으로 보아, 효공왕은 정통성에 한계를 지닌 서자였을 가능성이 높아 보인다. 효공왕의 출생과 신분을 둘러싼 제 논의에 대한 검토는 金昌謙, 2018, 앞의 책, 205~211쪽을 참고.

82) 이에 대해서는 배재훈, 2015, 「성덕왕의 왕위 계승 과정 검토」 『한국전통문화연구』 16, 299~391쪽 ; 조범환, 2018, 앞의 책, 19~24쪽 등을 참고.

이지 않았고, 한 달여 만에 그는 병상에서 사망한다.[83] 이러한 과정을 보면, 젊고 건강했던 국왕을 한순간에 사망하게 했던 질병을 급성 전염병 종류로 추정할 수 있다. 국왕의 갑작스러운 부재는 심각한 일이기는 하였으나, 후계를 이을 수 있는 자격을 지닌 왕의 동생 김황이 정강왕으로 즉위하게 되면서 해소될 수 있었다. 그는 왕의 동생이었고, 당시에 생존한 그 누구보다 정통성이 있는 인물이었다.

하지만 정강왕의 재위 기간은 만 1년 정도에 불과했다. 886년(정강왕 1) 7월에 사망한 전왕의 장례를 치루고, 이듬해 5월에는 이미 병이 위급하여 후계에 대한 유조를 내릴 수밖에 없는 상황이 되었으므로, 그의 실질적인 통치는 몇 개월에 불과했을 가능성이 높다. 한편, 헌강왕이 병상에 누운 이후 마지못해 허락했을 백고좌와 강설이 정강왕의 즉위 이후에는 왕이 직접 참여하는 것으로 시행되었다.[84] 이러한 변화에서 주목되는 것으로 즉위 초반의 시중 교체를 언급할 수 있다. 헌강왕의 즉위 후반 정치의 협력자로서 활약했던 김민공이 金俊興으로 교체되는 것이다. 그리고 즉위 초반 서변에서는 가뭄으로 인한 기근이 있었고,[85] 한주에서는 이찬 金蕘가 반란을 일으켰다가 죽임을 당했다.[86]

경문왕과 헌강왕 치세에서 지방 반란은 단 한 차례도 발생하지 않았다. 그리고 신라 사회에서 지방 반란은 김헌창·김범문 부자의 반란이나 흥덕왕 사후의 왕위계승 전쟁, 그리고 청해진의 반란 이후로는 발생하지

---

83) 『삼국사기』 권11, 신라본기11, 헌강왕 12년. 헌강왕은 황룡사 백고좌와 강경 행사에도 불구하고 7월 5일에 사망한다.

84) 『삼국사기』 권11, 신라본기11, 정강왕 2년.

85) 『삼국사기』 권11, 신라본기11, 정강왕 원년.

86) 『삼국사기』 권11, 신라본기11, 정강왕 2년.

않았다. 청해진의 반란도 40여 년 전의 일이었으므로 지방 반란이 새롭게 대두하게 된 것은 심각한 일이 아닐 수 없었다. 이찬의 관등을 지닌 인물이라면 적어도 한주의 도독 정도의 지위를 지닌 인물이었을 가능성이 높다. 이 반란은 중앙군에 의해 진압된 것으로 보이지만, 이찬이라는 그의 지위를 고려할 때 반란의 규모는 작지 않았을 가능성이 높다. 이는 지방 사회에서 점차 동요의 기운이 일기 시작하는 것을 보여주는 사건이라 할 수 있다.

887년(정강왕 2) 7월 즉위 만 1년 만에 사망한 정강왕에 이어 왕위를 계승한 것은 헌강왕과 정강왕의 여동생이었던 김만이었다. 경문왕가의 얼마되지 않은 인원들 속에서 왕가를 지속시키기 위해 선택할 수 있는 선택항이 이제는 김만 밖에는 없는 상황이 된 것이다. 헌강왕의 서자로 알려진 金嶢는 겨우 첫 돌을 지난 나이였을 것이다.[87] 하지만, 여성 왕의 등장은 유교적 정통론에 반하는 결정이며, 신라의 내적 전통으로 존재하긴 했지만 당시에는 신라인들도 선택하기 주저했을 일이기도 했다. 이미 헌안왕이 딸을 왕으로 내세우는 것을 고사한 바가 있었고, 경문왕가의 성립은 그로서 가능했기 때문이다.

수백 년 만에 다시 여성 왕이 등장하는 사태는 매우 심각한 일이 아닐 수 없었다. 정강왕은 유조를 통해 "내 병이 위독해 다시 일어나지 못할 것이 틀림없는데, 불행하게도 대를 이을 아들이 없다. 그러나 누이동생 曼은

---

87) 효공왕이 되는 김요는 진덕왕의 讓位表에서는 897년 무렵 지학인 15세에 거의 다다른 것으로 언급된다. 하지만, 효공왕이 즉위 3년째인 899년 예겸의 딸과 혼인하는 것으로 보아, 즉위 시점에는 13세 정도에 불과했던 것으로 보인다. 한편으로 신라 중대 8세의 어린 나이로 왕위에 오른 혜공왕의 혼인 시점이 13세 정도였다는 조범환의 연구(조범환, 2014, 「신라 中代末 惠恭王의 婚姻을 통하여 본 政局의 변화」 『新羅文化』 43)를 고려하면, 효공왕의 즉위 시점의 나이는 11세 정도에 불과했을 가능성도 있을 것 같다. 이 경우라면 그를 헌강왕의 서자이자 유복자로 볼 수도 있다.

천품이 명민하고 骨法이 흡사 장부와 같으니, 그대들은 마땅히 선덕왕과 진덕왕의 옛 일을 본받아서 왕으로 세우는 것이 좋겠다."[88]라는 뜻을 정하였고, 이는 그대로 시행되었다. 이 시점에서 경문왕이 세심하게 설계하고 헌강왕이 이어온 유교적 원리에 의한 통치는 이제 다시 신라의 고유한 것으로 '회복'된다.

어린 시절부터 태자로서 교육받은 헌강왕과는 달리 정강왕이나 진성왕은 '왕위'에 대한 뜻을 품을 수 없는 여건에서 성장했을 것으로 판단된다. 헌강왕이 태자로 교육받거나 왕으로 재위하는 동안 김황은 그런 헌강왕에게 도전할 수 있는 세력으로 기피되거나, 행동상의 제약을 받는 상황이었을 가능성이 높다. 그는 경문왕가의 소속원이지만 스스로는 제왕이 되는 꿈을 꿀 수 없는 존재였고, 그런 가능성 자체를 제도적으로 차단하는 고려 속에 성장했을 수도 있다.

진성왕으로 즉위하게 되는 김만은 두 아들이 존재하는 가운데 딸로 태어났기 때문에 그런 고려 자체가 없었을 것이다. 경문왕 스스로가 헌안왕의 딸들이 왕위를 계승할 수 없는 한계 속에서 왕으로 즉위하였기 때문에 김만의 즉위는 더더욱 고려 가능한 사항이 아니었을 것이다. 따라서 이러한 성장 여건은 그들이 헌강왕과는 다른 정치적 행보를 보이는 것으로 귀결되었을 가능성이 높다.

김황과 김만은 헌강왕 말년 진행된 황룡사 백고좌와 강경의 주체였던 것을 보인다. 이들은 왕의 건강 회복을 위한 백고좌와 강경을 요구했던 것으로 보이며, 이러한 신라 고유의 불교식 예제는 정강왕의 즉위 이후로 다

---

88) 『삼국사기』 권11, 신라본기11, 정강왕 2년.

시 회복된다. 시중 김민공을 김준흥으로 교체한 것[89] 역시 헌강왕 말년 유학 진흥과 유학을 통치 원리로 삼았던 '헌강왕 시대'의 종언으로 읽혀지는 측면이 있다. 적어도 국가 운영의 공적인 원리로는 사상적 통합을 이루었던 것으로 보였던 유학적 질서가 헌강왕의 사망과 함께 흔들리기 시작한 것이다. 그리고 이는 정치 운영의 원리나 기반이 되는 사상 측면에서의 혼돈 뿐 아니라 신라 사회 전체에 큰 영향을 미쳤던 것으로 보인다.

> F-1. 2년 2월에 소량리의 돌이 저절로 움직였다. … 왕은 이후로 비밀리에 2, 3명의 소년 미장부를 불러들여 음란하며 이내 그들에게 요직을 주고, 국정을 맡기기까지 하였다. 이로 인해 임금의 총애를 받는 자들이 방자하여지고 화뢰(뇌물)가 공공연히 행하여지고 상벌이 공평치 못하고 기강이 문란해졌다.[90]
>
> F-2. 3년에 국내 여러 주군에서 貢賦를 바치지 아니하여 국고가 허갈하고 용도가 궁핍하므로, 왕이 사자를 보내어 이를 독촉하니 이로 인하여 도처에 도적이 벌떼와 같이 일어났다. 이 때 원종과 애노 등은 사벌주에서 거하여 반기를 들었다.[91]

진성왕은 즉위 이후 각간 위홍과 사사로운 관계를 유지하였는데,[92] 그

---

89) 『삼국사기』 권11, 신라본기11, 정강왕 원년.
90) 『삼국사기』 권11, 신라본기11, 진성왕 2년.
91) 『삼국사기』 권11, 신라본기11, 진성왕 3년.
92) 두 사람의 관계를 정식 부부로 보는 견해가 있다(金昌謙, 2003, 앞의 책, 353~354쪽). 이는 진성왕 즉위 초반 위홍의 활동과 그가 죽은 이후 왕의 주위에 소년 미장부들이 활동하게 되는 것을 고려할 때 가능성이 높다. 그러나 고려 중기의 유학적 기반과 입장 속에서 이 기록을 대한 찬자들에게 이러한 상황은 이해하기 힘들었을 것이다. 한편으로 유학적 정통론을 강조하던 헌강왕대의 신라 문

가 죽자 미소년들을 궁으로 불러들였다고 한다. 여성인 왕의 음란은 유학적 관점에서는 매우 심각한 타락으로 읽혀질 수 있는 것이었다.[93] 여성에게 왕재가 있다고 생각하지도 않았을 이들에게 사사로이 미소년을 궁궐로 불러들이는 왕이 어떤 모습으로 보였을지는 충분히 짐작이 가는 일이다. 총신의 등장과 뇌물이 등장하여 중앙의 관직 구조가 흐트러지는 모습도 그런 심각한 변화 중의 하나로 읽혀졌을 것이다.

다만, 이는 진성왕에 대한 부정적인 입장을 보일 수밖에 없는 고려 전기 『삼국사기』 찬자들의 입장일 가능성이 높다. 남성인 국왕과 그의 후궁을 고려한다면, 이러한 행위를 여성인 국왕을 인정하는 신라 사회 내에서 사료 F-1과 같은 논조로 비판했을 가능성은 높지 않다. 그러나 진성왕 이후로 큰 변화에 봉착한 신라 사회의 붕괴 원인으로 진성왕의 존재 자체를 문제 삼는 태도는 당시의 사회 전반에 만연했을 가능성도 충분하다.

경문왕과 헌강왕의 치세는 근 26년 간 이어졌으며, 평균 연령과 혼인 연령이 낮았을 당시에는 거의 한 세대에 걸쳐 진행된 일로 볼 수 있다. 따라서 상당 기간 유학적 정통론은 진골 귀족과 경문왕가, 적통인 태자와 그 형제들의 정치적 지위와 입장을 구분하고 규정하는 정치사상적 원리로 작용했을 것이다. 그리고 이러한 원칙의 붕괴는 그 세대에 새롭게 성장한 세력들에게는 혼란스러운 일이 아닐 수 없었을 것이다.

한관들 역시 이와 같은 상황을 그대로 받아들이는 데에는 한계가 있었을 것이다.

93) 이를 경문왕가와 밀접한 관계를 맺으며 지지 기반으로 작용한 화랑세력으로 보는 견해도 있다(全基雄, 1994, 「新羅末期 政治·社會의 搖動과 六頭品知識人」『신라말 고려초의 정치사회 변동』, 신서원, 97~99쪽). 그러나 윤리적 가치 판단과 해석의 문제를 접어둔다면, 이를 문자 그대로 이해해도 큰 무리는 없을 듯하다. 아울러 선대에 두 명의 여성 왕이 존재하였고, 당시에도 근시하는 남성들이 있었을 것이기 때문에 그에 대한 규례의 범위 내에서 이러한 일들이 진행되었을 가능성도 있다.

신라 사회의 붕괴는 지방에서도 점차 가속화되고 있었다. 그리고 운명의 시간 같은 889년(진성왕 3)의 농민 반란이 다가온다. 진성왕 즉위 원년에는 겨울에 눈이 오지 않았고, 그 이듬해에는 5월에 가뭄이 있었다. 이러한 상황은 종래라면, 왕이 보낸 사자가 구휼을 취하는 그런 상황으로 이어져야 할 것이었지만, 그런 기사는 확인되지 않는다. 오히려 진성왕은 사자를 보내어 공부의 납부를 독촉하였다. 이는 신라 왕실에 대한 저항을 불러왔고, 익히 잘 알려진 889년의 지방 봉기는 이렇게 하여 촉발되었다.

이러한 변화는 그간 국왕의 지원을 받아 문한직에 종사하며, 신라 하대 사회 변혁의 주체가 되기도 했던 유학적 소양을 가진 일단의 관료층을 뒤흔들기에 충분하였을 것이다. 이들은 헌강왕의 유학 진흥책의 기반이 되었던 소중한 자원이었다.

G-1. 이때에 누가 시정을 비방하는 문자를 나열하여 대로상에 게시한 일이 있었다. 왕은 사람을 시켜 수색케 하여 보았으나 잡지 못하였다. 어떤 자가 왕에게 고하기를, "이는 반드시 失志한 문인의 소위일 것이니 아마 大耶州의 隱者 巨仁일 것입니다."라고 하였다.[94]

G-2. 왕이 아름다운 여인을 처용에게 아내로 주어 그의 생각을 잡아두려 했으며 또한 급간의 벼슬을 내렸다. 그 처가 매우 아름다워 역신이 그녀를 흠모해 사람으로 변하여 밤에 그 집에 가서 몰래 함께 잤다. 처용이 밖에서 집에 돌아와 잠자리에 두 사람이 있는 것을 보고, 이에 노래를 부르고 춤을 추며 물러났다. … 이때에 역신이 형체를 드러내어

---

94) 『삼국사기』 권11, 신라본기11, 진성왕 2년.

[처용] 앞에 무릎을 꿇고 말하기를, "제가 공의 아내를 탐내어 지금 그녀를 범했습니다. 공이 이를 보고도 노여움을 나타내지 않으니 감동하여 아름답게 여기는 바입니다. 맹세코 지금 이후로는 공의 形容을 그린 것만 보아도 그 문에 들어가지 않겠습니다."라고 하였다.[95]

대야주의 은자 거인은 유학적 기반과 문한적 소양을 갖춘 문한층의 일단으로 이해된다. 그리고 누구라도 그런 상황에서 그를 떠올릴 만큼 유명한 인물이기도 했다. 따라서 그의 은거는 주변의 이목을 끌었을 것이다. 이러한 상황은 경문왕과 헌강왕 이래로 진행되던 유학 진흥의 기조가 잦아든 정강왕 이후에 진행된 것이었을 가능성이 높다. 이를 위의 사료 G-2 『삼국유사』 처용설화의 일단에서도 읽을 수 있다. 처용의 처를 그가 높은 대우를 받아 얻게 된 권력과 관직, 사회적 지위 정도로 볼 수도 있다. 그렇다면 그것이 역신에 의해 침탈되는 일은 곧 왕거인이 유학 진흥책이 반려되면서 겪은 고충과 같은 상황일 수 있기 때문이다.

사료 G-2의 역신은 곧 탐락에 빠져 사리 분별을 잃은 신라의 도성과 그 문화 그 자체,[96] 혹은 헌강왕[97]으로 대표되는 경문왕가의 국왕일 가능성이 있다. 하지만 후자라고 해도, 왕을 정점으로 하는 신라의 도성 문화 내에 포섭되는 존재이기 때문에 양자는 유사한 의미를 갖는다고 할 수 있다. 처용랑과 관련된 일련의 사료에서 역신은 처용에게 감화받아 뉘우치는 존재이지만, 현실 속의 신라 사회는 그런 분별력을 발휘하지 못하였다.

95) 『삼국유사』 권2, 기이2, 처용랑 망해사.
96) 이우성, 2005, 「삼국유사 소재 처용설화의 일분석」 『처용은 누구인가』 역락, 257쪽.
97) 박일용, 2016, 「역신의 상징적 의미와 「처용가」의 감동 기제」 『고전문학과 교육』 49, 17쪽.

한편, 헌강왕이 세심하게 준비하였던 885년(헌강왕 11) 체제의 주인공이기도 했던 최치원은 894년(진성왕 8) 유학적 기반의 정치 체제에 대한 필요성을 강조한 내용으로 추정되는 시무책 10여 조를 진성왕에게 건의한[98] 뒤 정치의 전면에서 사라지는 모습을 보인다. 최치원의 시무책은 아마도 경덕왕 헌강왕대의 정치로의 회귀를 건의한 내용이었을 것으로 보인다. 하지만, 그는 이미 중앙 정계에서 밀려난 상태였으며,[99] 그가 제안한 시무책은 중앙 정계를 주도한 진골 귀족에 의해 반려되었다.

왕거인이 지방으로 은거하고, 최치원이 방랑의 길을 떠난 이후에도 崔彦撝와 같은 인물들이 신라 정계에서 문한직으로 활동하는 모습이 확인된다. 그러나 그 권한이나 역할은 헌강왕대와는 비교할 수 없을 정도로 주변적인 것에 머무르게 되었을 가능성이 높다. 국왕에 의해 우대된 선종 승려들에 비해 그들의 비문을 작성하는 지위에 머무른 자신의 신세에 대한 소회를 밝힌 최치원의 글[100]은 바로 그런 예가 될 수 있다. 아울러 신라 지방 사회의 분열과 함께 신라 중앙의 지식인 집단 일부도 궁예나 견훤과 같은 유력한 호족들에게 투탁하여, 신라에 대한 강렬한 저항의 노선을 취하게 되었다.

이러한 상황은 경문왕과 헌강왕대에 성장한 지식인 집단에게 정강왕 즉위 이후로 진행된 신라 내적 전통으로의 회귀가 준 충격에 의한 것일 가능성이 높다. 그런 가운데 '헌강왕대의 신라전성'이라는 관념도 형성되

---

98) 『삼국사기』 권11, 신라본기11, 진성왕 8년.

99) 『삼국사기』 권46, 열전6, 최치원. 최치원에 대한 열전 기록 내에는 최치원이 "말세여서 의심과 시기가 많아 용납되지 않아 나가 태산군 태수가 되었다."라는 기록이 있다.

100) 「聖住寺郎慧和尙白月葆光塔碑」.

었을 것으로 판단된다. 따라서 이는 신라와 후삼국, 그리고 고려 전기에 이르기까지 '기록'과 '판단'을 독점하였던 지식인 집단들이 그 시대에 바치는 찬사와 같은 것이었을 가능성이 높다.

V. 나오며

헌안왕이 사위인 경문왕을 후계로 지정하는 과정은 균정계와 헌정계라는 두 유력 진골 귀족 집단의 합의에 의한 것으로 보인다. 헌안왕은 장녀를 김응렴과 혼인시키면서 왕위 계승의 정당성을 마련해주었고, 유조를 통해 왕위를 계승시켰다. 여기에는 범예영계의 진골 귀족 범위에서 왕위를 계승한다는 합의가 있었던 것으로 보인다. 하지만, 왕위에 오른 경문왕은 헌안왕의 차녀와 重婚하여 다른 경쟁자의 등장을 막고, 경문왕가를 중심으로 하는 왕위 계승을 철저하게 준비하였다.

이 과정에서 유학적 정통론은 신라 사회 일반의 왕위 계승 원칙을 철저하게 배제하는 이론적 배경으로 작용했던 것으로 보인다. 그 때문에 경문왕은 유학 교육의 중심이었던 국학을 방문하고, 그에 소속된 박사 이하의 관료들을 위무하는 등 문한적 능력을 갖춘 일단의 관료 집단에 대한 지원을 실시했던 것으로 보인다. 그리고 그 대상에는 최치원처럼 관료 예비군으로서의 도당한 유학생 집단도 고려되었을 것이다.

경문왕을 이어 즉위한 헌강왕은 부왕의 재위 중에 태어나, 왕실의 긴밀한 배려 속에서 이른 나이에 태자로 책봉되고, 왕위 계승을 위한 준비를 체계적으로 밟아오다 왕위에 오르게 된다. 이처럼 체계적 과정을 거쳐 왕위를 계승한 경우는 신라 중대 이후 거의 없었을 정도로 특이한 사례가 되어 있었다. 아울러 이 시기 헌강왕이 받은 태자로서의 교육은 철저하게 당의 제도를 기반으로 하여 유교적 지식과 통치 역량을 키우는 방향으로 진행되었을 가능성이 높다.

따라서 헌강왕에게 유학적 기반의 중국 통치 제도와 사회 시스템은 매우 익숙한 것이었다. 아울러 그러한 사회 제도를 신라에서 실현하는 것이 곧 그의 국가 운영의 방향이 되었을 가능성이 높다. 이를 위해 헌강왕은 종래에 중시되었던 신궁에 대한 제의를 중지하였으며, 황룡사 백고좌 및 연등 행사 등 국왕이 주축이 되어 진행하였던 불교 행사에 대해서도 소극적이었다.

이러한 상황은 재위 5년차에 행한 각종 의례에서 뚜렷하게 드러나는데, 이때에 헌강왕은 국학을 방문하여 강론을 듣고 지방을 순수하였으며, 궁사를 직접 관람하였고, 전렵에 참여하기도 했다. 이러한 모습은 중국적 의례에 따른 정형화된 군주의 행동을 재현한 것으로 보이며, 이는 그가 유학적 질서에 따른 중국적 제도의 기반 위에서 국가를 통치하겠다는 의지를 적극적으로 표방한 것으로 읽혀진다.

본격화된 한강왕의 유학 진흥책은 그의 재위 후반부에는 더욱 강화된다. 이 시기에는 일단의 문한 기구가 정비되는데, 그 주축은 한림대, 서서원, 숭문대 등이었다. 유교적 소양을 갖춘 관료들이 국학을 통해 성장하고, 국학의 운영은 도당 유학을 거친 박사들에 의해 주도되었을 가능성이 높다. 그리고 적어도 그의 재위 후반에는 신라 내에서 자체적으로 성장한 문한관들도 상당한 수준의 유학적 소양을 갖추게 되었을 것이다. 그리고 빈공과를 거치고 당에서 관직을 역임한 경험을 갖춘 주목받는 문한관들이 대외적으로 표상되기 시작하면서 이러한 정책은 사회의 분위기를 일신하는 모습을 보여주었을 것이다.

한편, 이 시기에는 문한적 능력을 갖춘 관료들이 병부와 예부 같은 핵심 관부의 차관직을 겸직하기도 하는 모습을 보인다. 아울러 종래 진골 귀족에 의해 주도되던 핵심 관부의 실무직도 숭문대의 관료들이 겸직하는 등 이 시기에 성장한 문한관의 정치적 영향력은 크게 확대될 수 있었다. 그리고 그 중심에는 885년(헌강왕 11) 신라로 귀국하게 되는 최치원이 자리하고 있었다. 헌강왕은 최치원을 귀국시키는 일에 적극적이었으며, 그를 통해 당의 앞선 제도와 문물을 신라 사회에 적용하고자 했다.

그런 가운데 신라 사회는 헌강왕대에 이르러 '전성'이라 할 정도의 번영을 보인다. 정치적 안정 속에 도성은 기와집으로 가득 찰 정도로 경제적 호황을 누렸다. 중앙권력이 이완하여 몰락의 길을 걷던 발해에 부용하던 세력들이 신라로의 귀부를 요청할 정도로 그러한 전성과 성세는 대외적인 인정도 받았던 듯하다. 같은 시기 당은 황소의 난으로 몰락 직전까지 가는 상황이었다. 하지만 이 뚜렷한 전성은 그다지 길지 못했다. 새롭게 등장한 문한관들 뒤에는 수백 년의 유구한 전통을 가진 진골 귀족 집단이 자리하고 있었고, 이들은 언제든 현 상황을 뒤엎을 수 있는 실력도 겸비하고 있었다.

이러한 당시의 개혁 시도는 헌강왕대의 정치적 안정에는 도움이 되었다. 하지만, 후대의 정치 흐름에는 좋지 못한 영향을 미친 것으로 보인다. 새로운 변화는 신라 사회 속에 뿌리 내린 전통이기도 한 진골 귀족 중심의 정치 구도를 바꾸는 것에는 한계가 있었다. 그리고 변화의 주축이 되었던 문한관이나 도당 유학파 세력이 신라 사회 내의 주류로 자리 잡을 수 있는 시간적 여유도 없었다. 더불어 당시는 선종이 도입되고 각지에 산문이 성립하고 있었으며, 왕가는 그에 대한 관심도 컸다. 따라서 헌강왕의 치세 이후에 이는 오히려 일단의 혼돈을 불러오는 요소가 되었다.

신라 사회의 혁신적 변화는 짧은 기간으로 완성되기는 어려운 일이었다. 더구나 그의 재위 12년 중 이를 본격화한 것은 즉위 5년 차의 일이었다. 하지만 건강하던 헌강왕은 갑작스러운 병환에 시달리고, 그를 이어 왕위를 계승할 준비된 왕재가 없는 상황에서 사망하게 된다. 그리고 경문왕과 헌강왕에 의해 20여 년 간 면밀하게 주도되던 유학 진흥책은 곧 한계에 직면한다.

경문왕은 유학적 명분과 정통성의 기반을 갖춘 후계를 키우고자 했던 것으로 보인다. 이러한 배려 속에 헌강왕은 이른 시기부터 태자로 책봉되고, 적절한 배려와 왕재로서의 교육을 받아 충실히 성장할 수 있었다. 그러나 훗날 정강왕으로 즉위하게 될 김황에 대해서는 철저한 배제를 통해, 형의 왕권에 감히 도전하지 못하는 위치에 자족하게 했을 가능성이 높다. 그런 상황은 진성왕으로 즉위하게 되는 딸 김만에게도 마찬가지였을 것이다.

하지만 헌강왕의 짧은 치세를 이어 경문왕가를 이끌어 가야 했던 인물은 결국 이들이 되고 말았다. 정강왕대에는 국왕이 직접 참여하는 백고좌가 다시 시행되었다. 이는 진성왕대에도 마찬가지였다. 아울러 정강왕의 짧은 치세와 그를 이은 진성왕의 즉위는 그간의 유학적 통치 질서 자체를 부정해야 하는 사상적인 혼돈을 불러왔다. 이 시기에는 경문왕가 내에서 왕위를 계승해야 한다는 명분과 여성의 통치를 인정하지 않는 정통론이 심각하게 대립했을 것이나 그 결과는 진성왕의 통치로 이어진다.

앞서 검토한 바와 같이 진성왕은 국가 운영에 대한 교육과 준비를 하지 못한 채 즉위하였을 가능성이 높다. 그런 가운데 오랜 기간 상대등으로 경문왕가의 국사를 조력했던 위홍이 죽자 국가의 운영은 파탄에 빠지게 된다. 무엇보다 그 즉위 과정은 진골 귀족들과의 폭넓은 정치적 타협을 통해 가능했을 것이다. 그리고 경문왕가가 양보한 것 중에는 헌강왕대의 유학 진흥책도 포함되었을 가능성이 높다.

진성왕의 즉위 이후 유학적 기반의 문한관 일부는 대야주의 왕거인처럼 관료로서의 기대를 버리고, 지방에 은둔하게 되었다. 한편으로 이들은 당시의 정치를 적극적으로 비판하는 세력이 되었을지도 모른다. 신라를 대표하던 문한 관료이자 주목받던 정치인이었던 최치원 역시 마찬가지의 길을 걷게 된다. 유학적 교육을 통해 경세의 뜻을 품었던 그도 결국에는 그 뜻을 다 펴지 못하고, 시무책을 제시한 뒤 산중에 은둔하게 된다.

헌강왕 사후 그의 유학 진흥책을 무위로 돌린 이들은 결국 당시까지도 강한 세력을 가지고 잔존하고 있었던 진골귀족 집단이었다. 아울러 경문왕가의 정책도 이들에 대응한 왕권의 강화를 핵심으로 하고 있었을 뿐, 이들의 존재 자체를 약화시키거나 해소하고자 했던 것은 아니었다. 결국, 강력한 국왕의 존재를 통해 관료 기구를 통하여 그 힘을 어느 정도 발휘할 수 있을 뿐이었던 문한 관료들은 다시 정치적 능력이 거세된 채, '문한적 능력'만을 인정받는 정도의 수준으로 몰락하고 말았다. 이로써 헌강왕대의 유학 진흥의 노력은 사실상 무위로 돌아가게 되었다.

한편, 짧지만 강렬했던 변화의 경험은 그 시기 유학적 기반 속에 성장한 문한층에게는 하나의 이정표가 되었을 가능성이 높다. '신라 전성'이 그 시기를 뜻하게 되는 데에는 이들의 지향이 큰 영향을 미쳤을 것이다.

그리고 당시의 문한층들은 그 시기에 제시된 가치를 신라 중앙 정치 이외의 공간에서 실현하기 위해 노력했을 가능성도 높다. 견훤에 투탁한 崔承祐 같은 인물의 선택은 바로 그런 지점을 보여주는 것으로 판단된다.

참고문헌

1. 단행본 및 저서

金昌謙, 2003, 『新羅 下代 王位繼承 研究』, 景仁文化社.

김창겸, 2018, 『신라 하대 국왕과 정치사』, 도서출판 온샘.

李基東, 1984, 『新羅骨品制 社會와 花郞道』, 一潮閣.

李基東, 1997, 『新羅社會史研究』, 一潮閣.

李基白, 1986, 『新羅思想史研究』, 一潮閣.

전기웅, 2010, 『新羅의 멸망과 景文王家』, 혜안.

조범환, 2018, 『중세로 가는 길목 신라 하대사』, 새문사.

2. 논문

고미야 히데타카, 2015, 「9世紀末 新羅의 對唐藩鎭交涉과 그 性格」 『역사학보』 266.

金南基, 2006, 「조선시대 君臣의 唱和와 그 의미」 『韓國漢文學研究』 38.

김수태, 2015, 「신라 헌강왕대 국왕 친영례의 변화」 『신라문화』 45.

金台植, 2010, 「新羅國母廟로서의 神宮」 『한국고대사탐구』 4.

박미선, 2017, 「신라 경문왕계의 佛事 활동과 骨法의 의미」 『신라문화』 50.

배재훈, 2015, 「성덕왕의 왕위 계승 과정 검토」 『한국전통문화연구』 16.

손석춘, 2018, 「처용설화의 사회서사와 소통 효과」 『문학치료연구』 46.

송혜진, 2008, 「세종의 문예감성과 연회의 정치」 『오늘의 동양사상』 19.

신선혜, 2017, 「『삼국유사』 기이편 「處容郞 望海寺」조의 이해」 『신라문화제학술발표논문집』 38.

李文基, 2007, 「新羅 孝恭王(嶢)의 出生과 王室의 認知 時期에 대하여」 『新羅文

化』30.

이재환, 2017, 「新羅 眞骨의 '家系 分枝化'에 대한 검토」『大丘史學』127.

장일규, 2009, 「신라 문한직의 설치와 그 변화」『한국학논총』31.

張日圭, 2019, 「신라 문한직과 당 문한직의 관계」『신라사학보』45.

전덕재, 2011, 「신라 경문왕·헌강왕대 한화정책(漢化政策)의 추진과 그 한계」『東洋學』50.

田美嬉, 1989, 「新羅 景文王·憲康王代의 「能官人」登用政策과 國學」『東亞研究』17.

정동락, 2016, 「신라하대의 왕궁 거주자」『서강인문논총』45.

鄭再敎, 1987, 「新羅의 國家的 成長과 神宮」『釜大史學』11.

채미하, 2014, 「신라의 건국신화와 국가제의」『韓國史學報』55.

채미하, 2018, 「애장왕·헌강왕대의 대일외교와 그 활용」『신라사학보』44.

崔光植, 1983, 「新羅의 神宮 設置에 대한 新考察」『韓國史研究』43.

최의광, 2012, 「新羅 下代 王位繼承 分爭과 國人」『史叢』75.

한영화, 2019, 「신라의 國學 교육과 관인 선발」『新羅史學報』45.

신라하대 말법(末法) 인식의 형성과 확산[*]

박광연

동국대학교 경주캠퍼스 국사학전공 조교수

목차

I. 머리말

9세기 중후반 신라 사회에 말법(末法) 인식이 확산되면서 농민들이 구세주 미륵을 갈망하며 반란을 일으켰고, 이것이 신라 쇠망의 직접적인 배경이 되었다고들 한다.[1] 말법이란 불교 용어다. 법(法)은 다르마(dharma)

---

* 2019년 11월 8일 2019태봉학술회의(주제‘신라의 쇠망-태봉 성립의 전야’)에서 발표하고 2020년 8월 『한국사상사학』 65에 게재한 원고를 다듬은 글이다.

1) 조인성, 1994, 「신라말 농민반란의 배경에 대한 일시론」 『신라말 고려초의 정치사회변동』, 한국고대사연구회, 14~22쪽. 신라의 쇠망 원인을 불교의 폐해에서 찾는 시각은 그 유래가 오래되었고, 주

즉 붓다의 말씀으로, 불교에서는 붓다가 돌아가신 후 붓다의 말씀이 바르게 전해진 시기[정법(正法)], 이미지로 붓다의 말씀을 기억하고 전승한 시기[상법(像法)], 붓다의 말씀이 사라진 시기(말법)로 시간을 구분하기도 한다. 기원 후 동아시아에 불교가 전래된 후 곧바로 동아시아의 시간이 정(正)·상(像)·말(末)의 불교 시간으로 바뀐 것은 아니다. 이 시간관이 받아들여진 것은 불교 교단이 안팎의 혼란한 상황을 겪으면서 불법이 머지 않아 멸할 것이라는 위기를 느끼면서부터다. 즉 중국에서 말법 인식은 출가 승려들이 북위 태무제(太武帝, 재위 423~452), 북주 무제(武帝, 재위 560~578)의 폐불(廢佛)을 경험하게 되면서 등장한다. 반면 우리의 역사에서는 중국과 같은 강력한 폐불 정책이 시행된 적이 없었다.

많은 학자들이 신라 하대의 사회적 혼란과 불교의 말법 인식을 연결시켜왔다. 선사(禪師)들의 비문에 나오는 '말법(末法)', '상말(像末)', '말대(末代)' 등의 표현에 근거하여 말세(末世)라는 인식이 불교의 말법이라는 시간관과 관련이 있다고 하였다. 그런데 이러한 주장에 대해 당시의 승려들이나 지식인들이 현실 상황에 대한 위기감에서 비롯된 말세 인식은 지니고

장 또한 다양하다. 고려시대 이래 '신라 멸망이 불교 탓'이라는 주장의 논거는 다음의 세 가지로 정리된다. 첫째, 사치스러운 佛事로 인한 폐해가 심하였다. 둘째, 불교의 윤회·공덕 사상이 진골의 신분적 특권을 옹호하여 이에 불만을 품은 6두품·유학생 등이 사회의 변혁을 꿈꾸게 되었다. 셋째, 농민층이 말법 인식 하에 봉기를 일으켰다. 우선 '사치스런 불사'라는 주장은 『삼국사기』『신라본기』의 史論에서 처음 확인된다(『삼국사기』 卷12, 「신라본기」 12, 경순왕, "奉浮屠之法, 不知其弊. 至使閭里比其塔廟, 齊民逃於緇褐, 兵農浸小, 而國家日衰, 則幾何其不亂且亡也哉."). 이러한 불교폐해론은 최승로를 위시한 고려인들의 일반적인 인식이었다고 한다(신호철, 2008, 「신라의 멸망 원인」『한국고대사연구』 50, 140~144쪽). 두 번째 불교의 윤회설이 민중을 억압하는 지배층의 특권적 이데올로기로서 작용하였고 이것이 신라를 쇠망에 이르게 하였다는 것은 이기백, 이기동 등의 견해이다(이기백, 1975, 「신라초기 불교와 귀족세력」『진단학보』 4 ; 이기동, 1981, 「新羅衰亡史觀의 槪要」『韓㳓劤博士停年紀念史學論叢』 지식산업사, 143~149쪽). 이 주장에 대해 이데올로기만으로는 쇠망의 원인이 될 수 없다(김철준), 그리고 골품제 사회를 비판하였다는 유학생은 排佛이 아닌 유·불·선 융합적인 사상 경향을 띠었다(김복순)는 비판이 있었다. 세 번째가 말법 인식이다.

있었지만, 그들이 느낀 위기가 불법이 멸할 것이라는 종교적인 것은 아니었다는 비판도 일찍이 제기되었다. 불교의 말법 인식 때문에 신라가 쇠망에 이른 것이 아니라 사회 혼란 때문에 말세 인식이 확산되었을 뿐이라는 것이다.[2] 또한 농민들이 진표(眞表)계의 영향으로 반(反)신라를 내세우면서 미륵신앙을 표방하였다는 주장을 증명할 수 있는 사료는 찾기 힘들고, 오히려 신라 말의 미륵신앙은 대체로 왕실 및 선종교단과 관련 있다는 사실이 밝혀졌다.[3]

그러므로 신라하대 말법 인식과 신라 쇠망의 상관 관계에 대해서는 재논의가 필요하다. 지금까지 신라가 멸망하였다는 결과를 염두에 두고서 말법 인식에 대한 논의를 진행한 측면이 있는데, 본고는 논의의 출발점을 달리하고자 한다. 우선 북위·북주·당에서와 같은 폐불이 없었던 신라에서는 어떠한 시·공간적 배경 속에서 말법 관련 표현들을 사용하기 시작하였는지 살펴보고자 한다. 그리고 말법 인식이 확산되는 데에 어떤 요소가 작용하였는지, '의도'가 숨어 있지는 않은지도 생각해보고자 한다. 불교의 시간관이 신라라는 공간 속에서 구현되어 나가는 과정을 통해 고대 사회에서 불교의 사회적 역할의 한 측면을 설명하고자 함이다. 말법 인식과 관련된 사료가 많지 않지만 사료들 간의 비교 분석을 통해 말법 인식의 변화 흐름을 추적할 수 있으리라 기대한다.

---

2) 김영미, 1994, 『신라 불교사상사 연구』 민족사, 252쪽. 이러한 주장에 근거하여 본고에서도 말세(末世)와 말법(末法)을 구분하여 사용하였다. 시간 인식으로서의 말세는 세상의 끝이 다가오는 시기를 의미하고, 말법은 성문화된 부처의 가르침이 사라진 시기라고 정의할 수 있다.

3) 추만호, 1994, 「신라말 사상계의 동향」 『한국고대연구』 7, 74~78쪽 ; 박광연, 2013, 「동아시아 '왕즉불' 전통과 미륵불 궁예」 『사학연구』 110, 101~107쪽.

Ⅱ. 신라하대 말법 인식 사례들의 특징

신라 사회에서 말법 인식을 파악할 수 있는 자료들은 표현 방식에 따라 두 부류로 나뉜다. 하나는 현재의 시간을 석가불의 입멸(入滅) 즉 열반을 기준으로 헤아리는 방식이고, 또 하나는 '상말(像末)' '말대(末代)' 등 정(正)·상(像)·말(末)이라는 불교 용어를 직접 사용하는 방식이다. 두 방식은 등장하는 시기에서도 경계가 분명한데, 이 가운데 입멸 이후의 시간을 헤아리는 방식이 앞선다. 844년(문성왕 6)에 작성된, 석가불 열반 후 1,804년이 지났다는 <염거화상탑지(廉巨和尙塔誌)>의 표현이 처음이다.

석가모니의 생몰연대는 지역마다 다르게 전승되었고, 학자마다 계산 방식도 달랐다. 『도사(島史)』, 『대사(大史)』 등 남방 불전에서는 기원전 624~544년, 북방에서는 기원전 1027~949년이라 하는 것이 일반적이다. 이를 간략히 남방불교 2500년설,[4] 북방불교 3000년설이라고 한다. 북방의 전승은 북주의 승 법상(法上, 495-580)이 계산한 것이다. 그는 혜광율사에게 구족계를 받은 뒤 북주 무제(武帝, 재위 560-578)가 자행한 법난(法難)을 경험하였는데, 당시 그는 속복(俗服)을 입고 은거했지만 평소처럼 계율을 지켰다고 한다. 그는 주(周) 목왕(穆王) 즉위 53년 되던 해에 석가모니가 입적하였다고 보았다.[5] 신라와 고려에서도 같은 이해를 지녔음을 『해동고

---

4) 대다수의 불교국가에서 사용하고 있는 佛紀는 1957년 네팔 카트만두에서 개최된 '세계불교도우의회(World Fellowship of buddhists, 이하 WFB)'의 결의사항을 근거로 하고 있다. 당시 WFB는 서기 1957년을 불기 2500년으로 계산하는 '불기 2500년 학설'을 공통 불기로 통일해서 사용할 것을 결의했다.

5) 『歷代三寶記』卷12(『大正藏』 49, 104c24~29), "上答, 佛以周昭王二十四年甲寅歲生, 十九出家三十成道. 當穆王二十四年癸未之歲, 穆王聞西方有化人出, 便即西入至竟不還, 以此爲驗. 四十九年在世, 滅度已來至今齊世武平七年丙申, 凡一千四百六十五年."

승전(海東高僧傳)』을 통해 확인할 수 있다.

> 법상은 대답하였다.
> "붓다는 희주(姬周)의 소왕(昭王) 24년 갑인(기원전 1027)에 태어나 19세
> 에 출가하여 30세에 성도하셨습니다. 목왕(穆王) 24년 계미(기원전 977)에
> 왕은 서방에 성인[有化人]이 출현하셨다는 말을 듣고 곧 서쪽으로 들어가
> 게 했으나 끝내 돌아오지 않았다고 하니, 이것으로 징험을 삼을 수 있습니
> 다. (붓다는) 49년 동안 세상에 계셨고, 멸도하신 후 지금 제 무평(武平) 7년
> 병신(576)에 이르기까지 무릇 1465년이 됩니다."[6]

법상이 계산한 석가모니의 입멸 연대를 수용하고 정법 5백 년, 상법 1
천 년, 말법 1만 년을 적용하여 자신의 시대가 말법 시기임을 처음으로 강
조하였던 이는 혜사(慧思, 515?-577)였다. 그는 자신이 태어난 해가 말법 82
년이라고 하였다.[7] 한편 <염거화상탑지>에서 회창(會昌) 4년 즉 서기 844
년이 석가모니가 열반에 드신 때로부터 1804년이라고 하였는데,[8] 여기에
따르면 석가모니의 입멸 연도는 기원전 949년이 아니라 기원전 959년이
된다. 사례마다 연도 계산이 조금씩 다른데,[9] 석가모니 열반을 기준으로

---

6) 『海東高僧傳』卷1, 流通一之一, 釋義淵, "上答云. "佛以姬周昭王二十四年甲寅歲生 十九出家三十成
道. 當穆王二十四年癸未 王聞西方有化人出 便卽西入至竟不還 以此爲驗. 四十九年在世 滅度至今齊
世武平七年丙申 凡一千四百六十五年."

7) 김영미, 1994, 앞 책, 232~233쪽.

8) 「廉巨和尙塔誌」, "會昌四季歲次甲子季秋之月兩旬九日 遷化廉巨和尙塔 去釋迦牟尼佛入涅槃一千
八百四年矣 當此國慶膺大王之時."

9) 석가모니의 입멸 연도가 <염거화상탑지>는 B.C. 959년, <보림사불상>은 B.C. 949년, <도피안사
불상>은 B.C. 940년이다. <보림사불상>이 법상의 연대와 일치한다. 왜 유물마다 다르게 헤아리고
있는가에 대해서는 해명이 필요하다.

한 시간 인식이 드러나는 사례들을 표로 정리하면 다음과 같다.

<표 1> 석가모니 열반을 기준으로 한 시간 인식

표현	연도	근거	장소
釋迦牟尼佛入涅槃1804년	844년 (문성왕 6)	염거화상탑지	원주? 양양?
釋迦如來入滅後1808년	858년 (헌안왕 3)	보림사철조 비로자나불조상기	전남 장흥
夫釋迦佛晦影歸眞遷儀越世紀 世掩色不鏡三千光歸1806년	865년 (경문왕 5)	도피안사철조 비로자나불조상기	철원
□迦佛末法三百余年	경문왕 재위기? 9세기 후반?	삼화사철조 비로자나불조상기	동해

　　<염거화상탑>을 시작으로 14년 뒤인 858년(헌안왕 3)에 만든 <보림사철조비로자나불상>(이하 보림사불상)에는 '석가여래입멸후(釋迦如來入滅後) 1808년', 865년(경문완 5)에 만든 <도피안사철조비로자나불상>(이하 도피안사불상)에는 '부석가불회영귀진천의월세기세엄색불경삼천광귀(夫釋迦佛晦影歸眞遷儀越世紀世掩色不鏡三千光歸) 1806년'이라는 표현을 새겼다. <삼화사철조비로자나불상>(이하 삼화사불상)에도 '□가불말법삼백여년(□迦佛末法三百余年)'이 나오는데, 이 <삼화사불상>은 경문왕대(재위 861-875) 전후의 작품으로 추정되고 있다.[10]

　　<염거화상탑>은 원주(흥법사) 또는 양양(억성사),[11] <도피안사불상>은

---

10) <삼화사불상>에 대해서는 임영애, 2013, 「신라 하대 경문왕대 불교조각의 재조명」『미술사학연구』278, 11쪽 참조.

11) <염거화상탑>은 현재 국립중앙박물관에 있다. 1914년 경 원래 있던 곳에서 서울로 옮겨졌는데, 일반적으로 원소재지가 원주 흥법사지라고 하지만, 권덕영은 염거화상이 입적한 억성사일 수도 있다고 하였다(권덕영, 1998, 「홍각선사탑비문을 통해 본 신라 억성사지의 추정」『사학연구』55·56, 85쪽). 가능성 있는 견해라고 생각한다.

철원[신라국한주북계철원군(新羅國漢州北界鐵員郡)], <삼화사불상>은 동해로, 모두 신라의 동북방 지역에 위치하고 있다. <보림사불상>은 전남 장흥에 소재하지만, 보림사가 염거(廉巨, ?-844)의 직제자인 체징(體澄, 804-880)이 주도하여 조성한 사찰이라는 점에서 동북방 지역과의 연관성을 외면할 수 없다.

염거는 신라에 남종선을 처음 전했으나 인정받지 못하고 설악산 진전사(陳田寺)에 은거했던 도의(道義, ?~821~?)의 제자이다. 염거도 설악산을 떠나지 않고 일생 스승의 가르침을 전하다가 억성사에서 입적하였다. <도피안사불상>은 '향도불(香徒佛)' '거사결연일천오백여인(居士結緣一千五百餘人)' 등의 표현을 볼 때 지역 향도들에 의해 조성되었음이 분명하고, <삼화사불상>은 '화엄업결언태대(덕)[華嚴業決言太大(德)]'의 존재를 근거로 국가 차원에서 조성된 것으로 보기도 하지만,[12] 불사에 참여한 '발심단월석씨청묵(發心旦越釋氏聽默) …… 시방단월(十方旦越)'[13] 등의 단월들은 지역민일 것이다. 무엇보다 왕경 인근에서 만들어진 금동불과 대비되는 철불(鐵佛)이라는 점에서 지역성을 지닌다.[14]

다음으로 '상말(像末)' '말대(末代)' 등의 불교의 시간관을 보여주는 용어를 직접 사용한 사례들을 통해 말법 인식을 확인할 수 있는데, 사례들을 정리하면 <표 2>와 같다.

---

12) 장일규, 2015, 「삼화사 철조노사나불상의 조성과 그 의미」『이사부와 동해』 9, 148~157쪽.

13) 황수영, 1999, 「三和寺鐵佛坐像背刻銘記」『황수영전집4 - 금석유문』 혜안, 288~289쪽.

14) 최성은, 2006, 「나말려초 불상의 새로운 경향」『이화사학연구』 33, 46~47쪽. 금동은 귀족 불교의 재료, 철은 지방 불교의 재료로 설명하고 있다.

<표 2> 상법·말법의 시간 인식

표현	연도	근거	장소
像法之末運	863년(경문왕 3)	장안사철조비로자나불조상기	금강산
象末	872년(경문왕 12)	대안사적인선사탑비	전남 곡성
末法之世	884년(헌강왕 10)	보림사보조선사탑비	전남 장흥
季世	893년(진성왕 7) 찬	봉암사지증대사탑비	경북 문경
末代	924년(경명왕 8)	흥녕사징효대사탑비	강원 영월
末代	917-924(경명왕대)	태자사낭공대사탑비	경북 봉화
像末·澆季	944년(혜종1)	정토사법경대사탑비	충북 충주
像季	965년(광종 16)	봉암사정진대사탑비	경북 문경

이 사례들 가운데 연대가 가장 빠른 것이 장안사(長安寺)에 있었다는 <철조비로자나불상>(이하 장안사불상)의 명문이다.[15] 함통(咸通) 3년, 즉 863년(경문왕 3)에 승려 각현(覺賢)이 주도하여 조성한 철불로서 '석가여래상법지말운(釋迦如來像法之末運)'이라는 구절이 확인된다.[16] 장안사는 금강산에 있는 사찰로서, 현재 행정구역상으로 북한 강원도 금강군 내강리에 위치하고 있다. 불상을 만들면서 법필(法弼)이 찬한 발원문을 광배에 새겼는데, 불상은 없어지고 그 발원문만 『장안사사적(長安寺事蹟)』에 남아 전하던 것을 『유점사본말사지(楡岾寺本末寺誌)』에 수록한 것이다.[17] 이 명문은 앞서 살펴본 <표 1>의 사례들과 동북방 지역에 위치한다는 점, 그리고 철불이라는 점에서 일치한다.

15) 허흥식, 1979, 「고려시대의 새로운 금석문자료」『대구사학』17, 2~3쪽 ; 곽승훈, 2017, 「신라 경문왕대 法弼의 禪사상과 보현행원사상-장안사비로자나불배석각을 중심으로」『사학연구』126, 126쪽.

16) 곽승훈, 2017, 앞 논문, 123쪽.

17) 허흥식, 1979, 앞 논문, 2쪽 ; 『楡岾寺本末寺誌』, 1997, 아세아문화사, 326~330쪽.

870년대 이후에는 전국에 분포된 선사 비문들에서 상말(象末), 상말(像末), 상계(像季), 말대(末代)[18] 등의 표현이 확인되고 있다. 요세(澆世),[19] 요계(澆季)[20]라는 표현과 함께 사용하면서 불법이 쇠퇴한 시대, 그리고 인정과 풍속이 경박해진 시대라는 인식을 표출하고 있다. 말법 인식이 드러난 선사 비문들의 특징에 대해서는 3장에서 자세히 다루도록 하겠다.

한편 상말(象末), 상말(像末), 상계(像季)를 '상법(像法) 시기의 끝'으로 해석하여 '말법 이전'이라고 보아야 한다는 해석이 있고,[21] 신라 선사들이 세상의 어지러움과 불법이 쇠퇴함을 한탄하였지만 법이 멸할 것이라는 위기의식은 없었다고 하면서 '상말(像末)'이라는 표현이 일반적이고 「보림사보조선사탑비」의 '말법'[22]은 오히려 예외적이라고 보기도 한다.[23] 과연 '상말'이 당시에 어떤 의미로 사용되었는지, 이웃한 당(唐)·송(宋)의 용례를 살펴보도록 하자.

당의 도선(道宣, 596-667)이나 신방(神昉)의 글에서 '상계(像季)' '상말(像末)'이라는 표현을 찾아볼 수 있다. 도선의 글에 '상계(像季)에 이르러 때가 경박하고 거짓되게 변하였다'[逮于像季 時轉澆訛]는 구절이 있는데,[24] 「정토사법경대사탑비(淨土寺法鏡大師塔碑)」(943/태조 26 立)에 나오는 '상말

---

18) 「太子寺郎空大師塔碑」 "大師謂門人曰 自欲安禪 終須助化 吾道之流於末代 外護之恩也"；「興寧寺澄曉大師塔碑」 "遂使弘敞禪關 闡揚大敎 掃魔軍於末代 扶王道於三朝."

19) 「聖住寺朗慧和尙塔碑」 "第大師於有爲澆世 演無爲秘宗."

20) 「淨土寺法鏡大師塔碑」 "禪林御衆 開道人天子之軒 寶樹居尊 施澆季法王之化者也."

21) 곽승훈, 2017, 앞 논문, 127쪽.

22) 「寶林寺普照禪師塔碑」 "矧乎末法之世 象敎紛紜."

23) 김영미, 1994, 앞 책, 257~260쪽.

24) 道宣, 『四分律刪繁補闕行事鈔』 卷1(『大正藏』 40, 1a8-12), "自大師在世偏弘斯典 爰及四依遺風無替 逮于像季 時轉澆訛 爭鋒脣舌之間 鼓論不形之事 所以震嶺傳敎九代聞之拔萃出類智術而已 欲明揚顯行儀匡攝像敎 垂彝範訓末學."

(像末)에 이르러 세상이 경박하고 거짓되어 대도(大道)는 자취를 감추고 미언(微言)은 단절되었으니[洎于像末 逾益澆訛 大道云喪 微言且絶]'라는 표현과 동일한 맥락이다. 『대승대집지장십륜경』 서문의 찬자인 신방은 '정법이 지나가서 오래되어 상말(像末)에 해당한다. ……'고 하였다.[25] 그런데 신방은 이 문장 뒷부분에서 『십륜경』은 이 땅의 말법의 가르침이다[十輪經者 則此土末法之敎]'라고 하여 말법 인식을 분명하게 드러내고 있다. 이처럼 당에서는 '상계', '상말'이라는 표현을 말법 인식 하에 사용하고 있다. 송(宋)의 원조(元照, 1048-1116)는, 정법·상법에 상대되는 표현으로 '상계'를 쓰고 있다.[26] 동아시아 불교가 지니는 보편성을 생각할 때 신라하대 선사비문의 상말(象末·像末), 상계(像季) 등도 말법 인식을 드러낸 표현으로 볼 수 있다.

지금까지 신라 하대 말법 관련 사료들의 시·공간성을 검토한 결과, 다음의 특징을 확인할 수 있었다. 첫째, 840년대~860년대에는, 장흥의 <보림사불상>을 제외하고는, 모두 신라의 동북방 지역에서 만든 승탑 및 불상(철불)에만 관련 사례들이 등장한다. 둘째, 870년~960년의 1백년 간 전라도 곡성·장흥, 경상북도 문경·봉화, 충청도 충주 등 전국에 산재한 선사들의 탑비에서 관련 사례들이 확인된다. 이러한 시·공간적 특징을 통해 말법 인식의 형성 및 확산 과정을 추적하고, 거기에 담긴 시대성을 읽어내

---

25) 『大乘大集地藏十輪經』 卷10(『大正藏』 13, 777a20-27), 序文, "自鵠林變色 慧日寢光 達學電謝以息肩 眞人長往而寂慮 且前賢述聖 難令各解 後進孤陋 更異親承 況乎正法旣往 久當像末 定慧與福德異時 醇化與澆風殊運 然則一乘三乘之駕 安可以同其轍哉 若識時來在數藥性勿違 然後可以淸沈痼之宿疾 體權實之同歸矣 十輪經者 則此土末法之敎也."

26) 元照, 『四分律行事鈔資持記』 卷1(『大正藏』 40, 161b12-17), "像季弘傳初科明兩土中 如來中夜入滅後夜不如 正法像法益多乖諍 況像季乎."

보도록 하겠다.

Ⅲ. 동북방 지역의 불교와 말법 인식의 형성

신라가 동북방 지역, 오늘날 강원도 북쪽 지역으로 진출한 것은 진흥왕(재위 540-576) 이후이다. 진흥왕은 553년(진흥왕 14) 한강 유역에 신주(新州)를 설치하였고,[27] 556년(진흥왕 17) 이전에 비열홀(比列忽, 현재 함경남도 안변)에 정(停)을 설치하였다.[28] 이후 거점성들을 축조하여 이 지역을 방어하였다. 동해안 방면으로의 진출은 좀더 앞선다.[29] 512년(지증왕 13)에 실직정(悉直停)으로부터 옮겨 설치된 하슬라정(何瑟羅停)이 있었다.[30] 그런데 6세기에 신라가 동해안이나 비열홀로 진출하였다고 하여 곧바로 이 지역이 신라의 영토로 정착한 것은 아니었다.[31] 6세기 중반 이후 신라와 고구려의 치열했던 전쟁은, 반복된 신주 및 북한산주의 치폐(置廢)가 증명한다.[32]

7세기 들어 고구려는 백제와의 관계를 개선하고 왜와 교섭한 상태에서 신라를 공격하기 시작하였다. 한강 유역을 둘러싼 공방전이 치열하였다.[33] 신라는 681년(문무왕 21)에야 이 지역을 최종적으로 확보할 수 있었

---

27) 『三國史記』 卷4, 新羅本紀4, 眞興王 14年 秋7月.
28) 『三國史記』 卷4, 新羅本紀4, 眞興王 17年 秋7月.
29) 김창겸, 2014, 「신라의 悉直國 복속과 지방통치의 추이」 『신라사학보』 32, 243~255쪽.
30) 『三國史記』 卷4, 新羅本紀4, 智證麻立干 13年 夏6月.
31) 박성현, 2019, 「6-8세기 신라 동북 경계의 변천과 구조」 『한국학논집』 77, 16쪽.
32) 문창로, 2012, 「三國時代 抱川지역의 역사 전개와 위상」 『한국학논총』 38, 95~96쪽.

고, 721년(성덕왕 20) 북경에 장성을 쌓고 관문을 설치하여 국경을 완성하였다.[34] 이 지역에 잔존했던 말갈 세력도 신라를 위협하였다. 그들은 고구려와 연합하여 공격하기도 하고, 독자적으로도 신라를 괴롭혔다. 658년(태종무열왕 5)에 북소경(北小京)을 폐기하고 주(州)로 삼은 이유도 말갈의 약탈로 그 지역 사람들이 편안하게 살 수가 없었기 때문이었다.[35] 효소왕(재위 692-702), 성덕왕(재위 702-737) 때 계속해서 축성을 한 것이 말갈의 침공을 막고자 함이었다는 견해도 있다.[36] 이처럼 고구려·당·말갈 등이 뒤섞여 있던 신라 동북방 지역에서의 군사적 긴장 관계는 8세기 전반까지 이어졌다. 적극적인 동북방 경영은 성덕왕 말년에 가서야 가능해졌다.

신라의 동북방은 경덕왕 때 개정된 행정지명으로 명주(溟州), 삭주(朔州), 한주(漢州)에 걸쳐 있다. 앞서 살펴본 말법 인식 관련 표현이 등장하는 초기의 유물들, 탑지 및 불상의 소재지가 삭주 억성사, 한주 도피안사(철원), 명주 삼화사(동해), 명주 장안사라는 점이 매우 흥미롭다. 신라의 동북방 지역에 불교가 수용된 것이 언제인가를 생각해볼 필요가 있다. 신라의

---

33) 고구려는 603년(진평왕 25)에 한강 유역의 북한산성을 공격하였고, 630년(진평왕 52) 무렵에 비열성을 빼앗았다. 이로부터 30년 뒤에(660년경) 신라가 비열성을 탈환하였지만 671년(문무왕 11)경에 당이 다시 고구려에 주었다. 665년(태종무열왕 2)에는 고구려가 말갈과 연합하여 북경(北境)을 침략하여 33성을 취하기도 하였다. 신라는 고구려로부터 비열홀 지역을 다시 편입한 뒤 668년(문무왕 8년)에 비열홀주를 두었다. 이 시기에 설치한 철성군(鐵城郡, 철원), 동북 방면의 안변, 북한강 최상류의 희양, 동해안의 통천 등지에서 신라와 고구려 사이의 공방이 계속 이어졌다. 『三國史記』卷7, 新羅本紀7, 文武王(下) 11年(671) ; 『三國史記』卷5, 新羅本紀5, 太宗武烈王 2年(655) 春正月 등.

34) 박성현, 2019, 앞 논문, 26~34쪽.

35) 『三國史記』卷5, 新羅本紀, 太宗武烈王 5年(658), "三月 王以何瑟羅地連靺鞨 人不能安 罷京爲州."

36) 조이옥, 2009, 「8-9세기 신라의 북방경영과 축성사업」『신라문화』34, 151~153쪽. 많은 학자들이 성덕왕대 북경 장성의 축조 이유가 발해와의 긴장관계 때문이라고 보는데, 조이옥은 발해 건국 초 영토확장은 발해의 동북방면에서 이루어졌고, 신라의 동북방이 발해 중심지와 거리가 멀어서 남하하기 어려웠으므로, 당시의 경계 대상은 발해가 아닌 말갈이었다고 한다.

동북방, 지금의 강원도 일대의 신라시대 불교 유적으로는 자장과 관련 있는 수다사·정암사(7세기 중반),[37] 의상이 방문했다는 낙산사(7세기 후반),[38] 오대산 중대에 건립하였다는 진여원,[39] 진표가 머물렀다는 금강산 발연수(8세기 중반)[40] 등이 떠오른다. 그런데 이 사찰들의 실존 여부는 『삼국유사』에만 의존하고 있다. 주지하듯이 『삼국유사』 기사들은 다양한 해석의 여지가 있다. 그러므로 제작 연대가 명확한 물질 자료에 근거하여 동북방 지역의 불교 문화를 이해할 필요가 있다.

이 지역의 유물 가운데 제작연대가 빠른 것이 상원사 동종(725)[41]과 선림원지(禪林院址) 동종(804)이다. 그런데 이 두 자료도 신라 동북방의 불교를 설명하기에 주저되는 바가 있다.

먼저 상원사 동종은 황수영에 의해 안동루문(安東樓門)에 걸려 있다가 조선 초에 상원사로 옮겨졌음이 규명되었다. 황수영은 이 종의 원소재지가 안동을 비롯한 경북 지방의 사찰이었을 것으로 보았다.[42] 선림원지 동종도 원소재지가 의심스럽다. 강원도 양양에 위치한 선림원지에서 1949년 봄에 주민에 의해 우연히 동종이 발견되었다. 동종을 1949년 말에 그곳에서 가까운 월정사로 옮겨 임시 보관하다가 6·25 때 불타 없어졌다.[43] 소실 전에 종의 내벽에 양각된 명문이 공개되었는데, 그 내용이 다음과

---

37) 『三國遺事』卷4, 義解5, 慈藏定律.

38) 『三國遺事』卷3, 塔像4, 洛山二大聖觀音正趣調信.

39) 『三國遺事』卷3, 塔像4, 臺山五萬眞身.

40) 『三國遺事』卷4, 義解5, 關東楓岳鉢淵藪石記.

41) 「상원사동종」 "開元十三年 乙丑 三月/八日 鐘成記之 都合鍮/三千三百鋌 □□普衆/都唯乃孝□直 歲道直/衆僧 忠七沖安貞應/旦越 有休大舍宅夫人/休道里 德香 舍上 安舍/照南宅匠仕□大舍"

42) 황수영, 1961, 「오대산 상원사동종의 반출 사실」 『역사학보』 16, 6~7쪽.

43) 황수영, 1998, 「양양 선림원지 출토의 신라범종」 『문화사학』 10, 8~9쪽.

같다.[44)]

貞元廿年甲申三月廿三日當寺鍾成內之」

古尸山郡仁近大乃末 紫草里 施賜乎古鍾」

金二百八十廷 當寺古鍾金二百廿廷 此以」

本爲內十方旦越勸爲成內在之」

願旨是者法界有情皆佛道中到內去誓內」

時寺聞賜主信廣夫人君」

上坐	令妙寺	日照和上
時司	元恩師	
鍾成在伯士	當寺	覺智師
上和上	順應和上	
	良惠師	
	平法□	
	善覺師	
	如於□	
	日晶誓師	
宣司	禮覺師	
節唯乃	同說師	

선림원지 동종의 명문에 나오는 '상화상(上和上) 순응화상(順應和上)'에

주목하여 802년 해인사 창건의 주역이었던 순응이 '당사(當寺)'의 주지를 맡아 동종 주조를 주도하였다고 한다. 그런데 단월인 신광부인에 이어 상좌(上座)가 먼저 나오고 있고, 백사(伯士) 뒤에 상화상을 6명이나 나열한 것으로 보아, 동종을 조성할 때 주도적인 역할을 한 이는 상좌였던 영묘사 일조화상으로 봐야 할 것이다. 이 영묘사의 한자 표기가 왕경의 성전사원 가운데 하나였던 영묘사와 일치하므로[45] 왕경의 승려가 상좌로 참여한 불사였다고 볼 수도 있다.[46]

만약 이 해석이 합리적이라면, 이 명문의 당사(當寺)가 양양 선림원지가 아닐 가능성이 크다. 동북방 지역의 사찰 가운데 9세기 초에 이미 상좌, 절유나 등의 삼강(三綱) 및 시사(時司), 선사(宣司) 등의 기구를 갖추었고, 왕경의 승려가 불사에 참여할 만큼 사격(寺格)을 갖춘 곳이 있었다는 것이 의심스럽고, 더욱이 억성사로 추정되는 곳이기에[47] 수긍하기가 어렵다. 선림원지는 조선시대에 사림사(沙林寺)라 불렸다.[48] 상원사 동종을 조선시대에 안동에서 상원사로 옮겨온 것처럼, 선림원지 동종도 원 소재지에서 이동하였을 가능성을 배제할 수 없다.

동북방 지역은 8세기 전반까지도 충돌의 위험이 잠재되어 있는 곳이었다. 721년(성덕왕 20) 북경(北境)에 장성을 쌓아 국경을 완성하였다고 하

---

45) 『三國史記』『三國遺事』에서는 靈妙寺로 표기하고 있지만, 『供養次第法疏』 필사본에서는 찬자를 '令妙寺 不可思議'라고 밝히고 있다.

46) 왕경 승려가 지방 불사에 참여한 예로는 <安養中初寺址幢竿支柱>(827년)이나 <菁州蓮池寺鍾>(833년) 등이 있다. 황룡사 승이 節州統으로 참여하였다.

47) 양양 선림원지가 廉巨와 弘覺禪師(814~880)가 주석했던 억성사라는 견해가 있다. 권덕영, 1998, 앞 논문, 75~88쪽. 억성사는 홍각선사의 중창에 의해 대규모의 寺格을 갖춘 것으로 보인다.

48) 洪敬謨(1774~1851)의 『冠巖全書』 卷23, 「志」, 四宜堂志에서는 홍각선사비를 沙林寺碑라 명명하면서 "新羅雪山禪林院弘覺禪師碑 在襄陽沙林寺"라고 설명하였다.

지만, 적적(狄賊)⁴⁹⁾의 위협에서 온전히 자유로워지기까지는 많은 시간이
필요했을 것이다. 동북방 지역이 차츰 안정을 찾아가면서 불교 문화의 침
투도 서서히 이루어졌을 텐데, 앞에서 살펴보았듯이, 9세기 선사(禪師)들
이 정착하기 이전 불교의 성격을 파악하기가 어렵다. 도의 이후, 범일(梵
日, 810-889)이 굴산사(崛山寺)를 세운 이후 강릉과 삼척 지역의 불적이 비
로소 형성되었다고 한다.⁵⁰⁾

억성사, 도피안사, 삼화사, 장안사 등이 위치한 이 지역은 험준하고 높
은 산들이 많고, 바다와도 가깝다.⁵¹⁾ 상대적으로 평야지대가 희박한, 인간
의 삶에 자연이 주는 위협이 큰 곳이다. 이들 동북방 지역의 산들은 신라
의 오악(五岳)에는 포함되지 않았다. 국가제사 가운데 중사(中祀)의 대상인
오악에는 토함산(동악), 계룡산(서악), 지리산(남악), 공산(중악), 그리고 태백
산(북악)이 포함되는데,⁵²⁾ 신라가 주변 지역을 정복해가는 과정에서 하나
씩 편입하여 문무왕~신문왕 때 오악의 형태가 갖춰졌을 것으로 본다.⁵³⁾
동북방 지역의 영역화가 완성된 것이 8세기 전반 이후이므로 이곳 산들이
『삼국사기』 제사지에 나오는 중사 - 오악에 포함되지 않은 것은 어쩌면
당연하다.⁵⁴⁾ 도의가 기존과 다른 가르침을 실천하고 포교할 장소로 설악

49) 『三國遺事』 卷3, 塔像4, 백율사조에서 北溟의 경계에서 부례랑을 잡아간 이들을 '狄賊'이라 표현
하였다.

50) 김일림, 2004, 「강원도의 불교와 전통사찰의 특성」 『문화역사지리』 16-1, 50쪽.

51) 강명혜, 2000, 「江原道 民俗信仰의 特性과 起源 및 文學作品과의 관련성」 『강원문화연구』 19, 76쪽.

52) 『三國史記』 卷32, 雜志1, 제사조.

53) 이기백, 1972, 「신라 오악의 성립과 그 의의」 『진단학보』 33, 14~17쪽 ; 최진구, 2013, 「신라 五岳
과 불교의 산신신앙 연구」 『신라문화』 42, 250쪽.

54) 신라는 지방의 명산대천을 국가 제사 체계 내에 편입함으로써 지방을 효과적으로 통치하고자
하였다. 대·중·소사 체계가 구축된 것은 9주 창설이 끝난 685년(신문왕5) 이후부터 성덕왕 34년 이
전이고, 중사의 속리산, 청해진(828년 설치) 등과 소사의 霜岳, 冬老岳 등은 후대에 추가된 것이라고

산을 선택한 것은 이 지역에 기성(既成) 불교 세력이 강하지 않았기 때문일 것이다. 동북방 지역에서는 중앙의 영향에서 벗어나 토착성[55]이 강한 문화를 유지해나가고 있었다.

궁예의 불교 신앙을 설명할 때 '토착적'이라는 평가가 많다.[56] 작제건 설화나 궁예가 도읍으로 삼았던 철원 발삽사의 치성광여래(熾盛光如來) 신앙, 토성·목성 등 별에 대한 신앙 등을 논거로 하고 있다.[57] 궁예의 불교 이해의 특징을 '토착적'이라고 한다면, 이는 개인적 성향이라기보다 민심을 얻고자 했던 그의 노력의 결과라고 하겠다. 마찬가지로 <염거화상탑지>(844)를 비롯하여 초기의 말법 관련 표현들이 동북방 지역의 불교 유물에만 등장한다는 사실은 이 지역에서의 불교 포교 시에 말법이라는 요소가 유효하였다는 것을 의미한다. 9세기 왕경에서는 애장왕·헌강왕의 불교 정책의 변화로 사찰들 스스로 생존을 위한 강구책을 마련하기 위해 분주하였지만,[58] 그렇다고 불법이 멸할 것이라는 위기의식까지는 없었다. 그러므로 신라 하대에 종교적 의미의 말법 인식이 없었다는 견해가 한편으로는 맞고, 한편으로는 맞지 않다고 하겠다. 다시 말해 말법 인식이 9세기 중반까지만 해도 왕경에는 없었고, 동북방 지방에는 있었다.

한다(채미하, 2007, 「신라 명산대천의 사전(祀典) 편제 이유와 특징」『민속학연구』 20, 239~244쪽).

55) '토착성'을 어떻게 설명할 것인가 관건이다. 붓다의 가르침[經律]을 따르는 불교 집단의 오리지널한 모습에서 벗어나 지역의 신앙이나 관습 등을 수용하여 지역민들에게 거부감 없는 모습으로 정착해나갔음을 '토착성'이라는 단어에 함축해서 담았다. 이 지역은 산도 많지만, 바다와도 가까워 해양신앙적 측면도 함께 생각해야 한다.

56) 김두진, 2008, 「궁예의 토착불교사상」『한국학논총』 30 ; 이재범·이광섭, 2014, 「궁예의 불교사상에 대한 고찰」『신라사학보』 31, 203~204쪽.

57) 김두진, 2008, 앞 논문, 185~189쪽.

58) 박광연, 2020, 「신라하대 불교 정책의 변화와 사찰의 대응」『영남학』 72, 143~158쪽.

Ⅳ. 선종과 말법 인식의 확산

말법 인식이 처음 등장한 후, 점차 신라 사회에 퍼져 나간다. 앞의 <표 1> <표 2>의 사례들에서 보건대, 말법 인식의 확산이 두드러지는 시기는 경문왕대(재위 861-875)이고, 872년(경문왕 12) 「대안사적인선사탑비(大安寺寂忍禪師塔碑)」 이후에는 선사 비문에만 등장하고 있다. 말법 관련 표현이 나오는 비문들은 다음과 같은 특징이 있다. 첫째는 산문(山門)의 실질적인 개창조의 비문이라는 점이고, 둘째는 미륵을 특히 강조하고 있는 비문이라는 점이다. 마지막으로 어떤 특정 지역이 아니라 전국에 걸쳐 분포하고 있다.

「대안사적인선사탑비」의 주인공 혜철(慧徹, 785-861)은 동리산문(桐裏山門)의 개창조이다. 그는 서당 지장의 법을 배우고 839년에 귀국하여 무주 쌍봉사에 머물다가 동리산 대안사로 옮겨 주석하였는데, 그가 안거에 들면 비가 내리지 않는다는 소문과 문성왕의 후원으로 산문이 성장하게 되었다. 문성왕이 혜철을 일러 "상말(象末)에 걸쳐 많은 몸을 나타냈다"고 평하였다. 혜철 입적 후 8년 만에 경문왕의 후원으로 탑비를 세웠다. 이 비의 찬자는 입당사은 겸 숙위판관 한림랑(入唐謝恩兼宿衛判官翰林郎)인 최하(崔賀)이다.

다음 「보림사보조선사탑비」의 주인공인 체징(體澄, 804-880)은 가지산문의 개창조이다. <보림사불상>을 만든 장본인이기도 하다. 웅주 출신의 그는 설악산 억성사에서 염거의 가르침을 받았고 당에 3년 간 유학한 뒤 웅진을 거쳐 무주 황학난야에 머물다가 858년 헌안왕의 청으로 보림사로 옮겼다. 이후 장사택주 김수종(金秀宗)이 철조비로자나불상의 조성을 후원하였고, 경문왕이 전왕인 헌안왕의 극락왕생을 위해 이곳에 3층 쌍탑과 석등을 만들었다. 체징의 탑비도 입적(880) 후 4년 만에 건립되었다. 이 비의 찬자는 조청랑 수정변부 사마(朝請郎守定邊府司馬)인 김영(金穎)이다.[59] 이상의 두 탑비는 왕실의 두터운 후원 속에 산문으로 성장시킨 개창조의 것이라는 공통점이 있다. 산문의 개창과 말법 인식의 상관성을 생각해볼 수 있다.

다음 「봉암사지증대사탑비」에서는 미륵이 강조되어 있다.

> 함통 5년(864) 겨울 단의장옹주(端儀長翁主)가 미망인이었는데, (도헌에게) 당래불(當來佛)이라 칭하며 귀의하였다. 대사를 공경하여 하생(下生)이라 이르고 상공(上供)을 후히 하였으며, 읍사(邑司)의 영유인 현계산(賢溪山) 안락사(安樂寺)가 산수의 아름다움을 많이 가지고 있다 하여 원숭이·학의 주인이 되어 달라고 청하였다.[60]

864년(경문왕 4)에 경문왕의 누이인 단의장옹주가 도헌을 하생한 당래불(當來佛) 즉 미륵불이라 칭하며 귀의하고 있다. 인간 선사를 미륵불로 추앙하는 것은, 당시 신라 사회에서는 보기 드문 사례이다.[61] 선종 승려인 도헌을 미륵불로 추앙한 것은 경문왕을 전륜성왕에 비견코자 하는 당대

---

59) 혜철과 체징에 대해서는 조범환, 2008, 『나말여초 선종산문 개창 연구』, 경인문화사, 5~28쪽, 55~76쪽 참조.

60) 「鳳巖寺智證大師碑」, "咸通五年冬 端儀長翁主未亡人 爲稱當來佛是歸 敬謂下生 厚資上供 以邑司所領賢溪山安樂寺 富有泉石之美 請爲猿鶴主人."(한국고대사회연구소 편, 1992, 『역주한국고대금석문3』, 가락국사적개발연구원, 205쪽)

61) 8세기 이후 당과 일본에서는 '인간보살' '인간부처' 인식을 살펴볼 수 있다. 우리의 경우, 의상을 보개여래의 화신이라 하는 표현이 『삼국유사』에 나오는데, 이는 고려시대의 인식으로 보인다.

의 분위기와 무관하지 않다는 해석이 있다.[62] 즉 경문왕은 다양한 불사를 통해 진골의 화합을 도모하였고, 불교의 권위를 빌어 왕권을 합리화하고자 하였기에, 오탁(五濁)의 말법 시대를 전륜성왕이 통치하여 다시 평화로운 세상이 되면 미륵불이 출현할 것이라는 기대를 심어주고자 하였다는 것이다. 이 때문에 「봉암사지증대사탑비」에서는 도헌이 계세(季世)에 승이 되었다고 비유적으로 말하고 있다.

> 처음 어머니의 꿈에 한 거인이 나타나 고하기를, "나는 과거의 비바시불(毗婆尸佛)로서 계세에 승이 되었는데, 성을 낸 까닭으로 오랫동안 용보(龍報)를 따랐으나, 업보가 이미 다 끝났으니 마땅히 법손이 되어야 할 것입니다. 그러므로 묘연에 의탁하여 자비로운 교화를 널리 펴기를 원합니다"고 하였다.[63]

비바시불이었던 과거와 상대되는 '계세'는 불교의 시간으로 볼 수 있다. 이처럼 경문왕과 그의 자녀들은 말법의 혼탁한 세상을 불법으로 통치함으로써 다시 태평한 시대가 되면 미륵이 하생할 것이다, 혹은 이미 잘 통치하여 미륵불이 오셨다는 이야기를 하고 있는데, 이는 국왕이나 선종 교단의 입장에서는 퍼져가는 말법 인식을 극복하기 위한 노력이었을 것이다. 그런데 아이러니하게도 이러한 노력을 통해 말법 인식은 더욱 확산되기도 하였다.

---

62) 박광연, 2013, 앞 논문, 100~108쪽.

63) 「鳳巖寺智證大師碑」 "初母夢 一巨人告曰 僕昔勝見佛 季世爲桑門 以▨恚故 久隨龍報 報旣旣矣 當爲法孫." (한국고대사회연구소 편, 1992, 『역주한국고대금석문3』, 가락국사적개발연구원, 202쪽).

「성주사낭혜화상탑비」에서도 "계족산 아래서 미륵을 기다림이니, 어서 동쪽 계림에 나타나소서."[64]라고 하여 미륵이 계림 즉 신라에 하생할 것을 기대하고 있다. 선종에서 계족산-가섭-미륵이 대두된 것은 전법설(傳法說)과 관련이 있다. 북종선의 신회(神會, 684~758)가, 달마의 전의부법(傳衣付法)의 권위를 이용하여, 석가여래의 금란가사를 지금 계족산에서 대가섭이 간직하면서 미륵의 출세를 기다려 불법을 분부하려 한다는 '금란가사설'을 주장하였고, 이것이 『역대법보기(歷代法寶記)』(8세기), 『보림전(寶林傳)』(801년) 등에 전승되어 회자되었다.[65] 다만 당에서는 석가여래가 입멸하기 전에 정법안장(正法眼藏)을 마하가섭에게 부촉하였다는 사실, 그것이 서천 28조, 동토 6조의 조사들에 의해 전승되어 왔다는 사실이 강조되었다면,[66] 신라의 선사 비문에서는 '미륵을 기다린다' '미륵이 계림에 나타난다'와 같이 신라 땅에 미륵이 하생한다는 점을 부각시켰다.

선사들이 이끈 산문의 출발은 대체로 미약했지만, 지역민들의 자발적인 참여가 있었고,[67] 시간이 흐르면서 수백에서 수천 명에 이르는 사람들이 모여들었다. 수천 명을 결집시킨 원동력이 무엇인가에 대해 다양한 해석이 가능한데, 말법 인식을 '의도적으로' 이용한 것은 아닐지 고려해봐야 한다. 선사들은 법회 참여자들에게 시대를 논하는 설법을 하였을 것이고, 이 설법은 더 많은 민들의 참여를 이끌었을 것이다.[68]

---

64) 「聖住寺朗慧和尙碑」 "鷄峯待彌勒, 將在東鷄林"
65) 정성본, 1991, 『중국선종의 성립사 연구』, 민족사, 523~524쪽.
66) 정성본, 1991, 앞 책, 768~769쪽.
67) 추만호, 1986, 「나말 선사들과 사회제세력과의 관계」 『사총』 30, 13쪽.
68) 말법시대라는 위기감을 불교에 귀의하게 하는 원동력으로 활용하였을 가능성을 의미한다. 한편 추만호는 9주5소경 등의 문화 선진지역에서 민중들의 의식 성장이 있었고, 이것이 정치행동화하는

'지금이 말법시대다'라는 인식이 신라 말의 보편적인 시대 인식으로 자리잡아갔다. 『삼국사기』나 『삼국유사』에서 인용하고 있는 많은 『고기』류의 이야기들이 만들어지고 정리되는 시기가 신라 말-고려 초라고 한다.[69] 말법이라는 시대 인식 속에서 신이(神異)·영험(靈驗)을 강조하는 이야기들이 만들어지고, 정리되었던 것이 아닌가 한다. 한편으로 이러한 말법 인식이 불교계에서는 교화를 위한 명분으로, 정치계에서는 통치를 위한 명분으로 이용되었을 수도 있다.

V. 맺음말

 지금까지 신라 사회에서 말법 인식이 어떻게 형성되고 확산되어 나갔는가를 살펴보았다. 관련 자료가 지닌 시·공간적 특징이 우연이 아니라 9세기 신라 사회의 성격을 보여주는 것이라 파악하였다.

 말법이라는 불교적 시간 인식이 7세기 중국, 9세기 한국, 11세기 일본에서 공통적으로 나타나고 있다. 일본의 경우, 『부상약기(扶桑略記)』, 『신명경(神明鏡)』, 『왕생요집(往生要集)』 등 여러 문헌에서 말법탁세(末法濁世)가 이르렀음을 말하고 있는데, 구체적으로 영승(永承) 6년(1051) 또는 7년(1052)이 말법 원년이라고 하였다.[70] 이때 말법시대라고 보는 원인으로 영험의 퇴락, 승도(僧徒)의 소요, 빈번한 재난, 정치력의 빈곤, 정치적 소외와

자생적 이유가 되었다고 설명하였다(추만호, 1986, 앞 논문, 23~24쪽).
69) 박광연, 2018, 「史書로서의 『삼국유사』와 『古記』 연구의 흐름」 『진단학보』 130 참조.
70) 橋川正, 1925, 「平安末期に於ける末法到來の意識」 『佛敎硏究』 6, 353~354쪽.

권력 비판 등을 거론하면서 불법의 소멸과 왕법(王法)의 경박함을 동시에 문제시하고 있다.[71]

신라에서는 9세기 중후반부터 말법 인식이 드러나고 있다. 일본과는 달리 문헌보다는 승탑, 불상, 탑비와 같은 유물에 적힌 글을 통해 그 흔적을 찾을 수 있다. 그 시작은 840년대 동북방 지역이었고, 20-30년이 지난 뒤 선사들의 이동과 함께 전국적으로 확산되었다. 말법이라는 위기 의식은 신라인들의 불사(佛事) 동참을 이끌었고, 산문(山門)의 성장으로 이어졌다. 전륜성왕의 통치와 미륵불의 하생으로 말법시대를 극복할 수 있다는 논리를 통해, 혼란한 시기에 통치와 교화의 정당성을 찾기도 하였다.

---

71) 高木豊, 1973, 「末法意識の樣相」『平安時代法華佛敎史硏究』, 平樂寺書店 참조.

참고문헌

1. 원전

『三國史記』, 『三國遺事』, 『海東高僧傳』

『楡岾寺本末寺誌』

『歷代三寶記』

『四分律刪繁補闕行事鈔』

『大乘大集地藏十輪經』

『四分律行事鈔資持記』

2. 저·역서

김영미, 1994, 『신라 불교사상사 연구』, 민족사.

정성본, 1991, 『중국선종의 성립사 연구』, 민족사.

조범환, 2008, 『나말여초 선종산문 개창 연구』, 경인문화사.

황수영, 1999, 『황수영전집 4 - 금석유문』, 혜안.

3. 논문

강명혜, 2000, 「江原道 民俗信仰의 特性과 起源 및 文學作品과의 관련성」 『강원
　　　문화연구』 19.

곽승훈, 2017, 「신라 경문왕대 法羽의 禪사상과 보현행원사상 - 장안사비로자나불
　　　배석각을 중심으로」 『사학연구』 126.

권덕영, 1998, 「홍각선사탑비문을 통해 본 신라 억성사지의 추정」 『사학연구』
　　　55·56.

김두진, 2008, 「궁예의 토착불교사상」 『한국학논총』 30.

김일림, 2004, 「강원도의 불교와 전통사찰의 특성」『문화역사지리』 16-1.

문창로, 2012, 「三國時代 抱川지역의 역사 전개와 위상」『한국학논총』 38.

박광연, 2013, 「동아시아 ‘왕즉불’ 전통과 미륵불 궁예」『사학연구』 110.

박광연, 2018, 「史書로서의 『삼국유사』와 『古記』 연구의 흐름」『진단학보』 130.

박광연, 2020, 「신라 하대 불교 정책의 변화와 사찰의 대응」『영남학』 72.

박성현, 2019, 「6-8세기 신라 동북 경계의 변천과 구조」『한국학논집』 77.

신호철, 2008, 「신라의 멸망원인」『한국고대사연구』 50.

이기동, 1981, 「新羅衰亡史觀의 槪要」『韓██劤博士停年紀念史學論叢』, 지식산업사.

이기백, 1972, 「신라 오악의 성립과 그 의의」『진단학보』 33.

이기백, 1975, 「신라초기 불교와 귀족세력」『진단학보』 4.

이재범·이광섭, 2014, 「궁예의 불교사상에 대한 고찰」『신라사학보』 31.

임영애, 2013, 「신라 하대 경문왕대 불교조각의 재조명」『미술사학연구』 278.

조이옥, 2009, 「8-9세기 신라의 북방경영과 축성사업」『신라문화』 34.

조인성, 1994, 「신라말 농민반란의 배경에 대한 일시론」『신라말 고려초의 정치사
　　　회변동』, 한국고대사연구회.

채미하, 2007, 「신라 명산대천의 사전(祀典) 편제 이유와 특징」『민속학연구』 20.

최성은, 2006, 「나말려초 불상의 새로운 경향」『이화사학연구』 33.

최진구, 2013, 「신라 五岳과 불교의 산신신앙 연구」『신라문화』 42.

추만호, 1986, 「나말 선사들과 사회 제세력과의 관계」『사총』 30.

추만호, 1994, 「신라말 사상계의 동향」『한국고대사연구』 7.

허흥식, 1979, 「고려시대의 새로운 금석문자료」『대구사학』 17.

황수영, 1961, 「오대산 상원사동종의 반출 사실」『역사학보』 16.

황수영, 1998, 「양양 선림원지 출토의 신라범종」『문화사학』 10.

橋川正, 1925, 「平安末期に於ける末法到來の意識」『佛敎硏究』6.

高木豊, 1973, 「末法意識の樣相」『平安時代法華佛敎史硏究』, 平樂寺書店.

4. 기타

한국고대사회연구소 편, 1992, 『역주한국고대금석문3』, 가락국사적개발연구원

국사편찬위원회 한국사데이터베이스(http://db.history.go.kr/)

태봉학회 총서 **3**

제3부

후삼국의 성립

신라의 쇠퇴와
후삼국의
성립

DECLINE OF SILLA
AND RISE OF LATER BAEKJE,
LATER GOGURYEO

신라 효공왕대 전후 신라 정부와 성주·장군의 동향에 대한 고찰

전덕재

단국대학교 사학과 교수

목차

Ⅰ. 서론

　　헌덕왕 14년(822)에 熊川州都督 金憲昌이 반란을 일으켰다가 진압되었다. 이후 신라정부의 지방에 대한 통제력이 약화되면서 張保皐와 같은 지방세력이 성장할 수 있는 기반이 조성되었다. 836년 12월 興德王이 사망한 후에 원성왕계 진골귀족 사이에 치열한 骨肉相殘의 왕위계승분쟁이 전개되면서 신라의 지배체제가 동요하였다. 景文王은 즉위 이후 崇福寺를 중심으로 元聖王에 대한 추모사업을 전개하면서 원성왕계의 단합을 꾀하였고, 경문왕의 뒤를 이은 憲康王은 父王의 뜻을 계승하여 漢化政策을 적극 추진하여 왕권과 신라정부의 집권력을 강화하는 한편, 身分과 親屬이 아니라 능력 위주로 관리를 등용하여 小康을 이루었다고 평가할 수 있다.

그러나 헌강왕이 사망한지 겨우 3년 만에 전국 곳곳에서 농민들이 봉기하였고, 이후 신라의 통치체제가 와해되면서 각 지역에서 자위력을 갖춘 城主·將軍이라고 自稱하는 사람들이 등장하였다. 이들을 흔히 豪族이라고 부른다. 891년과 892년에 농민과 초적의 무리들을 세력기반으로 하여 두각을 나타낸 弓裔와 甄萱이 옛 고구려와 백제지역의 대부분을 차지한 다음, 마침내 901년과 900년에 각기 후고구려와 후백제를 건국하였다. 孝恭王이 즉위한 897년 이후 영남지역에서 성주·장군이라고 칭하는 사람들은 대부분 친신라적인 입장을 견지하며, 반신라정책을 추진한 견훤과 궁예를 견제하였다. 910년대에 궁예가 후삼국영역의 2분의 1 이상을 차지하였고, 견훤도 소백산맥을 넘어 경북지역으로 진출하였다. 이때 신라는 경주와 그 주변지역을 통제할 정도로 국력이 쇠약해져 겨우 나라의 명맥만을 유지할 따름이었다.

918년에 고려를 건국한 왕건이 친신라적인 정책을 추진하고, 신라 왕조마저 재기할 가능성이 희박해지자, 920년 이후에 영남지역에서 활동하던 성주·장군들이 고려에 歸附하기 시작하였다. 특히 930년 정월 고창전투에서 고려가 승리한 이후, 후백제와 고려와의 각축에서 고려의 절대적 우위가 확고해지자, 영남지역 성주·장군들이 고려에 항복하는 사례가 급증하였다. 고려는 결국 영남지역 성주·장군의 귀부에 힘입어 마침내 936년에 후백제를 멸망시키고 후삼국을 통일할 수 있었다.

종래에 889년(진성여왕 3)에 전국에서 농민들이 봉기한 이후부터 고려

가 후삼국을 통일하기까지의 역사를 고대에서 중세로의 사회변동과 연관
시켜 이해하였기 때문에 농민봉기의 원인과 전개과정, 호족의 등장과 그
성격, 후백제·후고구려의 건국과 역사적 전개, 왕건의 고려 건국과 후삼
국 통일과정, 왕건의 대호족정책 및 후삼국 통일 요인 등에 대해 연구가
매우 활발하게 진행되었다. 그 결과 나말여초와 관련된 제반 사항에 대해
참신하면서도 획기적인 견해를 제기하기가 쉽지 않은 실정이라고 말할
수 있다. 다만 897년 후반기에 진성여왕과 효공왕이 당나라 황제에게 進
獻한 각종 表文과 이 무렵에 활동한 禪師들의 비문을 꼼꼼하게 다시 분석,
정리한다면, 신라 정부가 농민봉기 이후 혼란에 빠진 상황을 극복하기 위
해 어떠한 노력을 기울였는가와 더불어 영남지역 성주·장군들의 동향에
대한 기존의 이해를 조금이나마 진전시킬 수 있는 단서를 얻을 수 있다는
기대감을 가져볼 수 있지 않을까 한다. 본고는 이와 같은 문제의식에서 준
비된 것이다.

Ⅱ. 신라 정부의 지배체제 안정책

889년(진성여왕 3) 이래 전국 곳곳에서 초적과 도적들이 횡행하였다.
890년대에 농민 또는 초적의 무리들을 기반으로 궁예와 견훤이 세력을
확장하였고, 마침내 901년과 900년에 각기 후고구려와 후백제를 건국
하였다. 904년(효공왕 8)에 궁예가 상주와 그 인근의 주현을, 907년(효공
왕 11)에 견훤이 일선군 이남의 10여 성을 차지하였다고 전하는 기록들
을[1] 참고하건대, 907년 무렵에 궁예와 견훤이 영남지역을 제외한 나머

지 지역을 나누어 후고구려와 후백제의 영역으로 편제하였다고 추정하여도 이견이 없을 것이다. 그렇다면 궁예와 견훤이 신라 강역을 점진적으로 侵削하고 있을 때, 신라 정부는 이와 같은 위기상황에 대해 어떻게 대처하였을까가 궁금하다. 이와 관련하여 먼저 889년 이후 전국 각지에서 도적들이 봉기하고, 강원도에서 梁吉과 弓裔가, 전남지역에서 甄萱이 草賊의 무리들을 규합하여 세력을 떨치자, 894년(진성여왕 8) 2월에 崔致遠이 時務 10여 조를 올렸고, 진성여왕이 이를 기꺼이 받아들였음을[2] 주목할 필요가 있다.

최치원은 일찍이 당나라에 유학하여 賓貢科에 합격하고 당나라 宣州 溧水縣尉를 역임하였으며, 淮南節度使 高騈의 추천으로 館驛巡官에 임명되는 한편, 고변이 諸道行營兵馬都統으로 재임할 때에 그의 從事官이 되어 서기의 책임을 맡기도 하였다. 885년(헌강왕 11) 3월에 신라에 귀국한 이후에 헌강왕은 그를 國士로써 대우하고, 翰林學士, 兵部侍郞, 知瑞書監事 등의 관직을 제수하기도 하였다. 그러나 최치원은 진성여왕 즉위 이후에 大山郡의 太守에 임명되고, 이어 893년(진성여왕 7)에는 富城郡의 太守로 재직하였다. 이때 진성여왕은 그를 賀正使로 발탁하였으나 도적들이 길을 막는 바람에 使行의 임무를 수행할 수 없었다.[3] 이처럼 최치원이 중앙 관직에서 밀려나 지방관을 역임한 이후인 894년 2월에 시무 10여 조

---

1) 『삼국사기』 열전10, 궁예. "天祐 元年 甲子(904년) … 秋七月 移靑州人戶一千 入鐵圓城爲京. 伐取尙州等三十餘州縣 公州將軍弘奇來降"; 『고려사』 권1, 세가1 天祐 3년. "(天祐) 三年 丙寅(906년) 裔命太祖率精騎將軍黔式等 領兵三千 攻尙州沙火鎭 與甄萱累戰克之"; 『삼국사기』 신라본기12, 효공왕 11년. "一善郡以南十餘城 盡爲甄萱所取".

2) 『삼국사기』 신라본기11, 진성왕 8년 봄 2월. "崔致遠進時務一十餘條 王嘉納之 拜致遠爲阿飡".

3) 최치원의 생애에 대해서는 장일규, 2008, 「최치원의 생애와 저술」『최치원의 사회사상 연구』, 신서원이 참조된다.

를 올린 것이다.

『삼국사기』 신라본기에 최치원이 시무 10여 조를 진성여왕에게 올린 기록만이 전하고, 그 내용에 대해서는 어떤 자료에도 전하지 않는다. 따라서 시무 10여 조의 내용은 정확하게 알기 어렵다고 보는 것이 타당하다. 다만 최치원이 당나라에서 유학하고 귀국하였다는 사실, 진성여왕의 즉위 이후에 중앙정계에서 밀려나 지방관을 전전하였다는 사실, 895년(진성여왕 9)에 찬술한 「海印寺妙吉祥塔記」에서 신라에 전쟁과 흉년 두 재앙이 닥쳐 굶어 죽거나 싸우다가 죽은 시체가 들판에 별처럼 즐비하게 널려 있을 정도로 신라의 현실이 惡中惡, 즉 최악의 상태였다고 언급하였던 사실[4] 등을 두루 감안하건대, 시무 10여 조의 내용에는 골품 또는 천거에 의한 관리 선발을 지양하고 능력 위주로 관리를 선발하는 제도의 도입, 당나라 官制의 수용을 통한 관제의 전면적인 개혁, 유학적 소양을 갖춘 能文能吏의 적극적인 등용, 농민들의 경제생활 안정을 위한 수취제도와 토지제도의 개편, 녹읍제를 비롯한 관리 급여제도의 혁신, 빈민 구제를 위한 구휼제도의 재정비 등의 내용이 포함되었을 것으로 추정된다. 그러나 당시 신라 정부의 지방에 대한 통제력이 상당히 상실된 상태였고, 극도의 재정 궁핍으로 중앙행정조직조차도 제대로 작동하지 못하였을 뿐만 아니라 진성여왕을 비롯한 당시 집권세력의 적극적인 의지가 결여되어 있었기 때문에 결과적으로 최치원의 시정개혁안은 당시 신라 사회의 혼란상을 극복하는 데에는 크게 기여하지 못한 것으로 판단된다.

신라 정부가 889년 이후 위기상황에 대처하기 위해 내놓은 대책 가운

---

4) 「海印寺妙吉祥塔記」. "唐十九帝 中興之祭 兵凶二災 西歇東來. 惡中惡者 無處無也, 餓殍戰骸 原野星排".

데 가장 획기적인 것으로서 바로 진성여왕의 禪讓을 들 수 있다. 『삼국사기』 신라본기11, 진성왕 11년(897) 6월 기록에 이와 관련된 내용이 전한다.

왕이 좌우의 신하들에게 말하기를, '근년 이래로 백성은 곤궁하고 도적들은 벌떼처럼 일어나니, 이는 내가 덕이 없는 탓이다. 賢人에게 자리를 비켜왕위를 양보하고자 하는 나의 뜻은 결정되었다.'고 하였다. 이에 왕위를 太子 嶢에게 물려주었다.

진성여왕이 嶢에게 왕위를 물려준 것과 관련된 내용이 최치원이 진성여왕과 효공왕을 대신하여 찬술한 「讓位表」와 「謝嗣位表」에 자세하게 전한다. 진성여왕은 「양위표」에서 전국 곳곳에서 도적들이 횡행하여 신라가劫灰와 같은 상태로 변한 것, 즉 仁鄉이 변하여 병든 나라[疵國]가 된 것은자신이 모두 中道를 지키려다가 正道를 잃고, 아랫사람을 부리는 데에 방향을 잃은 것에서 연유한 것이라고 언급하고, 오랫동안 兵亂에 시달린데다가 병마저 많기 때문에 왕위를 요에게 물려주기로 하였다고 천명하였다.[5] 한편 효공왕은 「사사위표」에서 고모 坦이 즉위한 이래 질병과 사고가 잇따라[疾故相仍] 乾寧 4년(897; 진성왕 11) 6월 1일에 蕃國의 일을 간절

---

5) 「讓位表」 "而及愚臣繼守 諸患倂臻 始則黑水侵疆 曾噴毒液. 次乃綠林成黨 競簸狂気 所管九州 仍標百郡 皆遭寇火 若見劫灰. 加復殺人如麻 暴骨如莽. 滄海之橫流日甚 昆岡之猛焰風顚 致使仁鄉變爲疵國. 此皆由臣守中迷道 馭下乖方. 鴟梟沸響於鳩林 魚鱉勞形於鰈水. 況乃西歸瑞節則鵠艦平沈 東降冊書則鳳軺中輟. 阻霑膏雨 虛費薰風 是乖誠動於天 實懼罪深於海. 羣寇旣至今爲梗 微臣固無所取材 日邊居義仲之官 非臣素分. 海畔守延陵之節 是臣良圖. 久苦兵戎 仍多疾瘵 深思自適其適 難避各親其親. 竊以臣姪男嶢 是臣亡兄晟息. 年將志學 器可興宗 山下出泉 蒙能養正. 丘中有李 衆亦思賢. 不假外求 爰從內擧. 近已俾權蕃寄 用靖國災. 然屬蟻至壞堤 蝗猶蔽境 熱無以濯 溺未能援. 帑廩一空 津途四塞 槎不來於八月 路猶夐於九天 不獲早託梯航 上聞旒扆" (사단법인 고운국제교류사업회, 2016, 『역주 고운최치원선생문집』하, 90~91쪽).

히 밀어 자신에게 主持하라라고 하자, 관리와 백성들이 再三 만류하는 청을 하였고, 자신 역시 부탁을 굳이 사양하며 명령을 遵承하지 않으려고 하였으나, 진성여왕이 이내 여러 사람의 마음을 막으시고 서둘러 私第로 돌아가시었다고 언급하였다.[6]

또한 진성여왕이 도적들의 횡행으로 연기와 티끌이 국경을 빙 두르고, 제철에 바람이 불고 비가 내리지 않아 백성들이 농사를 제대로 지을 수 없게 되었을 뿐만 아니라 중국으로 가는 使行의 길이 막혀 恩榮을 욕되게 하고 정성을 펼 방법이 없어 도리에 어긋남이 많아 두려움이 더 많아지게 되어 한 번 사양하고 물러가는 것을 결심하였다고 언급하였다. 그러면서 진성여왕이 선양의 뜻을 밝히자, 신라의 백관이 담처럼 몰려오고 왕족들이 구름처럼 따르면서, 울며 '天災가 행해지는 것은 땅의 본분으로 면하기 어려운 것입니다. 이를 자신의 허물로 삼는 것은 마땅한 일이 아니옵니다. 황제의 어명을 받을 때까지 기다려 王爵을 사양하여도 늦지 않사옵니다.' 라고 청하였는데, 이에 대해 진성여왕이 모두 자신이 몽매한 탓에 도적들이 횡행하게 되었으므로, '죄로 치자면 誅戮을 받아도 마땅하고 이치로 따지자면 자리에서 물러나는 것이 당연하다. 한 나라에 사양하는 기풍이 일기를 바란다면, 오직 우리 두 사람이 마음을 한 가지로 하는 데 길이 있다. 몸을 이끌어 王位에 나아갈 것이요, 받아들임을 탐탁지 않게 여기는 것은 본받지 말지어다'라고 훈시하였다고 하였다.[7]

「양위표」와 「사사위표」를 통해 진성여왕이 자신의 허물로 말미암아

---

6) 「謝嗣位表」, "前權知當國王事臣坦是親叔. 臣自亡父贈大傅臣晸及次叔臣晃相次亡沒. 叔權守蕃服. 疾故相仍 至乾寧四年六月一日 懇推蕃務 令臣主持. 官吏甿黎 再三留請 臣亦固辭付託 未欲遵承 而乃 □阻羣情 遙歸私第"(사단법인 고운국제교류사업회, 2016, 『역주 고운최치원선생문집』하, 102쪽).

도적들이 횡행하여 나라가 커다란 혼란에 빠졌기 때문에 이에 대한 책임을 지고 왕위를 太子 嶢에게 禪讓한다고 밝히자, 요를 비롯한 百官과 王族, 백성들이 모두 선양을 만류하였으나 결국 진성여왕이 뜻을 굽히지 않아 897년 6월 1일에 진성여왕이 왕위에서 물러나고 효공왕이 즉위하였음을 알 수 있다. 진성여왕은 왕위에서 물러난 뒤에 北宮에서 기거하다가 이해 12월 乙巳(5일)에 사망하였다. 그렇다면 여기서 진성여왕이 모든 사람들이 만류하였음에도 불구하고 太子 嶢, 즉 孝恭王에게 왕위를 禪讓한 이유는 무엇이었을까가 궁금한데, 이와 관련하여 전근대 중국과 우리나라의 荒政策을 주목할 필요가 있다.

董仲舒가 정치와 자연재해를 밀접하게 연관시킨 天人感應說을 제창한 한나라 때에 荒政策의 일환으로 황제의 勤愼과 節儉 및 사치의 경계와 賢才의 발탁 등을 제시하였다.[8] 한편 梁나라에서 祈雨行事의 일환으로 祈雨七事를 제정하였는데, 그 가운데 현명하고 훌륭한 인물을 천거한다는 내용이 포함되었다.[9] 鄭道傳은 고려 말기에 '옛날에 災異가 발생하

---

7) 「謝嗣位表」 "臣聞難進易退 乃君子之用心. 徇公滅私 實古人之陳力. 口誇者甚衆 躬行者頗稀 而臣叔坦 志切立人 言深責己. 以爲火生於木 而火猛則木焚. 水泛其舟 而水狂則舟覆. 當國大饑頻致 小盜相尋 本恣豺狼之貪 漸矜鴻鵠之志. 其以藏奸鼠竊 始聞胠篋探囊. 乘勢蜂飛 遽見分城剽邑. 遂使烟塵匝境 風雨愆期 羣戎盆熾於東陲 餘粒莫栖於南畝. 加復龍虎節則去沈遼壑 鳳凰使則來輟中途. 有辱恩榮 莫伸誠款 實多違者 甦恐滋焉. 愼思三命而恭 決計一辭而退. 當蕃具寮牆進 庶族雲趨而泣請曰 天災所行 地分難免 以斯自咎 未見其宜 受帝命爲期 讓土爵非晚. 又以慈踰十起 禮過三辭 叔坦謂臣 涕隨當下日 顧茲一境 異彼三方 何則 改服章奉正朔 仰遵帝國 俯緝侯蕃. 故昔玉皇 賜詩先祖曰 禮義國爲最 詩書家所藏. 又頃皇華元季方者 來紀鷄林政事 詩云 但美詩書敎 曾無鼙鼓喧. 古哲侯靜理斯在 而今也 郡邑遍爲賊窟 山川皆是戰場 豈謂天殃 偏流海曲. 都因懵昧 致此寇戎 罪不容誅 理宜辭職. 冀令一國興讓 惟在二人同心 引而進之 勿効疏受"(사단법인 고운국제교류사업회, 2016, 『역주 고운최치원선생문집』하, 102~104쪽).

8) 김석우, 2006, 『자연재해와 유교국가』, 일조각, 118쪽 및 160~165쪽.

9) 『隋書』卷7, 志2 禮儀2. "春秋龍見而雩 梁制不爲恒祀 四月後旱 則祈雨行七事 一理寃獄及失職者 二賑鰥寡孤獨者 三省繇輕賦 四擧進賢良 五黜退貪邪 六命會男女恤怨曠 七撤膳羞弛樂懸而不作".

면 三公을 파면하고, 大臣 역시 遜位하여 재앙을 물리쳤다'고 주장한 바 있다.[10] 한편 중국의 여러 왕조에서 災異가 발생하였을 때, 三公 및 侍中 등이 遜位를 奏請한 실례를 다수 발견할 수 있다.[11] 군주가 失政함에 하늘에서 災異를 내려 경고하였다고 인식하였기 때문에 자연히 君主를 잘 못 보좌한 大臣 역시 책임을 면할 수 없다고 이해하였다고 볼 수 있다. 고려와 조선시대에 자연재해가 발생하면, 人才를 천거하라는 교시를 자주 반포하였다.[12] 신라에서도 소지마립간 19년(497) 7월에 가뭄이 들고 황충이 창궐하자, 왕이 群官에게 명령하여 牧民者 각 1인씩 추천하도록 하였고,[13] 혜공왕 5년(769) 5월에 가물고 황충이 창궐하자, 百官들에게 명령하여 각자 아는 사람들을 薦擧하도록 한 일이 있었다.[14] 한편 통일신라시대에 災異가 발생하였을 때, 그것에 대한 책임을 지고 집사부 시중이 퇴임하는 사례가 많이 발견되는데, 통일신라에서 군주를 잘못 보좌한 책임을 지고 집사부 중시가 퇴임하는 관행이 확립되었음을 시사해주는 측면으로 주목된다.[15]

---

10) 『고려사절요』 권35, 공양왕 3년 5월. "政堂文學 鄭道傳上疏曰 … 古者有災異 三公策免 爲大臣者 亦遜位而禳之 請免臣職 以弭災".

11) 西晉 咸寧 3년(277)과 太康 7년(286) 정월에 日蝕이 발생하자, 太衛 賈充과 三公(太尉·司徒·司空)이 遜位를 요청한 바 있다. 또한 南朝 宋의 文帝 元嘉 5년(428) 봄에 侍中 王弘이, 北魏 宣武帝 初期에 侍中 高陽王 雍이, 北魏 前廢帝 普泰 원년(531) 7월에 司徒 尒朱彦伯이, 唐 永徽 3년(652)에 太尉 趙國公 長孫無忌가 가뭄이 들자, 遜位를 요청하였음을 확인할 수 있다.

12) 예를 들어 고려 선종 3년(1086) 6월에 비가 내리지 않자, 왕이 文武常恭官, 致仕한 舊臣 및 散職 3품 이상에게 이달 26일까지 上奏文을 봉하여 올려 짐의 過失과 刑政의 得失, 백성들의 고질적인 병을 直言하여 숨기지 말고 진언하게 하고, 또 충직하고 청렴하며 재능과 덕이 있는 자를 각각 1인씩 천거하라고 지시하였으며, 『조선왕조실록』에서 가뭄을 비롯한 자연재해가 발생하였을 때에 국왕이 인재를 천거하라는 교시를 자주 내리고 있는 사례를 발견할 수 있다.

13) 『삼국사기』 신라본기3, 소지마립간 19년 가을 7월. "旱蝗 命群官 擧才堪牧民者各一人".

14) 『삼국사기』 신라본기9, 혜공왕 5년 여름 5월. "蝗旱 命百官各擧所知".

이처럼 중국과 우리나라에서 災異가 발생하였을 때, 그것을 君主의 失政에 대한 하늘의 譴責으로 인식하여 군주를 잘못 보좌한 대신이 책임을 지고 물러나거나 현명한 인재를 발탁하여 정치적 쇄신을 단행하여 재이를 극복하려 하였음을 염두에 둔다면, 진성여왕의 禪讓 역시 천인감응설에 따른 荒政策의 일환으로 이해할 수 있는 여지가 전혀 없지 않다고 할 수 있다. 董仲舒는 災異는 君主의 失政에서 비롯되는데, 보통 '異'가 먼저 나타나고, '災'는 군주의 반응에 따라 결정된다고 주장하였다. 즉 그는 만약에 괴이한 현상이 나타나면, 군주는 일단 안으로는 스스로 책임을 통감하고 마음을 닦으며, 밖으로는 나라의 여러 상황을 세밀하게 살펴 교화를 베풀어 王道를 실현하기 위해 노력해야 하며, 그렇게 하지 않으면 재해가 발생하여 나라가 크게 위태로워진다고 보았던 것이다.[16]

진성여왕은 자신의 失政 또는 몽매함, 또는 不德으로 인하여 889년 이후에 왕조의 존립기반을 위협할 수 있는 兵亂이 초래되었다고 인식하였다. 그러나 사료상에서 진성여왕이 재앙을 극복하기 위하여 스스로 반성하며 마음을 닦았음을 시사해주는 자료를 찾을 수 없다. 즉 괴변이나 자연재해가 발생하였을 때, 군주가 스스로 반성하는 대표적인 행위가 평소에 먹던 반찬 가짓수를 줄이는 것[減膳]과 정전(正殿)을 피하여 정사를 돌보는 것인데, 진성여왕대의 여러 자료에서 이와 관련된 기록을 확인할 수 없다. 그러나 「사사위표」에 진성여왕이 선양의 뜻을 밝히자, '저희 번국의 백관이 담처럼 몰려오고 왕족들이 구름처럼 따르면서 울며 청하기를 "天

15) 전덕재, 2013, 「삼국과 통일신라시대 가뭄 발생 현황과 정부의 대책」 『한국사연구』 160, 32~34쪽.
16) 董仲舒가 제창한 天人感應說의 구체적인 내용에 대해서는 김동민, 2004, 「董仲舒 春秋學의 天人感應論에 대한 고찰 - 祥瑞·災異說을 중심으로 - 」 『동양철학연구』 36이 참조된다.

災가 행해지는 것은 땅의 본분으로 면하기 어려운 것이오니, 이를 자신의 허물로 삼은 것은 마땅한 일이 아니옵니다."라고 하였다.'는 기록이 전하는데, 진성여왕이 자신의 허물로 인하여 하늘의 견책을 받아 變亂이 발생하였다고 인식하였음을 시사해주는 자료로서 주목된다. 이에서 진성여왕이 천인감응설에 의거하여 나라가 더 이상 위태로워지는 것을 막으려는 의도에서 스스로 왕위를 선양하려 하였다고 추론할 수 있다.

여기서 주목되는 것은 진성여왕이 자신이 덕이 없어서 도적들이 횡행하였으므로, 이에 왕위를 賢人에게 양보하려 한다고 언급한 사실이다. 이를 통해 진성여왕은 자신을 대신하여 賢人인 嶢가 왕위에 오르면, 변란을 극복할 수 있을 것이라고 믿었다고 추론할 수 있기 때문이다. 이와 관련하여 「양위표」에 전하는 다음의 기록을 주목할 필요가 있다

신의 조카 嶢는 바로 臣의 兄인 晸(헌강왕)의 아들입니다. 연령은 志學에 가깝고 자질은 宗社를 일으킬 만합니다. 산 아래에서 샘물이 나온 것과 같았으나, 童蒙之心으로 능히 성품을 바르게 하는 것을 함양하였습니다. 언덕에 오얏꽃이 있음에 사람들이 賢人을 생각하였기에, 밖에서 구하여 데려오지 않고 이에 안에서 천거하게 되었습니다. 근자에 이미 蕃邦의 정치를 임시로 맡겨 다스리게 하여 나라의 재앙을 진정시켰습니다.

진성여왕은 재난을 극복하기 위하여 賢人에게 왕위를 물려주려고 의도하였고, 그녀가 현인으로 추천한 사람이 자신의 조카인 嶢임을 밝힌 다음, 요가 임시로 나라를 다스려 재앙을 진정시켰음을 강조하면서, 그가 왕위를 계승하여 나라를 다스리면 국가의 災殃과 王朝의 위기를 극복하여

종사를 길이 보존할 수 있을 것이라는 기대감을 표명하였음을 엿볼 수 있다. 이러한 측면에서 진성여왕의 선양은 전근대 왕조에서 재이가 발생하였을 때, 현인을 등용하여 재이를 극복하려고 하였던 荒政策의 일환으로 이해할 수 있는 여지가 적지 않다고 평가할 수 있지 않을까 한다.[17]

그런데 진성여왕의 禪讓과 효공왕의 즉위 이후에 신라 정부가 부분적으로 지방에 대한 통제력을 약간 회복하여 지배체제를 안정시켰음을 시사해주는 자료가 전하여서 유의된다. 진성여왕은 「양위표」에서 '근자에 이미 蕃邦의 정치를 임시로 맡겨 다스리게 하여 나라의 재앙을 진정시켰습니다.'라고 언급하였다. 이를 통해 진성여왕대 말기에 嶢가 代理聽政하여 나름 지배체제를 안정시켰음을 유추해볼 수 있다.[18] 한편 효공왕은 「사사위표」에서 '그런데 軍事를 主持하는 일은 아직 그런대로 체면을 유지할 만하지만, 도적의 무리들에 의한 乖亂함이 많습니다[而且董戎猶近諸盜多乖]'라고 언급하였다. 효공왕이 軍事를 主持하는 일은 아직 그런대로 체면을 유지할 만하다고 언급한 내용과 관련하여 897년 10월 또는 11월에 891년(진성여왕 5)에 당나라에 사신으로 갔던 崔元이 귀국하였다는 사실 및 守倉部侍郎 급찬 金穎을 당나라에 賀正使로 파견한 사실을 주목할 필요가 있다.

崔致遠이 代筆한 「謝恩表」에 '지난 乾寧 4년(897) 7월 5일에 앞서 入朝

---

17) 한편 종래에 요의 태자책봉과 선양을 통한 왕위 계승은 진성여왕측이 준비한 당면한 정치사회적 문제를 일거에 해결해 보려는 일종의 정치적 이벤트라는 정치적 함의를 가지고 있다는 견해가 제기되어 주목된다(이문기, 2015, 『신라 하대 정치와 사회 연구』 학연문화사, 357~374쪽).

18) 嶢가 진성여왕을 대리하여 섭정할 때에 13~14세였다고 추정되기 때문에 그가 실질적으로 정국을 주도하며 지배체제를 안정시켰다고 단언하기 어렵다. 이러한 측면에서 효공왕 2년에 상대등에 임명된 舒弗邯 俊興, 侍中에 임명된 아찬 繼康, 효공왕의 장인인 이찬 乂謙 등이 요를 보좌하여 지배체제를 안정시키는 데에 기여하였을 것으로 짐작된다.

하였던 慶賀判官 檢校尙書 祠部郞中으로 紫金魚袋를 하사받은 臣 崔元이 본국으로 돌아올 때에 삼가 엎드려 받든 制旨에서 亡祖인 故 鷄林州大都督 檢校太尉 臣 凝(경문왕)을 太師로, 亡父인 故 持節充寧海軍事 檢校太保臣 晸(헌강왕)을 太傅로 追贈하시었으며, 이어 각기 官誥 한 통씩을 내리셨나이다.'라고 전한다.[19] 여기서 崔元이 897년 7월 5일 還國할 때에 당나라 昭宗이 경문왕과 헌강왕을 太師와 太傅로 추증한다는 내용의 制旨를 받았다고 하였다. 「謝不許北國居上表」에 '신(효공왕)이 우리나라(신라)의 宿衛院에서 보내온 狀報를 보니, "乾寧 4년(897) 7월 중에 발해의 賀正王子 大封裔가 狀을 올려, 발해가 신라 위에 居하는 것을 청하였는데, 엎드려 勅旨를 받듦에, 나라 이름의 先後는 관례상 强弱을 가지고 일컫지 않는다. 조정에서 제정한 等威를 지금 어찌 국력의 盛衰를 가지고 고칠 수 있겠는가? 舊例대로 해야 될 것이니, 이 宣示에 따르라."라고 한 것이었사옵니다.'라고 전하는데,[20] 이에 따르면, 崔元은 신라 宿衛院에서 보낸 狀報를 가지고 귀국하였다고 볼 수 있다. 따라서 최원은 897년 7월 또는 8월 중에 당나라 수도 長安을 출발하였다고 이해할 수 있다. 통상 당나라 수도 長安에서 신라 王京까지 오는 데에 대략 3개월 정도 걸렸던 바,[21] 최원은 897

---

19) 「謝恩表」 "去乾寧四年七月五日 先入朝慶賀判官檢校尙書祠部郎 中賜紫金魚袋崔元還國. 伏奉制旨 亡祖故鷄林州大都督檢校太尉臣凝太師 亡父故持節充寧海軍事檢校太保晸太傅 仍各賜官誥一通者"(사단법인 고운국제교류사업회, 2016, 『역주 고운최치원선생문집』 하, 110쪽).   한편 최치원이 代筆한 「宿衛學生首領等 入朝狀」(사단법인 고운국제교류사업회, 2016, 『역주 고운최치원선생문집』 하, 143쪽)에 龍紀 3년(891)에 賀登極使의 判官인 檢校祠部郎中 崔元이 학생 崔霙 등을 데리고 당나라에 入朝하였다[准去龍紀三年 隨賀登極使判官檢校祠部郎中崔元 入朝學生崔霙等事例 勅京兆府 支給逐月書糧 兼乞冬春恩賜時服]고 전한다.

20) 「謝不許北國居上表」 "臣得當蕃宿衛院狀報云 乾寧四年七月內 渤海賀正王子大封裔進狀 請許渤海居新羅之上 伏奉勅旨 國名先後 比不因强弱而稱 朝制等威 今豈盛衰而改 宜仍舊貫 准此宣示者"(사단법인 고운국제교류사업회, 2016, 『역주 고운최치원선생문집』 하, 120쪽).

21) 권덕영, 1997, 『고대한중외교사 - 견당사연구 - 』 일조각, 214~220쪽.

년 10월 또는 11월에 신라 왕경에 도착하였을 것으로 짐작된다.

최원은 당나라 장안에서 산동반도의 登州에 이른 다음, 여기에서 배를 타고 서해 중부 횡단항로 또는 서해 북부 연안항로를 통해 경기도 화성시 서신면 전곡리에 위치한 唐恩浦(党項津)에 도달하고, 다시 여기에서 육로를 통해 신라 왕경까지 간 것으로 보인다.[22] 『삼국사기』 잡지3, 지리1에 '王城 동북쪽의 唐恩浦路에 해당하는 곳을 尙州라고 하였다'라고 전한다. 이를 통해 통일신라시대에 신라 왕경에서 당은포에 이르는 육로를 당은포로라고 불렀음을 알 수 있다. 현재 당은포로는 경주에서 출발하여 영천, 의성을 지나 상주에 이른 다음, 여기에서 화령재를 넘어 보은, 청주, 천안시 직산읍, 평택과 안중을 거쳐 화성을 경유하여 당은포에 이르는 코스를 가리킨다고 이해하는 것이 일반적이다.[23] 결국 최원은 897년 10월 또는 11월에 당은포에서 당은포로를 통해 신라 왕경에 이른 것으로 볼 수 있다.

崔致遠이 代筆한 「新羅賀正表」에 孝恭王이 '삼가 陪臣인 守倉部侍郎 金穎을 보내 表를 올려 하례를 올리옵나이다[謹差陪臣守倉部侍郎金穎 奉表陳賀以聞].'라고 전한다. 또한 「遣宿衛學生首領等入朝狀」에 '신[효공왕]은 지금 前件의 학생들(崔愼之 등 8명)을 보내면서 首領으로써 수행원[傔人]에 충당시켜, 賀正使 守倉部侍郎 級飡 金穎의 배편에 따라 대궐에 들

---

22) 『新唐書』 卷43, 志33下 地理志. "其後貞元宰相賈耽 考方域道里之數最詳 從邊州入四夷 … 乃南傍海壖過烏牧島貝江口椒島 得新羅西北之長口鎭. 又過秦王石橋麻田島古寺島得物島 千里至鴨淥江唐恩浦口 乃東南陸行七百里 至新羅王城".
여기서 鴨淥江은 잘못 삽입되어 기록된 것이다. 이 기록을 통해 통일신라시대에 중국 산동반도에서 배를 타고 唐恩浦에 이른 다음, 여기에서 700里에 이르는 陸路를 통해 신라 王城으로 나아갔음을 알 수 있다.

23) 전덕재, 2013, 「신라의 대중·일 교통로와 그 변천」 『역사와 담론』 65, 157~165쪽.

어가서 학업을 익히게 하고, 겸하여 宿衛에 충당토록 하옵니다.'라고 전하고,[24] 이밖에 「奏請宿衛學生還蕃狀」에는 숙위학생으로서 연한이 찬 金茂先 등 4인을 賀正使로 파견된 級飡 金穎의 배편에 본국으로 돌아가게 하여 주시기를 청원하는 내용이 전한다.[25] 이들 기록을 통해 897년에 金穎이 당나라에 賀正使로 파견되었음을 입증할 수 있다. 최원이 897년 10월 또는 11월에 신라 왕경에 도착하였던 바, 김영이 신라 왕경을 출발한 것은 이 해 10월 또는 11월이었다고 봄이 합리적이다.[26] 이때 하정사로 파견된 김영은 「賀正表」와 「遣宿衛學生首領等入朝狀」, 「奏請宿衛學生還蕃狀」 이외에 「讓位表」, 「起居表」, 「謝嗣位表」, 「謝恩表」, 「謝不許北國居上表」, 「謝賜詔書兩函表」 등을 함께 올렸을 것으로 추정된다. 897년 10월 또는 11월에 賀正使 金穎은 당은포로를 통해 당은포에 이른 다음, 여기에서 배를 타고 산동반도에 도달하여 당나라 수도인 長安으로 나아갔을 것이다.[27]

『삼국사기』 열전6, 최치원조에 당나라 昭宗 景福 2년(893)에 納旌節使 兵部侍郎 金處誨가 바다에서 익사하자, 곧 槥城郡(충남 당진군 면천면 일대)

---

24) 「遣宿衛學生首領等入朝狀」 "臣今差前件學生等 以首領先儤 令隨賀正使守倉部侍郎給飡金穎船次 赴闕習業 兼充宿衛"(사단법인 고운국제교류사업회, 2016, 『역주 고운최치원선생문집』 하, 142쪽).

25) 「奏請宿衛學生還蕃狀」 "伏乞睿慈 俯徇故事 特賜宣付屬國所司 令准去文德元年放歸限滿學生大學博士金紹游等例 勒金茂先等 并首領輩 隨賀正使級飡金穎船次還蕃"(사단법인 고운국제교류사업회, 2016, 『역주 고운최치원선생문집』 하, 152쪽).

26) 종래에 김영이 897년 말에 하정사로 당나라에 들어갔다고 이해하는 견해가 제기되었다(최영성, 2016, 『역주 고운최치원선생문집』 하, 사단법인 고운국제교류사업회, 88쪽).

27) 『삼국유사』 권2, 기이2 진성여왕 거타지조에 진성여왕대에 여왕의 막내 아들 아찬 良貝가 백제의 해적을 물리치고 당나라에 사신으로 갔다고 전한다. 종래에 이를 근거로 진성여왕대 후반기에 양패를 우두머리로 하는 또 한 차례의 견당사가 입당하였다고 주장하기도 하였다(권덕영, 1997, 앞의 책, 94쪽). 그러나 『삼국사기』에 진성여왕에게 아들이 있었다는 정보가 전하지 않는 점을 감안하건대, 『삼국유사』의 진성여왕 거타지조의 기록을 역사적 사실 그대로 신뢰하기가 쉽지 않다. 필자는 이 기록은 897년 김영이 견당사로 입당한 사실과 관련하여 만든 설화일 개연성이 높다고 판단하고 있으며, 추후에 이에 대해 자세하게 논증할 기회를 가질 예정이다.

太守 金峻을 차출하여 告奏使로 삼고, 富城郡(충남 서산시) 太守인 崔致遠을 불러 賀正使로 삼았는데, 마침 도적이 횡행하여 길이 막혀 가지 못하였다고 전한다.[28] 893년 하반기에 신라 정부가 당은포로와 그 인근 군현에 대해 통제할 수 없는 상황이었음을 시사해주는 자료로서 주목된다. 그런데 앞에서 897년 10월과 11월에 崔元과 金穎은 당은포로를 통행하였음을 확인할 수 있었다. 최원과 김영이 897년 10월 또는 11월에 당은포로를 안전하게 통행할 수 있었던 것은 신라 정부가 당은포로와 그 주변에 위치한 상주와 웅주, 한주의 군현지역에 대한 치안을 확보하였음을 전제로 할 때 합리적으로 이해할 수 있음은 물론이다. 이러한 측면에서 진성여왕이 「양위표」에서 '근자에 이미 蕃邦의 정치를 (嶢에게) 임시로 맡겨 다스리게 하여 나라의 재앙을 진정시켰습니다.'고 언급한 사실, 「사사위표」에서 효공왕이 군사를 주지하는 일은 그럭저럭 체면을 유지할 만하다고 언급한 사실은 단지 外交的인 修辭에 불과한 것이 아니라 실제로 897년에 신라 정부가 나름대로 군사력을 정비하여 지방에 대한 통제력을 부분적으로 회복하였음을 일정 정도 반영한 표현으로 이해하여도 무방하지 않을까 한다. 王位의 禪讓을 통해 지배체제의 안정을 바랐던 진성여왕의 所望은 비록 한시적이고 부분적이었다고 하더라도 나름 어느 정도 이루어졌다고 평가할 수 있을 것이다.

한편 효공왕이 군사를 주지하는 일은 그럭저럭 체면을 유지할 만하다고 언급한 사실과 관련하여 주목되는 사항이 신라 정부가 왕경을 방어하

---

28) 『삼국사기』 열전6, 최치원. "唐昭宗景福二年 納旌節使兵部侍郎金處誨沒於海 卽差槥城郡太守金峻爲告秦使. 時致遠爲富城郡太守 祗召爲賀正使 以比歲饑荒 因之 盜賊交午 道梗不果行".
최치원을 賀正使로 임명하려 하였던 것으로 보건대, 그 시점은 893년 하반기로 추정된다.

기 위한 목적으로 왕경에서 가까운 동해안과 영천 방면에 昵於鎭과 阿弗鎭을 설치하였다는 사실이다.[29] 昵於鎭을 神光鎭으로 개칭하였던 바, 일어진은 경북 포항시 북구 신광면에 위치하였다고 볼 수 있다. 阿弗은 阿伐, 阿火라고도 표기할 수 있다. 따라서 신라 國都에서 가까운 곳에 위치한 아불진은 경북 경주시 서면 아화리에 위치한 것이라고 보아도 무방할 것이다.

930년(태조 13) 2월에 태조가 昵於鎭에 행차하였고, 932년(태조 15)에 태조가 庾黔弼에게 (후)백제 군대가 槽山城, 阿弗鎭 등지에 이르러 사람과 재물을 겁탈하고, 침략하여 신라 國都에까지 이를까 두려우니 가서 구원하라고 지시하였다. 이러한 이유 때문에 일어진과 아불진을 고려에서 설치한 軍鎭으로 볼 수도 있을 것이다. 그러나 일어진이 동해안지역에서 신라 왕경으로 향하는 길목에, 아불진이 영천 방면에서 왕경으로 들어가는 교통의 요지에 위치하였음을 감안한다면, 두 군진은 동해안과 영천 방면에서 신라 왕경을 침략하는 외적을 방어하기 위하여 설치하였다고 보는 것이 합리적이다. 이러한 측면에서 일어진과 아불진은 고려가 아니라 신라가 설치하였다고 봄이 옳지 않을까 한다.[30]

896년(진성왕 10)에 적고적이 신라 왕경의 서쪽 모량리까지 진출하였는데,[31] 이를 근거로 이 무렵에 왕경 주위에 주둔한 군단 가운데 상당수가

---

29) 『고려사』 권1, 세가1 태조 13년 2월. "庚子行昵於鎭"; 『고려사』 권82, 지36 병2 鎭戍. "(太祖) 十三年 二月 城昵於鎭 改名神光鎭"; 『고려사』 권92, 열전5 庾黔弼. "又明年(932년)爲征南大將軍 守義城府. 太祖使人謂曰 予慮新羅爲百濟所侵 嘗遣大匡能丈英周烈弓總希等鎭之 今百濟兵已至槽山城阿弗鎭等處 劫掠人物 恐侵及新羅國都 卿宜往救".

30) 이문기, 1997, 「경덕왕대 군제개혁의 실태와 신군제의 운용」 『신라병제사연구』, 일조각, 411쪽.

31) 『삼국사기』 신라본기11, 진성왕 10년. "賊起國西南 赤其袴以自異 人謂之赤袴賊. 屠害州縣至京西部牟梁里 劫掠人家而去".

허설화되어 왕경을 방어하는 시스템이 제대로 작동하지 않았음을 추론할 수 있다.[32] 적고적이 물러간 뒤에 신라 정부는 왕경의 방어체계를 재정비하였을 것으로 짐작되는데, 왕경으로 침략하는 外賊을 방어하기 위해 일어진과 아불진이라고 불리는 軍鎭을 설치한 것이 이와 관련이 있지 않을까 한다. 물론 현재로서 이와 같은 추론을 뒷받침해줄 수 있는 결정적인 자료는 전하지 않지만, 여러 정황으로 보아, 이와 같은 가정이 전혀 황당한 억측만은 아닐 것으로 사료된다.[33]

이상에서 진성여왕이 왕위를 효공왕에게 선양한 897년 무렵에 신라의 지배체제가 나름 안정을 되찾았음을 살펴보았다. 이외에 효공왕은 지배체제의 안정을 위해 30세 전후의 孝宗을 집사부 侍中으로 임명하거나 또는 학문실력이 뛰어난 文翰官을 차관급으로 등용하였음을 확인할 수 있다. 앞에서 통일신라시대에 재이가 발생하였을 때에 집사부 중시가 책임을 지고 퇴임하는 것이 관행이었다고 언급하였다. 『삼국사기』 신라본기에 889년 이후의 진성여왕대와 효공왕대에 시중으로 2명이 임명되었다

---

32) 통일 이전에 왕경에 京餘甲幢과 大幢, 三千幢, 四千幢, 貴幢, 誓幢, 郎幢, 罽衿幢, 侍衛府 등이 주둔하였고, 통일 이후 한동안 大幢과 9誓幢, 일부 軍團이 王都와 6畿停 등에 주둔하였으며, 下代에 이르러 師子衿幢의 군사, 6정·9서당 대신 설치하여 6畿停에 주둔한 三軍과 京五種幢 등에 소속된 3,000여 명의 衛兵이 왕도의 치안과 방위를 담당하였다(전덕재, 2018, 『『삼국사기』의 기록을 통해 본 신라 왕경의 실상 - 문무왕대 이후 신라본기와 잡지, 열전에 전하는 기록을 중심으로 - 』 『대구사학』 132, 25~42쪽). 896년 무렵에 적고적이 왕경을 침략하였을 때, 이들을 신라 관군이 제대로 막지 못하였던 이유는 바로 왕경을 수비하던 師子衿幢 및 京五種幢, 三軍의 조직 상당수가 허설화되었던 것에서 찾을 수 있지 않을까 한다.

33) 927년에 후백제가 신라 왕경을 급습한 이래, 신라의 군사력이 와해되었고, 931년(경순왕 5) 2월에 태조가 50여 명의 기병을 거느리고 신라 왕도에 가서 약 3개월 정도 머물다가 5월에 왕도를 떠나 개경으로 돌아갔다. 『고려사』 권92, 열전5 庚黔弼條에 태조가 '신라가 백제의 침공을 받을까 염려하여 일찍이 大匡 能仗 英周 烈弓 悤希 등을 파견하여 鎭守하게 하였다.'라고 언급한 내용이 전하는데, 이를 통해 신라의 군사력이 無力化되기에 이르자, 고려군이 신라 왕도를 鎭守하였음을 확인할 수 있다. 이처럼 927년 이후에 신라의 군사력이 와해되자, 고려 군대가 아불진과 일어진에 주둔하면서 신라 왕경을 진호하였던 것으로 추정된다.

고 전한다.[34] 효공왕 2년(898) 정월에 舒弗邯 俊興을 上大等으로 삼고, 아찬 繼康을 시중으로 삼았다. 그리고 효공왕 6년(902) 3월에 대아찬 孝宗을 시중으로 삼았다. 계강은 효공왕의 즉위 이후에 단행된 인사개편과 관련되어 시중에 임명되었다고 볼 수 있다. 효공왕 6년 3월에 서리가 내렸기 때문에 자연재해가 발생하여 그에 대한 책임을 지고 계강이 시중에서 퇴임하고, 효종이 새로 시중에 임명되었다고 볼 수 있는 개연성은 충분히 있다. 이외에 효종을 시중으로 임명한 또 다른 이유와 관련하여 그가 화랑 출신이고 비교적 30세 전후의 젊은 나이였다는 사실을 주목할 필요가 있다.

『삼국사기』 열전8, 효녀지은조에 효종은 당시 제3재상 舒發翰 仁慶의 아들이고, 어려서의 이름은 化達이었으며, 진성여왕이 자신의 조카, 즉 헌강왕의 딸과 혼인시켰다고 전한다. 아울러 여기에서 효종이 화랑이었고, 그의 낭도가 수천 명이었다고 언급하였다. 또한 효녀지은조에서 진성여왕이 '그(효종)는 비록 어린 나이라고는 하지만, 문득 인격이 완성된 어른처럼 보인다[王謂雖當幼齒 便見老成].'고 언급하였는데, 진성여왕의 이와 같은 언급과 더불어 대체로 15~17세의 진골 출신 소년을 花郎으로 선출하였음을 감안한다면, 헌강왕의 딸과 결혼할 때 효종의 나이는 10대를 벗어나지 않았을 가능성이 높다고 볼 수 있다. 효종이 효녀지은의 효성에 감복하여 곡식 100石과 옷가지를 지급하고, 진성여왕이 효녀지은에게 租 500석과 집 한 채, 잡역을 면제시켜 준 것은 대체로 진성여왕대 초반으로 이해되기 때문에 902년(효공왕 6) 3월에 시중에 임명될 때에 그의 나이는 대략

---

34) 『삼국사기』 신라본기12, 효공왕 2년 봄 정월. "尊母金氏爲義明王太后. 以舒弗邯俊興爲上大等 阿飡繼康爲侍中";『삼국사기』 신라본기12, 효공왕 6년 봄 3월. "降霜. 以大阿飡孝宗爲侍中".

30세 전후였다고 추산할 수 있다.

902년 무렵에 궁예는 비뇌성전투에서 승리하고 충북지역까지 영역을 확장하였는데,[35] 이에 따라 효공왕을 비롯한 신라 집권세력의 위기의식이 크게 증대되었을 것으로 짐작된다. 효공왕은 나름대로 이와 같은 위기를 극복하기 위하여 수천 명의 낭도를 거느렸던 화랑 출신이자 비교적 젊은 나이인 효종을 시중으로 임명하였던 것이 아닌가 한다. 효종이 집사부 시중으로 무엇인가 정치적인 개혁을 추진하였다고 추정되지만, 그에 관한 자료는 현재 전하지 않는다.

한편 「興寧寺澄曉大師寶印塔碑」에 '효공대왕은 일찍이 華風을 崇仰하고 항상 불교의 이치를 흠모하였다[孝恭大王 夙仰華風 常欽佛理].'고 전한다. 「鳳巖寺智證大師塔碑」에 '太傅大王(헌강왕)이 華風으로서 弊風을 一掃하였다.'고 전한다. 필자는 이전에 헌강왕이 신라의 관제 명칭을 唐式으로 개정하는 한화정책을 추진하였음을 살핀 바 있다.[36] 더구나 헌강왕은 당나라에서 빈공과에 급제하고 귀국한 유학생을 녹봉을 후하게 주어 등용하였던 사실도 확인된다.[37] 헌강왕이 빈공과 급제자를 적극 등용하고

---

35) 『삼국사기』 신라본기12, 효공왕 3년 가을 7월. "北原賊帥梁吉 忌弓裔貳己 與國原等十餘城主 謀攻之. 進軍於非惱城下 梁吉兵潰走" ; 『삼국사기』 신라본기12, 효공왕 4년 겨울 10월. "國原·菁(靑)州·槐壤賊帥淸吉·莘萱等 擧城投於弓裔".

36) 전덕재, 2011, 「신라 경문왕·헌강왕대 한화정책의 추진과 그 한계」 『동양학』 50, 66~74쪽.

37) 당나라 僖宗(재위 873~888) 때의 사람 范攄의 문집인 『雲溪友議』 卷上, 新羅詩에 '登州의 상인 馬行餘가 바다로 돌아 昆山縣으로 가려고 하다가 桐盧縣을 지날 때에 마침 서풍을 만나 바람을 타고 신라국에 도착하였다. 신라국의 임금이 행여가 중국으로부터 이르렀다는 소식을 듣고 賓禮로써 접대하면서 말하기를 "내가 비록 夷狄의 나라에 살고 있지만, 해마다 유학을 익히는 자를 天闕(당의 조정)에 천거하여, 그들이 과거에 급제하고 영예롭게 귀국하면, 나는 반드시 녹봉을 후하게 주었다. 이에 공자의 도가 이적과 중화에 널리 퍼졌음을 알았다."고 하였다.'라고 전한다. 마행여가 신라에 漂着한 시기는 870~880년대로 추정되므로, 위의 기록에 등장하는 신라국의 임금은 875년에서 886년까지 재위한 헌강왕으로 이해된다.

한화정책을 추진한 것은 유교적 정치이념에 기초하여 국정운영에서 국왕의 영향력을 증대시키고 중앙집권력을 강화하기 위해서였을 뿐만 아니라 親屬이나 골품에 의해서가 아니라 학문실력을 고려하여 관리를 등용하는, 즉 유학과 문학에 조예가 깊은 인물을 관리로 중용하는 방향으로 관료제 운영의 변화를 꾀하기 위해서였던 것으로 이해된다.[38] 헌강왕의 사례를 염두에 둔다면, 화풍을 숭앙한 효공왕 역시 학문능력이 뛰어난 관리를 등용하여 진골 중심의 정치운영을 극복하여 신라 왕조의 몰락 속도를 조금이나마 늦추려고 의도하지 않았을까 추정된다.

이 문제와 관련하여 효공왕대에 문한관인 翰林學士 및 瑞書院學士와 遣唐使를 차관급에 임명한 사례가 발견되는 점이 유의된다. 『東文選』 권117에 전하는 「白鷄山玉龍寺贈諡先覺大師碑銘」에 898년(효공왕 2)에 朴仁範이 瑞書學士였다고 전하고, 「홍녕사징효대사보인탑비」에 906년(효공왕 10) 무렵에 박인범이 翰林學士로서 前禮部侍郎이었다고 전한다. 박인범은 효공왕대에 한림학사·서서원학사로서 禮部侍郎을 역임하였다고 볼 수 있다. 『삼국사기』 열전6, 설총조에 附記된 崔彦撝의 傳記에 그가 42세(909 ; 효공왕 13)에 신라로 돌아오자, 효공왕이 그를 執事(省)侍郎 瑞書院學士에 임명하였다고 전한다.[39] 한편 진성여왕이 讓位하고 효공왕이 즉위한 이후에 「양위표」와 「사사위표」 등을 가지고 897년 10월 또는 11월에 당나라

---

38) 전덕재, 2011, 앞의 논문, 80~85쪽.

39) 『삼국사기』 열전6, 설총. "崔彦撝 年十八入唐遊學 禮部侍郎薛廷珪下及第. 四十二還國爲執事侍郎瑞書院學士. 及太祖開國 入朝 仕至翰林院大學士平章事 卒諡文英".
한편 『고려사』 권92, 열전5 최언위조에도 동일한 내용이 전한다. 최언위(868~944)는 30세인 897년에 入唐하여 天佑 3년(906)에 빈공과에 수석 합격한 것으로 알려졌다(이기동, 1984, 『신라 골품제사회와 화랑도』, 일조각, 253~254쪽 ; 송기호, 1995, 『발해정치사연구』, 일조각, 169~170쪽). 따라서 18세에 入唐遊學하였다고 전하는 위의 기록은 오류라고 볼 수 있다.

에 賀正使로 파견된 金穎의 관직은 守倉部侍郎이었다. 890년(진성여왕 4) 9월 15일에 건립된 「月光寺圓朗禪師塔碑」에 김영의 관작이 '朝請郎 守錦城郡太守 賜緋魚帶'였다고 전한다. 조청랑과 사비어대는 당나라로부터 수여받은 것이기 때문에 김영은 당나라에서 宿衛한 학생 출신이었을 가능성이 높다고 볼 수 있다.

　비록 현재 세 사례만이 발견되지만, 헌강왕이 최치원을 國士로써 대우하고, 兵部侍郎을 제수하여 중용한 것처럼, 효공왕이 빈공과에 수석으로 급제하고 귀국한 최언위를 執事省侍郎 瑞書院學士에 임명한 것을 감안하건대, 효공왕이 빈공과 급제자를 비롯한 당나라 유학생을 차관급에 다수 등용하여 나름 진골 중심의 관료제 운영의 변화를 꾀하였을 가능성이 높지 않을까 여겨진다. 비록 소극적이긴 하지만, 효공왕 역시 학문실력이 뛰어난 문한관을 차관급으로 등용한 이유는 진골 중심의 관료제 운영을 극복하고 나름의 정치적인 쇄신을 도모하여 신라 왕조의 위기를 조금이나마 극복하기 위해서였다고 평가하여도 이견이 없을 것으로 사료된다. 그러나 효공왕의 지배체제 안정책은 897년 이후 신라 통치체제 와해 속도는 약간이나마 늦출 수 있을지언정 몰락하던 왕조의 운명을 되돌리기에는 역부족이었음은 물론이다.

Ⅲ. 영남지역 城主 · 將軍의 동향과 고려 歸附

　앞에서 907년 무렵에 영남 이외의 대부분지역이 후고구려와 후백제의 영역으로 편제되었고, 나아가 궁예가 尙州 등 30여 州縣을 공격하여 차지하였으며, 견훤이 一善郡 이남의 10여 성을 차지하였다고 언급한 바 있다. 그렇다면 910년대에 후고구려와 후백제의 영역에 편제되지 않았던 영남지역에 존재한 성주·장군의 동향은 어떠하였을까가 궁금한데, 이와 관련하여 먼저 다음의 기록을 주목할 필요가 있다.

> 궁예가 군사를 움직여 우리[신라]의 변방 고을을 침탈하며 竹嶺 동북쪽까지 이르렀다. 왕은 疆場이 날로 줄어드는 것을 듣고 매우 걱정하였으나, 힘으로 막을 수가 없어, 여러 城主들에게 명하여 나가서 싸우지 말고 성벽을 굳건히 지키도록 하였다(『삼국사기』 신라본기12, 효공왕 9년 8월).

효공왕 9년은 905년에 해당한다. 이 무렵에 후고구려와 후백제의 영역에 편제되지 않은 곳은 주로 영남지역이었다. 따라서 효공왕은 영남지역의 城主들을 대상으로 하여 나가서 싸우지 말도록 명하였다고 볼 수 있다. 신라에서 州에 都督, 郡에 太守, 縣에 縣令과 少守 등의 지방관을 파견하였다. 그런데 위의 기록에는 도독과 태수, 현령이 아니라 '城主'들에게 명하였다고 기록되어 있다. 이에서 905년 무렵에 도독과 태수, 현령 등이 지방을 통치하지 않고, 성주라 불리는 지배자들이 지방의 군과 현 등을 통치하였음을 추론할 수 있다. 신라 말기에 신라 국가의 통제를 받지 않고 각 지역에서 독자적으로 지배권을 행사한 사람들이 스스로 '~(城)城主' 또는 '~將軍'이라고 칭하였음을 염두에 둔다면, 위의 기록에 전하는 성주는 신라 국왕이 임명한 도독과 태수, 현령과 같은 성격의 지방관이 아니라 각 지역을 독자적으로 통치하는 지배자로서의 위상을 지닌 존재였다고 봄이 합리적일 것이다. 이와 같은 사실을 뒷받침해주는 유력한 자료로서 다음의 기록을 제시할 수 있다.

天祐 5년 戊辰(908 ; 효공왕 12) 겨울 10월에 護國義營都將 重閼粲 異才가 南嶺에 八角으로 登樓를 세웠다. (등루를 세운 목적은) 나라의 경사를 기원하고 전쟁 때문에 생긴 罪過를 제거하기 위해서였다. … 중알찬 이재는 위대한 大夫이다. 기회를 타고 뜻한 바를 발휘하여 일찍이 風雲 속에서 준수함을 드러냈고 생각을 바꾸어 몸을 닦으며 산천에 은혜를 갚기 바랐다. 표범의 무늬처럼 행실을 고쳐 조정에서의 세 가지 害毒을 모두 제거하고, 뱀처럼 도사리고 앉아 君子가 지켜야 할 아홉 가지 일[九思]을 더욱 삼갔다. 이미 나쁜 무리들을 제거하였으니, 이에 반드시 향리로 돌아가야만 하였다. 살고 있는 곳마다 사람들이 감화될 것이므로, 어디로 간들 좋지 않으리오? 마침내 높은 언덕을 선택하여 의로운 보루를 쌓아 완성하였다. 강가에 있었으나, 우뚝 솟은 것이 깎아 세운 절벽과 같았고, 험준한 산을 등지고 있었지만, 가지런하고 평평한 것이 길게 꼬리를 문 구름과 같았다. 그제서야 조용히 西畿를 지키면서 한편으로는 농사일에 종사하였다. 本地에 安居하는 사람들의 사정을 잘 살펴서 어루만지고, 賓客과 朋友를 공손하게 맞아서 접대하였다. 찾아오는 사람들이 구름 같았는데, 그들을 바다와 같은 마음으로 받아들였으며, 빈번하게 찾아와 부탁을 하더라도 능히 힘써주고 불응하는 일이 없었다. … 알찬은 진실한 在家菩薩로서 울연히 奉國忠臣이 되어, 般若를 창과 방패 같이 여기고 菩提를 갑옷과 투구처럼 여겼는데, 능히 한 경내를 편히 하는데 겨우 10년이 걸렸다(「新羅壽昌郡護國城八角登樓記」).

위의 기록은 최치원이 908년(효공왕 12) 말에 지은 「新羅壽昌郡護國城八角登樓記」의 일부이다. 여기서 최치원은 護國義營都將 중알찬 異才가 護國城에 八角登樓를 건립한 다음, 자신에게 거대한 誓願을 서술하여 달라는 부탁을 받고 八角登樓記를 찬술하였다고 밝혔다. 壽昌郡은 본래 喟火郡으로서 현재 대구광역시 수성구 및 달성군 가창면 일대로 비정된다. 위의 기록에서 異才가 나쁜 무리들을 제거하였다고 전하는데, 이것은 이재가 수창군에서 횡행하던 도적의 무리들을 소탕한 사실을 반영한 것으로 이해된다. 또한 수창군의 주민을 동원하여 호국성을 쌓은 다음, 西畿를 지키면서 安居한 사람들의 사정을 잘 어루만지고, 찾아오는 사람들을 모두 받아들였다고 언급한 것을 통해 908년 무렵 이재가 호국성을 쌓은 이후 그곳을 중심으로 하여 수창군을 독자적으로 통치하는 지배자로서 군림하였음을 추론할 수 있다.

이재의 관등이 중알찬이고, 그가 표범의 무늬처럼 행실을 고쳐 조정에서의 세 가지 害毒을 모두 제거하였다고 전하는 바에 따르면, 이재는 6두품으로서 중앙행정관서의 관리를 역임한 인물이었다고 볼 수 있다. 금석문과 『續日本紀』, 『삼국사기』에 전하는 중아찬 관등을 수여받은 사람들이 모두 김씨였음을 미루어 보건대,[40] 중알천 이재의 姓 역시 김씨였을 것으로 짐작된다. 그가 908년에 壽昌郡의 호국의영도장을 자칭하고 있었는데, 아마도 수창군의 태수로 임명되었다가 어느 시기부터 신라 국가의 통

---

40) 『續日本紀』 卷6, 元明天皇 和銅 7년(714 ; 성덕왕 13) 11월조에 重阿飡 金元靜을 일본에 使臣으로 파견하였다고 전하고, 「甘山寺彌勒·阿彌陀像造像記」에 성덕왕대에 重阿飡 金志誠(金志全)이 執事侍郎을 역임하였다고 전한다. 또한 『삼국사기』 신라본기10, 원성왕 7년(791) 11월 기록에 內省侍郎 金言을 三重阿飡으로 삼았다고 전하고, 「皇龍寺九層木塔舍利函記」에 871년(경문왕 11)에 康州輔, 그 다음해에 浿江鎭都護에 임명된 金堅其의 관등이 重阿干이었다고 전한다.

제를 받지 않고 독자적으로 수창군을 다스리면서 스스로 '壽昌郡護國義
營都將'을 자처하였던 것으로 추정된다.[41] 위의 기록에서 '능히 한 경내
를 편히 하는데 겨우 10년이 걸렸다.'고 언급한 사실을 주목하건대, 중알
찬 이재는 898년(효공왕 2) 이전 시기에 수창군 태수로 임명되었다가, 그
때부터 908년에 이르는 사이에 수창군에 대한 독자적인 지배권을 확고하
게 다지고, 스스로 護國義營都將을 칭하지 않았을까 한다. 이러한 측면에
서 중알찬 이재의 사례는 『삼국사기』 신라본기12, 효공왕 9년(905) 8월 기
록에 보이는 '城主'가 중앙정부의 통제를 받지 않고 영남 각 지역의 군과
현을 독자적으로 통치하던 존재를 가리키는 표현이었음을 입증해주는 유
력한 자료로서 유의된다고 하겠다.

　良州帥 金忍訓도 중알찬 이재와 비슷한 사례로서 들 수 있다. 『고려
사』 태조세가에 天復 3년 癸亥(903 ; 효공왕 7)에 良州帥 金忍訓이 위급함
을 알려오자, 弓裔가 태조에게 명하여 가서 구원하게 하였다고 전한다.
903년 무렵에 궁예가 소백산맥을 넘어 경상도지역으로 진출하지 못하
였음을 염두에 둔다면, 왕건이 김인훈을 구원하기 위하여 양주(경남 양산)
까지 갔다는 것을 그대로 신뢰하기가 쉽지 않다.[42] 이것은 후대의 사실
을 903년에 일어난 사건처럼 소급한 사례에 해당한다고 봄이 옳을 것이
다.[43] 다만 구체적인 시기에 대해서는 현재 정확하게 考究하기 어렵다. 김

---

41) 이문기, 2015, 앞의 책, 394~395쪽.
한편 이순근, 1992, 「신라말 지방세력의 구성에 관한 연구」 서울대학교 박사학위논문, 59~60쪽에
서 異才는 6두품족의 軍 출신으로서 지방 軍權을 장악하여 지방세력으로 성장하였다고 이해하는 견
해를 제기한 바 있다.
42) 조인성, 2007, 『태봉의 궁예정권』 푸른역사, 342~343쪽.
43) 종래에 903년에 김인훈이 양주지역 내의 여러 호족들과 대립·갈등을 하게 되자, 궁예에게 구원
을 요청하였다고 이해한 견해가 제기되었다(이종봉, 2003, 「나말여초 양주의 동향과 김인훈」 『지역

인훈의 성이 김씨였다는 사실과 그를 '良州帥'라고 표기한 것을 보건대, 본래 김인훈은 양주의 관리(都督이나 州助 또는 長史)로 임명되었다가 889년 이후 전국 곳곳에서 도적들이 횡행하여 신라의 지방행정체계가 와해되자, 신라 정부의 통제를 벗어나 양주지역을 독자적으로 통치하면서 '良州帥' 또는 '良州城主'로 자처하였던 것으로 추정된다. 918년 이전 어느 시기에 어떤 이유 때문에 김인훈이 위협을 받자, 이에 궁예에게 도움을 요청하였던 것으로 보인다.

이재와 김인훈의 사례를 통해 신라본기 효공왕 9년 8월 기록에 전하는 城主가 신라 정부의 통제를 받지 않고 郡과 縣을 독자적으로 통치하는 지배자의 위상을 지닌 존재였음을 유추할 수 있다. 이에 따른다면, 신라본기 효공왕 9년 8월 기록은 905년 무렵에 영남지역에 이재와 같은 존재들이 널리 존재하였음을 시사해주는 자료로서 주목된다고 하겠다. 영남지역에서 군과 현을 독자적으로 통치하던 지배자들은 대체로 '~성주' 또는 '~장군'이라고 자칭하였다. 그런데 918년 이전에 '~성주' 또는 '~장군'이라고 자칭하였던 존재를 사료상에서 찾기가 쉽지 않다. 고려 건국 이후에 '~성주' 또는 '~장군'이라 자칭하는 존재들이 고려에 歸附하는 사례가 급격하게 늘어나면서, 비로소 이들과 관련된 기록들이 여러 자료에 등장하는데, 다음 <표 1>은 나말여초에 영남지역에서 '~성주' 또는 '~장군'이라고 자칭하였던 인물과 더불어 신라 정부의 통제를 받지 않고 군과 현을 통치하는 지배자의 위상을 지닌 존재들을 조사하여 정리한 것이다.

과 역사』 13, 103~104쪽).

<표 1> 나말여초 영남지역 성주와 장군 및 지방의 지배자 사례[44)]

현재 지명	명 칭	이 름	등장 연대	비 고
상주	沙弗城將軍	阿慈介	?	甄萱의 父
	尙州賊帥	阿玆盖(阿字盖)	918년	高麗 歸附
풍기	知基州諸軍事	康公萱	910년 전후	上(柱)國, 927년 시중 임명, 942년 佐丞
문경	高思葛伊城城主	興達	927년	견훤 예하에 있다가 고려 귀부
가은	加恩縣將軍	熙弼	924년	봉암사지증대사탑비 건립 참여
풍산	下枝縣(順州)將軍	元逢	922년	고려 귀부
안동	古昌郡城主	金宣平, 權幸, 張吉	930년	大匡, 大相 관계 수여
예안	城主	李能宣	太祖代	고려 귀부
청송	載巖城將軍	崔善弼	920년 930년	920년 신라와의 통호에 기여, 930년 귀부
선산	吏 출신	金宣弓	태조대	태조 보좌
해평	縣吏	金萱述	태조대	태조 보좌
성주	碧珍郡將軍	良文	923년	고려 귀부
	京山府將軍	李能一	925년	백제와의 싸움에서 태조를 도움
	碧珍郡將軍(本邑將軍)	李悤言	930년대	고려 귀부
군위	烏於谷城將軍	陽志	928년	明式 등과 함께 견훤에 항복
의성	眞寶城主/眞寶城將軍/ 義城府城主將軍	洪術	922년	고려 귀부
대구	護國義營都將	異才	898~908년	重閼粲
영천	高鬱府將軍	能文	925년	고려 귀부
	金剛城將軍	皇甫能長	태조대	고려 귀부/大匡 能丈(932년)
흥해	北彌秩夫城主	萱達	930년	고려 귀부
	南彌秩夫城主	?	930년	고려 귀부
초계	草八城城主	興宗	928년	고려군 격파
합천	大良城將軍	鄒許助	927년	고려군에 생포됨

밀양	府吏	孫兢訓	태조대	성황사의 신으로 모셔 제사
울산	神鶴城將軍	朴允雄	930년	고려 귀부
양산	良州帥	金忍訓	903년(?)	궁예에 구원 요청, 성황사의 신으로 제사
부림	泉州節度使	王逢規	924년	後唐에 사신 파견
진주	康州將軍	閏雄	920년	고려 귀부
	權知康州事 懷化大將軍	王逢規	927년	후당에 사신 파견
	康州將軍	有文	928년	견훤에 항복
김해	知金海府進禮城諸軍事 明義將軍	金仁匡	진성여왕~효공왕대	
	進禮城諸軍事	金律熙	진성여왕대~효공왕대	
	知金海府	蘇忠子知府/弟律熙領軍	910년	
	金海府知軍府事	蘇公律熙	911년	
	城主將軍	忠至 匝干	신라 말	金官城 공격

영남지역 성주·장군의 동향과 관련하여 <표 1>을 통해 918년 고려 건국 이후에 성주와 장군들이 대거 고려에 귀부하였음을 살필 수 있다는 점을 주목할 필요가 있다. 그렇다면 고려 건국 이후에 영남지역의 성주와 장군들이 대거 고려에 귀부한 이유는 무엇이었을까가 궁금하다. 『삼국사기』 열전10, 견훤조에 '견훤이 서쪽으로 순행하여 完山州에 이르니, 州民들이 환영하여 고맙게 여겼다. 견훤이 민심을 얻은 것을 기뻐하여 좌우에게 말하기를, "내가 삼국의 시초를 詳考하니, 馬韓이 먼저 일어나고 후에 혁거세가 勃興하였다. 그러므로 辰韓과 卞韓이 뒤따라 일어났던 것이다. 이에

---

44) <표 1>은 최종석, 2004, 「나말여초 성주·장군의 정치적 위상과 성」『한국사론』 50, 서울대 국사학과, 82~83쪽의 <표 1> 城主, 將軍, 帥 사례 ; 전덕재, 2006, 『한국고대사회경제사』, 태학사, 407~410쪽의 <표 4> 성주·장군에 관한 사례 ; 이문기, 2015, 「후삼국시기 경상도지역 호족의 존재 양태와 동향」『신라 하대 정치와 사회 연구』 학연문화사를 참조하여 정리한 것이다.

백제가 金馬山에서 開國하여 600여 년이 지난 摠章中에 당나라 高宗이 신라의 요청으로 장군 蘇定方을 보내 배에 군사 13만을 싣고 바다를 건너 가게 하였다. 신라 김유신이 세차게 달려 黃山을 지나 泗沘에 이르러 당군과 합세하여 백제를 공격하여 멸하였다. 지금 내가 감히 완산을 도읍으로 삼아 의자왕의 오랫동안 쌓인 울분을 씻지 않겠는가?"라고 하고, 마침내 스스로 후백제왕이라고 칭하였다.'고 전한다. 이것은 견훤이 660년에 나당연합군에 멸망당한 백제에 대한 원한을 갖기 위해 완산을 도읍으로 삼고 후백제를 건국하였음을 천명한 사실을 반영한 것이다.

『삼국사기』 신라본기12, 경애왕 2년(925) 11월 기록에 태조와 견훤이 볼모를 서로 보내고 화친을 맺자, 경애왕이 그 소식을 듣고 고려에 사신을 보내, '견훤은 이랬다저랬다 하며 거짓이 많으므로, 친하게 지내서는 안 됩니다.'라고 태조에게 말하였다고 전한다. 또한 경애왕 3년(926) 4월 기록에 후백제의 볼모인 眞虎가 사망하자, 견훤이 군사를 파견하여 고려를 침략하였는데, 이때 경애왕이 고려 태조에게 사신을 보내, '견훤이 맹약을 어기고 군사를 일으켰으므로, 하늘이 반드시 돕지 않을 것입니다. 만약 대왕께서 한번 북을 쳐서 위세를 떨친다면, 견훤은 반드시 스스로 파멸하고 말 것입니다.'라고 일렀다고 전한다. 920년대에 신라가 후백제에 대해 적대적인 인식을 가졌음을 알려주는 자료이다. 이를 통해 900년에 견훤이 백제부흥운동을 표방하며 반신라적인 정책을 추진한 이래 920년대까지 후백제의 신라에 대한 태도에 커다란 변화가 없었음을 추론할 수 있다.

『삼국사기』 열전10, 궁예조에 '일찍이 (궁예가) 남쪽으로 순행할 때 興州(경북 영주시 순흥읍) 浮石寺에 이르러 벽에 신라왕의 畫像이 그려져 있는 것을 보고 칼을 뽑아 찔렀다.'고 전한다. 또한 여기에 '天祐 2년 乙丑

(905)에 … 신라를 병탄하고자 하여 나라 사람들로 하여금 신라를 滅都라고 부르게 하고, 신라로부터 오는 자는 모두 죽여 버렸다.'고 전한다. 버림받은 왕자였던 궁예가 신라에 대하여 극도의 적대감을 표명하였음을 알려주는 자료들이다. 궁예는 918년 고려 건국 이전까지 반신라정책을 계속 견지하였다.

이처럼 918년 이전까지 견훤과 궁예가 반신라정책을 추진한 상황에서 원신라지역에 해당하는 영남지역의 성주·장군들이 신라를 배반하고 후백제와 후고구려에 귀부하기가 쉽지 않았을 것이다. 이재와 김인훈처럼 신라의 관리로서 성주와 장군으로 轉化한 경우는 더욱 그러하였을 것이다.[45] 後百濟 甄萱은 901년(효공왕 5) 8월과 916년(신덕왕 5) 8월에 합천의 大耶城을 공격하였으나 함락시키지 못하였다가 920년(경명왕 4) 10월에 비로소 그곳을 함락시켰는데, 경남 서부에 위치한 大耶城의 城主가 친신라·반견훤 태도를 보였음을 시사해주는 자료로서 유의된다. 920년(경명왕 4) 2월에 康州將軍 閏雄이 고려 태조에게 항복하였다. 그 이전 강주(진주)지역 성주·장군의 동향을 알 수 없지만, 이전까지 친신라적인 입장을 견지하였을 가능성이 높다고 보인다. 강주(진주)와 대야성의 성주·장군이 후백제나 나주지역을 장악한 후고구려의 東進을 저지하였기 때문에 920년 무렵까지 경남지역의 성주·장군들이 커다란 동요 없이 친신라 및 반견훤·궁예 입장을 계속 견지하며 나름의 자체적인 지배기반을 계속 유지할 수 있었지 않았을까 한다.

그렇다면 918년 고려 건국 이후에 영남지역의 성주와 장군들이 고려

---

45) 성주와 장군 가운데 성씨가 김과 박, 6부성인 경우, 사료에서 吏 출신으로 전하는 경우(金宣弓, 金萱述, 孫兢訓 등)는 대체로 신라의 관리 출신이었을 가능성이 높다고 보인다.

에 대거 歸附한 배경에 대해 어떻게 설명할 수 있을까? 『삼국사기』 신라본기12, 경명왕 4년(920) 정월 기록에 '왕과 태조가 서로 사신을 보내 우호를 닦았다.'고 전한다.[46] 『고려사』 태조세가에 태조 3년(920) 정월에 신라가 처음으로 사신을 보내 와서 聘禮를 닦았다고 전한다.[47] 이러한 기록들은 왕건이 920년 3월에 신라와 사신을 교환하고 우호를 다졌음을 알려주는 자료이다.

태조는 918년 고려 건국 이후에 궁예가 새로 개정한 관계와 관직, 郡邑의 명칭을 신라의 제도를 따라서 다시 바꾸라고 지시하였다.[48] 이것은 태조 왕건이 친신라정책을 추진하겠다는 의지를 표명한 것으로 이해된다. 한편 신라의 입장에서 보건대, 반신라정책을 강력하게 추진한 궁예를 몰아냈고, 또한 즉위하자마자 신라의 관제를 복구하여 친신라정책을 추진하겠다고 천명한 왕건에 대해 거부감이 크지 않았다고 추정된다. 여기다가 후백제가 반신라정책을 계속 추진하고 있는 상황에서 고려마저 적대시하게 되면 신라에게 불리한 형세가 전개될 수도 있다고 생각하여, 920년 3월에 서로 사신을 교환하며 우호를 다졌다고 보인다. 920년 3월부터 927년 후백제가 신라 왕도를 습격할 때까지 두 나라는 우호관계를 계속 유지하였다.[49]

---

46) 『삼국사기』 신라본기12, 경명왕 4년 봄 정월. "王與太祖交聘修好".

47) 『고려사』 권1, 세가1 태조 3년 봄 정월. "新羅始遣使來聘".

48) 『고려사』 권1, 세가1 태조 원년 6월. "詔曰 朕聞乘機 革制正謬 是詳導俗 訓民號令必愼. 前主以新羅階官郡邑之號 悉皆鄙野 改爲新制 行之累年 民不習知 以至惑亂. 今悉從新羅之制 其名義易知者 可從新制".

49) 이에 대한 자세한 내용은 전덕재, 2017, 「후삼국시대 신라의 동향과 멸망에 대한 일고찰 - 『삼국유사』 기이편 김부대왕조의 검토를 중심으로 - 」 『신라문화제학술발표회논문집』 38, 196~198쪽이 참조된다.

918년에 왕건이 반신라정책을 추진하고, 심지어 신라 왕도를 滅都라고 부르게 하는 한편, 신라로부터 오는 자는 모두 죽이라고 엄명을 내린 궁예를 몰아내고, 친신라정책을 표방하면서 920년 3월에 신라와 사신을 교환하며 우호적인 관계를 맺게 되자, 이를 계기로 신라의 재기가 사실상 불가능하다고 판단한 영남지역의 성주와 장군들이 고려에 귀부하기 시작하였다고 이해할 수 있다. 특히 930년 정월에 고려가 고창전투에서 후백제를 물리친 후에 고려의 압도적인 우위가 확인됨에 따라 영남지역의 호족들이 대거 고려에 귀부하였는데, 이에 대해서는 이미 전에 자세하게 살핀 바 있기 때문에 여기서 더 이상 자세하게 언급하지 않으려고 한다.[50]

918년 이전 영남지역 성주·장군의 동향과 관련하여 壽昌郡 護國義營都將 異才의 태도를 주목할 필요가 있다. 이재는 자칭 '護國義營都將[국가를 鎭護하기 위한 의로운 군대(兵營)의 장수]'이라 불러, 자신이 호국을 위하여 起義하였음을 천명하였다. 그리고 나라의 경사를 기원하고 전쟁 때문에 생긴 罪過를 제거하기 위한 목적으로 南嶺에 八角登樓를 건립하였다고 밝히고 있다. 또한 최치원은 (중)알찬, 즉 이재는 진실한 在家菩薩로서 울연히 奉國忠臣이 되어, 般若를 창과 방패 같이 여기고 菩提를 갑옷과 투구처럼 여겼다고 언급하기도 하였다. 이밖에 이재가 '바라는 바는 어두운 곳이 생기지 않게 하고 迷惑한 중생들을 널리 깨우치는 것이다. 이를 위해 오직 法燈을 높이 매달아 兵火를 속히 없애기를 원할 뿐이다[所願不生冥處 遍悟迷郡 唯宜顯擧法燈 亟銷兵火].'라고 하였고, 높은 구릉을 선택하여 성을 쌓고 이름을 護國城이라고 지었다고 한다. 이와 같은 기록들을

---

50) 전덕재, 위의 논문, 215~218쪽.

통해 이재가 도적들을 소탕하고 수창군을 통치하는 지배자로서 군림하면서 '護國'을 매우 강조하였음을 엿볼 수 있다. 아마도 이재는 신라 국가의 통치체제가 와해된 상황에서 신라 국가를 鎭護한다는 기치를 내걸고 사람들을 모아 무장시켜 신라 정부에 반기를 든 세력들을 진압하고 수창군의 통치질서를 회복하였을 것으로 짐작된다.

한편 「봉암사지증대사탑비」에 '이에 앞서 知金海府眞禮城諸軍事 明義將軍 金仁匡은 가정에서 아버지의 가르침을 받고, 대궐에 정성을 다하였으며[鯉庭稟訓 龍闕馳誠], 禪門에 귀의하여 숭앙하고 三寶의 집을 돕고 수리하였다.'고 전한다. 진례성은 조선시대에 김해부로부터 서쪽 35리 떨어진 창원과의 경계지점, 즉 오늘날 경남 창원시 성산구 토월동 비음산에 위치하였다. 명의장군 김인광은 진례성을 중심으로 김해부에 대한 실질적인 지배권을 행사하던 존재였다고 볼 수 있다. 여기서 '대궐에 정성을 다하였다[龍闕馳誠].'란 표현은 김인광이 신라 왕실에 충성을 다하였다는 뜻으로 풀이할 수 있다. 기존의 연구에 의하면, 김인광이 진례성을 중심으로 명의장군이라고 칭하면서 김해부에 실질적인 지배권을 행사하기 시작한 시기는 진성여왕대 말년 또는 효공왕대 초반경이었다고 한다.[51] 김인광 역시 신라 왕조의 통치질서가 와해되는 상황에 직면하여 신라 왕실의 권위를 회복하기 위한 목적으로 스스로 '理致를 밝혀 義理를 바르게 하는 將軍'이라는 뜻을 지닌 明義將軍이라고 칭하며 起義한 것으로 이해된다.

이상에서 898년 무렵부터 908년 사이에 壽昌郡 護國義營都將 異才가

---

51) 최병헌, 1978, 「신라 말 김해지방의 호족세력과 선종」 『한국사론』 4, 서울대 국사학과, 403~405쪽. 여기서 최병헌선생은 김인광을 김해소경의 관리였거나 김유신의 후손으로서 호족이 되었다고 추정하였다.

호국을 기치로 내걸고 起義하여 수창군의 통치질서를 회복하였고, 진성 여왕대 말년에서 효공왕대 초반에 진례성을 중심으로 김해부에 대한 지배권을 행사하였던 知金海府進禮城諸軍事 明義將軍 金仁匡이 신라 왕조의 권위 회복이라는 명분을 내걸고 起義하였음을 살펴보았다. 이외에 궁예와 견훤에 귀부하지 않은 영남지역 성주와 장군들 역시 자신들은 신라 국가를 鎭護하기 위해, 또는 무너진 신라 왕실의 권위를 회복하기 위하여 기의하였다고 천명한 다음, 사람들을 모아 무장시키고, 이것을 기반으로 하여 초적이나 반신라세력을 진압하며 각 지역에 대한 지배권을 장악하여 나갔을 것으로 짐작된다.

신라가 897년에 지방에 대한 통제권을 일부 회복하였으나, 곧바로 신라의 지방에 대한 통제력은 거의 무력화되었을 것으로 짐작된다. 이처럼 신라의 통치체제가 마비되면서 농민군이나 초적들에게 피해를 당하는 계층들도 자구책을 강구하지 않을 수 없었는데, 그들은 먼저 무장력을 확보하고, 그것을 기반으로 농민군이나 초적들의 약탈을 방어하는 한편, 서서히 각 지역의 통치권을 장악하여 나갔으며, 이때 안정적인 농업생산을 하던 부호층과 재생산에 어려움을 겪었던 대다수의 농민들이 성주와 장군 등의 통치권 확보에 적극 협조하였을 것으로 추정된다. 영남지역의 성주와 장군들이 각 지역의 통치권을 확보하는 과정에서 신라 영토를 侵削하는 궁예와 견훤을 견제하는 한편, 반신라적인 태도를 보인 농민군이나 초적들을 진압할 필요가 있었는데, 이때 그들은 이재와 김인광의 사례에서 알 수 있듯이 신라 국가를 진호하거나 또는 신라 왕실의 권위를 회복하여 신라 국가의 중흥을 위해 자신들이 起義하였다고 표방하는 것이 일반적이었을 것으로 짐작된다. 이러한 이유 때문에 그들은 918년 고려 건국 이전 시기에 반신라적인 정책을 추진한 궁예와 견훤에 귀부하지 않고, 계속 친신라적인 입장을 견지하였다고 볼 수 있음은 물론이다. 그러나 918년 고려 건국 이후 태조 왕건이 친신라정책을 추진하고, 신라 왕조가 재기할 가능성이 점차 옅어지자, 영남지역의 성주와 장군들은 신라에 등을 돌리고 고려에 귀부하는 방향으로 태도를 바꾸었다고 정리할 수 있을 것이다.

Ⅳ. 맺음말

이상 본문에서 889년 농민봉기 이후 신라 정부의 대응과 영남지역 성주·장군의 동향 등에 대해 살펴보았다. 본문에서 검토한 내용을 요약 정리하는 것으로서 맺음말에 대신하고자 한다.

전국 곳곳에서 도적들이 횡행하여 통치체제가 와해되고, 궁예와 견훤이 신라 강역을 점진적으로 침삭하자, 최치원이 이와 같은 국가의 위기를 극복하기 위해 894년(진성여왕 8)에 10여 개의 시정개혁방안을 제시하였으나, 커다란 실효를 거두지 못하였다. 진성여왕은 위기를 수습하기가 쉽지 않자, 災異가 발생하였을 때에 현명한 사람을 발탁하여 재이를 극복하려 하였던 관행에 따라 賢者에게 왕위를 물려주면 재이를 극복할 수 있으리라는 기대를 가지고 897년 6월 1일에 太子 嶢(효공왕)에게 왕위를 禪讓하였다. 효공왕은 즉위 이후 나름 정국을 수습하여 일시적으로나마 지방에 대한 통제력을 회복하였다고 보이는데, 이러한 추정은 「謝嗣位表」에서 효공왕이 군사를 主持하는 일은 그럭저럭 체면을 유지할 만하다고 언급하였다고 전하는 것과 897년 10월과 11월에 唐恩浦路를 통해 당나라에 갔던 사신이 신라 왕경으로 돌아오거나 그 도로를 통해 賀正使가 唐恩浦까지 안전하게 갔던 사실을 통해서 뒷받침할 수 있다.

이밖에 효공왕은 화랑 출신으로서 낭도 수천 명을 거느렸던 30세 전후의 孝宗을 집사부 시중에 등용하고, 도당유학생 출신으로 학문실력이 출중한 사람들을 차관급에 임용하여 나름대로 정치개혁을 꾀하였으나 크게 실효를 거두었는가에 대해서는 단언하기 힘들다. 또한 효공왕은 왕경 주변에 阿弗鎭과 昵於鎭을 설치하는 등 왕경 방어체계를 재정비하기도 하였다.

910년대에 궁예와 견훤이 장악하지 못한 지역은 경상남도 대부분 지역과 상주와 그 인근 30여 주현 및 일선군 이남 10여 성을 제외한 경북지역이었다. 897년 이후에 신라의 지방통치체제가 상당히 와해되면서 각 지역에서 무장력을 확보하고 농민군이나 초적들을 진압한 다음, 그 지역의 통치권을 장악한 사람들이 등장하였는데, 그들은 스스로 '~城主' 또는 '~將軍'이라고 칭하였다. 영남지역에서 起義한 성주·장군들은 異才와 金仁匡의 사례에서 볼 수 있듯이 신라 국가를 鎭護하거나 또는 신라 왕실의 권위를 회복하여 신라 국가의 중흥을 위한다는 명분을 내세우는 것이 일반적이었다.

신라의 관리 또는 지방관 출신이 대부분이었던 영남지역의 성주·장군들은 반신라정책을 강력하게 추진한 궁예와 견훤에게 歸附하기를 꺼려하였다. 그들은 한동안 계속해서 친신라적인 입장을 견지하다가 918년에 왕건이 고려를 건국한 이후에 친신라정책을 추진한데다가 신라 왕조가 재기할 가능성마저 희박해지자, 920년대에 대거 고려에 歸附하였다. 특히 930년 정월 古昌戰鬪에서 고려가 승리하면서 후백제에 대해 압도적인 우위를 확보하게 되자, 영남지역 성주·장군들의 고려 귀부가 급증하는 경향을 보였다. 930년에 친신라적인 성주·장군이 대거 고려에 귀부하면서 신라는 겨우 경주와 그 인근지역만을 통치할 수 있었고, 나아가 931년 이후 신라의 군사력이 완전히 무력화되어 고려군이 신라 왕도를 鎭守하기에 이르렀다. 경순왕은 한동안 고려의 보호를 받다가 더 이상 왕조를 유지하기 힘들다고 판단하여 935년에 나라를 들어 고려에 항복하였다.

참고문헌

1. 단행본 및 저서

최영성, 2016, 『역주 고운최치원선생문집』 하, 사단법인 고운국제교류사업회.

권덕영, 1997, 『고대한중외교사 - 견당사연구 - 』, 일조각.

김석우, 2006, 『자연재해와 유교국가』, 일조각.

송기호, 1995, 『발해정치사연구』, 일조각.

이기동, 1984, 『신라 골품제사회와 화랑도』, 일조각.

이문기, 2015, 『신라 하대 정치와 사회 연구』, 학연문화사.

전덕재, 2006, 『한국고대사회경제사』, 태학사.

조인성, 2007, 『태봉의 궁예정권』, 푸른역사.

2. 논문

김동민, 2004, 「董仲舒 春秋學의 天人感應論에 대한 고찰 - 祥瑞·災異說을 중심
　　　　으로 - 」 『동양철학연구』 36.

이문기, 1997, 「경덕왕대 군제개혁의 실태와 신군제의 운용」 『신라병제사연구』,
　　　　일조각.

이문기, 2015, 「후삼국시기 경상도지역 호족의 존재 양태와 동향」 『신라 하대 정
　　　　치와 사회 연구』, 학연문화사.

이순근, 1992, 「신라말 지방세력의 구성에 관한 연구」, 서울대학교 박사학위논문.

이종봉, 2003, 「나말여초 양주의 동향과 김인훈」 『지역과 역사』 13.

장일규, 2008, 「최치원의 생애와 저술」 『최치원의 사회사상 연구』, 신서원.

전덕재, 2011, 「신라 경문왕·헌강왕대 한화정책의 추진과 그 한계」 『동양학』 50.

전덕재, 2013, 「신라의 대중·일 교통로와 그 변천」 『역사와 담론』 65.

전덕재, 2013, 「삼국과 통일신라시대 가뭄 발생 현황과 정부의 대책」 『한국사연구』 160.

전덕재, 2017, 「후삼국시대 신라의 동향과 멸망에 대한 일고찰-『삼국유사』 기이편 김부대왕조의 검토를 중심으로-」 『신라문화제학술발표회논문집』 38.

전덕재, 2018, 「『삼국사기』의 기록을 통해 본 신라 왕경의 실상-문무왕대 이후 신라본기와 잡지, 열전에 전하는 기록을 중심으로-」 『대구사학』 132.

최병헌, 1978, 「신라 말 김해지방의 호족세력과 선종」 『한국사론』 4, 서울대 국사학과.

최종석, 2004, 「나말여초 성주·장군의 정치적 위상과 성」 『한국사론』 50, 서울대 국사학과.

후백제 주도 세력의 변화와 그 영향

진정환
국립제주박물관 학예연구실장

목차

Ⅰ. 머리말

9세기 말 신라 왕실의 권위가 떨어지자 지방의 유력자들이 자신의 근거지를 중심으로 독자적인 세력을 구축하였다. 이 시기 등장한 호족들 가운데 견훤과 궁예는 한 지역을 넘어 어엿한 국가를 만들었다. 후삼국시대가 열린 것이다. 이 두 사람은 여느 호족과 달리 이념과 실천력을 갖추고 있었기에 자신의 연고지가 아닌 곳에서 자립하고 나라를 건설하였다.

한국사에서 짧았지만 가장 역동적이던 후삼국기, 후백제와 태봉에 관한 연구는 1980~90년대 견훤과 궁예 정권 연구를 시작으로,[1] 다양한 주제와 고고학·미술사 등 연관 분야에서 연구가 이루어졌다.

특히, 후백제 문화유산 연구는 그동안 '나말여초'라는 애매한 시기로 比定되어 왔던 佛敎美術品, 山城, 寺址, 窯址 등에서 적극적으로 후백제의 특질을 찾으려는 조사와 연구가 이어지고 있다.[2] 이는 태봉 연구에서도 마찬가지이다.[3] 한편, 필자는 후백제지역의 불교미술품을 중심으로 후백제의 역사와 문화를 밝히기 위해 노력해왔다.[4]

---

1) 申虎澈, 1989, 『後百濟 甄萱政權 硏究』 西江大學校 大學院 博士學位論文 ; 李在範, 1991, 『後三國時代 弓裔政權의 硏究』 成均館大學校 大學院 博士學位論文 ; 趙仁成, 1991, 『泰封의 弓裔政權 硏究』 西江大學校 大學院 博士學位論文.

2) 곽장근, 2014, 「진안 도통리 초기청자 요지와 후백제」 『진안 도통리 청자』 국립전주박물관 ; 곽장근, 2014, 「진안 고원 초기청자의 등장 배경 연구」 『전북사학』 42, 전북사학회 ; 차인국, 2014. 7, 「전북지역 통일신라~고려시대 평기와 연구」 『야외고고학』 20, 한국매장문화재협회 ; 이동희, 2015, 「전남지역 후백제유적과 역사적 성격」 『韓國上古史學報』 87, 韓國上古史學會 ; 전용호, 2015. 11, 「익산 왕궁리유적의 사찰 운영에 대한 재검토 - 왕궁탑 하부 유구를 중심으로 - 」 『歷史學硏究』 60, 호남사학회 ; 정상기, 2016, 「진안 도통리 청자 가마의 자연환경과 교역」 『진안 도통리 증평 청자가마터 - 조사성과와 과제 - 』 진안군·군산대학교박물관 ; 군산대학교박물관, 2016. 12, 『장수군 산성 발굴조사 학술용역 약보고서』 장수군·군산대학교박물관 ; 군산대학교박물관, 2017, 『진안 도통리 중평 청자요지 4차 발굴조사 약식보고서』 진안군·군산대학교박물관 ; 군산대학교박물관, 2017, 『장수 합미·침령산성 Ⅰ』 군산대학교박물관·장수군 ; 군산대학교박물관, 2019, 『장수 합미산성 Ⅱ』 군산대학교박물관·장수군 ; 군산대학교박물관, 2019, 『장수 침령산성 Ⅱ』 군산대학교박물관·장수군 ; 차인국, 2020, 「완주 봉림사지 기와의 변천과 후백제」 『호남고고학보』 64, 호남고고학회.

3) 최성은, 2002. 6, 「나말려초 중부지역 석불조각에 대한 고찰 - 궁예 태봉(901-918)지역 미술에 대한 시고 - 」 『역사와 현실』 44, 한국역사연구회, 29~61쪽 ; 丁晟權, 2011. 4, 「泰封國都城(弓裔都城) 내 풍천원 석등 연구」 『韓國古代史探究』 7, 한국고대사탐구학회, 167~207쪽 ; 심재연, 2019, 「일제강점기 태봉국 철원성 조사와 봉선사지」 『문화재』 52-1, 국립문화재연구소, 258~271쪽 ; 심정보, 2019, 「태봉국 철원도성의 축조기법과 공간구성」 『文物硏究』 36, 동화문화재단, 61~86쪽.

4) 陳政煥, 2010, 「後百濟 佛敎美術의 特徵과 性格」 『東岳美術史學』 11, 東岳美術史學會, 157~188쪽 ; 陳政煥, 2015, 「後百濟 佛敎彫刻의 對外交涉」 『百濟硏究』 61, 忠南大學校 百濟硏究所, 147~175쪽 ; 陳政煥, 2015, 「後百濟 佛敎美術과 그 影響」 『전북사학』 47, 전북사학회, 35~76쪽 ; 진정환, 2019, 「후백제 불교미술품과 고고자료의 검토」 『호남고고학보』 61, 호남고고학회, 108~130쪽 ; 진정환, 2020, 「후백제와 태봉 불교석조미술품의 특징과 영향」 『東岳美術史學』 27, 東岳美術史學會, 125~152쪽.

이 논고의 주제인 견훤 세력과 후백제의 건국 관련 문제는 이미 여러 연구자가 다루었다. 선학들의 연구 성과는 새로운 논지를 제기하거나 반박할 수 없을 정도로 폭넓고 치밀하다. 그러나 초기 세력 형성과 말기 세력 간 분열에 집중되어 있다. 그러나 정국을 주도하고 문화를 창조한 주체인 후백제 건국 참여 세력이 교체될 때, 국가의 정체성과 정책, 문화의 성격이 어떻게 변화했는지를 밝힌 연구는 없었다. 필자는 이 논고에서 후백제사와 후백제 문화를 총체적으로 살펴보기 위해, 지금까지 천착해온 후백제 문화 형성과 변화 양상을 바탕으로, 후백제 주도 세력의 변화가 후백제의 정체성, 대외정책, 문화적 특징 변화에 어떠한 영향을 끼쳤는지를 중심으로 살펴보겠다.

이를 위해 우선 견훤의 초기 세력 형성 과정을 검토해보겠다. 이어서 900년 전주 천도와 세력의 확장 사이의 관계를 살펴보겠다. 그리고 마지막으로 건국 이후 주도 세력의 변화가 후백제의 정체성과 문화에 어떠한 영향을 끼쳤는지를 밝혀보겠다.

Ⅱ. 초기 견훤 세력 형성

견훤 세력의 정체를 살펴보기 위해서는 우선 견훤의 출생지와 서남해 방수처의 위치 등이 먼저 검토되어야 한다. 견훤의 출신지에 대해서『三國遺事』에 광주라는 기록도 있으나,[5]『三國史記』와『삼국유사』모두에서

---

5)『三國遺事』卷3, 紀異2, 後百濟 甄萱. "又古記云 昔一富人居光州北村 有一女子姿容端正 謂父曰 每有一紫衣男到寢交婚 父謂曰 汝以長絲貫針刺其衣 從之 至明尋絲於北墻下 針刺於大蚯蚓之腰 後因姙

상주로 기록하고 있다.[6] 그런데, 광주 출신이었다면, 892년 스스로 왕을 칭할 당시 무주의 동남 군현, 즉 현재 전남 동부지역만 복속했다는 것은 이치에 맞지 않기 때문에 상주 출신일 가능성이 커 보인다.

한편, 견훤은 부친인 아자개가 장군으로 칭한 시기인 885~887년 무렵, 신라 중앙군이 되어 경주 거쳐 서남해 방수군에 소속된다.[7] 견훤의 방수처로 대중국무역의 통로였던 서남해상의 요충지,[8] 순천,[9] 순천·여수 지역,[10] 순천만 혹은 광양만,[11] 무안·영암·해남·강진 일대,[12] 경남 서부의 진주[13] 등 여러 견해가 제기되었다. 견훤이 방수군으로 배속된 지역과 관련하여 견훤이 스스로 왕이라 칭한 892년 武州 동남 군현이 복속했다는 기록,[14] 초기부터 견훤과 고락을 함께했던 朴英規·金惣의 근거지가 순천·여수 일대라는 점,[15] 신라에서 일본에 수출한 「王家造鏡」, 중국제「海獸葡萄方鏡」과 磁器가 발견된 光陽 馬老山城의 발굴 성과[16] 등을 고려할

生一男 年十五自稱甄萱".

邊東明, 2000,「甄萱의 出身地 再論」『震檀學報』90, 震檀學會, 29~55쪽.

6)『三國史記』卷50, 列傳10, 甄萱. "甄萱尙州加恩縣人也 本姓李 後以甄爲氏 父阿慈介 以農自活 後起家爲將軍".

『三國遺事』卷3, 紀異2, 後百濟 甄萱. " 三國史本傳云 甄萱尙州加恩縣人也 咸通八年丁亥生 本性李 後以甄爲氏 父阿慈个 以農自活 光啓中攄沙弗城(今尙州) 自稱將軍".

7) 申虎澈, 1989,「甄萱의 出身과 社會的 進出」『東亞硏究』17, 西江大學校 東亞硏究所, 83~102쪽.

8) 申虎澈, 1993,『後百濟 甄萱政權硏究』, 一潮閣, 28쪽.

9) 이도학, 2001,「甄萱의 出生地와 그 初期 勢力 基盤」『후백제 견훤정권과 전주』주류성, 51~78쪽.

10) 鄭淸柱, 2002,「甄萱의 豪族政策」『全南史學』19, 全南史學會, 71~97쪽.

11) 邊東明, 2000, 앞의 논문, 29~55쪽.

12) 배재훈, 2010. 8,「견훤의 군사적 기반」『新羅文化』36, 동국대학교 신라문화연구소, 167~201쪽.

13) 강봉룡, 2001,「甄萱의 勢力基盤 擴大와 全州 定都」『후백제 견훤정권과 전주』주류성, 79~120쪽.

14)『三國史記』卷11, 新羅本紀11, 眞聖王. "六年 完山賊甄萱 攄州自稱後百濟 武州東南郡縣降屬".

15) 변동명, 2004,「金惣의 城隍神 推仰과 麗水·順天」『全南史學』22, 全南史學會, 159~190쪽 ; 변동명, 2016,「新羅末·高麗初의 順天 豪族 朴英規」『歷史學硏究』62, 湖南史學會, 139~167쪽.

때, 순천만을 중심으로 한 전남 동부 해안지역일 가능성이 크다.[17] 그런데, 중국·일본과의 교류에 관여하였던 전남 동부 해안지역의 세력은 893~894년 사이 일본 마쯔라(松浦)·아키타(飽田) 등지에 출현한 해상세력으로 판단된다.[18] 그들은 아마도 외부에서는 '百濟海賊'으로 일컬어졌을 것이다.[19]

신라 정규군인 방수군과 해상을 주무대로 활동한 재지세력을 기반으로 자립한 견훤은 지역민을 규합하여 892년 무주에 입성, 自王하기에 이른다.[20] 초기 견훤 세력의 성격을 892년 견훤이 스스로 정한 관직인 "新羅西面都統指揮兵馬制置·持節·都督全武公等州軍事·行全州刺史兼御史中丞上柱國漢南郡開國公食邑二千戶"에서 확인할 수 있다.[21] 여기서 주목할 부분은 '新羅西面都統'과 '全武公等州軍事'·'漢南郡公'이라 한 부분이다.

'新羅西面都統'에서는 신라 內地 출신인 방수군의 지향이 반영된 것이다. 상주 출신인 견훤이 신라 서남해 방수군에 먼저 배속되었다가 후에 비장으로 승진한 것을 볼 때, 방수군은 신라 내지 출신자들로 구성되었을 것으로 보이기 때문이다. 이들은 신라 중앙 문화를 동경했으며, 신라 왕실의

---

16) 順天大學校 博物館, 2005·2009·2011·2012, 『光陽 馬老山城』 I·II·III·IV, 順天大學校 博物館.

17) 李道學, 2006, 「新羅末 甄萱의 勢力 形成과 交易 - 張保皐 以後 50年 -」 『新羅文化』 28, 동국대학교 신라문화연구소, 211~233쪽.

18) 정순일, 2013, 「마쯔라·아키타·쓰시마에 출현한 寬平新羅海賊」 『韓國古代史探究』 14, 韓國古代史探究學會, 143~149쪽.

19) 『三國遺事』 卷2, 紀異2, 眞聖女王 居陀知. "此王代阿飱良貝王之季子也 奉使於唐 聞百濟海賊梗於津嶹 選弓士五十人隨之 舡次鵠島 鄕云骨大島 風濤大作信宿俠旬".

20) 申虎澈, 1993, 앞의 책, 25~35쪽.

21) 『三國史記』 卷50, 列傳10, 甄萱. "遂襲武珍州 自王 猶不敢公然稱王 自署爲新羅西面都統指揮兵馬制置·持節·都督全武公等州軍事·行全州刺史兼御史中丞上柱國漢南郡開國公食邑二千戶".

존속을 전제로 내부 개혁을 지지했을 것이다.

'全武公等州軍事', '漢南郡公'이라 한 것은 견훤 세력 내 또 다른 한 축인 재지세력의 염원을 담은 것으로 보인다. 주지하다시피, 신라는 백제를 멸망시킨 후 그 땅에 전주·무주·공주를 설치한다.[22] 한때 백제의 영토였던 한주를 관직에 포함하지 않은 것은 당시 한주를 고구려의 옛 영토로 인식하는 것이 일반적이었기 때문으로 보인다.[23] 다만, 漢水以南을 일컫는 관념적 명칭인 '한남군'을 언급함으로써,[24] 백제의 옛 강역을 수복하고자 하는 의지를 내비쳤던 것으로 보인다. 이는 백제에 대한 이해가 높은 세력, 즉 재지세력이 견훤 초기 세력에 합류했음을 의미한다. 재지세력은 '백제해적'으로 일컬어질 만큼, 백제 귀소의식이 강했을 것으로 보인다. 광양 마로산성과 순천 鳳凰山城 등지에서 '馬老', '沙平' 등 백제 때 지명을 쓴 銘文瓦가 수습되어 견훤 초기 자립지에 백제 귀소의식이 팽배했음을 뒷받침한다. 이들은 현 체제의 전복과 새로운 정권의 창출을 지향했을 것이다. 또한 그들은 무조건 신라 중앙 문화를 동경하기보다 자신들만의 문화적 정체성을 구축하려고 했다. 이는 신라 중앙과 전혀 다른 문양 체계를 가진 광양 마로산성 출토 수막새에서도 확인할 수 있다.

견훤은 자립 당시 주축 세력 간 균열을 방지하기 위해, 892년 自王할 때 '新羅西面都統'과 '全武公等州軍事'·'漢南郡公'을 같이 내세웠던 것으로 보인다. 또한 이 관직명은 백제의 옛 영토를 아우르려고 한 견훤의 목

---

22) 『三國史記』 卷34, 雜志3, 地理1, 新羅. "濟國界 置三州 百濟故城北熊津口曰熊州 次西南曰全州 次南曰武州".

23) 『三國史記』 卷34, 雜志3, 地理1, 新羅. "漢州 本高句麗漢山郡 新羅取之 景德王改爲漢州 今廣州 領縣二".

24) 李道學, 2014, 「後百濟의 全州 遷都와 彌勒寺 開塔」 『韓國史研究』 165, 韓國史研究會, 14쪽.

적을 보여준다. 892년 무주 치소로 진출한 것은 1단계로 나주 일대를 통합하기 위한 행동이었다. 그러나 견훤은 무주의 치소 以西地域에 무주 동부지역과 다른 문화적 배경이 있음을 간과하였다. 견훤이 자왕한 892년 제시했던 신라 지방관이자 백제 실지 회복의 이념을 나주 일대의 주민들은 수용할 수 없었다. 그 이유를 살펴보기 위해 후삼국기 이전 전라지역의 역사·문화적 배경을 살펴볼 필요가 있다.

삼한시대 마한 소국들이 있던 전라지역은 삼국시대에는 백제·가야·마한 등 문화의 다양성을 보인다.[25] 전북지역은 일찍이 백제문화권에 편입되었다. 그 뒤를 이어 가야문화권에 속한 전라 동부지역이 백제에 귀속되었다.[26] 그러나 영산강 유역 즉 나주 일대의 상황은 달랐다.

『삼국사기』와 『일본서기』의 기록에 근거하여, 그동안 4세기 중엽 근초고왕이 영산강 유역을 장악하고, 웅진 천도 이후 백제의 통치시스템에 포함되었다는 것이 통설이었다.[27] 그런데, 최근에는 한·중·일 사료의 검토를 통해, 6세기 중반 백제의 영역이 되었을 것이라는 견해가 제기되기도 하였다.[28] 한편, 1990년대 이후 본격화된 영산강 유역 분묘 발굴로 4

---

25) 최완규, 2018. 12. 14, 「전라도지역 삼국시대 문화의 다양성과 동질성」 전라도 정도 1,000년 기념 학술대회 『전라도 공동체의 뿌리와 정신』 국립광주박물관·한국학호남진흥원, 23~34쪽.

26) 박태홍, 2007, 「全南 東部地域 百濟山城의 分布와 그 意味」 『韓國上古史學報』 56, 한국상고사학회, 95~114쪽 ; 이동희, 2007, 「백제의 전남 동부 지역 진출의 고고학적 연구」 『韓國考古學報』 64, 한국고고학회, 74~121쪽 ; 곽장근, 2007, 「전북 동부지역 가야와 백제의 역학관계」 『百濟文化』 43, 공주대학교 백제문화연구소, 29~60쪽 ; 최완규, 2018, 「전북지역의 가야와 백제의 역동적 교류」 『호남고고학보』 59, 호남고고학회, 4~24쪽.

27) 노중국, 2011, 「문헌기록 속의 영산강 유역 - 4~5세기를 중심으로 - 」 『百濟學報』 6, 百濟學會, 5~31쪽 ; 정재윤, 2016. 9, 「삼국시대 나주와 영산강 유역 세력의 동향」 『歷史學研究』 62, 湖南史學會, 27~57쪽.

28) 정동준, 2019, 「문헌사료로 본 백제의 마한 통합과정」 『百濟學報』 29, 百濟學會, 5~26쪽.

세기 후반에는 대형옹관, 5세기 후반에는 고총고분, 5세기 말~6세기 초에는 전방후원분 등 백제의 전형적인 횡혈식석실분과는 다른 묘제가 확인되었다.[29] 횡혈식석실분은 6세기 중엽 이후가 되어서야 일반화되었다.[30] 영산강 유역의 특징적인 토기가 전형적인 백제 양식 토기로 바뀌는 시점도 6세기 중엽이다.[31] 이러한 점들은 영산강 유역 일대는 6세기 중엽 백제의 영역으로 완전히 편입되기 전까지 독자적 문화와 정치적 위상을 누리고 있었다는 것을 알려준다.[32]

문헌의 빈틈을 고고학적 성과로 메꾸어 6세기 중엽 이전까지 영산강 유역 일대가 정치적·문화적으로 독자성을 확보하고 있었음을 확인할 수 있었다고 하더라도, "마한"이라는 용어 혹은 명칭을 내세웠는지는 명백하지 않다. 그러나 '唐이 백제를 멸망시키고 그 영토를 나눠 熊津·馬韓·東明 등 5도독부를 설치하였다'는 것[33]에서 마한이라는 명칭이 마한의 백제 복속 이후까지 지속적이며 광범위하게 사용되었음을 유추해볼 수 있다. 마

---

29) 최영주, 2018, 「고고자료로 본 영산강유역 마한세력의 성장과 변동과정 - 백제와의 관계를 중심으로 - 」『동아시아고대학』52, 동아시아고대학회, 387~428쪽.

30) 김낙중, 2009, 「백제 사비기 횡혈식석실의 확산 및 지역성의 유지 - 영산강유역을 중심으로 - 」『한국고고학보』71, 한국고고학회, 133~138쪽.

31) 김낙중, 2012, 「토기를 통해 본 고대 영산강 유역 사회와 백제의 관계」『호남고고학보』42, 호남고고학회, 87~121쪽.

32) 林永珍, 1992. 12, 「榮山江流域 百濟時代 墓制의 變遷 背景」『古文化』40·41, 한국대학박물관협회, 47~56쪽 ; 이도학, 2013. 9, 「榮山江流域 馬韓諸國의 推移와 百濟」『百濟文化』49, 공주대학교 백제문화연구소, 109~126쪽 ; 최성락, 2017. 5, 「영산강유역 고대사회와 백제에 의한 통합과정」『지방사와 지방문화』20-1, 역사문화학회, 7~27쪽.

33) 『三國史記』卷37, 雜志6, 地理4, 百濟. "唐以其地分置熊津馬韓東明等五都督府 仍以其酋長爲都督府刺史".
『三國遺事』卷2, 紀異2, 南扶餘 前百濟 北扶餘. "至唐顯慶五年 是義慈王在位二十年 新羅金庾信與蘇定方討平之 百濟國舊有五部 分統三十七郡二百濟城七十六万戶 唐以地分置熊津馬韓東明金漣德安等五都督府 仍其酋長爲都督府刺史 未幾新羅盡井其地 置熊·全·武三州及諸郡縣".

한도독부의 위치가 영산강 유역 일대라는 것이 사료에는 명시되어 있지 않다. 그러나 5도독부를 개편하여 1도독부 7주 체제가 되었을 때의 7주를 5도독부와 대응시켜 보면, 당이 영산강 유역 일대에 설치한 沙泮州·分嵯州·帶方州가 마한도독부의 영역일 가능성이 크다.[34] 한편, 5도독부 명칭 가운데 熊津·德安·金漣은 지명과 관련 있고 東明은 백제의 뿌리인 東明王과 관련이 있는 것으로 보아, 5도독부의 명칭에 역사성과 지역성을 담았을 가능성이 크다. 그렇다면, 마한이라는 명칭은 백제 멸망 이후 갑작스럽게 나온 것이 아니라, 영산강 유역 일대에서 면면히 사용되고 계승된 실체가 있는 명칭이었을 것으로 판단된다.

그런데, 앞서 살펴보았듯이 당은 백제지역에서 5도독부를 설치하면서 그 지역의 유력자를 도독과 刺史로 삼았다. 당시 백제부흥운동이 성행했던 시기였던 만큼 도독부의 지배자는 백제에 반감을 품고 있던 세력이 등용되었을 것으로 보인다. 이들은 당이 물러난 이후에도 영산강 유역 일대에서 유력자로서 살아남아 마한인으로서 정체성과 문화적 자긍심을 공고화했을 것이다. 이는 백제부흥세력의 거점과 전투가 충남·전북 일대에서 집중된 것[35]과 고려시대 '백제계 석탑과 석불' 역시 충남·전북·전남 동부 지역에서만 조성된 것[36]에서도 확인할 수 있다.[37]

---

34) 노중국은 마한도독부의 영역을 영산강 유역으로 여기지만, 김수미는 노산주 즉 익산 일대로 파악하고 있는 등의 견해가 제기되고 있다. 노중국, 2003, 『백제부흥운동사』 일조각, 72~73쪽 ; 김수미, 2015, 「백제 멸망 이후 馬韓 인식의 변화 양상」 『한국고대사연구』 77, 한국고대사학회, 253~282쪽.

35) 김병남, 2018, 「신라의 백제부흥세력 공략 과정과 의미」 『한국고대사탐구』 28, 한국고대사탐구학회, 253~280쪽.

36) 陳政煥, 2007, 「南原 池塘里 石佛立像 考察」 『東岳美術史學』 8, 東岳美術史學會, 103~123쪽 ; 陳政煥, 2007, 「井邑地域 百濟系 佛像 考察」 『文化史學』 27, 韓國文化史學會, 467~489쪽 ; 陳政煥, 2013, 『高麗前期 佛敎石造美術 硏究』 東國大學校 大學院 博士學位論文, 135~174쪽.

37) 李道學 역시 나주지역민들이 백제 귀소의식이 거의 없었을 것이라고 추정한 바 있다. 李道學,

이러한 역사·문화적 배경이 있던 영산강 유역 즉 나주 일대 주민들에게 견훤이 892년 자왕할 당시 내세웠던 '신라의 지방관이 장차 백제를 복속할 것이다'라는 비전은 전혀 매력적이지 않았을 것이다. 견훤은 무주 주치로 입성하기에 앞서 나주 일대 주민들을 설득할 명분을 찾아야 했으나, 그러지 못하였다. 아마도 이 시기 견훤 세력 내에서 세력의 정체성을 어떻게 할 것인지에 대해 치열한 경쟁이 있었을 것이다. 이 때문에 나주 통합을 위한 비전을 제시하지 못하였다. 892년 이후 확장성에 한계를 느낀 견훤은 나주 일대 통합과 세력의 확장을 위한 명분을 찾기 위해 고민하였다. 그런데, 892년 전후 다른 지역에서 梁吉, 箕萱, 弓裔 등 큰 세력이 등장하는 등 신라는 계속해서 쇠퇴하였다. 신라 체재 수호를 지향하였던 신라 내지 출신들의 입지가 위축되었을 것으로 보인다. 이때부터 재지세력에게 힘이 실리게 되었으며, 그들은 900년 전주로의 천도와 후백제 건국을 주도하게 되었을 것으로 판단된다.

Ⅲ. 전주 천도와 세력 확장

견훤과 백제 귀소의식이 강했던 재지세력은 확장성이 제약된 무주를 벗어나 새로운 발전의 발판을 마련하고 여전히 견훤 세력에 미온적이었던 나주지역 통합을 위한 轉機를 만들 필요가 있었다. 견훤은 전주로의 천도를 선택한다. 전주 천도 이유를 나주 세력이 이반하여 892년 자왕 당시

2014. 6, 「弓裔와 甄萱의 比較檢討」 『弓裔와 泰封의 역사적 재조명』, 철원군, 14~20쪽.

수도였던 무주의 배후가 취약해졌기 때문으로 인식하기도 한다.[38] 신라의 군사적 기반이 무주보다 잘 갖춰진 전주의 이점을 이용하려 했다는 견해가 제기되기도 하였다.[39] 충청 이북의 호족들을 당장 굴복시킬 수 없었던 한계도 전주 천도의 이유로 여겨진다.[40] 모두 개연성을 가지고 있는 주장이지만 한계도 있다.[41] 나주 세력의 이반과 전주의 군사력 활용은 자칫 경쟁자의 성장과 신라군에 의한 역공의 빌미를 줄 수 있는 것들이다. 이뿐만 아니라 전주 천도로 강력한 충청 이북 호족과 대치하는 상황이 된다. 이처럼 전주 천도는 견훤에게 기회이자 위협이 공존하는 선택이었다. 요컨대 견훤의 전주 천도는 실리적 측면만 있는 것이 아니라 향후 정국 주도권 확보를 위한 것이었을 가능성이 크다. 이와 관련하여 주목되는 것이 900년 천도하기에 앞서 전주에서 한 선언이다(사료 1).

[사료 1] 견훤이 西巡하다가 완산주에 이르니, 주의 백성들이 열렬히 맞이하였으며, 견훤은 인심을 얻어 기뻐하였다. 좌우 관리들에게 "내가 삼국의 시초를 살펴보니 마한이 먼저 일어나고 누대로 발흥한 까닭에 진한과 변한이 (마한을) 따라 일어났다. 그리하여 백제가 나라를 金馬山에서 창건하고 그 역사가 600여 년이 되었는데, 總章 연간 당 고종이 신라의 요청으로 蘇

---

38) 申虎澈, 1993, 앞의 책, 51쪽.

39) 김수태, 1999, 「전주 천도기 견훤 정권의 변화」『한국고대사연구』15, 한국고대사학회, 271~272쪽.

40) 李道學, 2014, 앞의 논문, 17~18쪽.

41) 나주 세력과 왕건 세력이 903년이 되어서야 결탁하기 때문에 나주 세력의 이반이 실재했는지에 대한 김주성의 반론이 제기된 바 있다. 또한 이문기는 무주와 전주의 군사력 차이에서도 큰 차가 나지 않았다고 지적하였다. 김주성, 2013, 「견훤의 전주 천도와 왕궁 위치」『후백제 왕도 전주』, 전주시·전주역사박물관, 44~46쪽 ; 이문기, 2000, 「견훤 정권의 군사적 기반」『후백제와 견훤』, 서경문화사, 117쪽.

定方이 13만 수군을 거느리고 바다를 건너오고 신라의 김유신이 군사를 정비하여 黃山을 지나, 泗沘에 이르러 당나라 군사와 합력하여 백제를 멸망시키니 지금 내가 어찌 도읍을 전주에 정하여 義慈王의 宿憤을 풀지 않을 수 있겠는가?"라 하고 드디어 후백제 왕이라 칭하고 設官分職하였다.[42]

견훤은 900년 전주 선언에서 백제 귀소의식이 강했던 전주의 백성에게 '의자왕의 숙분을 풀겠다'라고 함으로써 민심을 얻는다. '백제 계승'을 천명한 것이다. 앞서 언급하였듯이 전북지역은 백제 귀소의식이 매우 강했던 곳이다. 전주 천도를 주도한 재지세력은 그 지위가 더욱 공고해졌을 것이다.

그런데, 견훤은 '마한이 먼저 일어나고 … 백제가 금마산에서 창건하였다'라고 하여, 마한과 백제가 한 계통인 점을 강조한다. 이 발언은 전주지역 주민을 대상으로 한 것이기도 하지만, 그때까지도 복속되지 않은 나주지역 주민들을 향한 것이기도 했다. 즉 고조선 준왕의 남천지인 금마 일대를 마한과 백제의 공동 개국지로 의도적으로 왜곡함으로써 마한의 전통성이 강한 나주지역과 백제가 하나임을 강조한 것이다.

889~892년 自立時期, 892~900년 自王時期 견훤은 국가의 정통성과 정체성, 영토 통합을 위한 명문과 이념체계가 확고하지 않았다. 견훤세력은 말 그대로 "세력"에 지나지 않았다. 그런데, 900년 전주 연설을 계기로 견훤은 정통성이 '고조선→마한→백제→후백제'로 이어지고 있다

---

42) 『三國史記』卷50, 列傳10, 甄萱. "萱西巡至完山州 州民迎勞 萱喜得人心 謂左右日 吾原三國之始 馬韓先起 後赫世▨▨興 故辰·卞從之而興 於是 百濟開國金馬山 六白餘季 揚章中唐高宗 以新羅之請 遣將軍蘇定方 以船兵十三萬越海 新羅金庾信卷土 歷黃山至泗沘 與唐兵合攻 百濟滅之 今子敢不立都於完山 以雪義慈宿憤乎 遂自稱後百濟王 設官分職".

는 명분을 제시하였으며, 국토 통합을 위한 '馬韓-百濟 一體意識'이라는 이념을 제시하였다.[43] 바야흐로 견훤 세력이 "정권"으로 발전한 것이다. 견훤은 전주로 천도하면서 국호를 백제라 칭하고 說官分職하였으며, 그 이듬해 正開라는 연호까지 제정하였다.

한편, 견훤은 900년 전주 천도 후 불과 1년 만에 대야성과 나주지역을 공략한다.[44] 견훤의 대야성 침공은 영토 확장을 위한 실리적 행동이라기 보다, 정치적 목적을 가진 선언적 행동이었다. 대야성은 7세기 전반 백제와 신라 사이에 여러 차례 공방이 있었던 곳이다. 백제군은 드디어 642년에 대야성을 함락한다. 그런데, 당시의 대야성 성주는 후에 백제를 멸망시킨 太宗武烈王의 사위 金品釋이었다. 그때 김춘추의 사위와 딸은 자결한다. 이것이 계기가 되어 김춘추는 중국 당과 동맹을 추진한다. 즉, 660년 나당연합군의 백제 공략은 642년 사건에 대한 보복 전쟁 성격이 짙다.[45] 백제의 입장에서 642년의 대야성은 백제 멸망의 시발점이었다. 이를 알고 있던 견훤은 의자왕의 원한을 풀 수 있는 상징적인 공간으로 대야성을 지목하고, 천도 직후 최초의 군사 행동으로 그곳을 선택한 것이다.[46] 그러나 천도 이후 1년이 채 지나지 않은 시점에서 준비 부족으로 결국 실패한다.

대야성 침공 실패 이후 나주 남쪽 고을을 공략한다. 그러나 이 공격은

---

43) 陳政煥, 2019. 11, 「後百濟王 甄萱의 900~901年 言行의 意味」 『전북사학』 57, 전북사학회, 116~127쪽.

44) 『三國史記』 卷12, 新羅本紀12, 孝恭王. "(五年) 秋八月 後百濟王甄萱攻大耶城 不下 移軍錦城之南 奪椋汒遑部落而歸".

45) 김병남, 2018, 앞의 논문, 253~280쪽.

46) 陳政煥, 2019. 11, 앞의 논문, 127~130쪽.

단순히 대야성 침공 실패를 만회하기 위한 행동만은 아니었다. 이때 나주의 본진을 공략하지 않은 것은 '마한-백제 일체의식'을 영산강 유역 일대에 확산시키기 위한 매우 전략적인 행동이었다.[47] 그러나 900년 전주 선언에서 천명한 '마한-백제 일체의식'에 동의하지 않았던 나주 세력은 901년 견훤의 군사적 위협에 움직이지 않았다.

앞서 지적하였듯이 견훤은 마한이 백제로 이어졌다고 인식하였다. 이는 지역민의 일반적 견해였을 것이다. 그러나 견훤과 같은 시기를 살았던 崔致遠은 마한이 고구려, 변한이 백제, 진한이 신라가 되었다고 인식하였다.[48] 이러한 인식은 당시 신라 지식인 사회의 일반적인 인식이었을 가능성이 크다. 나주의 호족들도 그렇게 인식했을 것으로 보인다. 그들은 견훤이 900년 전주 천도에 앞서 내세운 '마한-백제 일체의식'을 동의할 수 없었을 것이다. 901년 고구려 계승을 기치로 궁예가 나라를 건국하자, 불과 2년 뒤인 903년 별다른 저항 없이 후고구려의 영토에 편입될 수 있었던 것으로 보인다.[49] '마한→고구려' 인식이 있던 궁예 입장에서도 901년의 견훤처럼 건국의 당위성 확보를 위해 고구려와 전신으로 인식되어온 마한의 병합은 필요했을 것이다.[50] 이렇게 후백제 건국의 당위성을 확보하

---

47) 陳政煥, 2019. 11, 앞의 논문, 130~135쪽.

48) 『三國史記』卷34, 雜志3, 地理1, 新羅. "新羅崔致遠曰 馬韓則高麗 卞韓則百濟 辰韓則新羅也 此諸說可謂近似焉".
그런데, 이러한 신라 말의 일반적 인식과 달리, 중국 사서에서는 우리나라 삼국시대 각국의 계승관계를 기본적으로 夫餘→高句麗, 夫餘別種·馬韓→百濟, 辰韓→新羅로 보았다. 조법종, 1999. 12, 「후백제 甄萱의 역사계승인식 - 高句麗 및 百濟의 馬韓계승인식을 중심으로 - 」『史學研究』58·59, 韓國史學會, 484쪽.

49) 903년 이전부터 해상을 매개로 나주 세력과 왕건 세력이 결탁했기 때문으로 보는 견해도 있다. 申虎澈, 1993, 앞의 책, 48~51쪽.

50) 궁예의 역사인식은 王昌瑾이 궁예에게 바친 거울과 관련된 일화에서 확인할 수 있다. 거울에는

고 백제 계승자로서의 정체성을 확립하기 위한 901년의 군사 행동은 모두 실패로 돌아갔다.

이후 견훤은 후백제 건국 후 찾아온 내우외환을 극복하기 위해, 그의 고향인 상주를 비롯하여 古昌(안동), 의성 등 경북 북부지역 공략에 공을 들인다. 이러한 정황은 906년 沙火鎭, 즉 상주에서 궁예 밑에 있던 왕건에 의해 패퇴한 사건에서 알 수 있다.[51] 그런데, 후백제지역과 경북 북부지역 간 안정적인 교통로를 확보하기 위해 907년 一善郡(현재 구미) 이남의 10여 성을 확보한 것을 볼 때,[52] 906년 사회진을 摩震(泰封)에 빼앗겼음에도 경북 북부지역은 견훤의 실질적인 영향 아래 있었던 것으로 보인다.

이 시기 경북 북부지역으로의 진출은 901년 군사 행동의 실패 이후 이를 주도했던 재지세력이 주춤하자, 견훤 세력 내 신라 내지 출신들이 주도했던 것으로 보인다. 이 과정에서 견훤 세력 내 신라 내지 출신들의 세력 확장을 위해 경북 북부지역의 인적자원이 대거 후백제 중앙으로 유입되었다. 이들은 이후 후백제 문화를 주도한다. 이러한 정황을 후백제 불교미술품 가운데 경북 북부지역의 것과 강한 친연성을 보이는 것들에서 확인할 수 있다. 그 대표적인 것이 完州 鳳林寺址 石造三尊佛(도 1) 등 一群의

"上帝降子於辰馬者 先操鷄後搏鴨者"가 새겨져 있었는데, 이것을 해석하면, 辰韓이 鷄(鷄林) 즉 新羅가 되었고 馬韓이 高句麗가 되었다는 것을 의미하므로, 궁예의 역사인식이 최치원과 같았을 것으로 보인다. 조법종, 1999, 앞의 논문, 485~486쪽.

51) 『高麗史』卷1, 世家1, 太祖. "(天祐) 三年丙寅 裔命太祖 率精騎將軍黔式等 領兵三千 攻尙州沙火鎭 與甄萱累戰克之".

52) 『三國史記』卷12, 新羅本紀12, 孝恭王. "(十一年) 一善郡以南十餘城 盡爲甄萱所取".
후백제가 일선군 이남 10여 성을 차지함으로써 경주로 통하는 거점을 마련한 것으로 보는 견해도 있다. 문안식, 2008, 『후백제 전쟁사 연구』, 혜안, 64쪽.

석불이다.[53] 봉림사지 본존불(도 2)은 아담하면서도 균형이 잘 잡힌 9세기 후반 석불 양식을 계승한 것이다. 그러나 이 본존불의 특징적 형식인 가슴의 띠매듭, 드러난 오른쪽 어깨, 왼쪽 어깨 위 삼각형 옷자락 등이 복합적으로 보이는 불상은 봉림사지 본존불 등 완주 일대 불상과 安東 玉山寺址 磨崖藥師佛坐像(도 3) 밖에 없다. 일반적인 도상을 벗어난 특정 형식은 개인적이고 특수한 것이다. 이렇게 특정 형식이 다른 지역에서 동시에 나타난다는 것은 장인의 이동밖에 설명할 길이 없다. 즉 완주 봉림사지 석불을 비롯한 완주 일대 일군의 석불은 옥산사지 마애불을 만든 장인(집단)이 후백제 왕도 전주로 이주해 佛事에 참여했음을 알 수 있다.

그뿐만 아니라, 견훤의 고향에 있는 曦陽山門의 영향도 살펴볼 수 있다. 봉림사지 본존불 대좌에서 가릉빈가와 주악천인상을 조합한 문양 구성을 보이는데, 이러한 조합은 聞慶 鳳巖寺 智證大師塔에서만 유일하게 확인할 수 있다.

한편, 봉림사지 삼존불에는 광배와 보살상에서 백제 불교미술품을 재현하려 한 것을 확인할 수 있다. 광배는 형태와 구성에서 9세기 불상의 광배와 유사한 양상을 보이지만, 백제 불상인 益山 蓮洞里 石佛坐像 광배 화불과 유사한 형태의 화불을 조각하였다. 광배에서 살펴볼 수 있는 통일신라 불교미술 양식과 백제 불교미술품의 형식을 결합한 양상을 협시보살상에서도 살펴볼 수 있다. 보살상은 9세기 후반 불상의 양식적 특징인 短軀形의 형태와 평면적인 양감을 보이면서도, 扶餘 軍守里寺址 出土 金銅菩薩立像 등 6세기 후반 백제 보살상에서 볼 수 있는 X자 천의를 걸쳤다.

---

53) 陳政煥, 2010, 앞의 논문, 176~179쪽.

〈도 1〉 완주 봉림사지 석조삼존불

〈도 2〉 완주 봉림사지 본존불

〈도 3〉 안동 옥산사지 마애약사불좌상

후백제가 백제를 계승한 국가를 표방하였던 만큼 의도적으로 백제를 연상시키는 요소를 결합했을 것으로 보인다. 이는 견훤 세력의 양축을 담당하는 세력이 지향하는 문화가 이 봉림사지 상에 고스란히 담아 내려 했기 때문이다. 이것은 또한 앞서 안동지역 장인이 전주로 유입되었다고 한 주장을 뒷받침하는 것이기도 하다. 만약 전주지역 장인이 후백제가 경북 북부지역 진출할 때 그곳에 가 불상을 조성하였다면, 안동 옥산사지 마애 불에도 백제적 요소가 적용되었어야 하나 그렇지 않기 때문이다.

요컨대, 900년 전주 선언과 전주 천도로 영토의 확장, 주민의 증가 등 실질적인 성과를 얻었을 뿐만 아니라, 정체성 확립과 정통성 확보, 그리고 통치이념과 목표를 확립하는 계기가 되었다. 천도를 주도한 것은 백제 귀 소의식이 강했던 재지세력이었다. 전주 천도로 그들은 우호세력을 확장할 수 있었다. 이러한 자신감을 바탕으로 불과 1년 만에 900년 전주 선언을 실천하기 위한 군사 행동은 실패로 돌아갔다. 이때 견훤 정권 내 주도권은 다시 신라 내지 출신들에게 넘어갔다. 이후 그들의 주도로 경북 북부지역 공략이 꾸준히 이어졌다. 이때 소수였던 그들은 지지세력의 확장을 위해 점령지의 호족을 포섭하는 한편, 수많은 주민과 장인을 전주 일대로 이주 시켰는데, 그들은 이후 후백제 문화의 주도층으로 성장한다.

IV. 주도 세력 교체와 정체성 변화

견훤은 후백제 주민의 대다수를 차지하는 백제 귀소의식이 강한 재지 세력의 불만을 잠재우기 위해 대야성과 나주 공략을 게을리하지 않았다. 결국 920년이 되어서야 대야성을 함락한다.[54] 이 사건은 '의자왕의 울분 을 풀겠다'라고 공언한 900년의 전주 선언을 달성한 것으로서, 비로소 백 제 계승자로서 후백제의 정체성을 확인하고 건국의 당위성을 인정받게

---

54) 『三國史記』卷12, 新羅本紀12, 景明王. "(貞明) 六季 萱率步騎一萬 攻陷大耶城 移軍於進禮城 新 羅王遣阿~金律 求援於太祖 太祖出師 萱聞之 引退 萱與我太祖 陽和而陰剋".

되었다.

920년 대야성 함락은 재지세력이 다시 한번 정국을 주도할 수 있는 계기가 되었다. 922년 "彌勒寺 開塔"이 바로 그 증거다. 미륵사 개탑이 후백제에서 얼마나 중요한 의미를 지녔는지는 惠居國師의 탑비에서 확인할 수 있다(사료 2). 고려의 國師가 된 혜거는 후삼국기 후백제에서 출가한 승려다. 미륵사 개탑의 성격에 대해서는 의견이 분분하지만, 이를 기념하기 위해 禪雲寺에서 選佛場이 열린 것으로 보아 국가적 행사였다는 것은 알 수 있다.

[사료 2] 乾化 갑술년(914년) 봄에 牛頭山 開禪寺에 가서 悟心長老를 예방하고 불법에 귀의할 것을 청하여, 장로가 가상히 여기고 사랑하여 머리를 깎고 승복을 입게 하니 이때 나이가 16세였다. 3년이 지나 金山寺 義靜律師의 戒壇에 나아가 具足戒를 받았다. 이에 계율의 구슬이 밝고 법의 그릇이 깊고 맑아 가만히 있는 것을 싫어하고 옷깃을 떨쳐 멀리 가서 널리 善知識을 찾아 깊은 이치를 더욱 탐구하였다. 龍德 2년(922년) 여름에 특별히 彌勒寺 開塔의 은혜를 입어 禪雲寺의 選佛場에 나아가 법단에 올라 법을 설하니 천상의 꽃이 이리저리 날렸다. 이로 말미암아 도의 영예가 더욱 드러나 책을 짊어지고 오는 자가 구름처럼 몰려들었다.[55]

---

55) 許興植, 1990, 「葛陽寺 惠居國師碑」 『高麗佛教史研究』, 一潮閣, 579~596쪽.
김혜원, 1996, 「葛陽寺惠居國師碑」 『譯註 羅末麗初金石文(上)』, 혜안, 338~347쪽. "乾化甲戌春 往牛頭山開禪寺 謁悟心長老 請歸佛 長老嘉愛 爲之薙染 時 年十六 越三年 就金山寺義靜律師戒壇 受具 於是 戒珠明朗 法器泓澄 雅厭飽繫振衣遐擧 博訪知識 益究玄乘 龍德二年夏 特被彌勒寺開塔之恩 仍赴禪雲選佛之場 登壇說法時 天花繽紛".

미륵사 개탑의 성격에 대해, 탑을 복구하였다는 견해,[56] 새로운 탑을 조성하였다는 견해,[57] 중국 法門寺 開塔처럼 迎佛骨 儀式이라는 견해 등이 제기되었다.[58] 그러나 신라 중대에 이미 목탑이 있던 中院伽藍은 폐기되었다.[59] 미륵사지 석탑은 일부 보수의 흔적만 확인될 뿐 전면적인 해체나 보수 흔적도 확인할 수 없다.[60] 즉 미륵사 발굴조사에서는 후삼국기 선운사 선불장과 같은 국가적 연계 행사가 열릴 정도의 佛事의 흔적을 확인할 수 없다. "미륵사 개탑"은 일종의 국가 의식일 가능성이 매우 크다.

"미륵사 개탑"이라 일컬어지는 국가의식을 거행한 것은 920년의 대야성 함락과 관련이 있을 가능성이 크다. 대야성 함락의 성과 즉 전주 천도시 천명했던 의자왕의 숙분을 풀겠다고 한 약속을 지켰음을 의자왕을 비롯한 백제의 선대 왕에게 고하는 의식이 필요했을 것이다. 후백제 왕도인 전주에서 치를 수도 있었다. 그러나 견훤은 '마한-백제 일체의식'을 상기시키고 백제 계승 완수의 의미를 부각하기 위해, 국가적 의식의 장소로 마한과 백제의 개국지인 금마산을 선택한다.

---

56) 許興植, 1990, 앞의 논문, 586쪽 ; 趙仁成, 1996, 「彌勒信仰과 新羅社會」『震檀學報』82, 震檀學會, 46쪽.

57) 崔聖銀, 1997, 「羅末麗初 小形金銅佛立像 研究 - 王宮里 五層石塔 출토 金銅佛立像을 中心으로 - 」『美術資料』58, 國立中央博物館, 4쪽.

58) 李道學, 2014. 6, 앞의 논문, 19~24쪽.

59) 文化財管理局 文化財研究所, 1989, 『彌勒寺 遺蹟發掘調査報告書 Ⅰ』文化財管理局 文化財研究所 ; 尹德香, 2003, 「彌勒寺址 유적의 발굴성과」『益山의 先史와 古代文化』원광대학교 마한·백제문화연구소·익산시, 446쪽.

60) 639년 봉안한 사리장엄구와 사리봉영기가 원형을 갖추고 있어 전면적인 해체·보수는 없었음을 알 수 있다. 다만, 옥개받침 수가 동일하지 않고 일부 부정형의 평옥개석 나타나는 점은 일부 개축은 있었음을 보여준다. 국립문화재연구소, 2014, 『익산 미륵사지 석탑 사리장엄구』국립문화재연구소·전라북도, 27~37쪽 ; 國立文化財研究所, 2004, 『彌勒寺址石塔 解體調査報告書 Ⅱ』國立文化財研究所·全羅北道, 126~129쪽.

이것을 기념하기 위한 선불장을 선운사에서 거행한 것은 매우 정치적인 판단이었다. 고창 일대는 마한 문화권 중 북방한계선이기 때문이다.[61] 나주 세력의 영향권이 미치는 접점에서 선불장을 연 것은 나주지역을 무력이 아닌 교화로 통합하겠다는 메시지를 보내기 위한 목적이 있었을 것으로 여겨진다.

920년대 초반 대야성 공략과 이어진 미륵사 개탑으로 주가를 올린 재지세력은 익산을 중심으로 백제의 부활을 알리는 다양한 顯彰事業을 펼친다. 그들은 彌勒寺址와 帝釋寺址 등 백제의 巨刹을 정비하는 것은 물론,[62] 백제의 옛 왕궁터에 백제 탑을 연상시키는 익산 王宮里 오층석탑을 세우기까지 한다.

益山 王宮里 五層石塔(도 4)은 통일신라 일반형 석탑이 아닌 부여 정림사지 오층석탑의 비례와 체감률을 보인다. 여기에 더해 益山 彌勒寺址 石塔(도 5)과 같은 백제 석탑을 연상시키는 얇고 편평한 지붕을 갖추고 있어, 백제 석탑이라 해도 손색이 없다. 이 때문에 백제 석탑으로 보는 견해도 있다.[63] 그러나 기단 심초석에 봉안된 金銅佛立像(도 6)은 9세기 말~10세기 초 유행한 불상 양식을 보여,[64] 후백제 시기 백제의 석탑을 최대한 재현하려 한 탑임을 알 수 있다.

---

61) 김낙중, 2017. 6, 「고대 고창 지역 정치체의 성장과 변동」『호남고고학보』 56, 호남고고학회, 150~181쪽.

62) 국립문화재연구소, 2011·2013, 『제석사지 발굴조사보고서』Ⅰ·Ⅱ, 국립문화재연구소 ; 차인국, 2014. 7, 앞의 논문, 41~68쪽.

63) 문승현, 2006, 『왕궁리 오층석탑에 관한 양식 연구』高麗大學校 碩士學位論文 ; 한정호, 2009, 「익산 왕궁리 오층석탑과 사리장엄구 연구」『新羅史學報』 16, 新羅史學會, 149~191쪽.

64) 崔聖銀, 1997, 앞의 논문, 5~24쪽.

〈도 4〉 익산 왕궁리 오층석탑　　〈도 5〉 익산 미륵사지 석탑　　〈도 6〉 익산 왕궁리 금동불입상

　　그런데, 기단부의 구조와 기술은 경북 북부지역 신라 하대 석탑과 같
다.[65] 이는 옥산사지 마애불을 조성한 장인(집단)이 후백제에 건너와 봉
림사지 본존불을 조성한 것처럼, 경북 북부지역의 造塔工이 왕궁리 석탑
조성에 참여했음을 의미한다.

　　한편, 앞서 봉림사지 삼존불에서도 백제와 후삼국기 경북 북부지역 불
교미술품의 특징이 융합되는 양상을 볼 수 있었다. 그러나 봉림사지 삼존
불은 동시기 경북 북부지역의 영향이 크지만, 왕궁리 석탑은 백제 불교미
술품 재현에 방점을 찍고 있다. 이는 익산지역에서의 백제 현창사업만큼
은 재지세력이 주도했다는 것을 알려준다.

　　이렇게 후백제가 백제 계승의 완성을 표면화하자 경북 북부지역 내 친
견훤 세력이 속속 이탈한다.[66] 연쇄적으로 고려의 위협에 시달리게 되었

---

65) 陳政煥, 2010, 앞의 논문, 165~167쪽.
66) 『三國史記』卷12, 新羅本紀12, 景明王. "六年 春正月 下枝城將軍元逢 溟州將軍順式 降於太祖";
『三國史記』卷12, 新羅本紀12, 景明王. "七年 秋七月 命旨城將軍城達 京山府將軍良文等 降於太祖".

다.[67] 이러한 상황에서 신라 내지 출신 주도로 927년 경주 침공을 감행했을 것으로 추정된다. 경주 침공의 성공은 후백제 정권 안에서 신라 내지 출신들이 다시 주도권을 장악한 것으로 보인다. 이러한 정황은 929년 천신만고 끝에 나주를 점령하고 조성한 불상에서 확인할 수 있다.

[사료 3] 태조 18년(935) 태조가 여러 장수에게 말하기를, "羅州 경계의 40여 郡은 우리의 울타리로서 오래전에 항복하여 교화를 입어 왔다. 일찍이 大相 堅書·權直·仁壹 등을 보내어 가서 위무하게 하였다. 근래에 백제의 침략을 받아 6년 동안 바닷길이 통하지 않으니, 누가 나를 위해 나주를 위무하겠는가?"라고 하였다. 洪儒·朴述熙 등이 아뢰기를, "신이 비록 용맹하지 않지만, 장수 자리 하나를 보태고자 합니다."라고 하였다. 태조가 말하기를, "무릇 장수가 되려면 남의 마음을 얻는 것이 중요하다."라고 하였다. 公萱·大匡 悌弓 등이 아뢰기를, "庾黔弼이 좋겠습니다."라고 하였다. 태조가 말하기를, "나도 이미 그렇게 생각하였다. 다만 최근 신라로 가는 길이 막혔을 때 유금필이 가서 통하게 해주었다. 짐은 그러한 노고를 생각하여 감히 다시 명을 내리지 못하겠다."라고 하였다. 유금필이 말하기를, "신의 나이가 이미 노쇠하였지만, 이러한 국가의 큰일에 감히 힘을 다하지 않겠습니까?"라고 하였다. 태조가 기뻐 눈물을 흘리며 말하기를, "경이 만약 명을 받든다면, 어떤 기쁨이 이와 같겠는가?"라고 하였다. 마침내 유금필을 都統 大將軍으로 삼았다. 禮成江에 가서 전송하였는데, 御船을 하사하여 보냈다. 예성강에 3일을 머무르며 유금필이 바다로 떠나는 것을 기다렸다가 돌아

---

67) 『三國史記』 卷50, 列傳10, 甄萱. "同光 二秊 秋七月 遣子須彌强 發大耶·聞韶二城卒 攻曹物城 城人爲太祖 固守且戰 須彌强失利而歸".

왔다. 유금필은 나주에 가서 잘 經略하고 돌아왔고, 태조는 또 예성강으로 행차하여 그를 맞으며 위로하였다.[68]

경주 침공 이후 公山 桐藪戰鬪에서 고려군을 궤멸 직전까지 몬 후백제는 929년 무렵 드디어 나주를 점령한다(사료 3). 이때 후백제는 羅州 鐵川里 石佛立像(도 7)을 조성한다. 철천리 석불은 일반적인 불상과 달리 나주의 邑治를 향해 북향하고 있어, 정치적 목적이 큰 조형물임을 알 수 있다.

〈도 7〉 나주 철천리 석불입상   〈도 8〉 금동불입상   〈도 9〉 안성 기솔리 석불입상

---

68) 『高麗史』卷92, 列傳5, 庾黔弼. "十八年 太祖謂諸將日 羅州界四十餘郡 爲我藩籬 久服風化 嘗遣大相堅書 權直 仁壹等往撫之 近爲百濟劫掠 六年之間 海路不通 誰爲我撫之 洪儒 朴述熙等日 臣雖無勇 願補一將 太祖日 凡爲將 貴得人心 公萱 大匡悌弓等奏日 黔弼可" 太祖日 予亦已思之 但近者新羅路梗 黔弼往通之 朕念其勞 未敢再命 黔弼日 臣年齒已衰 然此國家大事 敢不竭力 太祖喜垂涕日 卿若承命 何喜如之 遂以爲都統大將軍 送至禮成江 賜御船遣之 因留三日 候黔弼下海 乃還 黔弼至羅州 經略而還 太祖又幸禮成江 迎勞之".

철천리 상은 9세기 전후한 시기의 金銅佛立像(도 8)에서 볼 수 있는 5 등신의 비례, 풍부한 양감 등이 보인다. 이뿐만 아니라 작은 손발, 볼록한 옷주름 조각 수법 등 금동불 특유의 형식을 석불로 치환한 양상도 보인다.[69] 이렇게 석불에서 볼 수 없는 어색한 형식들은 금동불 조성에 익숙한 장인들이 이 불상을 만들었기 때문에 나타난 현상이다.[70] 즉 927년 경주 침공 시 데려온 뛰어난 장인(百工之巧者)이 이 불상 조성에 참여했던 것이다.

900년 전주에서 밝힌 "마한-백제 일체의식"을 천명했던 것과 922년 "미륵사 개탑" 당시 선운사에 선불장을 열였던 것을 돌이켜 보면, 나주 점령을 기념하기 위해 조성한 불상은 당연히 백제 불상의 재현품이어야 했다. 그럼에도 불구하고, 신라 중앙의 금동불을 재현하려 한 것은 정권 내 주도 세력이 신라 내지 출신으로 교체되었음을 보여준다.

927년 이후 신라 내지 출신의 대두는 재지세력의 반발로 이어졌을 가능성이 크다. 이러한 정황을 견훤의 심복이었던 龔直의 고려 귀순에서 살펴볼 수 있다(사료 4).

[사료 4] 龔直은 燕山 昧谷 사람이다. 어려서부터 용맹하였고, 신라 말 本

---

69) 陳政煥, 2015, 앞의 논문, 51~54쪽.

70) 이 불상을 '궁예 미륵'이라 불리는 安城 基率里 石佛立像(도 9)과의 유사한 것으로 보아, 910년대 태봉이 주도하여 조성한 불상으로 여기기는 견해가 있다. 정성권, 2014, 「나주 철천리 석불입상의 조성시기와 배경」『新羅史學報』31, 新羅史學會, 225~268쪽.
그러나 나주 철천리 석불과 안성 기솔리 석불은 비례·양감 등 불상양식은 물론이고 세부 표현과 조각 방식이 완전히 달라 같은 세력이 조성했다고 보기 어렵다. 이뿐만 아니라, 안성 기솔리 석불은 11세기 신양식 석불의 특징인 細長한 方形의 石柱形이면서 어깨가 좁아, 11세기 석불로 판단된다. 陳政煥, 2015, 앞의 논문, 156~158쪽.

邑의 장군이 되었다. 당시 바야흐로 어지러운 시기였는데, 마침내 백제를 섬겨 견훤의 심복이 되었다. 長子 直達, 次子 金舒와 딸 하나를 백제에 인질로 보내었다. 공직이 일찍이 백제에 조회하러 갔다가 견훤의 무도함을 보고는 직달에게 일러 말하기를, "지금 이 나라를 보니 사치스럽고 도가 없다. 내 비록 그에게 붙어 있지만 다시는 오고 싶지 않다. 듣건대 고려 王公(왕건)의 文德이 백성을 편안케 하기에 충분하고, 武德이 포악한 이들을 막기에 충분하다고 한다. 그러므로 사방에서 그의 위엄을 경외하고 그의 덕을 마음에 품지 않은 이가 없다. 나는 (왕공에게) 귀부하고자 하는데, 너의 뜻은 어떠하냐?"라고 하였다 직달이 말하기를, "인질로 들어온 이후 풍속을 보는데, 오직 부유함과 강함만을 믿고 교만함과 자부심을 다투는 것에 힘쓰니 어찌 나라를 다스릴 수 있겠습니까? 지금 大人께서 현명한 군주에게 귀순하여 저희 마을을 안전하게 지키고자 하시니 어찌 마땅하지 않겠습니까? 저도 반드시 남동생, 여동생과 함께 틈을 두고 가겠습니다. 만약 가지 못더라도, 대인의 현명함 덕분에 자손들에게 남은 경사가 이어질 것이니 저는 죽어도 한이 없습니다. 대인께서는 염려하지 마십시오."라고 하였다. 공직이 마침내 來附할 뜻을 결정하였다.[71]

공직은 고려로 귀순하기 위해 '후백제가 奢侈스럽고 道가 없다'라는 명분을 들었다. 여기서 주목할 것은 '도가 없다'라는 표현이다. 후백제의

---

71) 『高麗史』 卷92, 列傳5, 龔直. "龔直 燕山昧谷人 自幼有勇略 新羅末 爲本邑將軍 時方亂離 遂事百濟 爲甄萱腹心 以長子直達次子金舒 及一女 質于百濟 直嘗朝百濟 見其無道 謂直達曰 今見此國 奢侈無道 吾雖密邇 不願復來 聞高麗王公 文足以安民 武足以禁暴 故四方無不畏威懷德 予欲歸附 汝意何如 直達曰 自入質以來 觀其風俗 唯恃富强 競務驕矜 安能爲國 今大人欲歸明主 保安樊邑 不亦宜乎 直達當與弟妹 俟隙而歸矣 縱不得歸 賴大人之明 餘慶流於子孫 則直達雖死無恨 願大人勿以爲慮 直遂決意來附".

정체성이 바뀌었음을 의미하는 표현이기 때문이다. 후백제 정권 내 세력 간 경쟁으로 때에 따라 정치 행위의 방향성이 바뀌는 등 부침은 있었다. 그러나 봉림사지 삼존불과 왕궁리 오층석탑에서 볼 수 있듯이 어느 한 세력이 주도권을 장악했다고 하더라도 다른 세력을 완전히 배제하지는 않았다. 하지만 927년 경주 침공의 성공 이후 상황이 완전히 바뀐 것으로 보인다. 925년 이미 중국 後唐으로부터 '백제왕'으로 책봉을 받은 견훤이 927년 경애왕을 제거함으로써, 후삼국 중 유일하게 중국으로부터 책봉을 받은 군주가 되었다. 공산에서는 고려군을 섬멸하기까지 했다. 견훤의 이러한 자신감으로 백제의 계승자를 넘어 후삼국 통일의 맹주로 자신의 지위를 격상시켰다.[72] 더는 백제의 재현이 불필요해졌을 것이다. 이는 필연적으로 후백제 재지세력의 반발과 동요를 가져왔을 것이며, 이를 직감한 신검은 父王인 견훤을 幽閉시킬 수밖에 없었을 것이다. 그리고 그렇게 후백제는 936년 멸망하였다.

V. 맺음말

지금까지 견훤 세력의 성립과 확장, 분열과 교체의 관점에서 후백제의 역사와 문화를 살펴보았다. 주도 세력의 변화는 후백제의 정치 행위뿐만 아니라 문화유산 생산자의 변화에도 상당한 영향을 끼쳤음을 확인할 수

---

72) 견훤의 인식 변화는 공산전투 승리 후 왕건에게 보낸 편지 내용 가운데, "강하고 약함이 이와 같으니 승패를 알 수 있을 것이다. 바라는 바는 평양의 누각에 활을 걸어 놓고 浿江(대동강)의 물가에서 말을 물 먹이는 것이다"라고 한 것에서 확인할 수 있다. 『三國史記』卷50, 列傳10, 甄萱. "强羸若此 勝敗可知 所期者掛弓於平壤之樓 飮馬於浿江之水".

있었다. 견훤 세력이 후백제 정권으로 발전하고 멸망하는 과정을 살펴보면 다음과 같다.

제1기는 889~892년에 해당하는데, 이 시기 신라 서남해 방수군의 비장이었던 견훤은 신라 내지 출신이 다수를 차지하는 방수군과 해상을 무대로 활동하던 전남 동부지역의 재지세력을 중심으로 세력을 형성한다. 그들은 군사적 지식과 행동력, 국제적 감각과 확장성 등을 지니고 있었다. 불과 2~3년 사이 무주의 치소를 점령할 정도로 성장하였다. 그러나 그들은 출신지에 따라 신라에 대한 태도와 감정이 달랐다. 방수군은 신라 내지 출신으로 신라의 개혁을 지지하고 그 문화를 동경했다. 이와 달리 재지세력들은 백제 귀소의식이 매우 강했으며, 신라 체제의 전복을 추구하였다.

제2기는 892~900년으로 자왕한 시기에 해당한다. 견훤은 비록 왕을 자처하였으나 나라의 국체를 만들지 못하였다. 이러한 정체는 신라 내지 출신과 재지세력 간 주도권 싸움 때문으로 보인다. 그러는 사이 마한 귀소의식이 강했던 나주 세력을 포섭할 수 있는 명분조차 만들지 못했다. 그러던 사이 신라의 몰락이 가속화되면서 재지세력이 힘을 얻어 갔다.

제3기는 900~901년 전후 시기이다. 900년 전주 선언에서 견훤은 자신이 세울 국가가 백제를 계승한 나라이며, '마한-백제 일체의식'으로 나주 일대를 통합하겠다는 청사진을 제시하였다. 이는 재지세력이 후백제 주도권을 쥐었음을 의미한다. 그러나 전주 선언의 실천을 위해 펼친 901년의 군사 행동이 모두 실패하자, 재지세력이 쥐고 있던 주도권은 신라 내지 출신으로 넘어가고 만다.

제4기는 901년 이후부터 920년 이전의 시기이다. 이 시기 정국의 주도권을 쥐고 있던 신라 내지 출신은 경북 북부지역 공략에 공을 들인다.

이때 경북 북부지역 주민과 함께 문화가 후백제지역에 유입되어 후백제 주류 문화로 성장한다. 이때 재지세력들은 대야성과 나주 방면에서 군사 활동을 펼치지만, 그리 큰 성과를 얻지는 못했다.

제5기는 대야성을 함락한 920년부터 경주 침공이 있던 927년 사이의 시기이다. 920년 대야성 함락은 후백제 건국의 당위성과 정체성을 확인 하고 견훤이 정통성을 획득하는 일대 사건이었다. 한껏 입김이 세진 재지 세력들은 백제의 개국지로 인식하였던 익산지역을 중심으로 "미륵사 개 탑"과 같은 의식을 설행하고 백제 유적을 정비하거나 백제를 연상시키는 조형물을 조성하는 등 백제 현창사업을 활발하게 펼친다.

제6기는 경주를 침공한 927년 이후 시기이다. 927년 경주 침공 성공 과 후삼국 중 유일하게 중국으로부터 책봉 받은 국가라는 자신감은 견훤 스스로 백제의 계승자에서 후삼국의 맹주로 그 지위를 격상시켰다 이때 부터 재지세력은 권력에서 밀려났으며, 결국 후백제는 멸망하였다.

이러한 검토에도 불구하고 여전히 후백제 역사와 문화의 총체적 실체 를 밝히지는 못하였다고 할 것이다. 그러함에도 이 논고로 성격이 다른 후 백제 주축 세력의 변화가 예배의 대상이면서도 정치적 상징물로도 조성 되었던 불교미술품의 형식과 양식 형성에 끼친 영향 관계의 실마리를 잡 을 수 있었던 것에 위안을 얻고자 한다.

참고문헌

1. 사료 및 자료

『三國史記』, 『三國遺事』, 『高麗史』

2. 보고서 및 저서

國立文化財研究所, 2004, 『彌勒寺址石塔 解體調查報告書 Ⅱ』, 國立文化財研究所·全羅北道.

國立文化財研究所, 2011·2013, 『제석사지 발굴조사보고서』 Ⅰ·Ⅱ, 국립문화재연구소.

國立文化財研究所, 2014, 『익산 미륵사지 석탑 사리장엄구』, 국립문화재연구소·전라북도.

군산대학교박물관, 2016, 『장수군 산성 발굴조사 학술용역 약보고서』, 장수군·군산대학교박물관.

군산대학교박물관, 2017, 『장수 합미·침령산성 Ⅰ』, 군산대학교박물관·장수군.

군산대학교박물관, 2017, 『진안 도통리 중평 청자요지 4차 발굴조사 약식보고서』, 진안군·군산대학교박물관.

군산대학교박물관, 2019, 『장수 침령산성 Ⅱ』, 군산대학교박물관·장수군.

노중국, 2003, 『백제부흥운동사』, 일조각.

문안식, 2008, 『후백제 전쟁사 연구』, 혜안.

文化財管理局 文化財研究所, 1989, 『彌勒寺 遺蹟發掘調查報告書 Ⅰ』, 文化財管理局 文化財研究所.

順天大學校 博物館, 2005·2009·2011·2012, 『光陽 馬老山城』 Ⅰ·Ⅱ·Ⅲ·Ⅳ, 順天大學校 博物館.

申虎澈, 1993, 『後百濟 甄萱政權研究』, 一潮閣.

3. 논문

강봉룡, 2001, 「甄萱의 勢力基盤 擴大와 全州 定都」 『후백제 견훤정권과 전주』, 주
　　류성.

곽장근, 2007, 「전북 동부지역 가야와 백제의 역학관계」 『百濟文化』 43, 공주대학
　　교 백제문화연구소.

곽장근, 2014, 「진안 도통리 초기청자 요지와 후백제」 『진안 도통리 청자』, 국립전
　　주박물관.

곽장근, 2014, 「진안 고원 초기청자의 등장 배경 연구」 『전북사학』 42, 전북사학회.

김낙중, 2009, 「백제 사비기 횡혈식석실의 확산 및 지역성의 유지 - 영산강유역을
　　중심으로 - 」 『한국고고학보』 71, 한국고고학회.

김낙중, 2012, 「토기를 통해 본 고대 영산강 유역 사회와 백제의 관계」 『호남고고
　　학보』 42, 호남고고학회.

김낙중, 2017, 「고대 고창 지역 정치체의 성장과 변동」 『호남고고학보』 56, 호남고
　　고학회.

김병남, 2018, 「신라의 백제부흥세력 공략 과정과 의미」 『한국고대사탐구』 28, 한
　　국고대사탐구학회.

김수미, 2015, 「백제 멸망 이후 馬韓 인식의 변화 양상」 『한국고대사연구』 77, 한
　　국고대사학회.

김수태, 1999, 「전주 천도기 견훤 정권의 변화」 『한국고대사연구』 15, 한국고대사
　　학회.

김주성, 2013, 「견훤의 전주 천도와 왕궁 위치」 『후백제 왕도 전주』, 전주시·전주

역사박물관.

김혜원, 1996, 「葛陽寺惠居國師碑」『譯註 羅末麗初金石文(上)』, 혜안.

노중국, 2011, 「문헌기록 속의 영산강 유역 - 4~5세기를 중심으로 - 」『百濟學報』6, 百濟學會.

문승현, 2006, 『왕궁리 오층석탑에 관한 양식 연구』, 高麗大學校 碩士學位論文.

박태홍, 2007, 「全南 東部地域 百濟山城의 分布와 그 意味」『韓國上古史學報』56, 한국상고사학회.

배재훈, 2010, 「견훤의 군사적 기반」『新羅文化』36, 동국대학교 신라문화연구소.

邊東明, 2000, 「甄萱의 出身地 再論」『震檀學報』90, 震檀學會.

변동명, 2004, 「金惣의 城隍神 推仰과 麗水·順天」『全南史學』22, 全南史學會.

변동명, 2016, 「新羅末·高麗初의 順天 豪族 朴英規」『歷史學硏究』62, 湖南史學會.

申虎澈, 1989, 『後百濟 甄萱政權 硏究』, 西江大學校 大學院 博士學位論文.

申虎澈, 1989, 「甄萱의 出身과 社會的 進出」『東亞硏究』17, 西江大學校 東亞硏究所.

심재연, 2019, 「일제강점기 태봉국 철원성 조사와 봉선사지」『문화재』52-1, 국립 문화재연구소.

심정보, 2019, 「태봉국 철원도성의 축조기법과 공간구성」『文物硏究』36, 동화문 화재단.

尹德香, 2003, 「彌勒寺址 유적의 발굴성과」『益山의 先史와 古代文化』, 원광대학 교 마한·백제문화연구소·익산시.

이도학, 2001, 「甄萱의 出生地와 그 初期 勢力 基盤」『후백제 견훤정권과 전주』, 주류성.

李道學, 2006, 「新羅末 甄萱의 勢力 形成과 交易 - 張保皐 以後 50年 - 」『新羅文 化』28, 동국대학교 신라문화연구소.

이도학, 2013, 「榮山江流域 馬韓諸國의 推移와 百濟」『百濟文化』49, 공주대학교
　　　백제문화연구소.

李道學, 2014, 「後百濟의 全州 遷都와 彌勒寺 開塔」『韓國史研究』165, 韓國史研
　　　究會.

李道學, 2014, 「弓裔와 甄萱의 比較檢討」『弓裔와 泰封의 역사적 재조명』, 철원군.

이동희, 2007, 「백제의 전남 동부 지역 진출의 고고학적 연구」『韓國考古學報』64,
　　　한국고고학회.

이동희, 2015, 「전남지역 후백제유적과 역사적 성격」『韓國上古史學報』87, 韓國
　　　上古史學會.

이문기, 2000, 「견훤 정권의 군사적 기반」『후백제와 견훤』, 서경문화사.

李在範, 1991, 『後三國時代 弓裔政權의 研究』, 成均館大學校 大學院 博士學位論文.

林永鎭, 1992, 「榮山江流域 百濟時代 墓制의 變遷 背景」『古文化』40·41, 한국대
　　　학박물관협회.

전용호, 2015, 「익산 왕궁리유적의 사찰 운영에 대한 재검토 - 왕궁탑 하부 유구를
　　　중심으로 - 」『歷史學研究』60, 호남사학회.

정동준, 2019, 「문헌사료로 본 백제의 마한 통합과정」『百濟學報』29, 百濟學會.

정상기, 2016, 「진안 도통리 청자 가마의 자연환경과 교역」『진안 도통리 증평 청
　　　자가마터 - 조사성과와 과제 - 』, 진안군·군산대학교박물관.

丁晟權, 2011, 「泰封國都城(弓裔都城) 내 풍천원 석등 연구」『韓國古代史探究』7,
　　　한국고대사탐구학회.

정성권, 2014, 「나주 철천리 석불입상의 조성시기와 배경」『新羅史學報』31, 新羅
　　　史學會.

정순일, 2013, 「마쯔라·아키타·쓰시마에 출현한 寬平新羅海賊」『韓國古代史探

究』14, 韓國古代史探究學會.

정재윤, 2016, 「삼국시대 나주와 영산강 유역 세력의 동향」 『歷史學硏究』 62, 湖南史學會.

鄭清柱, 2002, 「甄萱의 豪族政策」 『全南史學』 19, 全南史學會.

趙仁成, 1991, 『泰封의 弓裔政權 硏究』, 西江大學校 大學院 博士學位論文.

趙仁成, 1996, 「彌勒信仰과 新羅社會」 『震檀學報』 82, 震檀學會.

陳政煥, 2007, 「南原 池塘里 石佛立像 考察」 『東岳美術史學』 8, 東岳美術史學會.

陳政煥, 2007, 「井邑地域 百濟系 佛像 考察」 『文化史學』 27, 韓國文化史學會.

陳政煥, 2010, 「後百濟 佛教美術의 特徵과 性格」 『東岳美術史學』 11, 東岳美術史學會.

陳政煥, 2013, 『高麗前期 佛教石造美術 硏究』, 東國大學校 大學院 博士學位論文.

陳政煥, 2015, 「後百濟 佛教彫刻의 對外交涉」 『百濟研究』 61, 忠南大學校 百濟研究所.

陳政煥, 2015, 「後百濟 佛教美術과 그 影響」 『전북사학』 47, 전북사학회.

진정환, 2019, 「후백제 불교미술품과 고고자료의 검토」 『호남고고학보』 61, 호남고고학회.

陳政煥, 2019, 「後百濟王 甄萱의 900~901年 言行의 意味」 『전북사학』 57, 전북사학회.

진정환, 2020, 「후백제와 태봉 불교석조미술품의 특징과 영향」 『東岳美術史學』 27, 東岳美術史學會.

차인국, 2014, 「전북지역 통일신라~고려시대 평기와 연구」 『야외고고학』 20, 한국매장문화재협회.

차인국, 2020, 「완주 봉림사지 기와의 변천과 후백제」 『호남고고학보』 64, 호남고고학회.

최성락, 2017, 「영산강유역 고대사회와 백제에 의한 통합과정」 『지방사와 지방문화』 20-1, 역사문화학회.

崔聖銀, 1997, 「羅末麗初 小形金銅佛立像 硏究 - 王宮里 五層石塔 출토 金銅佛立像을 中心으로 - 」『美術資料』 58, 國立中央博物館.

최성은, 2002, 「나말려초 중부지역 석불조각에 대한 고찰 - 궁예 태봉(901-918)지역 미술에 대한 시고 - 」『역사와 현실』 44, 한국역사연구회.

최영주, 2018, 「고고자료로 본 영산강유역 마한세력의 성장과 변동과정 - 백제와의 관계를 중심으로 - 」『동아시아고대학』 52, 동아시아고대학회.

최완규, 2018, 「전북지역의 가야와 백제의 역동적 교류」『호남고고학보』 59, 호남고고학회.

최완규, 2018, 「전라도지역 삼국시대 문화의 다양성과 동질성」 전라도 정도 1,000년 기념 학술대회 『전라도 공동체의 뿌리와 정신』, 국립광주박물관·한국학호남진흥원.

한정호, 2009, 「익산 왕궁리 오층석탑과 사리장엄구 연구」『新羅史學報』 16, 新羅史學會.

許興植, 1990, 「葛陽寺 惠居國師碑」『高麗佛教史硏究』, 一潮閣.

弓裔의 出身에 대한 再論

송은일

전남대학교 이순신해양문화연구소 연구실장

목차

Ⅰ. 머리말

『삼국사기』 궁예전에는 궁예의 아버지는 헌안왕 또는 경문왕이었고 그의 어머니는 헌안왕의 嬪御였다는 내용이 있다.[1] 이에 따르면 궁예는 왕자출신임이 분명해 보이는데,[2] 직계나 외계에 대해 모호하게 기록되어

---

1) 『삼국사기』 권제50, 열전 제10 궁예.

2) 『삼국사기』 권제50, 열전 제10 견훤, 史論 ; 李丙燾, 1959, 『韓國史(中世編)』, 진단학회, p.18 ; 李基白, 1976, 『韓國史新論(改訂版)』, 一潮閣, p.121 ; 朴漢卨, 1978, 「後三國의 成立」 『한국사』 3, 탐구당, p.617 ; 申虎澈, 1982, 「弓裔의 政治的 性格」 『韓國學報』 29, p.34 ; 文暻鉉, 1983, 「新羅史硏究」 『東

있어 그의 출신을 알아보기가 쉽지 않다. 기왕에 궁예의 출신에 대한 의견이 분분했던 것도 바로 이 때문이었을 것이다.

궁예의 출신에 대한 기왕의 연구 성과를 살펴보면, 그가 헌안왕[3] 또는 경문왕의 아들이었다는 견해로[4] 크게 나누어져 있으며, 여기에 궁예는 왕자가 아니며[5] 낙향한 진골귀족 출신이었다는 견해도 제기되어 있다.[6] 이들 연구 성과는 나름대로의 논지를 펴고 있어 궁예의 출신에 대한 이해를 돕는 데 매우 유효하다. 그러나 기왕의 연구 성과는 궁예의 출신에 대한 본격적인 논의라기보다는 궁예의 정치적 성격, 호족과의 관계, 지지기반 등을 논의하는 과정에서 부수적으로 언급했거나, 당대 정치 상황을 정확히 파악하지 않은 상태에서 피상적으로 보이는 기록만을 토대로 접근하다보니 설득력에 있어서 어느 정도 한계가 있어 보인다.[7] 다소 지엽적이

洋文化叢書』1, 慶北大學校出版部, p.311 ; 李貞信, 1984, 「弓裔政權의 成立과 變遷」『藍史鄭在覺博士古稀記念 東洋學論叢』, 고려원, p.41 ; 鄭淸柱, 1986, 「弓裔와 豪族勢力」『全北史學』10, p.3 ; 李在範, 1988(a), 「弓裔政權의 政治的 性格에 關한 考察」『溪村 閔丙河教授 停年紀念史學論叢』, p.127.

3) 궁예가 헌안왕의 아들이었다는 견해에 대해서는 鄭淸柱, 앞의 논문, pp.3~4 및 金昌謙, 2003, 『新羅 下代 王位繼承 研究』景仁文化社, p.60, 주) 90)이 참고 된다.

4) 궁예가 景文王의 아들(庶子)이라는 견해에는 최병헌, 1981, 「新羅 下代社會의 動搖」『한국사』, 국사편찬위원회, pp.491~492 ; 申虎澈, 1982, 앞의 논문, pp.35~36 ; 李貞信, 1984. 앞의 논문, p.41 ; 吳永淑, 1985, 「泰封國形成과 弓裔의 支持基盤」, 淑明女子大學校 大學院 碩士學位論文, pp.12~13 ; 李在範, 1988, 앞의 논문, p.127 ; 梁敬淑, 1989, 「弓裔와 그의 彌勒佛 思想」『北岳史論』3, p.106 ; 이도학, 2000, 『궁예 진훤 왕건과 열정의 시대』, 김영사, pp.18~19 등이 참고 된다. 한편 『帝王韻紀』에 의하면 궁예는 경문왕의 서자라고 되어 있다(『帝王韻紀』下 後高句麗紀).

5) 궁예가 신라왕실과의 관계가 있다는 궁예전의 내용이 조작되었다는 견해가 있다(洪淳昶, 「變革期의 政治와 宗教」『人文研究』2, pp.227~228 ; 崔圭成, 「弓裔政權의 性格과 國號의 變遷」『祥明女子大學論文集』19, 1987, pp.289~290 ; 趙仁成, 1989, 「弓裔의 出生과 成長」『東亞研究』17, p.64.

6) 趙仁成, 같은 논문, p.68 ; 『태봉의 궁예정권』, 푸른역사, 2008, p.39,

7) 궁예 출신에 대한 기왕의 견해를 살펴보면, 우선 궁예가 경문왕의 아들이라고 주장하였던 연구 성과에서는 궁예가 경문왕의 正妃와 次妃간의 정권다툼에서 희생당한 인물이었기 때문에 차비 또는 정비 소생이었을 것이라는 것이다(申虎澈, 앞의 논문, pp.35~36). 이 견해는 당시 왕위 계승전이 치열하게 전개되고 있는 사실들을 감안한다면 타당성이 있어 보인다. 그러나 경문왕의 즉위 과정이나

면서 진부하다고 여겨지기까지 하는 궁예의 출신 문제를 새삼스럽게 거론하고자 하는 이유가 여기에 있는 것이다.

이글에서는 위와 같은 한계를 극복하기 위해 기왕의 연구 성과를 토대로 궁예의 출신에 대한 문제를 본격적으로 논의해보고자 한다.[8] 우선 궁예의 아버지가 누구인가에 대해서 살펴보기로 하겠다.『三國史記』궁예전에 의하면 궁예는 헌안왕 또는 경문왕의 아들이라고 되어있어 그것을 알아내기가 쉽지 않다. 그런데 궁예전에 궁예가 태어나자마자 나라에 해를 끼칠 인물로 낙인찍혀 某王으로부터 죽을 처지에 놓여있었다는 기록은 그것을 풀어가는 실마리가 될 것으로 생각된다. 따라서 여기서는 궁예를 죽이려 했던 왕이 누구였는가를 밝히는 데 주력할 것인데, 이는 당대 정치 상황과 연계하여 살펴보도록 하겠다. 다음으로 궁예의 출생배경에 대해서

혼인관계 그리고 경문왕의 태자 책봉 시기 등을 유기적으로 연결해 봤을 때 다소 설득력이 부족하다고 생각된다. 다음으로 궁예가 헌안왕의 아들이라고 주장하였던 연구 성과를 보면, 경문왕의 아버지인 계명이 그의 아들 응렴(경문왕)을 즉위시키기 위하여 헌안왕의 서자인 궁예를 제거하고자 했었기 때문에 궁예는 헌안왕의 아들일 수밖에 없다는 견해와(鄭淸柱, 앞의 논문, pp.3~4). 궁예의 아버지는 헌안왕이지만 『삼국사기』 궁예전에 궁예가 헌안왕 또는 경문왕의 아들이라고 한 것은 헌안왕의 말년 또는 경문왕에게 왕위계승이 확정된 연후에 궁예가 태어났기 때문에 경문왕이 그를 죽이려 한 데서 생긴 후대의 착오라는 견해가 있다(金昌謙, p.60, 주) 90). 이 견해는 당시 정치적 상황으로 본다면 옳은 판단이라고 생각된다. 다만 궁예의 출신에 대한 본격적인 논의가 아니라는 점은 아쉬움으로 남는다. 마지막으로 궁예가 낙향한 진골귀족 출신이라는 견해를 보면, 궁예가 헌안왕 또는 경문왕의 아들이었다는 기록이 등장하게 된 배경에는 궁예와 그 측근들이 일정한 정치적 목적 하에 조작한 것이기 때문에 궁예는 왕자가 아니고 낙향한 진골귀족 출신이었을 가능성이 높다고 하였다(趙仁成, 앞의 논문, p.68). 그러면서도 신라 하대 왕위계승전을 염두에 두면 그러한 왕자가 있었을 가능성을 완전히 배제할 수만은 없다고 하였다(趙仁成, 같은 논문, p.64 주) 3). 이 연구 성과의 논의 과정을 보면 타당성이 있어 보인다. 그러나 궁예의 출신에 대해서 언급한 사서인 『삼국사기』 권 50 열전 10 궁예전 및 『제왕운기』 하 후고구려전을 통해 보면 그 어느 곳에도 궁예가 왕자 출신이 아닐 것이라는 의문을 남기지 않았다. 특히 『삼국사기』는 수많은 자료를 수집·발췌·비교·검토하여 종합하는 과정을 거친 다음, 비로소 관련 내용을 사서에 수록하였던 것으로 알려져 있는데(李基白,『『三國史記』론』『文學과 知性』 1978년 겨울호 ; 李康來,『三國史記 典據論』 民族史, 1996, pp.25~72) 이러한 사실을 놓고 보더라도 궁예는 헌안왕 내지는 경문왕의 아들일 수밖에 없을 것 같다.

8) 이 논문에서는 궁예가 태어날 당시 지녔던 신분에 한정하여 논의를 전개하고자 한다.

다루어 보기로 하겠다. 궁예전에 의하면 궁예는 외가에서 태어났다고 하였다. 그가 왕자임에도 궁궐이 아닌 외가에서 태어났을 때에는 그만한 사정이 있었을 것인데, 여기서는 그러한 저간의 사정과 함께 궁예가 어떠한 과정을 거쳐 출생하게 되었던가에 대해 알아보도록 할 것이다. 마지막으로 궁예의 모계를 알아보도록 하겠다. 당대 정치상황으로 보아 궁예의 아버지와 어머니는 어떤 정치적 목적 하에 통혼이 이루어진 것 같은데, 여기서는 이러한 부분을 살펴보면서 아울러 궁예의 모계가 어떠한 가문이었던가를 밝혀볼 것이다. 이상의 내용을 통해 궁예의 출신문제를 이해하는데 조그만 밑거름이 되었으면 하는 바람이다.

Ⅱ. 궁예의 父系

궁예의 출신을 알려주는 기록으로 다음의 내용을 참고할 수 있다.

A) 궁예는 신라 사람으로 성은 김씨이다. 아버지는 제47대 헌안왕 誼靖이고 어머니는 헌안왕의 嬪御였는데 그 성명이 전하지 않는다. 혹은 48대 경문왕 膺廉의 아들이라고 한다. 5월 5일에 외가에서 태어났는데, 그 때 지붕 위에 흰빛이 마치 긴 무지개처럼 위로 하늘에 닿아 있었다. 日官이 왕에게 아뢰었다. "이 아이는 重午日에 태어났고, 나면서부터 이가 있으며, 게다가 세찬 빛무리가 범상하지 않았으니 장래 나라에 이롭지 못할까 염려되온바, 기르지 말아야 할 것입니다." 이에 왕은 中使를 시켜 그 집에 가서 아이를 죽이게 하였다." … (『삼국사기』 권제50,

열전 제10 궁예).

위 기록에 의하면 궁예는 헌안왕 또는 경문왕의 아들이라고 되어 있다. 여기서 어느 경우를 따르더라도 그가 왕자의 신분이었다는 것은 분명해 보인다.[9] 하지만 그가 누구의 아들이었는지 판단하기가 상당히 어렵다. 그런데 日官으로부터 궁예가 장차 나라에 해가 될 것이라는 말을 들은 왕이 '中使'를 시켜[10] 궁예를 죽이라고 명령을 내렸다는 내용은 궁예의 출신문제를 해결할 수 있는 단서를 제공해 준다. 중사는 中使省(中事省)[11]이란 관부이거나 중사성의 관리였던 것으로 여겨지는 데,[12] 따라서 중사성이 존재했었던 시기를 밝혀본다면 궁예의 출신에 대한 실마리를 찾을 수 있지 않을까 생각한다.

---

9) 鄭淸柱, 앞의 논문, p.3. 이와 관련하여 李在範은 궁예가 신라 왕실의 후예라고 하는 것은 재론의 여지가 없다거나(李在範, 1988(a), 앞의 논문, p. 127) 왕위계승전에서 희생된 왕자라고 하는 포괄적인 개념으로 해석하였다(李在範, 1992(b), 「後三國時代 弓裔政權의 硏究」 p.11). 그리고 그는 궁예와 그의 측근들에 대한 사회적 지위에 대해서도 논의를 했었는데 궁예는 전문승려와 구별된 각종 노동에 종사하는 隨院僧徒와 같은 계층에 속하였고, 그를 따르던 元會와 申煊 은 불만농민이었다고 한다(李在範, 1992(b), 같은 논문, pp.25~26).

10) 필자가 궁예전에 등장하는 "王勅'中使' 抵其家殺之"라는 문장에서 中使를 중사성의 관리로 보았던 이유는 다음과 같다. 경문왕대에는 관부와 관직을 대대적으로 개편하였던 것으로 알려져 있다. 이 당시 기존의 세택이란 관부가 中使(事)省으로 개편되었던 것으로 나타나는데, 이는 금석문 자료를 통해서 알 수 있으며 기존의 연구 성과에서도 입증되었다. 그런데 중사성이란 天子御用의 使人인 中使들이 소속되어 있는 관아였다고 한다(李基東, 1997, 『新羅骨品制社會와 花郞徒』, 一潮閣, p.238). 이를 보면 중사성에는 중사라는 관원이 있었다는 사실을 알 수 있는 것이다. 그렇다면 '王勅 '中使'"라는 문장을 놓고 볼 때 '왕이 '중사'를 시켜서'라고 해석하는 것이 합리적이지 않을까 생각하게 되었다. 이 부분의 해석은 이병도 역주, 2000, 『삼국사기』 하, 을유문화사, p.485를 참조하였음.

11) 中使省과 中事省은 같은 의미라고 한다(李基東, 같은 책, p.238).

12) 鄭淸柱, 앞의 논문, p.7 : 中使省(中事省)은 天子御用의 使人인 中使들이 소속되어 있는 관아라는 한다(李基東, 같은 책, p.238).

B-1) 御龍省에는 사신 1명 애장왕 2년(801)에 두었다(『삼국사기』 권39 잡
　　 지8 직관 중 어룡성).

　-2) 洗宅은 경덕왕 때 中事省으로 고쳤다가 뒤에 다시 원래대로 하였다
　　 (『삼국사기』 권39 잡지8 직관 중 세택).

C-1) 東宮官(『삼국사기』 권39 잡지8 직관 중 동궁관).

　-2) 東宮衙는 경덕왕 11년에 두었다(『삼국사기』 권39 잡지8 직관 중 동
　　 궁아).

　-3) 洗宅에는 대사가 4명 종사지가 2명이다(『삼국사기』 권39 잡지8 직관
　　 중 세택).

D-1) 專知修造官 洗宅 大奈末 行西林郡 太守 金梁博(「昌林寺無垢淨塔願
　　 記」).

　-2) 崇文臺郞 兼 春宮中事省 臣 姚克一(「黃龍寺九層塔利柱本記」).

　위 사료의 B-2)와 C-3)에 보이는 세택은 각각 국왕과 동궁 직속의 관
부이다. 洗宅은 경덕왕 때 中使省(中事省)으로 개명되었다가 혜공왕 때에
복구되었는데, D-2)에 나타난 바와 같이 경문왕 12년(872) 다시 중사성으
로 재 개명되었음을 알 수 있다. 물론 이 기록은 동궁 직속의 세택이 중사
성으로 재 개명되었던 것을 나타낸 것이므로 국왕 직속의 그것과는 다르
다고 생각할 수도 있다. 하지만 두 관부의 명호는 물론이고 그 업무 또한
동일하였기 때문에 이 시기 국왕 직속의 세택도 중사성으로 재 개명되었
다고 보는 것이 옳을 것이다. 그렇다면 세택이란 관부명은 어느 시기까지

사용되었던 것인가. 이는 D-1)의 「昌林寺無垢淨塔願記」의 내용을 보면 알 수가 있다. 이 기록은 문성왕 17년(855) 金立之가 왕명에 의해 찬술한 것이다. 따라서 세택이란 관부명은 이 시기까지는 사용되었던 것이 확실해 보인다. 이상의 내용을 통해서 보면 세택이 중사성으로 재 개명되었던 시기는 문성왕 17년에서 경문왕 12년 어느 시기임이 분명한데,[13] 아마 경문왕대가 아닌가 하는 것이다. 이러한 판단의 근거는 다음과 같다.

경문왕대는 개혁정치에 박차를 가했던 시기였다. 경문왕은 국학에 관심을 가지고 그것을 당의 국자감과 같은 체제로 확대 개편시켰으며, 이어 문산계·어대제·제상제도·행수제 등을 수용 운영하였고 나아가 관부와 관직을 대대적으로 개편했던 것으로 알려져 있다.[14] 이것은 당의 제도를 모방한 것으로, 이러한 한화정책은 곧 경문왕 이전의 진골귀족 연합을 부정하고 왕을 중심으로 한 중앙집권적 관료체제를 촉진시키는 경향의 표현이었던 것이다. 이것은 경덕왕이 진골귀족의 연합을 부정하고 왕권의 전제화를 촉진시키기 위해 한화정책을 펼쳤던 운동과 궤를 같이한 것이라 하겠다.[15] 중사성이 국왕이나 태자의 시종은 물론이고 詔書를 전담하는 등 문한을 장악한 관부였다는[16] 사실을 환기해 보았을 때 경문왕대 시행되었던 개혁정치의 특성상 그것은 반드시 필요한 관부였던 것이다. 기왕

---

13) 이상은 李基東, 같은 책, pp.234~235를 참조하였음.

14) 宋銀日, 2007(a), 「新羅 下代 景文王系 집권기의 정치운영」 全南大學校 大學院 博士學位論文, pp.47~48. 이와 관련해서는 관호개혁이 9세기 중업부터 점진적으로 나타났다는 견해(李基東, 같은 책, p.235)와 경문왕대 2차 한화정책이 추진되었다는 견해(황선영, 2006, 「新羅下代 景文王家의 王位繼承과 政治的 推移」『新羅文化』 27, p.31) 그리고 경문왕대에 본격적으로 문한기구와 근시기구의 확장을 통한 개혁정치를 하였다는 견해가 있어 참고 된다(金昌謙, 2005, 「신라 憲安王의 卽位와 그 治績」『新羅文化』 26, p.53).

15) 이상은 李基白, 1997, 『新羅政治社會史研究』 一潮閣, p.247 ; 李基東, 앞의 책, p.237.

16) 李基東, 같은 책, p.240.

의 세택을 확대 개편하여 중사성으로 거듭났던 시기가 경문왕대라는 것은 이러한 사실 등에서 어느 정도 입증된다.[17] 경문왕대 세택이 중사성으로 개편되었다는 입론을 한층 강화하기 위해서 경문왕대 태자책봉에 유의할 필요가 있다.

기록에 의하면 경문왕의 장자인 晸(헌강왕)이 태자에 책봉된 시기는 경문왕 재위 6년(866)이라고 한다. 그러나 정이 태자로 내정된 시기는 경문왕의 즉위 직후였을 것으로 생각된다. 경문왕은 동왕 2년(862) 7월에 헌안왕의 죽음과 자신의 즉위 및 그의 장자 정의 태자책립 사실을 알리기 위해서[18] 아찬 富良 등을 당에 보냈다. 그러나 그들은 도중에 익사하고 말았다. 그래서 재차 견당사를 파견하였던 것으로 판단된다. 최치원이 지은 「崇福寺碑銘」에 의하면 신라에서 唐에 사신을 보내어 헌안왕의 죽음과 경문왕 응렴의 즉위사실을 알리니 경문왕 5년(865)에 당의 攝御使中丞 胡歸厚와 신라인 前進士 裵匡 등이 경문왕을 책봉하는 당의 칙서를 전해왔다고 한다.[19] 이를 보면 경문왕 5년으로부터 얼마 전에 견당사를 다시 파견했었다는 사실을 알 수 있으며, 견당사 일행이 신라에 도착한 시기를 고려하면 아마 경문왕 4년경에 재차 견당사를 파견했었을 것으로 생각된다.[20]

여하튼 경문왕은 호귀후 등이 당으로부터 가져온 칙사를 토대로 하여

---

17) 이상 언급한 중사성은 국왕직속이다

18) 이 당시 견당사를 파견하였던 것은 헌안왕의 죽음과 경문왕의 즉위사실은 물론이고 왕비 그리고 왕태자의 책립도 함께 알리기 위한 목적도 포함되었다고 할 수 있겠다. 이는 책봉사가 도착한(『삼국사기』 권11 신라본기11 경문왕 5년) 다음해에 경문왕의 부인을 文懿王妃로 그리고 장자 晸을 태자로 책봉하였던(『삼국사기』 권11 신라본기11 경문왕 6년) 사실에서 알 수 있는 것이다.

19) 『삼국사기』 권11 신라본기11 경문왕 5년조에도 이와 유사한 내용이 기록되어 있다.

20) 權悳永, 1997, 『古代韓中外交史』, 一潮閣, p.89.

책봉사가 도착한 이듬해인 경문왕 6년(866)에 부인을 文懿王妃로 그리고 장자 晸을 태자로 책봉하였던 것이다. 이러한 과정을 거쳐 정이 태자로 책봉되었는데, 이 책봉 사실은 당의 칙서에 의한 책봉이었고 신라 내부에서는 부랑 등이 견당사로 파견되기 이전인 경문왕 2년(862)에 이미 태자로 내정되었던 것이 분명하다. 이는 시기상 경문왕이 즉위한 지 1년여만의 일이었던 것이며, 이 때 태자의 나이는 겨우 1살 안팎이었다.[21] 경문왕이 이렇게 어린 왕자를 태자로 책봉했었던 데에는[22] 태자가 어렸기 때문에 일어날 수 있는 여러 가지 경우에 대한 고민에서 비롯 되었을 것이다.[23]

　이와 관련하여 경덕왕이 기존의 동궁 직속의 세택을 중사성이라는 관부로 개편하였던 사실은 시사하는 바가 크다. 주지하는 바와 같이 경덕왕은 아들을 얻기 위해 여가 가지 노력을 경주하였다.[24] 그러한 끝에 혜공왕을 얻기는 했으나 그는 이미 죽음을 앞두고 있었던 터였다. 따라서 경덕왕은 어린 태자의 안위를 걱정하여 이에 대한 방책을 모색했을 것으로 생각된다. 이에 따라 태자의 안위는 물론이고 교육 그리고 유조 등을 관장할 수 있는 관부를 만들었던 것으로 여겨지는데, 그것이 바로 중사성이었

---

21) 경문왕은 헌안왕 4년(860) 12월에 헌안왕의 장녀와 혼인을 하였고, 경문왕의 즉위 사실이나 왕비 그리고 태자 책립 등의 사실을 알리기 위한 1차 견당사 파견이 경문왕 2년(862) 7월이었으니(『삼국사기』 권11 신라본기11 경문왕 2년) 혼인하자마자(『삼국사기』 권11 신라본기11 헌안왕 4년) 태자정을 가졌다고 해도 정이 태자로 내정되었을 때 나이는 불과 1살 안팎이었던 것이다.

22) 궁예의 존재를 염두에 두고 그렇게 했던 것은 아닌가 한다.

23) 경문왕은 기왕에 김양상(선덕왕)이 어린 혜공왕을, 김언승(헌덕왕)이 어린 애장왕을 시혜하고 왕으로 즉위하였던 사건과(『삼국사기』 권9 신라본기9 혜공왕 16년 및 권10 신라본기10 애장왕 10년) 유사한 일이 자신의 태자에게도 닥쳐올 수 있다고 생각했을 것이다.

24) 경덕왕은 아들을 낳을 경우 나라가 위태롭다는 천제의 경고에도 불구하고 아들을 얻어 자신의 왕통을 이을 수 있다면 그러한 것은 감수하겠다는 일념으로 아들에 대한 애착이 심하였다(『삼국유사』 권2 기이2 경덕왕 충담사 표훈대덕).

던 것이다. 당시 이와 유사한 관부로는 세택이란 것이 존재하긴 했었으나 경덕왕으로서는 그것이 여러 가지 측면에서 어린 태자를 보필할 수 있는 관부로는 부족하다고 느꼈던 것 같다. 그러한 생각 끝에 기존의 세택을 확대·개편하여 중사성이라는 관부로 거듭나게 했었던 것이다. 이 시기는 경덕왕 재위 18년(759)으로[25] 혜공왕의 나이 겨우 2살 정도였다. 이를 보면 경문왕도 경덕왕과 유사한 배경에서 세택이라는 관부를 개편하여 중사성이라는 관부를 만들었던 것으로 생각된다.[26]

그런데 여기서 한 가지 짚고 넘어갈 것은 중사성이란 관부가 혜공왕대에 세택으로 복구된 후 문성왕 말년 경까지 유지되었던 것으로 나타나는데, 혹여 경문왕 이전 헌안왕대에 세택이 중사성으로 개명되었을 가능성은 없는가 하는 것이다. 『삼국사기』나 『삼국유사』 기록에 의하면 헌안왕은 자신의 재위 말년까지 태자를 책봉했었다는 기록이 보이지 않는다. 이를 보면 헌안왕대에는 동궁 관아에 소속되어 있었던 세택을 가동할 필요가 없었을 것으로 생각되며 그렇게 할 수도 없었던 상황이었다고 할 수 있다. 때문에 굳이 기존의 동궁직속의 세택이란 관부를 확대 개편할 필요는 없었을 것으로 생각된다. 따라서 헌안왕대 중사성이라는 관부가 존재했다고 보기는 어렵다.

이상의 내용을 종합해 보면 세택이 개편되어 중사성이란 관부로 변경되었던 시기는 경문왕대가 거의 확실해 보이며, 그 시기를 구체적으로 지적하자면 경문왕의 즉위 직후 그의 장자 정이 태자로 내정되기 직전이 아닌가 생각된다. 이것으로 중사성이란 관부가 존재했었던 시기는 경문왕

---

25) 李基東, 앞의 책, p.235.
26) 이상은 동궁직속의 중사성이다.

즉위 초였음이 밝혀진 셈이다. 따라서 궁예가 죽을 처지에 놓여 있었던 시기가 곧 경문왕대라고 할 수 있겠는데, 그러므로 중사를 시켜 궁예를 죽이려고 했었던 장본인은 경문왕이 되고 만 것이다.

앞서 인용한 사료 A)를 돌이켜 보면 왕이 궁예를 죽이려 했었던 것은 그가 국가에 해를 끼칠까 두려웠기 때문이었다. 이는 곧 궁예가 국가에 반역할 소지가 다분히 있다는 뜻으로 해석이 가능하다고 생각되며,[27] 따라서 궁예로 인해 왕위가 위태로워 질 수 있다는 의미로 받아 들여 큰 잘못은 아닐 것이다. 그렇다면 궁예는 태어나자마자 경문왕의 왕위를 위태롭게 하였고 그로 인해 경문왕은 궁예를 죽이려고 했다는 것인데, 만약 궁예가 경문왕의 아들이었다면 그의 왕위가 그처럼 위태로울 까닭도 없으려니와 더구나 궁예를 죽일 까닭은 없었을 것이다. 궁예가 경문왕의 친자였다면 국가에 해를 끼치기 보다는 오히려 왕권의 안전판 역할을 했었을 가능성이 높다. 이 시기에 들어와 왕실 및 진골귀족집단 내부는 혈족관념의 분기화 경향이 더욱 촉진되어 극히 좁은 범위의 가계가 정치적·사회적인 행동에 있어 하나의 단위가 되고 있었다.[28] 그런 만큼 왕실에서는 궁예의 출생을 반겨야 할 입장인데, 그를 죽이려 했다는 사실이 믿기지 않는 것이다. 특히 당시는 왕의 지근친 왕족이 재상이나 상대등·병부령·시중·어룡성신 등 주요 고위 관직을 독점하여 왕권을 강화해 나갔는데,[29] 이러한 사실을 고려해보면 더욱 그러한 생각이 든다. 경문왕이 즉위하자마자 10대

27) 중국의 풍습에 중오일생이 부모를 해친다는 풍습이 있다는(『史記』孟嘗君傳) 내용을 소개한 뒤, 日官이 궁예가 중오일생이라는 것 등을 들어 궁예가 앞으로 국가에 불리할 것이라고 하였다는 것은 궁예의 반역을 예언한 것이라는 견해가 있어 참고된다(趙仁成, 앞의 논문, p.64)

28) 李基東, 앞의 책, p.179.

29) 金昌謙, 2005, 「신라 憲安王의 卽位와 그 治績」『新羅文化』 26, p.33.

후반에 불과했던 자신의 친제 위홍에게[30] 정국운영의 주도권을 맡겼던 것이나 그의 두 아들인 헌강왕·정강왕 그리고 딸이었던 진성여왕까지 왕위에 올랐다는 사실은 이와 관련하여 많은 시사점을 준다.

이렇게 보면 궁예가 경문왕의 아들이라고 하기에는 어려운 측면이 많다. 그렇다면 이제 경문왕의 혼인 과정과 가족사항을 살펴보면서 필자의 견해를 보다 선명히 해보고자 한다.

경문왕은 왕위에 오르기 전 헌안왕의 딸과 혼인을 하였는데,[31] 그 과정에서 큰딸과 작은딸 중 누구와 혼인을 할 것인가를 놓고 갈등이 있었던 것으로 나타난다. 경문왕의 아버지 계명과 어머니 광화부인은 헌안왕의 작은 딸과 혼인하기를 원했다. 그런데 이 소식을 전해들은 낭도의 상수이면서 흥륜사의 승려였던 범교사가 목숨을 담보로 헌안왕의 장녀와 혼인을 해야 한다고 경문왕을 겁박함으로 결국 장녀와 혼인을 하게 되었던 것이다.[32] 이후 헌안왕의 뒤를 이어 왕위에 오른 경문왕은 재위 3년(863)에 헌안왕의 차녀를 자신의 아내로 맞이하게 되어 당초 계명측이 원했던 차녀와의 혼인도 이루어졌다.[33]

이처럼 경문왕에게는 두 명의 왕비가 있었다.[34] 따라서 궁예가 경문왕의 아들이라면 두 왕비 중 한 명이 그의 어머니가 되는 것이다. 위에서 언급한 바와 같이 경문왕이 헌안왕의 두 딸을 선택하는 문제를 둘러싸고 마

---

30) 황선영, 2002, 『나말여초 정치제도사 연구』, 국학자료원, p.31.

31) 『삼국사기』 권11 신라본기11 헌안왕 4년.

32) 『삼국유사』 권2 기이2 경문대왕.

33) 『삼국유사』 권2 기이2 경문대왕 ; 『삼국사기』 권11 신라본기11 경문왕 3년.

34) 경문왕과 관련된 문헌에는 경문왕에게는 두 왕비만이 존재했던 것으로 나타나기 때문에 그외 또 다른 부인(빈어 등)은 없었던 것으로 판단된다.

찰이 있었던 사실을 염두에 두면 두 왕비를 각각 지지하는 세력에 의해 권력다툼이 있었을 가능성은 충분히 상정되며, 그러한 과정에서 한 명의 왕비 즉 궁예의 어머니가 희생되어 출궁 당했을 것이라고 생각할 수도 있다.[35] 만약 이것이 사실이라면 궁예는 경문왕의 아들이 되는 셈이고 그렇지 않을 경우 그는 헌안왕의 아들이라고 할 수 있겠다. 다음의 내용을 보면서 이에 대한 해답을 찾아보도록 하자.

E-1) 성덕왕이 왕위에 오르니 … 신문왕의 둘째 아들이며 효소왕의 '同母弟'이다(『삼국사기』권8 신라본기8 성덕왕 즉위년).

 -2) 제33대 성덕왕 … 효소왕의 '(同)母弟'이다(『삼국유사』권1 왕력1 성덕왕).

 -3) 경덕왕이 왕위에 오르니 이름은 헌영이고 효성왕의 '(同)母弟'이다(『삼국사기』권9 신라본기9 경덕왕 즉위년).

 -4) 헌덕왕이 왕위에 오르니 … 소성왕의 '同母弟'이다(『삼국사기』권10 신라본기 10 헌덕왕 즉위년).

 -5) 제41대 헌덕왕 김씨이며 … 소성왕의 '同母弟'이다(『삼국유사』권1 왕력1 헌덕왕).

 -6) 흥덕왕이 왕위에 오르니 … 헌덕왕의 '同母弟'이다(『삼국사기』권10 신라본기10 흥덕왕 즉위년).

 -7) 제42대 흥덕왕 김씨이며 … 헌덕왕의 '(同)母弟'이다(『삼국유사』권1 왕력1 흥덕왕).

---

35) 申虎澈, 앞의 논문, p.35

-8) 신무왕이 왕위에 오르니 … 희강왕의 '從弟'이다(『삼국사기』 권10 신
　　라본기10 신무왕 즉위년).

-9) 헌안왕이 왕위에 오르니 … 신무왕의 '異母弟'이다 (『삼국사기』 권11
　　신라본기11 헌안왕 즉위년).

-10) 제47대 헌안왕 … 신무왕의 '弟'이며 … (『삼국유사』 권1 왕력1 헌안
　　왕).

F-1) 정강왕이 왕위에 오르니 이름은 황이고 경문왕의 第二子이다(『삼국
　　사기』 권11 신라본기 11 정강왕 즉위년).

-2) 제50대 정강왕 … 민애왕의 '(同)母弟'이다(『삼국유사』 권1 왕력1 정
　　강왕).

-3) 진성왕이 왕위에 오르니 … 헌강왕의 '女弟'이다(『삼국사기』 권11 신
　　라본기 11 진성왕 즉위년).

-4) 제51대 진성여왕 … 정강왕의 '同母妹'이다(『삼국유사』 권1 왕력1 진
　　성왕).

　위 기록은 왕들의 출신에 대한 내용이다.『삼국사기』신라본기 즉위년
조나『삼국유사』왕력편을 보면 각 왕들의 출신에 대한 내용을 열거해 놓
았다. 이를 보면 대부분은 왕의 부모, 조부모 그리고 왕비의 부모에 대한
사항은 기본적으로 밝혀 놓았으며, 그 외 형제관계를 기록해 놓은 경우도
있다. 후자의 경우는 왕위계승이 부자간이 아닌 형제간에 이루어졌을 때
주로 나타난다. 그런데 여기서 주목되는 것은 형제 관계를 밝혀 놓은 기록
들에는 특이하게도 '同母弟(妹)', '弟' 등으로 구분하고 있는 것이며, 특히

동모제(매)인가 아닌가에 대해서 분명히 구분하고 있다는 것이다. 이를 보면 형제지간에 왕위계승이 이루어졌을 때에는 그같이 기록하는 것이 상례였던 것은 아닌가 한다.

그런데 F-1)의 정강왕의 경우 형제지간의 왕위계승이었음에도 불구하고 그러한 관계는 언급하지 않고 부왕인 경문왕의 둘째아들이라고 언급하고 있어 다소 의외라는 생각이 든다. 위에서 언급한 바와 같이 왕위계승이 형제지간에 이루어졌을 때에는 대부분 직전 왕과의 관계를 언급하는 것이 상례였던 것 같은데 정강왕은 그렇게 되어 있지 않은 것이다. 게다가 F-2)에는 정강왕이 민애왕의 동생이라고 하여 혼란스럽기까지 하다. 아무런 정치적 이유도 없이 민애왕으로부터 5대가 지난 뒤에 민애왕의 동생으로 왕위가 계승되었다는 것도 문제이지만, 정강왕이 민애왕의 동생이라면 원성왕의 장자인 인겸의 손자로서 원성왕의 셋째아들 예영의 5대손인 헌강왕이 죽을 때까지 생존해 있다가 왕위를 계승하였다는 것이므로 논리상 성립되지 않는다.[36] 그렇다면 『삼국유사』 왕력편의 撰者가 정강왕의 출신을 잘못 이해하고 그렇게 기록했던 것일까. 그러나 여타 왕의 계보에 관련된 기록을 보면 1代나 2代 정도 차이가 나게 기록한 경우는 가끔 있어도 정강왕처럼 그렇게 차이가 나는 경우는 거의 없다.

이상의 내용을 보면 헌강왕과 정강왕이 형제지간이기는 하나 친연성에 있어 어떠한 문제가 있는 것은 아닐까 하는 생각이 든다. 다시 말해 정강왕의 왕위계승이 형제상속인데도 그의 출신에 대한 기록은 부왕과의 관계만을 언급해 놓았는가 하면 정강왕과 상당한 세대차이가 나는 민애

---

36) 金昌謙, 앞의 책, p.68, 주) 104.

왕을 정강왕과 동모형제라고 기록해 놓은 것은 헌강왕과 정강왕이 동모제가 아니었기 때문이 아닐까 생각되는 것이다.

이와 관련하여 F-3)과 F-4)는 주목되는 부분이다. F-3)을 보면 진성왕은 헌강왕의 여제라고 되어 있는 반면 F-4)에는 진성왕이 정강왕의 동모매라는 것이다. 이미 말한 바와 같이 왕의 출신관련 기사들에서 형제관계를 언급할 때에는 동모제(매)인가 아닌가를 분명히 구분하고 있다는 사실을 상기해 보면, 헌강왕과 진성왕은 동모형제가 아니며 정강왕과 진성왕은 동모형제가 되는 것이다. 두 사서에 헌강왕의 어머니에 대한 기록은 존재하지만 정강왕과 진성왕의 어머니에 대한 기록이 존재하지 않는 것도 이 같은 사실을 뒷받침하는 것은 아닐까.

이상의 내용이 어느 정도 사실이라면 헌강왕의 어머니와 정강·진성왕의 어머니가 서로 다르다고 할 수 있겠는데, 아마 헌강왕의 어머니는 헌안왕의 첫째 딸이면서 경문왕의 첫째부인인 영화부인이고, 정강·진성왕의 어머니는 영화부인의 동생이면서 경문왕의 차비였을 가능성이 높다. 그렇다면 경문왕의 두 왕비 중 어느 한 명의 왕비가 권력다툼에 희생되어 출궁 당했을 가능성은 희박해 보이며, 때문에 궁예는 경문왕의 두 왕비와 관련이 없다 하겠다.

지금까지 살펴본 결과 궁예는 경문왕의 아들일 가능성은 없기 때문에 헌안왕의 아들일 수밖에 없다고 생각한다.[37]

---

37) 이와 관련하여 『光山金氏世譜』에 궁예는 헌안왕의 아들로, 『增補文獻備考』에는 광산김씨가 궁예의 후손이라고 언급한 기록은 참고할 일이다(『增補文獻備考』 권47 氏族).

Ⅲ. 궁예의 출생배경

『삼국사기』 신라본기 헌안왕 5년(861)조에 의하면 헌안왕에게는 아들이 없고 두 딸만 있다고 하였다. 궁예전 서두에는 궁예를 헌안왕 또는 경문왕의 아들이라고 분명 언급하고 있으면서도 신라본기 내용에는 그 내용이 누락되어 있는 것이다. 물론 찬자의 착오로 신라본기에 그 같은 사실을 누락시켰을 가능성도 있다고 생각되지만 동일한 사서에서 그러한 실수를 범했을까 선뜻 판단이 서질 않는다. 여기에는 그럴만한 사정이 있었을 것인데, 아마 궁예의 출생자체가 그만큼 특이한 경우였기 때문이 아닌가 한다. 즉 헌안왕이 유조를 내릴 당시 아들이 없었다고 한 것은 헌안왕이 훙거하기 전까지 실제 궁예의 출생사실을 인지 못했었거나 아니면 인지를 했는데도 당시 어떠한 정치적 상황 때문에 그것을 감추려는 의도에서 비롯되었던 것으로 생각된다. 다시 말해 궁예는 헌안왕이 훙거한 직후에 태어났거나 아니면 이미 태어났는데도 그가 어떤 정치적 박해를 받을까봐 의도적으로 궁예의 출생을 감추었던 것으로 판단되는 것이다. 그렇다면 궁예의 출생과 관련해서는 어떠한 비밀이 숨겨져 있었을까. 이를 알아보기 위해서는 헌안왕의 즉위과정과 정치경력 및 당대 정치상황 등을 살펴볼 필요가 있을 것 같다.

헌안왕은 문성왕의 숙부이면서 왕위에 오른 인물이다. 당시 문성왕에게는 아들과 손자가 있었던 것으로 생각된다. 신라 마지막 왕이었던 경순왕의 가계를 밝혀 놓은 「新羅敬順王殿碑」에 의하면 문성왕→김안→김민공→김실홍→김효종→경순왕으로 이어진다.[38] 이를 보면 경순왕의 선대인 김안과 김민공은 각각 문성왕의 아들과 손자가 되는 것이다.[39] 그럼에도 불구하고 헌안왕이 문성왕의 유조에 의해 왕위에 오를 수 있었던 것은 당시 정계에 주도권을 잡고 있었던 시중 겸 병부령이었던 계명의 도움이 있었기 때문이었다.[40]

계명은 문성왕 전반기에 정계에 입문하여 후반기에 정계의 주도권을 잡았다. 문성왕 즉위 초 정계는 신무왕의 즉위 공신이었던 김주원계의 김양, 장보고의 청해진 세력, 그리고 왕실을 받들고 있었던 균정계의 삼두체제가 형성되었다. 그런데 공신들의 내부에 알력이 있었다. 그러한 가운데 김양과 그를 추종하는 세력들에 의해 장보고가 죽게 되었다. 장보고를 제거한 후 김양은 문성왕 4년(842) 자신의 딸을 왕비로 납비하였다.[41] 이어 문성왕 9년(847)에는 왕과 김양의 딸 사이에서 출생되었다고 생각되는 왕자를 왕태자로 책봉하였다.[42] 그리고 김양은 곧 시중 겸 병부령에 임명되었다. 이로 인해 김양은 국왕의 장인이면서 왕태자의 외조부이자 주요관직을 독차지하는 최고의 권력자로 부상하게 되었다. 이는 실로 김주원·김헌창·김범문 등이 이루고자 했었던 왕권장악에 대한 꿈이[43] 후손인 김양에 의해 실현되는 순간임과 동시에 김주원계의 정치적 재기를 의미하는 것이다. 김양의 이 같은 부상은 여타 진골귀족들에게는 그리 단순한 문제가 아니었다. 특히 신라하대 왕통을 이어왔던 원성왕계로서는 심각한 고

---

38) 「新羅敬順王殿碑」『朝鮮金石總覽』下, p.1264.

39) 金昌謙, 앞의 논문, p.35.

40) 송은일, 2004(b), 「新羅下代 景文王系의 成立」『全南史學』22, p.150.

41) 『삼국사기』 권11 신라본기11 문성왕 4년.

42) 『삼국사기』 권11 신라본기11 문성왕 9년.

43) 김주원은 원성왕과 왕위쟁탈전에서 패하였고, 김헌창·김범문 등은 왕권을 장악하기 위해 반란을 도모했었으나 실패하였다.

민이었을 것이다. 이는 자칫하면 원성왕계의 왕통이 김양에 의해 저지당할 상황에까지 이를 수 있기 때문이었다. 이러한 정치적 상황 속에서 계명은 여타 진골귀족세력들의 衆意를 모아 김양의 정권퇴진 운동에 앞장섰던 것으로 생각된다. 이로 인해 김양은 정계에서 물러나게 되었고 이를 주도한 계명은 정계에서 급부상하게 되었다.[44]

이후 정계는 계명이 주도하였다. 당시의 위상을 미루어 계명은 왕권에 대한 욕구를 가졌을 법하다.[45] 그렇지만 계명은 당시 정계 사정을 생각하고 여러 가지 정치적 계산을 했을 것으로 판단된다. 만약 자신이 직접 왕권에 도전할 경우 기존 왕권을 유지하고 있었던 균정계의 반발은 물론이고 이로 인해 자신의 입지가 축소되는 상황까지도 초래될 수 있다는 생각을 가졌을 것이다. 그리하여 차선책을 택한 것이 균정계인 의정(헌안왕)의 왕위계승에 적극 협조하면서 한편 자신의 아들을 헌안왕의 다음 후계자로 내정한다는 합의를 의정에게 받아냈던 것으로 보인다. 계명은 당시 헌안왕에게 아들이 없고 나이까지 많다는 사실을 고려하여 향후 자신의 아들 응렴이 헌안왕의 사위가 된다면 왕위계승 조건을 충족하면서 균정계 및 타 진골귀족들의 반발을 무마할 수 있을 것으로 판단했을 것이다.[46] 요컨대 계명이 그 같은 선택을 한 것은 헌안왕이 연로하고 또한 그의 왕위를 이어갈 아들이 없었기 때문에 자신의 아들이 왕위를 계승할 수 있는 연령이 될 때까지[47] 과도기적 의미에서 임시방편으로 헌안왕을 옹립시켰

---

44) 이상 김양의 정치적 행적과 계명의 정권주도 과정에 대해서는 송은일, 2004(b), 앞의 논문, pp.129~138을 참조하였음.

45) 계명의 아버지 희강왕이 민애왕의 핍박으로 자진하지 않았다면 그는 이미 왕위에 올랐을 가능성이 매우 높다.

46) 이상은 송은일, 2004(b), 앞의 논문, p.147.

던 것으로 생각된다는 것이다. 이는 계명과 헌안왕간에 어느 정도 암묵적 합의가 있었기 때문에 가능했을 것이다.[48]

이같이 계명의 정치적 힘이 뒷받침되어 헌안왕이 즉위했기 때문에 이 정부는 계명으로 대표되는 헌정계와 의정으로 대표되는 균정계의 공동정부임과 동시에, 헌안왕 이후 왕위를 응렴에게 넘겨준다는 합의가 이루어진 만큼 향후 경문왕계가 태동할 수 있는 단초를 제공한 정부라고 할 수 있겠다. 그러나 정치의 속성상 그 같이 합의한 내용이 순탄하게 이행되지는 않았던 것 같다. 이는 다음의 내용을 보면 알 수 있다.

헌안왕의 즉위와 동시에 大赦를 단행하였다.[49] 이 대사는 신왕의 즉위 직후에 행한 의례적인 행사였으며 인심을 수습하여 새로운 시대의 개막을 알리는 정치적 수순이었다.[50] 이어 헌안왕은 인사 조치를 하였다. 이찬 김안을 새로운 상대등으로 임명하였으며,[51] 시중에는 기존의 시중이었던 계명을 유임시켰던 것으로 보인다.[52] 일반적으로 신왕 즉위 시 국정쇄신 및 왕권강화와 안정을 추구하는 차원에서 상대등과 시중 같은 주요관직은 새로운 인물로 교체하였다.[53] 그런데 계명을 그대로 유임시켰다는 것

---

47) 이 당시 응렴의 나이는 10여세에 불과하였다.

48) 송은일, 2004(b), 앞의 논문, p.150. 헌안왕과 계명의 정치적 결연이 가능했던 것은 정치적 목적에서 비롯되었겠지만 한편으로 이종사촌이라는 혈연적 관계도 작용했던 듯하다. 계명과 헌안왕의 어머니는 충공의 딸이다.

49) 『삼국사기』 권11 신라본기11 헌안왕 원년.

50) 金昌謙, 앞의 논문, p.24.

51) 『삼국사기』 권11 신라본기11 헌안왕 즉위년.

52) 이는 시중에 대한 임면기사가 없다는 사실에서 알 수 있다. 그리고 계명 직전 시중이 김양이었는데, 그는 시중을 역임하면서 병부령을 겸직하였던 것으로 보이기 때문에(『삼국사기』 권44 열전4 김양). 김양의 후임 시중이었던 계명도 병부령을 겸했을 것으로 생각된다.

53) 金昌謙, 앞의 논문, p.24.

은 당시 정권이 어떠한 성격을 지니고 있었던 것인가를 짐작케 한다.

그런데 이 인사 조치에서 주목할 일은 상대등에 임명된 김안이 문성왕의 아들이라는 것이다. 그가 상대등에 임명될 정도이고 보면 진골이었을 것이며 따라서 문성왕의 다음 후계자로서 자격이 충분하였던 인물인 것이다.[54] 그런데도 계명과 헌안왕의 정치적 담합에 밀려 왕위에 오를 수는 없었다.[55] 그러한 그를 상대등에 임명한 것은 그에 대한 정치적 보상인 동시에 문성왕의 친족과 균정계의 단합을 추구하기 위한 정치적 행위였다고 할 수 있다.[56] 그러나 한편으로 계명을 위시한 헌정계의 정권 천단과 독주를 견제하려는 헌안왕의 치밀한 정치적 의도가 있었다고 생각한다. 즉 헌안왕이 자신의 조카인 김안을 상대등에 임명한 것은 무엇보다도 균정계의 단합을 통해 자신의 왕권을 보존하려는 마음에서 비롯되었다고 할 수 있다. 헌안왕이 비록 계명의 도움을 받아 왕위에 오를 수 있었고 그에게 향후 왕권에 대한 보장을 담보해주었다고 하더라도, 그것을 약속대로 이행한다는 것이 쉬운 일은 아니었을 것이다. 그의 정치 경력을 보면 이에 대한 이해가 가능하리라고 생각된다.

헌안왕 誼靖(正, 琮)[57]은 흥덕왕 11년(837) 1월 당나라에 사은 겸 숙위로 갔다.[58] 그가 당으로 건너간 직후 신라에는 의정의 아버지인 균정과 계명

---

54) 김안은 문성왕의 아들이기는 하나 정식 왕비의 소생이 아니거나 또는 모계가 진골이 아니었기에 왕위에 오르지 못했다는 견해가 있어 참고된다(金昌謙, 앞의 논문, p.35. 주) 37).

55) 송은일, 2004(b), 앞의 논문, p.146~149.

56) 金昌謙, 앞의 논문, p.24.

57) 헌안왕 誼靖은 흥덕왕 11년에 당나라에 숙위로 갔던 義琮, 문성왕 5년에 시중에 임명되었던 義琮, 문성왕 11년에 상대등에 임명되었던 義正과 동일인이라고 한다(李基東, 앞의 책, pp.170~171).

58) 『삼국사기』 권10 신라본기10 흥덕왕 11년.

의 아버지인 제륭(희강왕)간의 왕위쟁탈전이 격심하였다. 이 왕위쟁탈전에서 균정이 살해되고 제륭이 희강왕으로 즉위하였다. 의정은 당시 당에 있었기 때문에 이 사건에 개입하지는 않았던 것 같다. 이러한 사건이 있은 후 의정은 희강왕 2년(837)에 귀국하였다. 이 시기 왕실에서는 김명이 희강왕을 핍박하여 자살케 하고 왕으로 즉위하였던 것이다.[59] 당시 의정은 어떠한 정치적 움직임도 없었던 것 같다. 반면 이복형인 김우징(신무왕)은 희강왕을 도와 자신의 아버지를 살해한 김명 등에게 불만을 표하다가 도리어 해를 당할까봐 청해진의 장보고에 의탁하였다.[60] 청해진으로 건너간 김우징은 장보고 세력과 김양의 지원을 받아 민애왕을 척살하고 신무왕으로 즉위하였다. 그런데 신무왕은 즉위한지 6개월 만에 죽음을 맞이하게 된다.[61] 김우징이 민애왕을 척결할 때 의정이 어떠한 행보를 보였는지 알 수 없다. 다만 신무왕에 이어 문성왕이 즉위하면서 단행된 인사 조치에서 그가 시중에 임명되었다는 것은 신무왕의 즉위에 어느 정도 공로가 있었다고 봐야 옳을 것 같다. 이후 의정은 문성왕 5년(843) 돌연 병을 사칭하고 시중직을 사임하게 되는데, 여기에는 당시 정권을 주도하고 있던 김양의 보이지 않는 압력이 있었던 것으로 생각된다. 이는 신무왕 옹립의 공신이면서 김양의 측근으로 생각되는 양순이 의정에 이어 시중직에 임명되었던[62] 사실에서 감지할 수 있다.[63] 이 때 의정은 정치적으로 가장 큰 위기에 봉착한 듯하다. 그 후 의종은 계명의 주도하에 행해졌던 김양의 정권

---

59) 이상은 『삼국사기』 권11 신라본기11 희강왕 즉위년, 2년. 3년 및 민애왕 즉위년.

60) 『삼국사기』 권11 신라본기11 민애왕 즉위년.

61) 이상은 『삼국사기』 권11 신라본기11 민애왕 즉위년, 2년 및 신무왕 즉위년.

62) 이상은 『삼국사기』 권11 신라본기11 문성왕 2년 및 5년.

63) 金昌謙, 앞의 논문, p.30. 주) 21.

퇴출운동에 암묵적 찬성을 보냈던 것 같고 그 일이 성공을 거두자 다시 정계에 재기할 수 있었던 것으로 여겨진다. 의정은 이를 계기로 문성왕 11년(849) 상대등에 임명되었으며 이후 계명의 지원에 힘입어 왕위에 올랐던 것이다.

이상의 내용을 통해서 보면 의정은 단속적으로 찾아온 정치적 위기를 슬기롭게 극복하였던 노련한 정치가였음이 분명하다. 전왕의 아들이 있었음에도 불구하고 정치력을 발휘해 숙부된 자격으로 왕위에 올랐다는 사실만으로도 그것은 뒷받침이 된다. 이러한 헌안왕이었기에 자신의 왕통을 유지시키려는 강한 욕구가 작용했을 것이다. 오히려 헌안왕보다는 그를 따르는 측근들이 그에게 왕통을 이어갈 방도를 강구하도록 강력히 요구했을 가능성도 매우 높다. 특히 왕실을 뒷받침하고 있었던 균정계에서는 더욱 그러했을 것이다.

> G) 과인은 불행하게도 아들이 없고 딸만 두었다. ⓐ 우리나라의 옛 일에 비록 선덕과 진덕의 두 왕 이 있었다고는 하나 ⓑ 그것은 '牝鷄之晨'과 같은 것으로 본받을 바가 못 된다. 사위 응렴은 나이는 어리나 노성지덕이 있으니 卿等이 왕으로 옹립해 섬긴다면 반드시 조종의 훌륭한 기업을 잃지 않을 것이다(『삼국사기』 권11 신라본기11 헌안왕 5년).

위 기록은 헌안왕이 훙거하기 전 차기왕위와 관련하여 신하들에게 당부한 유조다. 이 유조에서 주목되는 것은 헌안왕이 응렴을 왕위계승자로 추천하면서 자신의 심경을 밝힌 내용이다(ⓐ,ⓑ). 여기서 헌안왕이 선덕여왕과 진덕여왕의 사례를 들었던 것은 자신의 딸을 여왕으로 내세우고 싶은 마음이 어느 정도 잠재해 있었던 데서 비롯된 것이 아닌가 생각된다.[64] 즉 헌안왕은 기왕에 선덕·진덕의 두 여왕이 있었던 사례를 들어 각 계파의 동의를 구하려고 했던 것이 아닐까 생각되는데,[65] 이는 헌안왕의 지근친인 균정계에서도 마찬가지였을 것이다. 경문왕 응렴이 혼인할 당시 범교사가 목숨을 담보로 헌안왕의 장녀와 혼인을 강권한 것도[66] 헌안왕과 그의 근친들의 속내를 어느 정도 파악하고 있었기 때문이었을 것으로 생각된다. 다시 말해 응렴의 아버지 계명은 헌안왕과 자신과의 합의된 사항이 이행되지 않을 가능성이 있다는 것을 간파하고, 불교계의 중의를 모을 수 있고 화랑의 물리력을 통솔할 수 있었던 범교사를 내세워[67] 그 일을 관철시켰던 것으로 생각된다는 것이다. 이 일을 관철시켰을 때 계명측에서 내세운 명분은 아마 '牝鷄之晨'이었다고 여겨진다.[68]

이상의 내용을 통해보면 헌안왕은 자신의 왕통을 존속시키려는 욕구가 강했던 것으로 파악된다. 그러한 헌안왕이었기에 아들을 얻기 위한 노력을 지속적으로 경주했을 개연성이 매우 높다. 일찍이 경덕왕이 아들을 얻고자 여러 가지 노력을 했던 사실을[69] 환기해 볼 때 헌안왕도 그와 마찬가지였을 것이다. 이것은 헌안왕뿐만 아니라 그의 측근들인 균정계에게 더욱 절실했을 수도 있다. 앞서 언급한 바와 같이 균정계로 왕권이 넘어오기까지는 많은 희생을 감내해야만 하였다. 그렇게 하여 얻은 왕권이었기

---

64) 황선영, 2006, 앞의 논문, p.28.
65) 황선영, 같은 논문, p.28.
66) 『삼국유사』 권2 기이2 경문대왕.
67) 『삼국유사』 권2 기이2 경문대왕.
68) 황선영, 앞의 논문, p.28.
69) 『삼국사기』 권11 신라본기11 경덕왕 충담사 표훈대덕.

에 그것을 쉽게 포기할 수는 없었을 것이다.

그렇다면 왜 헌안왕은 유조에서 자신에게 아들이 없다고 하였을까.[70] 그것은 헌안왕이 훙거하기 전까지 궁예가 출생하지 않았거나 출생했는데도 그것을 인지하지 못했거나 아니면 출생사실을 인지했는데도 궁예의 안전을 위해 그 같은 사실을 비밀로 했을 가능성이 있다. 이와 관련하여 헌강왕의 아들 요(효공왕)의 출생 설화는 참고된다.

요의 출생사실과 관련해서는 『삼국사기』 신라본기 진성왕 9년조에 자세하게 기록되어 있다. 이를 보면, 헌강왕이 어느 날 사냥을 하러 가던 도중에 요의 어머니를 만나 야합하게 되었고 그로 인해 요를 낳게 되었다고 한다. 요는 진성왕 9년에야 비로소 진성왕에게 알려졌고 진성왕은 그를 대궐로 불러들여 태자에 책봉하고 이어 왕위까지 선양하였다는 것이다.[71] 여기서 주목되는 것은 헌강왕의 야합이다. 그의 이 같은 행위는 왕통을 이을 아들을 얻을 목적에서 비롯되었을 수도 있다. 당시 헌안왕에게는 자신을 이을 후계자가 없었다. 후계자가 없다는 것은 왕권에 대한 안전을 담보할 수 없는 것이다. 따라서 헌강왕이나 왕실이 후계자를 얻기 위한 모색을 강구했을 것인데, 요의 탄생은 이러한 과정에서 비롯되었던 것이다.

그런데 헌강왕은 요가 태어난 지 채 돌이 지나지 않아 죽었고,[72] 이후 요와 그의 모는 자신들의 존재를 숨기고 살았던 것으로 보인다. 그들이 이럴 수밖에 없었던 것은 요가 헌강왕의 유일한 혈육으로 왕통을 이을 자격을 지니고 있었던 데에 그 원인이 있었을 것이다. 즉 요의 출생은 당시 왕

---

70) 『삼국사기』 권11 신라본기11 헌안왕 5년.
71) 『삼국사기』 권11 신라본기11 진성왕 9년, 11년.
72) 『삼국사기』 권11 신라본기11 진성왕 즉위년.

위계승에 대한 욕구를 지니고 있었던 인물이나 그 측근들에게는 달갑지 않는 복병이었던 것이다. 때문에 그들은 요와 요의 어머니에게 어떠한 물리적 위협을 가했을 수도 있다. 요가 헌강왕의 유일한 혈육이면서도 자신의 존재조차 알리지 못하고 숨어서 살아야 했던 이유가 여기에 있었던 것이다.

이상 헌강왕의 유일한 혈육이었던 요의 출생에 관련된 사항을 살펴보았다. 헌안왕의 아들이었던 궁예 역시 사정은 이와 유사했을 것이다. 즉 헌안왕은 왕통을 이을 아들을 얻기 위한 여러 노력을 강구했을 것이며, 그 결과 헌안왕은 빈어(후궁)[73]를 맞이하게 되었고 이어 궁예를 잉태하게 되었던 것으로 생각된다. 그런데 헌안왕은 궁예가 출생하기 전 죽음을 맞이하게 되었으며, 왕위가 경문왕에게 넘어가자 궁예의 어머니는 전왕의 왕비였던 관계로 출궁을 당하여 자신의 친정으로 거처를 옮기게 되었고, 그곳에서 궁예를 출산하게 되었던 것으로 생각되는 것이다. 궁예는 헌안왕의 유일한 아들이었고 그에 따라 왕위를 이어받을 자격이 있었던 인물이었다. 물론 그가 태어날 당시에는 이미 헌안왕의 왕통이 경문왕에게로 넘어가고 말았지만 균정계에서 궁예를 매개로 왕권을 위협할 소지는 다분히 있었다. 경문왕과 그의 측근들이 궁예를 죽이려 했었던 것은 이 같은 일을 미연에 방지하기 위한 조처였던 것이다.

---

73) 嬪御는 후궁의 이칭이다(李泳鎬, 2011, 「통일신라시대의 王과 王妃」『新羅史學報』 22, p.51).
74) 曺凡煥, 2008, 『羅末麗初 禪宗山門 開倉 硏究』 景仁文化社, p.17.

Ⅳ. 궁예의 母系

궁예의 모계와 관련해서는 우선 다음의 내용이 주목된다.

H) (필자주 : 체징은) 開城 5년(840) 봄 2월 平盧使를 따라 고국에 돌아와 고향에서 교화하였다. …드디어 무주 黃壑蘭若에 머무르니 때는 大中 13년(859) 析木의 나루에 모인 무인년 헌안대왕 즉위 이듬해였다. 대왕 (필자주 : 헌안왕)은 소문을 듣고 道를 앙모하여 꿈에서도 애를 쓰고 禪門을 열고자 하여 서울로 들어오기를 청하였다. 여름 6월 왕명으로 長沙縣 副守 金彦卿을 파견하여 차와 약을 보내고 맞이하게 하였다. … 겨울 10월 교로써 道俗寺 靈巖郡 僧正 連訓法師와 奉宸 馮瑄 등을 보내 왕의 뜻을 설명하여 가지산사로 옮기기를 청하였다. 드디어 석장을 날려 산문에 옮겨 들어가니 그 산은 곧 원표대덕이 옛날 거처하던 곳이었다. … 唐 宣帝 14년 2월 부수 김언경은 일찍이 제자의 예를 갖추고 문하의 빈객이 되어 녹봉을 덜고 사재를 내어 철 200근을 사서 노사나불 1구를 주조하여 선사가 거처하는 절을 장엄하였다. 교를 내려 望水宅·里南宅 등도 금 160分, 租 2000斛을 내놓아 공덕을 꾸미는데 충당하게 하였다(金穎 撰 「寶林寺普照禪師彰聖塔碑」『朝鮮金石總覽』上, p.63).

위 사료는 헌안왕이 무주 보림사의 선승 체징에 대해서 특별한 관심을 보였던 내용을 담고 있다. 이를 보면 헌안왕은 무주지역에 소재한 황학사에 머물면서[74] 교화를 펼치고 있던 체징에 대한 소문을 듣고 왕실로 초청하였으며, 헌안왕의 근친왕족이었던 장사현 부수 김언경을 파견하여 그에게 차와 약을 보냈다. 그리고 연훈법사 등을 체징에게 보내 가지산문으로 옮기기를 청하여 그곳에 주석케 하였다. 이어 860년 2월에 김언경이 비로사나불 1구를 주조하여 이 절에 희사하자, 헌안왕은 망수택·이남택 등에게 금과 조를 내놓아 공덕을 꾸미는데 도와주라고 하였다는 것이다. 헌안왕이 보림사의 체징에게 이렇게 특별한 대우를 해주었데에는 어떤 정치적 의도가 있었던 듯하다. 그것은 체징의 이력을 보면 어느 정도 감지할 수 있다.

체징은 왕경에서 웅천주로 낙향한 진골귀족의 집안에서 태어나 성장하였다. 그의 집안은 웅천주 내에서 상당히 유력한 집안이었던 것 같다. 체징은 김헌창의 난에 가담하였다가 난이 실패하자 부모의 만류에도 불구하고 불가에 귀의하였다고 한다.[75] 이로 미루어 김헌창과 체징의 집안이 무관치 않아 보이는데, 아마 체징의 집안은 김주원의 일족으로 김헌창과는 근친이었을 것으로 판단된다.[76] 여하튼 체징은 불교에 귀의한 후 국내에서 공부를 하던 도중 당나라로 가 선지식을 參究하기 위해 여러 곳을 돌아다니다 문성왕 2년(840)에 平盧使를 따라 귀국하였다. 그는 귀국한 이후 고향인 웅천주의 장곡사에 주석하면서 교화를 펼쳤다. 체징은 무주지역에 있었던 황학사로 가기 이전 웅천주지역에서 20여 년 동안 활동하였다.[77] 그런만큼 웅천주에는 그를 따르는 문도가 상당히 많았을 것이다.[78] 아울러 그가 김헌창의 난에 참여하였다는 이력으로 보아 김인문 직

---

75) 이상은 李啓杓, 1993, 「新羅 下代의 迦智山門」 『全南史學』 7, p.280

76) 李啓杓, 같은 논문, p.280.

77) 이상은 曺凡煥, 앞의 책, pp.10~12.

78) 체징이 임종할 때 그를 따르는 제자가 800여 명이었다고 한다(金穎 撰 「寶林寺寶照禪師彰聖塔碑」 『朝鮮金石總覽』 上, p.62).

계로 구성된 김주원계 일파의 구심점 역할을 하였을 가능성이 매우 높아 보이는 것이다.

즉 체징은 당시 웅천주를 중심으로 한 연해지방-무주지방도 포함-에 흩어져 살고 있던 김인문 직계 일족들과 김주원계 그리고 김헌창의 난에 참여하였던 당여들에게 지대한 영향력을 행사할 수 있는 위치에 있었다 고 생각한다. 아마 체징과 이들의 관계는 봉건적 주종관계를 연상케 하는 그러한 관계였는지도 모르겠다.[79] 그랬던 체징이 859년 무렵 갑작스럽게 웅천주를 떠나 무주의 황학사로 갔고,[80] 그곳에서 교화를 펼치던 중 헌안 왕의 간곡한 부름에 따라 가지산문을 개창하게 되었던 것이다. 헌안왕은 체징을 가지산문에 주석케 해 놓고 막대한 지원을 아끼지 않았다. 예컨대 이 당시 헌안왕은 자신의 지근친들에게 부탁하여 시주한 금 160분은 신 라에서 당에 進貢하는 1년분 금 120분보다 많은 것이었다.[81] 헌안왕이 갑 작스럽게 체징을 가지산문으로 불러들인 것도 이상하려니와 그같이 많은 양의 재산을 기진케 하였다는 사실도 이해하기 쉽지 않은 것이다.

이 당시 무진주 지역에는 혜철선사가 개창한 동리산문이나, 비록 산문 으로 발전하지는 못했어도 선종사찰로 한때 혜철선사가 주석했었던 쌍봉 사 같은 사찰이 있었는데, 이러한 사찰은 이 지역에서 상당한 영향력을 지 니고 있었다.[82] 만약 헌안왕이 무진주 지역의 불만세력과 새로 대두할 수

---

79) 이 당시 선사들은 그를 따르는 門徒들과 봉건적 주종관계를 이루면서 큰 세력을 지니고 있었다 고 한다(李基東, 1997(b), 『新羅社會史研究』, 一潮閣, p. 108 ; 曺凡煥, 앞의 책, p. 17.

80) 曺凡煥, 같은 책, p.14. 주) 34.

81) 李基東, 1997(a), 앞의 책, p.16 ; 李啓杓, 앞의 논문, p.16.

82) 曺凡煥, 앞의 책, p.16.

있는 지방세력을 견제 내지는 회유하려했다면[83] 당시 무진주 지역에서 가장 큰 영향력을 행사하고 있었던 혜철선사 등에게 특별한 대우와 함께 그것을 부탁했어도 가능했을 것이다. 그런데도 불구하고 웅천주로부터 무진주에 막 도착한 체징에게 그 같이 특별하게 대해주었다는 것은 다른 이유가 있었기 때문은 아니었을까.

앞서 살펴보았지만, 헌안왕은 자신의 왕통을 존속시키기 위해서는 계명측을 제어해야 했으며 그것을 위해서는 다른 계파의 지원이 필요했다. 그런데 당시 중앙에는 그를 지원할 계파가 없었다고 생각된다. 이는 중앙정계를 이미 계명측에서 장악하고 있었기 때문이었다. 반면에 지방에는 자의반 타의반으로 중앙에서 낙향한 진골귀족들이 상당히 많았다. 특히 김인문 직계의 김주원계 일파는 각 지방에서 黨興를 이루며 상당한 세력을 유지하고 있었다고 생각된다.[84] 이들이 비록 김헌창의 난 때 많은 피해를 보았지만 그래도 그들은 무시하지 못할 세력으로 남아있었던 것이다. 헌안왕은 바로 여기에 주목을 하였다. 즉 헌안왕은 지방에 상당한 세력을 지니고 있었던 김주원계와 결연을 통해 자신의 생각을 관철시키려 했으며, 그 매개역할을 체징에서 찾고자 했던 것이다. 체징은 당시 웅천주를 중심으로 한 연해지방-무주지방도 포함-명주 일대에 흩어져 살고 있던 김인문 직계 일족들과 김주원계 그리고 김헌창의 난에 참여하였던 당여들에게 영향력을 행사할 수 있는 위치에 있었던 인물이었다. 이러한 위

---

83) 金昌謙, 앞의 논문, p.31.

84) 崔柄憲, 앞의 논문, p.162. 김인문을 직계로 하는 김주원계 일파가 김헌창의 난으로 일시적인 충격은 받았지만 현 강원도·충청도·전라도·경기도 일대에 상당한 세력을 형성하고 있었을 것으로 보인다. 이는 궁예가 거병할 당시나 이후 영토를 넓혀 나갈 때 그를 지원했던 세력이 대부분 김주원계와 관련이 있었다는 데에서 알 수 있는 것이다(鄭淸柱, 앞의 논문, pp.7~26)

치에 있었던 체징은 헌안왕의 생각을 관철시키는 데 가장 적합한 인물이었던 것이다. 헌안왕은 자신의 뜻을 관철시키고자 체징에게 특별한 배려를 아끼지 않았고 체징은 그러한 헌안왕의 뜻을 받아들였던 것 같다.[85) 이는 헌안왕의 부탁으로 체징이 가지산문에 주석했다는 사실에서 직감할 수 있다.

체징이 헌안왕의 요구에 응했었던 이유는 두 가지로 요약할 수 있을 것 같다. 우선 헌안왕이 한 때 김주원계는 물론이고 체징 본인과도 긴밀한 관계를 유지했던 사실을 들어야 할 것이다. 헌안왕이 김주원계와 관계를 맺을 수 있었던 것은 낭혜 무염이 주석하였던 성주사와 관련이 있다. 성주사는 그 전신이 오합사로,[86) 김주원의 선대인 김인문의 원당이었다. 김헌창의 난 때 거의 폐허가 되었던[87) 오합사가 성주사로 개창되기까지는 김주원의 증손이었던 김흔·김양과 김양의 딸(문성왕 차비) 그리고 윤흥·의화부인·의정(헌안왕) 등의 적극적인 지원이 있었다.[88) 성주사 개창의 단월로는 김주원계가 주축이 되었고 거기에 의정이 참여하였던 것으로 볼 수 있겠다. 사실 김주원계 후손들에게 김인문은 각별한 존재였다. 그는 김주원계 후손들의 구심체가 되었던 것이다.[89) 김인문이 김주원계에 이러한 존

---

85) 그런데 여기서 한 가지 궁금한 것은 헌안왕이 체징에게 그 같은 부탁을 할 정도이고 보면 성주사에 주석한 낭혜에게도 그것이 가능했을 것인데, 그렇게 하지 않은 이유가 어디에 있었을까 하는 것이다. 그것은 우선 당시 성주사는 계명측에 의해 감시를 당하고 있었기 때문이었을 것이다. (송은일, 2004(b), 앞의 논문, p.142). 다음은 낭혜가 비록 무열계의 후손으로 혈연적으로 김주원계와 가까웠지만 실제에 있어서는 계명측과 긴밀한 유대관계를 맺고 있었기 때문에 그러한 부탁을 하기가 어려웠을 것이다. 이는 낭혜가 경문왕계 왕실에서 두 번이나 國師를 역임하였던 사실만 놓고도 충분히 입증된다.

86) 烏合寺와 관련해서는 金壽泰, 2001, 「烏合寺」『성주사와 낭혜』 서경문화사를 참조 바람.

87) 金壽泰, 같은 논문, p.37.

88) 梁承律, 1998, 「金立之의 『聖住寺碑』」『古代研究』 6, p.92.

재였기 때문에 그의 원당을 정제한 후 개창한다는 것은 매우 중차대한 일이었다. 이러한 의미가 있던 사업에 의정이 단월로 참여하였다는 것은 김주원계와 그의 관계가 한때나마 대단히 긴밀했었음을 입증하는 것이다. 그런데 이즈음 체징은 웅천주의 장곡사에 주석하고 있었다. 체징이 김인문의 일족인 김주원계였기에 성주사 개창에 적극 개입했을 가능성은 매우 높다. 이러한 가운데 헌안왕과 체징이 자연스럽게 친분을 쌓을 수 있었을 것이다. 체징이 헌안왕의 요구에 응했던 데에는 이러한 인연이 있었기 때문이다.

체징이 헌안왕의 요구에 응했던 데에는 또한 중앙정계에서 김주원계의 정치적 재기를 염두에 두었던 측면도 있다고 생각한다. 이 당시 김주원계는 중앙정치 무대에서 상당히 침체된 상황이었다. 그것은 김주원계의 정치적 맥을 이어 중앙정계에서 활발한 활동을 펼쳤던 김양과 김흔의 부재가 가장 큰 원인이었다.[90] 수차례 정치적 역경 속에서도 그 맥을 이어왔던 김주원계가 중앙정치 무대에서 사라질 위기에 처한 것이다. 따라서 체징이 헌안왕의 요구에 응했던 데에는 김주원계의 그 같은 상황을 극복하기 위한 목적도 있었다고 헤아려진다.

여하튼 헌안왕은 체징을 매개하여 김주원계와 정치적 결연을 성사시켰던 것으로 보이며, 체징은 헌안왕의 그러한 생각을 적극적으로 지원했던 것으로 여겨진다. 이러한 과정에서 헌안왕은 김주원계의 여식을 후궁(빈어)으로 맞이하였던 것 같다. 헌안왕의 후궁, 즉 궁예의 어머니가 김주원계의 여식이라는 사실은 다음의 내용에서 한층 더 입증된다.

---

89) 曹凡煥, 앞의 책, p.122.
90) 이에 대해서는 p.12 및 p.18 주 97)을 참조하기 바람.

전통사회에서 개인의 출신성분은 그의 활동과 밀접한 관련을 갖는다고 한다.[91] 궁예의 경우도 예외일 수는 없다고 생각되며, 따라서 궁예의 행적을 통해서 그의 모계를 추적해 보는 것도 하나의 방법이 될 것이다.

『삼국사기』 궁예전에 의하면 궁예가 왕실로부터 버림을 받고 10여세가 되도록 乳婢와 함께 지냈으며, 이후 세달사에 들어가 승려생활을 하게 되었다는 내용이 있다.[92] 세달사는 강원도 영월군 남면 흥원리에 위치한 사찰이다.[93] 이 사찰과 관련된 설화내용을 보면 상당히 흥미로운 사실이 발견된다. 세달사의 莊舍의 知莊인 조신이라는 승려가 김흔의 여식을 흠모하여 그녀와 맺어지기를 낙산사 대비전에서 수년간 기도를 드렸다는 것이 바로 그것이다.[94] 조신이 김흔의 여식을 수년간 연모했었다는 것은 김흔가와 조신간의 사이에 왕래와 교류가 수년간 이루어졌다는 것을 의미한다. 나아가 김흔과 세달사간에 긴밀한 관계가 있었던 것으로 추측되는데,[95] 아마 세달사는 김흔[96] 내지는 그의 증조부인 김주원계의 원찰이 아니었던가 생각된다. 그것은 세달사가 있었던 영월에서 강릉에 이르기까지 현 영동지방 일대가 김흔의 증조부인 김주원의 봉지였다는[97] 사실에서 어느 정도 감지할 수 있다.

김주원은 왕위쟁탈전에서 원성왕에게 패하여 그의 외가와 관계가 있

---

91) 李在範, 앞의 책, p.27.

92) 『삼국사기』 권제50, 열전 제10 궁예.

93) 鄭永鎬, 1969, 「新羅獅子山 興寧寺址研究」 『白山學報』 7, p.27 ; 鄭淸柱, 앞의 논문, p.8.

94) 『삼국유사』 권3 탑상4 낙산이성 관음 정취 조신.

95) 이상은 鄭淸柱, 앞의 논문 pp.8~11을 참조하였음.

96) 김흔의 행적에 대해서는 『삼국사기』 권제44, 열전 제4 김양전과 송은일 2004(b), 앞의 논문, p.142가 참조된다.

97) 『新增東國輿地勝覽』 권44 강릉도호부 인물조.

었던 명주로 퇴거하였다.[98] 그런데 왕위를 차지한 원성왕은 김주원세력을 회유 무마하는 차원에서 김주원을 명주군왕에 봉하고 세달사가 있었던 영월에서 강릉에 이르기까지 현 영동지방 일대를 식읍으로 주어 독립적으로 지배 통치케 하였던 것이다.[99] 이 지역에 대한 이 같은 지배는 적어도 김주원의 증손대인 김흔과 김양이 활동하였던 시기까지 유지되었던 듯하다. 이는 김주원의 아들 김종기가 명주군왕에 김종기의 아들 김정여가 명원공에, 김정여의 아들 김양 즉 김흔의 종제가 명주군왕에, 봉해졌다는 사실에서 알 수 있다.[100] 이처럼 강릉에서 영월에 이르기까지 현 영동지방의 대부분이 김흔이 활동하던 시기까지 김주원계의 봉지였고, 그 가문에서 그곳을 독립적으로 통괄하였다면, 그 관내에 있었던 세달사는 자연 김흔 내지는 김주원계의 원찰이었다고 봐야 옳을 것이다. 특히 김흔이 이 세달사와 인연이 깊은 것을 보면[101] 아마 그가 이 사찰을 관리하고 있었던 것은 아니었던가 한다.

세달사가 김주원계의 원찰이었다면, 세달사로 출가한 궁예는 그 가계와 어떠한 관계였을까. 사료에 의하면 궁예가 세달사로 가게된 것은 자발적이기 보다는 어릴적 궁예를 양육했었던 유비의 강권에 따른 것이라 생각한다.[102] 유비가 그렇게 할 수밖에 없었던 것은 궁예의 행동 때문에 그

---

98) 金昌謙, 1995,「新羅 元聖王의 卽位와 金周元系의 動向」『阜村 申延澈教授 停年退任紀念 史學論叢』, p.459, 주) 301.

99) 金昌謙, 같은 논문, p.458.

100) 金昌謙, 같은 논문, p.463.

101) 鄭淸柱, 앞의 논문, p.10.

102) 궁예가 세달사 갈 수 있었던 것은 유머의 배려가 있었다는 견해가 있어 참고된다(이도학, 2007,「弓裔의 北原京 占領과 그 意義」『東國史學』43, p.18).

의 신분이 드러날까 봐 두려웠기 때문이었다. 유비는 궁예의 외가에서 죽음 직전의 궁예를 구해주었던 인물이었다.[103] 따라서 유비는 적어도 궁예의 외가와 연결된 인물임에는 분명한데, 그가 궁예의 안녕을 생각해서 세달사로 보냈다는 것은 그곳과 궁예의 외가가 어떻게든 연관을 맺고 있었기 때문은 아닐까. 이 당시 승려의 출가는 국가에서 법적으로 규제하고 있었을 가능성이 높은데,[104] 만약 그것이 사실이라면 신분을 감추어야 했던 궁예로서는 승려로 출가하는 것이 쉽지 않았을 것이다. 유비가 수많은 사찰을 뒤로 하고 세달사로 출가할 것을 권했던 것은 그곳이 궁예의 외가와 깊은 인연이 있어 궁예의 신분이 드러나더라도 안전을 보장받을 수 있었던 사찰이었기 때문이었을 것으로 판단되는 것이다. 이러한 내용을 통해 보더라고 궁예의 모계는 김주원계였을 가능성이 매우 높다.[105]

V. 맺음말

우선 궁예의 아버지가 누구인가부터 밝혀보았다. 『三國史記』 궁예전에 의하면 궁예는 헌안왕 또는 경문왕의 아들이라고 되어 있어 그의 아버지가 누구인가 알아보기가 쉽지 않았다. 그런데 궁예는 태어나자마자 某

---

103) 鄭淸柱, 앞의 논문, p.7.

104) 곽승훈, 2002, 『통일신라시대의 정치변동과 불교』, 國學資料院. p.103.

105) 궁예의 모계가 김주원계라고 결론지을 수 있었던 것은 그가 김주원계의 원찰이라고 여겨지는 세달사에서 승려생활을 하였다거나 궁예가 독립적으로 정치활동을 시작할 때 그를 추종했던 세력이 김주원계의 봉지였던 영월·명주의 정치세력이었고 김주원의 후손인 김헌창의 당여들이 존재했었던 공주의 정치세력이었다는 사실에서 알 수 있는 것이다(鄭淸柱, 앞의 논문, pp.26~27).

王으로부터 죽음을 당할 처지에 놓여있었다는 기록은 이를 해결하는 실마리가 되었다. 이는 궁예를 죽이려고 했던 왕이 누구인가를 찾아낸다면 궁예의 아버지를 알아낼 수 있기 때문이다. 이것을 밝혀보기 위해 궁예를 죽이러 갔었던 中使에 주목하였다. 중사는 中使省의 관리였으므로 이 관부가 존재했던 시기를 알아내면 궁예를 죽이려 했던 왕의 실체가 자연스럽게 드러나리라는 생각 때문이었다. 중사성이란 관부의 존재시기를 살펴본 결과 경문왕 즉위 초였음을 알 수 있었다. 따라서 궁예를 죽이려 했던 왕은 경문왕이었다. 경문왕이 궁예를 죽이려 했던 것은 그가 경문왕의 왕위를 위태롭게 했기 때문이었다. 만약 궁예가 경문왕의 친자였다면 그의 왕위를 위태롭게 하기보다는 오히려 왕권의 안전판 역할을 했었을 가능성이 높았을 것이다. 그러므로 궁예는 경문왕의 아들이 될 수 없는 것이고 헌안왕의 아들일 수밖에 없다.

다음으로 궁예의 출생배경에 대해서 살펴보았다. 헌안왕은 문성왕의 숙부로서 왕위에 올랐다. 문성왕에게 아들이 있었음에도 불구하고 그가 왕위에 오를 수 있었던 것은 당시 정계에 주도권을 잡고 있었던 계명의 지원 때문이었다. 계명이 헌안왕의 왕위계승에 지원을 아끼지 않았던 것은 헌안왕 다음 왕위를 자신에게 담보하겠다는 암묵적 합의가 있었기 때문이었다. 그런데 헌안왕은 왕위에 오른 직후부터 자신의 직계로 왕통을 이으려고 모색하였다. 그것은 헌안왕만의 생각은 아니었다. 그를 떠받들고 있었던 균정계가 더욱 절실하였다. 궁예는 이러한 과정에서 출생하게 되었던 것이다.

마지막으로 궁예의 모계에 대해서 다루어 보았다. 헌안왕은 자신의 왕통을 존속시키려는 욕구가 강하였다. 그러나 자신이 왕위에 오를 때 다음

왕권에 대한 계명과의 합의 사항이 걸림돌이 되었다. 이에 헌안왕은 계명 측을 견제할 수 있는 계파와 통혼을 통해 직계 왕위계승을 관철시키고자 하였다. 그런데 당시 중앙에는 그를 지원할 계파가 없었다. 중앙정계를 이 미 계명측에서 장악하고 있었기 때문이었다. 그래서 헌안왕은 지방의 정 치세력에서 그것을 찾고자 했다. 지방에는 중앙에서 낙향한 진골귀족들이 상당히 많았다. 특히 김인문 직계로서 김주원계 일파는 각 지방에서 黨興 를 이루며 상당한 세력을 유지하고 있었다. 헌안왕은 이를 주목하였고 곧 김주원계였던 선승 체징을 매개로 하여 김주원계와 결연을 성사시키려 했다. 체징도 헌안왕의 그러한 생각을 적극적으로 지원했으며. 이러한 과 정에서 헌안왕은 김주원계의 여식을 후궁으로 맞이하게 되었던 것이다.

참고문헌

『三國史記』,『三國遺事』,『帝王韻紀』,『新增東國輿地勝覽』,『增補文獻備考』,『朝鮮金石總覽』,『光山金氏世譜』

李基白, 1976,『韓國史新論(改訂版)』, 一潮閣.

최병헌, 1981,「新羅 下代社會의 動搖」『한국사』, 국사편찬위원회.

李康來,『三國史記 典據論』, 民族史, 1996.

李基東, 1997,『新羅骨品制社會와 花郎徒』, 一潮閣.

權悳永, 1997,『古代韓中外交史』, 一潮閣.

이도학, 2000,『궁예 진훤 왕건과 열정의 시대』, 감영사.

황선영, 2002,『나말여초 정치제도사 연구』, 국학자료원.

金昌謙, 2003,『新羅 下代 王位繼承 硏究』, 景仁文化社.

李在範, 2007,『後三國時代 弓裔政權 硏究』, 혜안.

조인성, 2007,『태봉의 궁예정권』, 푸른역사.

曹凡煥, 2008,『羅末麗初 禪宗山門 開倉 硏究』, 景仁文化社.

申虎澈, 1982,「弓裔의 政治的 性格」『韓國學報』29.

李貞信, 1984,「弓裔政權의 成立과 變遷」『藍史鄭在覺博士古稀記念 東洋學論叢』, 고려원.

吳永淑, 1985,「泰封國形成과 弓裔의 支持基盤」, 淑明女子大學校 大學院 碩士學位論文.

鄭淸株, 1986,「弓裔와 豪族勢力」『全北史學』10.

李在範, 1988,「弓裔政權의 政治的性格에 關한 考察」『溪村 閔丙河敎授 停年紀念 史學論叢』.

趙仁成, 1989,「弓裔의 出生과 成長」『東亞硏究』17.

李啓杓, 1993,「新羅 下代의 迦智山門」『全南史學』7.

梁承律, 1998,「金立之의『聖住寺碑』」『古代硏究』6.

金壽泰, 2001,「烏合寺」『성주사와 낭혜』, 서경문화사.

황선영, 2006,「新羅下代 景文王家의 王位繼承과 政治的 推移」『新羅文化』27.

송은일, 2004,「新羅下代 景文王系의 成立」『全南史學』22.

金昌謙, 2005,「신라 憲安王의 卽位와 그 治績」『新羅文化』26.

이도학, 2007,「弓裔의 北原京 占領과 그 意義」『東國史學』43.

宋銀日, 2007,「新羅 下代 景文王系 집권기의 정치운영」, 全南大學校 大學院 博士學位論文.

李泳鎬, 2011,「통일신라시대의 王과 王妃」『新羅史學報』22.

후삼국의 개막과 사상계의 동향[*]

장일규

국민대학교 한국학연구소 연구원

목차

Ⅰ. 머리말

901년에 궁예는 스스로 임금이라고 하면서 고려를 건국하였다. 그는 신라 국왕의 아들로 태어났지만, '태어날 때 이미 치아가 있고 불빛이 이상하여 국가에 이롭지 못하다'는 이유로 죽임을 당할 처지에 놓였다가 乳

---

[*] 이 글은 필자의 연구 결과를 토대로, 2020년 11월 20일에 철원군 고석정 한탄리버스파호텔 임꺽정홀에서 열린 '2020 태봉학술회의 <후삼국시대의 개막>'에서 「후삼국의 개막과 사상계의 동향」으로 발표한 글을 수정한 것이다.

婢의 도움으로 목숨을 구하였다. 그 뒤 유비와 함께 몸을 숨겼다가 행동하기를 미친 듯이 한 탓에 '발각되면 죽음을 면하지 못할 것'이라는 유비의 질책을 들었고, 世達寺에 출가해 스스로를 '善宗'이라고 하였다.[1] 그는 태어날 때부터 일상 행동까지 남과 다른 모습을 보였기에 세상과는 떨어져 살아야 하였지만, 佛家와의 인연을 맺으면서 아쉬움을 채우려고 하였다.

자연히 궁예는 불교사상이나 신앙에 집착하였다. 건국 후에는 머리에 金幘을 쓰고 몸에 方袍를 입고서 스스로를 '미륵불'이라고 불렀다. 행차할 때는 항상 백마를 타고 다녔는데, 말갈기와 꼬리를 채색 비단으로 요란하게 장식하였고, 행렬의 앞에는 幡蓋와 香花를 받든 童男童女를 두었으며, 뒤에는 비구 2백여 명이 범패를 부르며 따르게 하였다. 특히 큰 아들을 靑光菩薩, 막내 아들을 神光보살로 삼기도 하였고, 經文 20여 권을 스스로 찬술하고는 강설하기도 하였다.[2] 그는 행차나 講經을 통해서 자신을 부각하려고 하였고, 자신의 집안을 佛菩薩로 강조하기도 하였다. 이처럼 궁예는 불교계와 뗄 수 없는 삶을 살았다. 다만 그의 강설이 '邪說과 怪談으로 가르칠 수 없는 것'이었고, 그의 경문이 '妖妄하다'고 평가되었으므로, 당시 불교계와는 적지 않은 갈등도 빚었다.

한편 904년에 궁예는 국호를 摩震, 연호를 武泰라고 정하고서 廣評省을 중심으로 병부, 大龍部, 壽春部, 義刑臺, 원봉성, 비서성 등의 여러 관서를 설치하였다. 또한 匡治奈, 徐事, 外書 등의 관원을 두고, 正匡, 元輔, 大相, 元尹 등의 관품도 운용하였다.[3] 병부, 대룡부, 수춘부, 의형대 등은 병

---

1) 『三國史記』 권50, 열전10, 弓裔전.
2) 위와 같음.
3) 위와 같음.

무, 재무, 예의, 형법 등 국정 실무를 관장하였고, 원봉성과 비서성은 문한 기구로 조서를 작성하였으며, 광치내, 서사, 외서 등은 시중, 시랑, 원외랑 으로 이어지는 고위 관직이었다. 그는 건국 이후에 유교적 정치이념에 입 각한 관료제를 적극 반영하여 국가 운영을 꾀하였다. 궁예는 불가에 귀의 하였지만, 유교적 정치이념에도 적지 않은 관심을 가졌다.

　궁예는 이름을 알 수 없는 헌안왕 빈의 아들이거나 외가에서 태어난 경문왕 응렴의 아들이라고 전한다.[4] 헌안왕은 즉위 전후에 성주사 무염 과 보림사 체징 등 禪僧과 긴밀한 관계를 맺으며 여러 佛事를 진행하였고, 유불도 삼교에 익숙한 국선 출신 경문왕 역시 선승이나 華嚴僧과 연고를 맺으면서 황룡사나 개선사, 곡사 등지에서 불사를 설행하였다. 국왕과 승 려와의 연고는 헌강왕, 정강왕, 진성왕 등 경문왕계 왕실의 재위 기간 동 안 꾸준히 계속되었다. 궁예가 '미친 행동으로 남들이 알게 될 것'을 염려 하는 유비의 충고를 받아들여 삭발한 시기나 '무리가 많아 개국을 진행할' 마음을 먹었던 시기는[5] 대체로 이 때에 해당한다. 자연히 그 역시 불교계 와의 관계나 관료제 운영 모색 등 당시 신라 왕실의 움직임, 그리고 혼란 한 사회상에 적지 않은 관심을 가질 수밖에 없었다. 곧 그는 사회 혼란 속 에서 스스로 '미륵불'을 자칭하였으므로, 당시 사상계와 긴밀한 관련을 가 졌던 신라 왕실의 동향에 민감하였던 셈이다. 이 글은 궁예가 태어났던 헌 안왕 내지 경문왕 때부터 새 국가를 건국한 진성왕 때까지 당시 사상계의 흐름을 정리하려는 것이다. 이것은 궁예가 내세운 사상이 당시 사상계 흐 름과 어떤 관련을 갖는 지를 이해하는데 도움이 될 것이다.

---

4) 위와 같음.

5) 위와 같음.

먼저 당시 만연한 말세의식과 그것을 극복하려는 정토불사의 설행을 통해서 사회 혼란에 대한 신라 왕실과 불교계의 대응 모습을 살펴보고자 한다. 다음으로 지역 민심을 아우르면서 점차 성행하였던 선종 산문의 동향은 물론 교종 사찰의 사세 유지 움직임도 함께 살펴서 사회 혼란 수습이나 새로운 사회의 추구가 사상별·종파별로도 구분되었는지도 확인하고자 한다. 마지막으로 호국과 호법의 유불교섭과 그 토대인 고유 정서의 강조가 신라 국가의 온전한 유지나 새로운 국가의 신속한 건설을 모색하는 과정에서 미쳤던 영향을 가늠해보고자 한다. 다만 이 글은 궁예가 꾀한 사상을 통한 왕권 강화 노력이[6] 후삼국시기 이전 사상계 흐름과 어떤 관련을 갖는지, 그 배경을 살펴보는 것이므로, 구체적인 내용을 다루기보다는 필자의 연구 결과를 중심으로[7] 개괄 정리하는데 충실하고자 한다.

Ⅱ. 말세의식의 만연과 정토불사의 설행

신라 말 사회 전반에는 말세의식이 팽배하였다. 아래의 기록에서 확인할 수 있다.

① 하물며 말세의 세상에는 像敎가 어지럽고 부처의 가르침과 맺기는 어려우며 서로 절반의 견해만을 가지고 있다. 마치 물을 갈라 달을 구하려 함과 같고 노끈을 비벼서 바람을 붙잡아 매려 함과 같다. 헛되이 六情을 수

---

6) 이를 '신정적 전제주의 추구'라고도 한다. 조인성, 2007, 『태봉의 궁예정권』, 푸른역사, 18~24쪽.
7) 연구 결과는 해당 부분에 제시한다.

고롭게 한들 어찌 지극한 이치를 얻을 수 있겠는가?[8]

② □迦佛 말법 300여 년에 불상을 이루었다.…화엄업 決言 대태□…때문에 當來에 하생하는 彌勒尊이 이곳에서 화엄을 설함은 이러한 큰 인연으로 말미암았다.[9]

③ 석가불이 그림자를 가려 眞源에 돌아가고 위의를 옮겨 세간을 넘으며 세월을 거쳐 형상을 가려, 삼천대천세계에 빛을 비추지 않고 돌아간 지 1806년째이다. 이를 슬퍼하여 金容□을 새기고 □철인을 불러서 서원을 세웠다.[10]

신라 하대 사회는 말법이 지배하였다. 부처의 가르침에 맞는 것이 드물었고, 심지어 서로 자기만이 옳다는 견해를 가져 육정을 다하더라도 지극한 이치를 얻을 수도 없었기 때문이었다. 부처의 가르침이 없거나 있어도 정법으로 존재하지 않았기에, 삼천대천세계에는 이미 빛이 거두어져서 누구든지 헛된 견해와 행위에 매몰될 수밖에 없었다.

884년(헌강왕 10)에 보림사 선승 體澄의 문도는 체징의 승탑을 건립하였다. 그들은 당시를 말세로 규정하고는 그것의 극복은 헛된 견해나 행위가 아닌 실제 행위와 대안을 통해서만 가능하다고 주장하였다. 860년(헌

---

8) 金穎, 「寶林寺 普照禪師彰聖塔碑」『朝鮮金石總覽』卷上에 "矧乎末法之世 象教紛紜 罕契眞宗 互持偏見 如攀水求月 若搓繩繫風 徒有勞於六情 豈可得其至理"라고 하였다.

9) 「三和寺鐵佛銘文」 黃壽永, 1997, 「三和寺의 新羅鐵佛坐像의 背銘刻記」『文化史學』 8, 21쪽 ; 朴盛鍾, 1997, 「三和寺 鐵佛 銘文에 대하여」, 같은 책, 59쪽에 "□迦佛末法三百余年成佛…教華嚴業決言大太…故當來下生彌勒尊 此處華嚴經說 此大因緣由"라고 하였다.

10) 「到彼岸寺毗盧遮那佛造像記」, 郭丞勳, 2002, 『統一新羅時代의 政治變動과 佛教』 國學資料院, 222~223쪽에 "夫釋迦佛 晦影歸眞 遷儀越世 紀世掩色 不鏡三千光歸 一千八百六載耳 慨斯怪斯 彫此金容□ □來哲 因立願之"라고 하였다.

안왕 4) 쯤에는 해인사 화엄승 決言이 삼화사에서 철불 조성 불사를 주관하였다.[11] 당시는 석가불 말법 300여 년이 된 때였는데, 철불의 조성으로 미륵불이 삼화사에 하생하여 중생 교화를 위해서 『화엄경』을 강론하였다. 결언은 사바세계에 나타난 말세의 혼란은 『화엄경』을 강론하는 미륵불에 의해서 극복될 수 있음을 부각하였다. 865년(경문왕 5)에 도피안사에서는 1806년 전에 열반한 석가모니를 따르고자 비로자나불상을 조성하였다. 무려 1,500명에 이르는 한주 철원군 일대의 불제자들은 거사라고 불리는 향도를 중심으로 불상 조성 불사를 이끌었는데, 말씀과 실천이 없어진 말세의 어둠을 깨치고 진리의 근원에 부합되기를 희망하였다.

　　말세의식의 대두는 미륵신앙의 성행과 긴밀히 관련되었다. 미륵신앙은 『미륵상생경』·『미륵성불경』·『미륵하생경』 등 彌勒三部經을 근거로 성립하였다. 특히 『미륵하생경』에는 현실 고통을 없애고자 미륵이 강림한다는 내용이 실려 있다. 그것은 미래 세계의 상황부터 전륜성왕의 통치, 미륵의 탄생과 성장, 미륵의 출가와 성도, 미륵불의 설법과 제도, 미륵불의 열반 등으로 구성되었는데, 미륵불이 세 번의 설법으로 사람을 구원한다는 龍華三會의 내용이 구체적으로 담겼다.[12]

　　신라 사회에서 미륵신앙은 대체로 7세기 중반 쯤 유행하기 시작하였다. 당시에는 아미타가 상주하는 서방극락정토에 현신하는 아미타정토신앙이 성행하였기에, 미륵신앙도 사후 미륵이 상주하는 도솔천에 태어난다는 미륵상생신앙이 주류를 이루었다. 육두품 귀족인 金志誠이 국왕과 부모, 가족을 위해서 甘山寺를 짓고 미륵상과 아미타상을 만들어 봉안한

---

11) 鄭永鎬, 1997, 「三和寺 鐵佛과 三層石塔의 佛敎美術史的 照明」 『文化史學』 8, 29쪽.

12) 洪潤植, 1994, 「韓國史上에 있어 彌勒信仰과 그 思想的 構造」 『韓國思想史學』 6, 77~87쪽.

것에서 보듯이, 미륵상생신앙은 현세의 지위를 누릴 수 있는 귀족 세력이나 왕실을 옹호하였다.[13]

귀족 세력이나 왕실이 미륵과 아미타가 현존하는 정토로 나가고자 하는 믿음을 강조하였지만, 말법의 징표인 사회 혼란을 수습할 만한 안목은 갖추지 못하였다. 자연히 말세의식은 더욱 부각되었고, 미륵신앙과 아미타신앙은 말법 사회를 정법 사회로 회복할 수 있는 현실적 대안을 제시하는 것으로 강조되어야 하였다.[14] 때문에 체징은 헛된 견해와 행위를 비판하였고, 결언은 미륵의 하생을 희구하였으며, 불제자와 향도들은 진리를 갈구하며 비로자나불상을 조성하였다. 사회 혼란 속에서 사람들은 점차 불사의 설행을 통해서 말법의 현실을 벗어나고자 애썼다.

신라 하대에는 전국 여러 곳에서 불사가 설행되었다. 그것을 정리하면 아래의 <표 1>과 같다.[15]

<표 1> 신라 하대의 불사

설행 시기	내용		주관 인물		비고
애장왕 때 (800~808)	高仙寺 誓幢和上碑 건립	신규	金彦昇 후원	왕족	
804(애장왕 5) /3/23	禪林院 鐘 조성	개조	仁近 大乃末, 紫草里 등	지역민	佛道 證得
813(헌덕왕 5) /9/9	斷俗寺 神行禪師碑 건립	신규	金憲貞 비명 찬술	왕족	
833(흥덕왕 8) /3	蓮池寺 鐘 조성	개조	-		

---

13) 李基白, 1986, 「新羅 淨土信仰의 다른 類型들」 『新羅思想史硏究』, 一潮閣, 161~177쪽.

14) 말세 관련 내용은 張日圭, 2005, 「신라 금석문의 말세의식과 미륵신앙」 『금석문을 통한 신라사 연구』, 한국학중앙연구원, 189~197쪽 참고.

15) 張日圭, 2013, 「신라 하대 정토불사와 그 의미」 『新羅史學報』 28, 169~170쪽 <표 1>.

문성왕 때 (839~857)	廉居和尙塔 건립	신규	–		석가정토 기원
846(문성왕 8) /9	法光寺 石塔 건립	이전	문성왕 후원	국왕	정토왕생 기원
855(문성왕 17) /4	昌林寺 無垢淨塔 건립	신규	문성왕 명령	국왕	석가정토 기원
856(문성왕 18) /8/3	竅興寺 鐘 조성	신규	淸嵩法師, 光廉和上	승려	佛道 證得
859(헌안왕 3) /8/22이후	寶林寺 鐵造毘盧遮那佛像 조성	신규	헌안왕 명령	국왕	석가정토 기원
860(헌안왕 4) ~869(경문왕 9)	三和寺 鐵造盧舍那佛像 조성	신규	乘炬, 聽默 道初 등	승려	석가정토 기원
863(경문왕 3) /9/10	閔哀大王 石塔 건립	신규	경문왕 명령	국왕	민애왕 정토왕생 기원
865(경문왕 5) /정	到彼岸寺 鐵造毘盧遮那佛像 조성	신규	철원군 居士 등	지역민	석가정토 기원
867(경문왕 7)	鷲棲寺 塔 건립	신규	彦傳	승려	정토왕생 기원
868(경문왕 8)/2, 891(진성왕 5)/10	開仙寺 石燈 건립, 토지구입	신규, 추가	경문왕 명령	국왕	
870(경문왕 10) /5	寶林寺 南北石塔 건립	신규	경문왕 명령	국왕	헌안왕 정토왕생 기원
872(경문왕 12) /8/14	大安寺 寂忍禪師碑 건립	신규	경문왕 명령	국왕	
872/11/25	皇龍寺 九層木塔 수리	보수	경문왕 명령	국왕	
884(헌강왕 10) /9/19	寶林寺 普照禪師碑 건립	신규	헌강왕 명령	국왕	
885(헌강왕 11) /3~8	華嚴佛事	–	헌강왕 명령	국왕	智儼, 義湘 추모
886(정강왕 1) /7/5 ~887(정강왕2) /7/5	화엄불사	–	정강왕 명령	국왕	헌강왕 등 왕족 극락왕생 기원
886/10/9	沙林寺 弘覺禪師碑 건립	신규	헌강왕 명령	국왕	
887/7	雙谿寺 眞鑑禪師碑 건립	신규	헌강왕 명령	국왕	

890(진성왕 4)	崇福寺碑 건립	신규	헌강왕 명령	국왕	
890	聖住寺 朗慧和尙碑 건립	신규	진성왕 명령	국왕	
890/9/15	月光寺 月朗禪師碑 건립	신규	헌강왕 명령	국왕	
893(진성왕 7)	深源寺 秀澈和尙碑 건립	신규	진성왕 명령	국왕	
895(진성왕 9) /7/16	海印寺 妙吉祥塔 건립	신규	진성왕 관련	국왕	추모, 호국 강조
904(효공왕 8) /2/20	松山村大寺 鐘 조성	신규	能與, 連筆 등	승려, 지역민	
908(효공왕 12) /10	壽昌郡 護國城八角燈樓 건립	신규	護國義營都將 重閼粲 異才	지역민	호국 강조
924(경명왕 8) /6	鳳巖寺 智證大師碑 건립	신규	헌강왕 명령	국왕	
924/4/1	鳳林寺 眞鏡大師碑 건립	신규	경명왕 명령	국왕	

애장왕~경명왕 때 불탑, 승탑, 탑비, 범종, 불상, 석등, 등루 등과 관련한 불사는 곳곳에서 설행되었다. 대체로 새로 건립되었지만, 이전의 것을 개조하거나 옮겨 세우기도 하였고, 추가하거나 보수하기도 하였다. 다만 개조, 이전, 추가, 보수의 사례는 새로 건립한 것보다 훨씬 적었다.

불사는 대체로 국왕의 명령과 왕족의 후원으로 진행되었는데, 승려와 지역민도 주관하였다. 취서사 탑의 건립은 승려인 언부가 주관하였고, 또 다른 승려인 승거, 청묵, 도초는 삼화사 철조노사불상 조성을 주도하였으며, 청숭, 광렴, 능여 등은 규흥사 종과 송산촌대사 종을 만드는데 주요 역할을 맡았다. 송산촌대사 종 조성에는 지역민인 연필이 승려와 함께 주도하였는데, 선림원 종, 도피안사 철조비로자나불상, 수창군 호국성팔각등루 역시 인근, 자초리, 이재, 거사와 향도 등 지역민이 불사를 이끌었다. 국왕과 왕족이 주로 불탑, 탑비, 석등, 일부 불상 조성 불사를 이끌었다면, 일부 불탑과 불상, 특히 범종, 등루 등의 불사는 승려나 지역민이 주관하였다.

문성왕 때까지의 불사는 대체로 왕경과 그 주변 지역에 집중되었는데, 헌안왕~경문왕 때 불사는 전국적으로 설행되었다. 왕경 경주를 중심으로, 장흥, 담양, 곡성 등 서남해안 일대에 집중된 편이었지만, 경주에서 한주로 갈 때 거치는 대구나 동해안 일대의 거점인 삼척 등 교통이나 군사 요충지에서도 진행되었다. 한강 하류와 이어지는 한탄강 유역의 철원에서 진행된 도피안사 불상 조성 불사는 당시에는 특별한 것이었다.

불사 설행 목적은 정토의 도래와 왕생을 기원하는 것이었다. 왕생의 대상은 민애왕, 헌안왕, 헌강왕 등이었는데, 경문왕, 정강왕 등이 선왕과 왕족의 왕생을 기원하는 불사였다. 다만 국왕, 승려, 지역민 모두 석가정토를 기원하는 경향을 주류로 내세웠고, 일부 불사는 국왕, 지역민, 승려에 의해서 불도의 증득이나 호국을 염원하는 모습을 보이기도 하였다.

애장왕~흥덕왕 때는 대체로 탑비와 범종을 조성하였고, 문성왕 때는 불탑과 승탑, 범종 조성 불사가 진행되었으며, 헌안왕 때는 주로 불상을 조성하였다. 경문왕 때는 이전처럼 불탑과 탑비, 불상 등을 여전히 조성하였는데, 석등 건립이나 목탑 중수 불사도 특별히 진행하여 다양한 편이었다. 반면에 헌강왕~진성왕 때 불사는 이전과 달리 탑비와 불탑만 조성하면서 다양함을 잃었다. 다만 화엄 승려 추모 불사, 화엄경 관련 불사가 특별히 설행되었다.

승탑과 탑비의 조성은 해당 승려의 입적과 관련되므로 관련 계획을 미리 꾸릴 수 없다. 하지만 불탑과 불상, 범종, 석등, 등루 등의 조성이나 이전 및 보수 불사는 특별한 계획 없이는 진행할 수 없다. 곧 국왕, 승려, 지역민 모두 불탑, 불상 등의 조성 불사는 미리 계획하고 수행하면서 대부분 정토의 도래나 왕생을 기원한 셈이다. 다만 이들은 불상을 조성하면서 이전처럼 금동이나 나무로 제작하지 않고 특별히 철로 만들었다.

보림사 철조비로자나불상과 삼화사 철조노사나불상은 왕실의 주목을 받거나 왕실 관련 승려가 주관하여 조성하였지만, 도피안사 철조비로자나불상은 지역민이 만들었다. 철원 지역은 왕경에서 상당히 떨어진 변경이었는데, 단월과 승려가 정토를 희구하는 염원을 내세워 불상 조성을 계획하고 수행하였다.

부처의 유골을 모신 불탑의 건립은 『법화경』에서 불탑 공덕을 찬양하는 뜻과 관련된다. 불탑을 건립하는 불사는 『법화경』을 강조하였다. 『법화경』은 모든 중생을 일승의 큰 수레로 구제한다는 서원을 담았다. 자연히 인연으로 세상에 나와 중생을 구제하려는 여래는 어느 곳에서든지 머물면서 셀 수 없이 오랜 시간 동안 있다는 함의를 가졌다. 『법화경』을 소의경전으로 삼은 법화신앙은 누구나 부처가 될 수 있다는 평등사상을 담고 있기에, 쉽고 공덕이 큰 서민신앙으로 주목받을 수 있었다. 말세의식은 계속된 왕위 계승 다툼, 가뭄과 기근에 따른 정치사회적 혼란에서 비롯되었다. 자연히 법화신앙의 주목은 왕실이나 귀족 세력에게는 민심을 회유하기 위한 방책이었지만, 승려와 지역민에게는 평등을 희구하는 몸부림이기도 하였다. 다만 말법의 혼란을 수습하려면 석가모니의 말씀과 실천을 온전히 따라야 하는데, 미륵의 강림을 통해서 현실에서 구원받고자 하는 욕망 역시 정법이 온전히 구현되어야만 이룰 수 있었다. 따라서 진리를 상징하는 비로자나불이나 수행에 의해서 부처가 된 노사나불을 강조하여야 하였다. 때문에 현실의 모든 고난이 수습되는 석가정토와 함께 새 세상의 도래를 희구하는 미륵정토는 당시 백성에게 현실의 고난을 이겨나가면서 미래의 복락도 함께 얻을 수 있는 현실적인 대안으로 주목될 수밖에 없었다. 불탑의 건립은 물론 비로자나불상과 노사나불상의 봉안, 범종과 석등의 조성은 석가불이 주재하는 정토, 미륵이 구원하는 정토를 희원하는 뜻을 자연스럽게 담았다.[16] 그것은 국왕, 승려, 지역민 누구에게나 신분에 따라 구분되어 나타날 수 있는 것은 아니었다.

다만 석가정토나 미륵정토 도래는 현실을 개혁하는 전륜성왕에 의해서 가능하였다. 국왕이나 왕족은 특별히 의상이나 지엄 등 高僧을 추모하거나 호국을 강조하는 목적을 담아 화엄법회를 열면서 화엄결사를 강조하였다. 이를 통해서 신라 국왕은 자신을 전륜성왕으로 자처하였고, 측근 왕족은 국왕의 위상을 강조하였다. 자연히 고려를 건국한 궁예 역시 자신을 '미륵불'이라고 칭하면서 미륵정토는 물론 석가정토를 이끌 주체로 내세워야 하였다.[17] 곧 그는 백성의 바람을 수용하고 한편으로 민심을 회유하려는 신라 왕실이나 귀족 세력의 움직임을 이용하면서도, 왕권 전제화를 추구하며 현실 사회를 개혁하려는 경향을 강하게 내세웠다.[18] 그것은 말세인식 만연의 풍조는 물론 국왕, 승려, 지역민이 석가정토와 미륵정토를 희원하는 경향을 분명히 이해한 바탕 위에서 추구되었던 셈이다.

---

16) 불사 관련 내용은 張日圭, 2013, 위의 논문, 172~182쪽 ; 張日圭, 2015, 「삼화사 철조노사나불상의 조성과 그 의미」『이사부와 동해』 9, 148~157쪽 참고.

17) 궁예 역시 큰 아들을 전륜성왕으로 강조하였다. 金杜珍, 1992, 「弓裔의 彌勒世界」『韓國史市民講座』 10, 一潮閣, 30~31쪽.

18) 金杜珍, 1983, 「高麗初의 法相宗과 그 思想」『均如華嚴思想研究』, 一潮閣, 116~118쪽.

Ⅲ. 선종 불교의 흥기와 교종 불교의 변화

신라 말에 전국적으로 선종 불교가 성행하였다. 선승들은 대체로 당에서 선법을 익힌 뒤 귀국하여 곳곳에 주석하면서 산문을 개창하였다. 무종의 훼불로 선승이 대거 귀국하여 본격적으로 산문을 열기 시작하였던 문성왕 때부터 선종산문이 신라 왕실 뿐 아니라 고려, 후백제와 연고되기 시작하였던 진성왕 때까지의 활동상을 정리하면 아래의 <표 2>와 같다.[19]

<표 2> 신라 하대 문성왕~진성왕 때 선승의 활동

활동시기	州名	현재지명	僧名	寺名	활동내용
839(문성왕 1) 이후	무주	화순	慧徹	雙峰蘭若	주석
839 이후	무주	곡성	혜철	大安寺	移居 주석
840	한주	여주	利觀	慧目山	玄昱 참례
840/2	삭주	영주	折中	浮石寺	화엄학 수학
844	한주	안성	절중	長谷寺	구족계
844 이후	명주	금강산	절중	長潭寺	道允 만남
845 이후	웅주	보령	無染	聖住寺	주석
846 이후	무주	구례	開淸	華嚴山寺	출가, 正行법사
847	명주	강릉	梵日	崛山寺	창건
855 이전	강주	합천	行寂	海印寺	출가
859(헌안왕 3)	무주	?	體澄	黃壑蘭若	주석, 가지산사로 移居
859	강주	함양	開淸	嚴川寺	구족계

---

19) 張日圭, 2017, 「신라 말 고려 초 禪僧의 시기별·지역별 활동 추이와 山門 형성 과정」『新羅史學報』39, 137~143쪽의 <신라 말 고려 초 무주·전주 지역 사찰과 선승의 활동>, <신라 말 고려 초 강주·웅주 지역 사찰과 선승의 활동>, <신라 말 고려 초 명주·삭주·한주 지역 사찰과 선승의 활동>, <신라 말 고려 초 양주·강주 지역 사찰과 선승의 활동>.

859 이후	무주	장흥	체징	迦智山寺	주석
859 이후	명주	강릉	개청	굴산사	범일에게 심인
860/2	명주	설악산	利觀	億聖寺	874까지
861(경문왕 1)	한주	여주	審希	혜목산	출가
867	한주	제천	大通	月光寺	주석
868/4 이후	상주	대구	慶甫	夫仁山寺	출가
870	웅주	부여	麗嚴	無量壽寺	출가
871	무주	곡성	允多	대안사	혜철 만남
871	상주	상주	무염	深妙寺	이거 주석
871 이후	웅주	서산	윤다	普願寺	구족계
874	명주	양양	□雲	陳田寺	순례
874	한주	개성	順之	龍巖寺	875까지 주석
876(헌강왕 2)	한주	개성	순지	瑞雲寺	877까지 용암사를 서운사로 증축
877	양주	김해	□운	김해 일대	경주 거쳐 김해로
878	무주	장흥	逈微	實林寺	출가, 체징
879	상주	문경	道憲	鳳巖寺	창건
881	웅주	서산	利嚴	伽倻岬寺	출가
881	상주	대구	璨幽	三郎寺	融體선사 만남
881 이후	한주	여주	찬유	혜목산	심희에게 출가
882	무주	구례	형미	華嚴寺	구족계
882 이후	삭주	영월	절중	興寧禪院	주석
882 이후	상주	?	절중	谷山寺	주석
885 이전	무주	광양	경보	玉龍寺	출가
885	무주	구례	경보	화엄사	구족계
886(정강왕 1)	상주	문경	절중	鳥嶺	피난
887(진성왕 1)	전주	남원	秀澈	法雲寺	이거, 893까지 주석

887	양주	밀양	수철	瑩原寺(深源寺)	주석
887 이후	상주	영동	여엄	靈覺山	深光에게 사사
888	무주	낙안	절중	桐林寺	900까지 주석
888	웅주	서산	이엄	가야갑사	구족계
888	한주	음성	절중	元香寺	
888	양주	양산	慶猷	通度寺	구족계
888 이후	무주	?	절중	靈神寺	주지 요청
888 이후	웅주	부여	절중	無量寺	900년까지 주지 요청
889	무주	?	忠湛	영신사	구족계
889 여름 이후	명주	강릉	개청	普賢山寺	주석, 王順式 귀의
889/4 이전	삭주	?	행적	建子若	산문 개창
890	무주	광주	심희	松溪禪院	주석
890	무주	광주	찬유	송계선원	방문, 심희
890	명주		심희	설악산 주변	897까지 주석
890	한주	서울	찬유	莊義寺	구족계
890	양주	김해	심희	김해 일대	897까지 명주 거쳐 김해로 와서 金律熙, 金仁匡 귀의
897 이전	웅주	공주	兢讓	西穴院	출가
897(효공왕 1)	웅주	서산	긍양	普願精舍	주석
897 이후	웅주	공주	긍양	서혈원	양부 주석, 방문

선승은 신라 곳곳에서 활동하였지만, 활동 시기는 지역별로 차이를 보인다. 명주에서는 844년~897년, 웅주는 845년~897년 이후, 전주는 887년 이후, 삭주는 840년~889년, 한주는 840년~890년, 강주는 855년 이전~859년, 무주는 839년~890년, 상주는 868년~887년 이후, 양주는 877년~897년에 활동하였다. 문성왕 때 이래 선승은 명주, 웅주, 삭주, 한

주, 강주, 무주 등지에 자리하였고, 진성왕 때까지 강주를 제외하고는 신라 전역에서 활동하였다. 선종 불교는 진성왕 때 전성기를 구가하였다.

문성왕 이전에 이미 명주에서는 810년 전반부터, 웅주는 827년부터, 전주는 820년대 후반부터, 강주와 상주는 830년부터, 삭주와 한주는 830년대 전반부터, 무주는 830년대 후반부터 선승이 활동하였다. 신라에 전래된 선종 불교는 명주에서 먼저 터전을 마련한 뒤, 웅주, 전주, 강주, 삭주, 한주, 무주 등 왕경에서 제법 거리가 먼 지역에서 주로 성행하였고, 혜소의 장백사 주석을 제외하면 왕경과 가까운 상주와 양주에서는 대체로 870년 전후에 이르러서야 영향을 미쳤다.

진성왕 이후에도 웅주에서는 900년 전후, 무주는 910년대 전반, 전주와 양주는 920년대 전반, 강주는 924년 이전, 삭주와 상주는 920년대 후반, 한주는 930년대 전반까지 선승이 활동하였다. 다만 891년~896년에는 대부분 지역에서 활동을 중지하였는데, 한주에서는 904년, 무주는 905년, 양주는 907년, 삭주는 909년, 상주는 915년, 전주는 917년, 강주는 924년에 각각 활동을 재개한 모습을 확인할 수 있다. 그러나 이 때도 명주와 웅주에서 선승의 활동상은 보이지 않는다. 곧 선승은 명주에서 가장 먼저 활동하였지만 제일 먼저 활동을 중지하였고, 웅주에서도 900년 전후에 이미 선승의 활동은 가능하지 않았다.[20]

궁예는 891년, 892년, 894년에 지금의 안성, 원주, 강릉 등지에서 활동하였고, 896년에는 철원으로 옮겨 왕건 세력을 아울렀다. 그 뒤 영월, 예천 등지를 점령하면서 상주 일대로 영역을 넓혔다. 견훤은 892년, 900년

---

20) 張日圭, 2017, 위의 논문, 144~151쪽.

에 각각 무주와 전주를 도읍으로 삼고 서남해안 일대에 대한 지배를 강화하였는데, 궁예와 대립하면서 점차 웅주 일대로 진출을 시도하였다. 890년 이후에 궁예와 견훤이 각각 세력을 일구며 나라를 세우고 치열하게 영역을 확대하였으므로, 선승의 활동은 방해를 받을 수밖에 없었다.

견훤이 장악한 무주와 전주, 궁예가 아울렀던 삭주, 한주, 상주 등에서는 900년대와 910년대에 이르러 선승이 활동을 각각 재개하였다. 그러나 웅주 일대에서는 궁예와 왕건이 견훤과 줄곧 영역 다툼과 전개하였으므로, 전투가 점차 치열해짐에 따라 선승의 활동은 물론 산문의 유지는 가능하지 않았을 것이다. 명주 일대는 궁예가 세력을 일군 터전이자 지배와 견제를 지속적으로 유지한 곳이었는데도 선승의 활동은 재개되지 않았다. 이것은 아마도 무주와 전주의 선승과 연고되었던 견훤과 달리 궁예가 선종 불교에 호의적인 태도를 가지지 않았던 탓이지 않을까 싶다. 아래의 기록을 살펴보자.

> 임금의 은혜는 천년 동안 깊을 것이고 스승의 교화는 만대에 흠양될 것이다. 누가 자루 있는 도끼를 가질 것이며, 누가 줄 없는 거문고에 의지할 것인가? 禪의 경지는 비록 지킬 것이 없어도 客塵은 어찌 먹히게 하겠는가? 鷄峰에서 미륵을 기다리니 장차 동방의 계림에 있으리라.[21]

선의 경지를 체득한 낭혜는 계족산에서 미륵을 기다리는 가섭에 비유되었다. 신라 왕실은 낭혜의 탑비를 건립하면서, 그가 왕실의 교화를 도왔

---

21) 崔致遠, 「無染和尙碑銘 並序」『崔文昌侯全集』에 "君恩千載深 師化萬代欽 誰持有柯斧 誰倚無鉉琴 禪境雖沒守 客塵寧許侵 鷄峰待彌勒 將在東鷄林"이라고 하였다.

음을 강조하고, 동방의 계림은 미륵이 강림할 수 있는 곳임을 부각하였다. 선승은 신라 왕실과의 관계에서 당시 사회 혼란을 제압하고 새 사회를 이끌 미륵 강림의 주체로 내세워졌다. 궁예는 신라 왕실에 의해서 죽임을 당할 뻔 했으므로, 왕실과 연고된 선승에게 호감을 갖기는 어려웠다. 또한 선승이 왕실의 초청을 본격적으로 거절하였던 진성왕 때는 이미 자신의 세력을 일구었으므로, 굳이 선승과 교유할 이유를 가질 필요가 없었다. 오히려 자신의 영향력을 확대하기 위해서는 선승이나 선문을 보다 철저히 배제하여야 하였다. 궁예가 세력을 일군 명주 일대에서 궁예의 등장 이후에 선승의 활동이 보이지 않는 것은 이러한 의도와 무관하지 않았다.

선종 불교가 융성하면서 교종 불교도 점차 변화할 수밖에 없었다. 선승의 활동이 명주 일대에서 가장 먼저 이루어졌음은 자연히 명주 일대 교종 불교에도 영향을 미쳤다. 아래의 <표 3>을 살펴보기로 하자.

<표 3> 신라 말 화엄대학 11산 12사

州名	山名	寺名
양주	金井山	梵語寺
	琵瑟山	玉泉寺
	中岳 公山	美理寺
강주	迦耶山	海印寺
		普光寺
삭주	北岳	浮石寺
	?	華山寺(毗摩羅寺)
한주	負兒山	靑潭寺
무주	南岳 智異山	華嚴寺
전주	母山	國神寺

웅주	迦耶峽	普願寺
	鷄龍山	岫寺

904년(효공왕 8)에 최치원은 「법장화상전」을 찬술하면서 '화엄대학 10산'을 제시하였다.[22] '화엄대학 10산'은 대체로 주명, 산명, 사명으로 표기되었는데, 화산사는 주명과 사명만 적었을 뿐 산명을 표기하지 않았다. 다만 화산사 산명이 10산에 포함되므로, 최치원은 실제로 신라 말 전국에 분포한 '화엄대학 10산'이 아닌 '화엄대학 11산'을, 그리고 12곳의 사찰을 거론한 셈이다.[23] 화산사와 관련하여 다음과 같은 기록이 주목된다.

湘은 이내 十寺에 敎를 전하였는데, 태백산 浮石寺, 원주의 毗摩羅寺, 가야의 海印寺, 비슬의 玉泉寺, 금정의 梵魚寺, 남악의 華嚴寺 등이 그것이다.[24]

의상은 법장이 지은 「搜玄疏」를 부석사, 비마라사, 해인사, 옥천사, 범어사, 화엄사 등 10곳의 사찰에 전하였는데, 부석사 등 6곳의 사찰만 언급하였으므로, 나머지 4곳의 사찰은 알 수 없다. 따라서 10곳의 사찰이 「법장화상전」의 '11산 12사'와 일치하는지도 알 수 없다. 「법장화상전」은 법

---

22) 崔致遠, 「唐大薦福寺故寺主翻經大德法藏和尚傳」『崔文昌侯全集』에 "海東華嚴大學之所 有十山焉 中岳公山美理寺 南岳智異山華嚴寺 北岳浮石寺 康州迦耶山海印寺 普光寺 熊州迦耶峽普願寺 鷄龍山岫寺 括地志所云 鷄藍山是 朔州華山寺 良州金井山梵語寺 琵瑟山玉泉寺 全州母山國神寺 更有如漢州負兒山靑潭寺也 此十餘所"라고 하였다.

23) 화엄사찰 관련 내용은 張日圭, 2017, 「신라 말 靑潭寺와 화엄 불교계의 동향」『新羅史學報』 41, 156~167쪽 참고.

24) 『三國遺事』 권4, 의해5, 義湘傳敎조에 "湘乃令十刹傳敎 太伯山浮石寺 原州毗摩羅 伽耶之海印 毗瑟之玉泉 金井之梵魚 南嶽華嚴寺等 是也"라고 하였다.

장의 전기였고, 법장의 논소는 6곳의 사찰에는 전해졌기에, 부석사 등 6곳의 사찰은 '11산 12사'에 포함되어야 한다. 다만 6곳의 사찰을 '화엄대학 11산 12사'와 비교하면, 가야산 해인사, 비슬산 옥천사, 금정산 범어사, 남악 화엄사는 같지만, 부석사에는 태백산이라는 산명이 제시되었고, 원주 비마라사는 새로 포함되었다. 따라서 법장의 논소를 전한 10곳의 사찰을 '11산 12사'와 연결하면, 원주 비마라사는 산명은 제시되지 않았지만 삭주에 자리하였으므로, 분명 삭주 화산사일 것이다.

    <표 2>에서 선승은 특정 사찰에서 화엄학을 배우거나 구족계를 받았다. 문성왕 때 이전과 효공왕 때 이후 활동하였던 선승의 교학 수학과 구족계 수계를 포함하면, 최치원이 「법장화상전」을 찬술하였던 전후 시기에 화엄학 수학이나 구족계 수계를 담당하였던 화엄 사찰은 곳곳에 분포하였다. 보원사, 화엄사, 엄천사, 장의사 등은 화엄 사찰이면서 수계 사찰이었는데, 수계 기능은 9세기 전반~10세기 전반에 꾸준히 이어졌다. 부석사, 해인사, 국신사 등은 대표적인 화엄학 수학처로 기능하였는데, 대체로 8세기 말~9세기 중반에 활발하였다.

    화엄학 수학이나 구족계 수계와 관련한 사찰은 양주, 강주, 삭주, 한주, 무주, 전주, 웅주에 각각 최소 1곳 이상 분포하였다. 강주는 해인사와 엄천사가 각각의 기능을 구분하여 유지하였고, 삭주 화산사는 수계 의식, 웅주 수사는 화엄학 수학과 관련되었다. 양주 범어사, 옥천사, 미리사와 강주 보광사 등도 수계 의식이나 화엄학 수학을 주도하였고, 전주 국신사와 무주 화엄사, 영신사 외에 또 다른 화엄 사찰은 각각 수계 의식이나 화엄학 수학을 이끌었다. 한주에서는 장의사가 화엄학 수학과 수계 의식을, 장곡사는 수계 사찰을, 청담사는 화엄학 수학을 진행하였다.[25]

구족계 수계나 화엄학 수학과 관련한 상주와 명주 일대의 화엄 사찰은 '화엄대학 11산 12사'에 포함되지 않았다. 특히 신라 화엄종을 이끈 의상이 부석사 창건 이전에 양양에서 관음보살의 현신을 뵙고 낙산사를 개창하였음을 고려한다면, 명주에서 '화엄대학 11산 12사'에 포함된 화엄 사찰이 거론되지 않은 것은 어떤 사정이 있었음을 짐작하게 한다.

명주에는 전주, 상주와 함께 법상종 신앙이 널리 자리하였다. 진표는 변산 영산사에서 미륵보살로부터 간자를 받고서 김제 금산사를 창건하여 미륵장육상을 조성하였다. 그 뒤 명주 금강산에 입산하여 물고기와 자라에게 계율을 주면서 말년까지 발연사에서 정진하였다.[26] 그의 법맥은 영심과 심지로 이어졌는데, 영심은 속리산 길상사에 머물렀고, 심지는 팔공산 동화사에 주석하였다.[27] 미륵을 강조하는 진표의 법상종 사상은 전주, 명주, 상주에 적지 않은 영향력을 미쳤다.

궁예는 명주 날리군 세달사에 출가하였다.[28] 이곳은 의상계 화엄종 사찰로 이해되기도 한다.[29] 세달사 장사의 지장이었던 調信은 태수 김흔의 딸을 연모하여 그녀와 인연을 맺어 줄 것을 낙산사 관음에게 빌었다. 마침내 꿈 속에서 소원을 이루긴 하였지만 그녀와 헤어지면서 꿈을 깼다. 꿈에서 자식의 죽음을 통해서 욕심의 부질없음을 깨달았는데, 당시 땅에 묻은 아이는 돌미륵이었다.[30] 자연히 궁예는 의상 화엄사상은 물론 낙산사 중

---

25) 張日圭, 2017, 「신라 말 靑潭寺와 화엄 불교계의 동향」 160~167쪽

26) 『삼국유사』 권4, 의해5, 眞表傳簡조, 關東楓岳鉢淵藪石記조.

27) 『삼국유사』 권4, 의해5, 관동풍악발연수석기조, 心地繼祖조.

28) 조인성, 2007, 앞의 책, 42~45쪽.

29) 金相鉉, 1984, 「新羅 華嚴學僧의 系譜와 그 活動」 『新羅文化』 1, 55~56쪽.

30) 『삼국유사』 권3, 洛山二大聖 觀音 正趣 調信조.

심의 실천적 관음신앙과 함께 미륵신앙도 이해하였고, 또한 부석사 중심의 아미타정토신앙에도 익숙하였다.

당시 화엄종은 해인사를 중심으로 화엄과 유식을 모두 아우르는 '성상융회'적 경향을 보였는데, 해인사 결언이 그것을 대표하였다.[31] 결언이 삼척 삼화사에서 철조 노사불상 조성을 주관하였던 즈음에 철원에서도 석가정토 불사가 설행되었다. 신라 전역에서 정토에 대한 희원을 강조하였으므로, 궁예 역시 화엄사상과 유식사상, 그리고 선종사상은 물론 관음신앙과 아미타신앙, 그리고 미륵신앙의 영향에 적지 않은 관심을 가졌다.

궁예는 부석사를 습격하여 신라 국왕의 초상화를 칼로 베었다.[32] 자연히 그는 유식사상은 물론 화엄사상을 토대로 삼아 자신의 불교사상을 구축하면서도 신라 왕실과 밀접한 관계를 맺고 있던 불교계의 일부는 의도적으로 내세울 수 없었다. 곧 의상 화엄사상의 실천 신앙인 관음신앙과 아미타신앙을 모방만 하고는 석가정토와 미륵정토의 주체인 미래의 미륵불만을 부각하는 경향을 강조하였다. 명주의 화엄 사찰이나 화엄사상은 미륵불을 강조한 궁예 불교사상의 수면 아래에 자리할 수밖에 없었다.

승려 석총은 궁예가 쓴 경문을 강의하자 삿된 견해이며 이상한 이야기라고 비판하였다가 궁예에게 철퇴로 맞아 죽었다.[33] 그는 법상종 승려였으므로,[34] 궁예가 찬술하고 강의한 내용은 진표의 법상종 사상을 그대로 수용하여 계승한 것은 아니었다. 선종사상 역시 교종 불교와의 관련 속에

---

31) 張日圭, 2004, 「崔致遠의 華嚴僧傳 찬술과 海印寺의 화엄사상」 『新羅史學報』 창간호 : 2008, 『최치원의 사회사상 연구』, 신서원, 299~314쪽.

32) 『삼국사기』 권50, 열전10, 궁예전.

33) 위와 같음.

34) 申虎澈, 1982, 「弓裔의 政治的 性格」 『韓國學報』 29, 49~50쪽.

서 명주 일대에 자리하였으므로, 궁예는 선종사상에 대해서도 성의를 보일 수 없었다. 곧 궁예는 의상과 진표 이래 당시 교섭하였던 화엄사상과 유식사상, 선종사상은 점차 배제시킨 채, 그 사상에서 강조한 신앙만을 중심으로 나름의 교설을 정립하고 강조하였던 셈이다.

Ⅳ. 유불의 교섭과 고유 정서의 강조

신라 사회에서 유교는 군왕의 치국을 돕는 정치이념으로 기능하였다. 실천 덕목인 충은 중고 말부터 국가공동체 관념에 밑받침된 국가적인 매개체로 기능하였고,[35] 효와 예는 중대에 이르러 사회윤리로 부각되었다. 특히 효와 예는 충을 이루는 바탕이므로, 엄격한 도덕률에 의거하여 군신의 상하질서를 확립할 때 자연히 강조되었다.[36] 유교적 정치이념이 강조되면서, 불교계 역시 불교적 입장에서 타협 내지 조화를 꾀하려고 효도와 수도를 조화시키려는 '효선쌍미' 신앙을 주창하였다.[37]

신라에는 효도와 수도를 함께 추구하거나 유교와 불교를 동시에 이해하려는 경향이 자리하였다.[38] 특히 효도와 추복을 동일시하는 인식은 신라 말에도 상존하였다. 아래의 기록에서 확인하도록 하자.

---

35) 李基白, 1973, 「儒敎 受容의 初期形態」『韓國民族思想史大系』 2 : 1986, 『新羅思想史硏究』, 一潮閣, 200~207쪽.

36) 李基白, 1970, 「新羅 骨品體制下의 儒敎的 政治理念」『大東文化硏究』 6·7합 : 1986, 위의 책, 226~227쪽.

37) 金杜珍, 1993, 「新羅 義湘系 華嚴宗의 '孝善雙美'信仰」『韓國學論叢』 15 : 1995, 『義湘 - 그의 생애와 화엄사상』, 민음사, 249~272쪽.

38) 張日圭, 2002, 「崔致遠의 儒佛認識과 그 의미」『韓國思想史學』 19 : 2008, 앞의 책, 357~358쪽.

① 무릇 도는 사람을 멀리하지 않고 사람은 나라마다 다름이 없다. 때문에
우리나라의 사람은 승려가 되고 유학자가 되었다.…드디어 부처의 지혜
로운 횃불을 얻어서 빛이 오승을 융합하였고, 선유의 아름다운 반찬을
얻어서 맛이 육경을 실컷 즐겼다. 모든 사람들로 하여금 다투어 善에 들
게 하고, 온 나라로 하여금 능히 仁을 일으키게 하였다.[39]

② 우리 태평승지는 사람의 성품이 유순하고 기가 만물을 만드는 데 합당
하다. 산림에는 고요히 수도하는 무리들이 많아 인으로써 벗을 모으고,
강해에는 근원을 좇으려는 기세에 적합하여 물 흐르는 것처럼 선을 좇
았다. 때문에 군자의 풍도를 힘껏 날리고 부처의 도에 물들게 함은 마치
붉은 진흙이 옥새를 따르고 쇠가 거푸집에 있음과 같아서, 군신이 三歸
에 뜻을 비추고 사서가 六度에 정성을 기울였다. 이에 國城까지도 아끼
지 않아서 능히 탑묘가 서로 바라보기에 이르렀으니, 비록 담부주의 해
변에 있더라도 어찌 도솔천의 천상세계를 부끄러워할 것인가?[40]

③ 동방의 유순한 性源을 인도하여 천축의 자비로운 敎海에 도달하게 함은
마치 돌을 물에 던지고 비가 모래를 모으는 것과 같이 쉬운 일이다. 하물
며 동쪽의 제후가 외방을 지킴에 우리처럼 큰 것이 없어서, 地靈은 이미
好生을 근본으로 삼았고, 풍속 또한 交讓을 우선으로 삼았음에랴! 화락
한 태평의 봄이요, 은은한 상고의 교화다. 더욱이 성은 석가의 혈통에 섞
여 삭발한 자가 매금의 존귀함에 자리하였고, 말은 범음을 계승하여 혀

---

39) 崔致遠, 「眞監和尙碑銘 幷序」 『崔文昌侯全集』에 "夫道不遠人 人無異國 是以東人之子 爲釋爲
儒…遂得慧炬則光融五乘 嘉肴則味飫六籍 競使千門入善 能令一國興仁"이라고 하였다.

40) 崔致遠, 「大嵩福寺碑銘 幷序」 『崔文昌侯全集』에 "則我太平勝地也 性玆柔順 氣合發生 山林多靜
默之徒 以仁會友 江海協朝宗之勢 從善如流 故激揚君子之風 薰漬梵王之道 猶若泥從璽金在鎔 而得
君臣鏡志於三歸 士庶翹誠於六度 至乃國城無惜 能令塔廟相望 雖在瞻部洲海邊 寧慚都史多天上"이라
고 하였다.

를 당기면 경전의 글자로 채워졌다. 이것은 하늘이 환하게 서쪽을 돌아
보고 부처의 증험이 동쪽으로 흐른 것이다. 마땅히 군자가 머무는 곳에
법왕의 도가 날마다 깊어지고 또한 더욱 깊어지리라.[41]

④ 선대왕은 虹渚에 광채를 올리고 鰲岑에 자취를 내렸다. 처음에는 玉鹿
에 이름을 전하여 특별히 풍류를 떨쳤는데, 갑자기 金貂에 관직을 얽혀
정중히 우리 풍속을 깨끗이 했다. 龍田에 의지하면서 덕을 심고 鳳沼에
살면서 마음을 기름지게 했다. 말을 할 때 인자가 사람을 편안하게 하듯
이 하고, 정치를 도모할 때 도로써 사람을 인도해야 한다고 했다.[42]

　도를 추구하는 사람은 나라의 구분 없이 어디든지 같기에, 신라에는
이미 도를 추구하는 자들이 상존하였다. 그들은 유순한 성품에 겸손도 갖
추었는데, 산림이나 강해에 머물며 근원을 밝히고자 수도하였다. 그 결과
부처와 先儒의 가르침을 따르는 승려와 유학자가 배출되었고, 사람들도
불교의 선과 유교의 인을 다루고 기르는 데 진력하였다. 법왕의 도가 깊기
에, 도솔천의 천상세계조차도 신라와는 비견될 수 없을 정도였다.

　신라에서 유교와 불교의 수용과 성행은 이전부터 도를 추구하였던 신
라인의 타고난 성품과 신라 고유의 신앙체계가 있었기에 가능하였다. 신
라에서 유교와 불교는 수용되었을 때부터 함께 이해될 소지를 가졌다. 최

---

41) 崔致遠,「智證和尙碑銘 並序」『崔文昌侯全集』에 "導郁夷柔順性源 達迦衛慈悲敎海 寔猶石投水 雨
聚沙然 矧東諸侯之外守者 莫我大也 而地靈旣好生爲本 風俗亦交讓爲先 熙熙太平之春 隱隱上古之化
加以性參釋種 遍頭居寐錦之尊 語襲梵音 彈舌足多羅之字 寔迺天彰西顧 海印東流 宜君子之鄕 染法
王之道 日深又日深矣"라고 하였다.

42) 崔致遠,「大嵩福寺碑銘 並序」『崔文昌侯全集』에 "先大王 虹渚騰輝 鰲岑降跡 始馳名於玉鹿 別振風
流 俄縮職於金貂 肅淸海俗 據龍田而種德 栖鳳沼而沃心 發言則仁者安人 謀政乃導之以道"라고 했다.

치원은 이전 유학지식인들이 거론한 유불교섭의 경향을 이어 유불의 갈등을 해소하고 교의와 실천덕목의 궁극적인 일치와 조화를 강조하였다. 특히 신라에 일찍부터 자리하였던 유불교섭의 경향이 신라의 전통과 밀접히 관련되었음을 은근히 드러내었다. 나아가 그 전통은 경문왕계 왕실, 특히 국선 출신인 경문왕에 의해서 특별한 부각되었음도 지적하였다.[43] 아울러 하상지의 말을 인용하여 불사를 일으키면 국가 복업이 증진된다는 낭혜의 충고도 부각하면서, 호법과 호국을 함께 강조하기도 하였다.[44]

경문왕계 왕실은 문성왕 이후 꾸준히 진행하였던 도당유학생 파견을 보다 적극적으로 확대하였고, 문한기구와 근시기구의 겸직을 활용하여 왕실 위상을 높이고 왕권을 강화하고자 하였다. 최치원의 귀국을 계기로 경덕왕 때 이래 유지되었던 한림의 기능을 당과 대등한 문한관인 한림학사의 설치를 통해서 계승하면서도, 실제 한림의 주요 기능은 신라의 고유한 이름을 붙인 서서원에 두었다. 서서원은 당의 홍문관이나 집현전처럼 군왕의 측근으로 활동하던 문사를 중용하는 관서로 자리하였다.[45]

궁예는 광평성을 중심으로 관제를 구축하고 정비하였는데, 근시기구로는 內奉省을, 문한기구로는 元鳳省을 두어 휘하 호족과 타협하면서 왕권을 강화하려고 하였다. 특히 911년에 국호를 태봉으로 바꾸고서는 내봉성과 徇軍部 등을 격상 설치하여 왕권 전제화를 추구하였다.[46] 곧 건국 초

---

43) 張日圭, 2005,「최치원의 삼교융합사상과 그 의미」『新羅史學報』4 ; 2008,「崔致遠의 儒佛認識과 그 의미」『韓國思想史學』19 : 2008, 앞의 책, 신서원, 357~361, 376~386쪽.

44) 崔致遠,「無染和尙碑銘 並序」『崔文昌侯全集』에 "乾符帝錫命之歲 令國內舌抄有可道者 貢興利除害策 別用蟣氎 書言 荷天寵 有所自 因垂盆國之問 大師引出 何尙之獻替宋文帝心聲爲對"라고 했다.

45) 張日圭, 2019,「신라 문한직과 당 문한직의 관계 -《구당서》를 중심으로」『新羅史學報』45, 429~437쪽.

46) 조인성, 2007, 앞의 책, 89~116쪽.

기에는 누구에게든지 익숙한 신라 관제를 모방하고 중국식 관제도 도입하였던 반면, 시간이 흐를수록 그것을 탈피하면서 왕권을 강화할 수 있는 나름의 체제로 보다 적극적으로 바꾸었다. 이러한 움직임이 경문왕계 왕실처럼 당의 문물과 제도를 적극적으로 수용한 결과인지는[47] 구체적으로 확인할 수 없지만, 경문왕계 왕실이 당의 문물과 제도를 적극 수용하여 신라 왕실의 유지와 신라 국가의 안녕을 모색하였고, 궁예가 신라 왕족 출신으로 신라 왕실의 유비에게 훈육을 받았으므로, 그 영향이 결코 없었다고 하기는 어렵다. 그러나 궁예는 결국 이러한 체제를 인정하거나 긍정하지는 않는 방향으로 나아갔다. 아래의 <표 4>를 살펴보기로 하자.

<표 4> 궁예 휘하 지식인과 그 활동

이름	활동시기	활동처	관직
崔凝	~932(태조 15)	태봉→고려	914 掌奏, 왕건에 귀부, 932 前內奉卿
朴儒	~934	태봉→고려	員外, 東宮記室, 918 왕건에 귀부, 934 參知政事
泰平	918(태조 1)	태봉→고려	柳矜順의 기실, 918 왕건에 귀부
宋含弘	918	태봉→고려	文人, 918 왕건에 귀부
白卓	918	태봉→고려	문인, 918 왕건에 귀부
許原	918	태봉→고려	문인, 918 왕건에 귀부
金立奇	918	태봉	918 佐良尉, 吳에 사신

궁예 휘하에는 최응, 박유, 태평, 송함홍, 백탁, 허원, 김입기 등이 활동하였다. 이들은 장주나 기실, 사신, 내봉경 등을 맡거나 문인으로 표현되었으므로, 유학지식인이었을 것이다. 다만 신라 말 유학지식인처럼 도당

---

47) 省部의 도입은 중국식 관제의 도입으로 이해하기도 한다. 이재범, 1999, 『슬픈궁예』, 푸른역사, 172쪽.

유학하였다거나 빈공진사시에 급제하였다는 기록은 남아 있지 않으므로, 중국의 문물과 제도를 접하였는지는 알 수 없다. 이와 관련하여 다음의 기록을 살펴보기로 하자.

① 어려서는 공부에 힘썼고 커서는 五經을 통달하여 글을 잘 지어 궁예의 한림랑이 되었다. 제고를 기초할 때마다 그의 뜻을 몹시 흡족하게 하였다. … 태조가 즉위할 때 옛 관직인 지원봉성사로 임명되었다. … 행정실무에도 밝아 당시에 대단한 명망을 얻었다. 태조의 우대를 받아 밤낮으로 열심히 일하여 건의하는 바가 많았는데, 태조는 매번 건의를 받아 들였다. … 항상 소찬을 먹었다. 일찍이 그가 병들어 누웠을 때 태조가 태자를 보내 문병하였는데, … 비로소 고기를 먹기 시작하여 과연 건강을 회복하였다. … 15년에 죽었는데, 향년 35세였다.[48]

② 經史를 널리 섭렵하였고 행정실무에 익숙하였다. 처음에는 그 주의 도적 우두머리인 유긍순의 기실로 있었다. … 드디어 태조를 따라 건국할 때 공이 있었다.[49]

최응과 태평은 오경에 통달하고 경사를 섭렵하였으며 행정실무에 익숙하였다. 궁예나 유긍순을 대신하여 여러 문서를 작성하는 문한직을 맡았다. 특히 최응은 궁예 휘하에서 활동하였다가, 태조 왕건이 궁예가 설치하였던 문한기구인 원봉성을 그대로 유지하자 원봉성 업무 전체를 책임지기도 하였다. 한편으로 그는 독실한 佛敎徒로 개경과 서경에 불탑을 세

---

48) 『高麗史』 권92, 열전5, 崔凝傳.
49) 『고려사』 권92, 열전5, 王順式傳 附傳.

울 때 발원문을 조성하기도 하였다. 송함홍, 백탁, 허원은 왕창근이 가져온 古鏡의 讖文을 해석하였다.[50] 이들은 유학적 소양을 가졌으면서도 祕記에도 능하였다. 특히 왕건의 후삼국 통일을 참문의 해석을 통해 제시하면서 궁예를 내몰고 고려를 개국한 왕건의 정당성을 강조하는 역할을 담당하였다. 박유와 김입기도 문한직과 사절단으로 활동하였으므로, 유학적 소양을 갖추었다.

궁예 휘하에서 활동하였던 지식인은 측근 관인으로 활동하면서 유학적 소양은 물론 불교사상과 비기, 천문, 복서에도 능하였다. 이들은 대체로 호족 출신이었을 것이므로, 이들이 익힌 유학이나 불교, 비기, 천문, 복서는 이전부터 신라에서 전해지거나 성행하였던 것이었다. 특히 이들은 왕건에게 귀부한 뒤에도 고려 개국 초에 국가 운영의 행정적 실무체계를 정립하는 역할을 담당하거나 인재 임용의 원칙을 제시하여 인재 선발에도 참여하였고, 고려의 후삼국 통일에 대한 정당성·정통성을 부각하기도 하였다.[51]

이들이 궁예를 떠난 것은 궁예 휘하에서는 더 이상 행정적 실무체계를 갖추거나 인재 임용의 원칙에 따라 인재를 선발할 수 없었기 때문이었을 것이다. 궁예가 태봉으로 국호를 변경한 뒤 유학은 물론 불교사상, 비기, 천문, 복서 등을 인정하지 않은 채 왕권의 전제화를 추구하자, 자신의 역량을 발휘하기 위해서는 궁예보다 왕건에 투탁하는 것이 훨씬 이롭다고 생각하였을 것이다. 그것은 궁예가 신라에서 전승된 유불교섭 경향이

---

50) 『고려사』 권1, 태조 즉위조.
51) 張日圭, 2007, 「나말여초 지식인의 정치이념과 훈요10조 - 최언위의 정치이념을 중심으로」 『震檀學報』 104, 46~47, 60~61쪽.

나 고유 정서를 인정하지 않고, 또한 선종사상, 화엄사상, 유식사상 등도 배제하면서 자신만의 사상과 체제를 구축하고 유지하려고 하였던 움직임과 무관하지 않았다.

V. 맺음말

이 글은 후삼국이 성립되기 전, 당시 신라 사상계의 동향을 개괄적으로 정리한 것이다. 이를 통해서 신라 왕실과 연고된 궁예의 정치적 입장이나 사상이 어떻게 형성되었는 지를 조망할 수 있다.

신라 말에는 말세의식이 만연하였다. 신라인들은 불사를 설행하여 말법의 현실을 벗어나고자 하였다. 애장왕~경명왕 때 불탑, 승탑, 탑비, 범종, 불상, 석등, 등루 등과 관련한 여러 불사가 설행되었다. 불사는 국왕의 명령과 왕족의 후원으로 진행되었지만, 승려와 지역민도 주도하였다. 국왕과 왕족은 주로 불탑, 탑비, 석등, 일부 불상 조성 불사를 이끌었는데, 일부 불탑과 불상, 특히 범종, 등루 등의 불사는 승려나 지역민이 주관하기도 하였다. 헌안왕~경문왕 때 불사는 왕경을 중심으로, 장흥, 담양, 곡성 등의 서남해안 일대에 집중되었고, 대구나 삼척 등 교통이나 군사 요충지에서도 진행되었으며, 한강 하류와 이어지는 한탄강 유역의 철원 일대에서도 설행되었다. 불사 설행은 주로 정토의 도래와 왕생을 기원하는 것이었는데, 일부에서는 불도의 증득이나 호국을 염원하기도 하였다. 당시 사람들은 대체로 불사를 미리 계획하고 수행하면서 정토의 도래나 왕생을 기원하였다. 특히 비로자나불상과 노사나불상을 조성하였는데, 왕실이나 왕실 관련 승려가 조성하였던 보림사와 삼화사의 것과 달리 도피안사 불상은 지역민이 만들었다. 말법을 벗어나려는 움직임은 왕경에서 상당히 떨어진 철원 일대까지 퍼져 있었다.

불탑의 건립은 누구나 부처가 될 수 있다는 법화신앙을 반영하였다. 자연히 국왕, 왕족, 승려, 지역민은 쉽고 공덕이 큰 법화신앙을 강조하면서 민심을 회유하거나 평등을 염원하였다. 말법의 혼란은 석가모니의 말씀과 실천을 온전히 따라야 수습할 수 있었으므로, 미륵의 강림으로 현실에서 구원받으려는 욕망 역시 정법의 온전한 구현을 필요로 하였다. 세상 진리를 상징하는 비로자나불, 수행에 의해서 부처가 된 노사나불이 강조되어야 하였고, 현실의 모든 고난이 수습되는 석가정토와 함께 새 세상의 도래를 희구하는 미륵정토도 현실의 고난을 이겨나가면서 미래의 복락을 함께 얻을 수 있는 현실적인 대안으로 주목되었다. 다만 석가정토나 미륵정토 도래는 현실을 개혁하는 전륜성왕에 의해서 가능하였으므로, 궁예는 자신을 '미륵불'이라고 칭하면서 미륵정토는 물론 석가정토를 이끌 주체로 나섰다. 그는 백성의 바람을 수용하고 한편으로 민심을 회유하려는 신라 왕실이나 귀족 세력의 움직임을 이용하면서도, 왕권 전제화를 추구하며 현실 사회를 개혁하려는 경향을 강조하였다.

신라 말에는 선종 불교가 성행하였고, 교종 불교도 변화하였다. 선승은 먼저 명주에서 터전을 마련한 다음, 웅주, 전주, 강주, 삭주, 한주, 무주 등 왕경에서 거리가 먼 지역에서 활동하였고, 점차 왕경과 가까운 상주와 양주로 진출하였다. 다만 890년 이후 궁예와 견훤이 각각 세력을 일구면서 나라를 세우고 영역을 확대하자, 선승은 활동을 중단하였다. 그 뒤 선승의 활동은 견훤이 장악한 무주와 전주, 궁예가 아울렀던 삭주, 한주, 상주 등에서 900년대와 910년대에 각각 재개되었지만, 명주와 웅주에서 활동상은 보이지 않았다. 한편 신라 말에는 '화엄대학 11산 12사'가 자리하였다. 양주, 강주, 삭주, 한주, 무주, 전주, 웅주에는 각각 최소 1곳 이상의 화엄 사찰이 분포하면서 화엄학 수학이나 구족계 수계를 담당하였지만, 상주와 명주 일대에서는 분포하지 않았다.

웅주 일대는 궁예와 왕건이 견훤과 줄곧 영역을 다투었으므로, 선승의 활동이나 산문의 유지는 쉽지 않았다. 명주에서는 치열한 전투가 연이어 발생하지 않았기에, 선승이 활동을 재개하지 않거나 화엄사찰이 분포하지 않은 것은 전적으로 궁예의 활동과 연고되었다. 선승은 신라 왕실과의 관계에서 당시 사회 혼란을 제압하고 새 사회를 이끌 미륵 강림의 주체로 강조되었다. 궁예는 신라 왕실에 의해서 죽임을 당할 뻔 하였으므로, 화엄 불교에 익숙하면서 왕실과 연고된 선승에 대해서는 호감을 가질 수 없었다. 또한 선승이 왕실의 초청을 본격적으로 거절하였던 진성왕 때는 이미 자신의 세력을 일구었으므로, 굳이 선승과 교유할 이유도 가질 필요도 없었다. 궁예는 자신의 영향력을 확대하기 위해서 선승이나 선문을 보다 철저히 배제하였다.

진표가 강조하였던 법상종 신앙은 전주, 상주는 물론 명주에서 영향력을 가졌다. 특히 궁예가 출가한 세달사는 의상계 화엄종 사찰로 낙산사 관음보살은 물론 진표의 미륵신앙과 밀접히 관련되었다. 당시 화엄종은 해인사를 중심으로 화엄과 유식을 모두 아우르는 '성상융회'적 경향을 보였다. 해인사 결언은 삼척 삼화사에서 노사불상을 조성하였는데, 그 즈음에 철원에서도 석가정토 불사가 설행되었다. 궁예는 명주 일대에서 세력을 일구었으므로, 의상 화엄사상은 물론 낙산사 중심의 실천적 관음신앙과 함께 진표의 미륵신앙, 그리고 부석사 중심의 아미타정토신앙에 익숙하였다. 궁예는 반신라적인 태도를 강하게 드러냈으므로, 화엄 사찰이나 화엄사상보다는 미륵불을 강조하였다. 하지만 석총에게 비판을 받았듯이, 그의 법상종 사상도 진표의 그것을 그대로 수용하여 계승하지는 않았다. 결국 그는 의상과 진표 이래 당시 교섭하였던 화엄사상과 유식사상, 선종사상은 점차 배제시킨 채, 그 사상에서 강조한 신앙만을 중심으로 나름의 교설을 정립하고 강조하였다.

신라 사회에는 일찍부터 도를 추구하는 사람들이 어디든지 있었다. 때문에 애초에 유교와 불교를 함께 이해하려는 경향이 자리하였고, 신라 말에도 효도와 추복을 동일시하는 인식이 상존하였다. 최치원은 이전의 유학지식인들이 제시한 유불교섭의 경향을 수용하여 양교의 갈등을 해소하고 교의와 실천덕목의 궁극적인 일치와 조화를 내세우면서도, 그러한 경향이 신라의 전통과 긴밀히 연관되었음을 은근히 부각하였다. 나아가 그 전통이 국선 출신인 경문왕에 의해서 특별한 계승되었음을 강조하기도 하였다. 때문에 그는 신라 말 혼란과 관련하여 호법과 호국을 강조하였다.

경문왕계 왕실은 도당유학생을 보다 적극적으로 파견하고 문한기구와 근시기구의 겸직을 활용하여 왕실의 위상을 높이고 왕권을 강화하고자 하였다. 최치원의 귀국을 계기로 당과 대등한 문한관으로 한림학사에게 한림의 기능을 맡기면서도, 실제 한림의 주요 기능은 신라의 고유한 이름을 붙인 서서원에 두었다. 이러한 움직임은 신라 왕족 출신인 궁예에게도 영향을 미쳤다. 궁예는 휘하에 최응, 태평, 송함홍, 백탁, 허원 등 호족 출신 지식인을 중용하였다. 이들은 유학적 소양은 물론 불교사상과 비기, 천문, 복서에도 능하였는데, 그것은 이전부터 신라에서 익힌 것이었다. 자

연히 궁예는 신라의 정치이념이나 관제를 모방하면서 건국 초 국가 운영 체제를 정비하였다. ,

911년에 궁예는 국호를 태봉으로 변경하였다. 왕권의 전제화를 추구하면서 오히려 휘하 지식인이 강조하였던 유학은 물론 불교사상, 비기, 천문, 복서 등을 인정하지 않았다. 따라서 궁예 휘하 지식인은 궁예보다는 왕건에 투탁하여 자신의 역량을 발휘하고자 하였다. 궁예는 말세의식이 만연한 당시에 신라에서 전승된 유불교섭 경향이나 고유 정서를 점차 인정하지 않고, 선종사상, 화엄사상, 유식사상 등도 배제하면서, 자신만의 사상과 체제를 구축하고 유지하려고 하였다.

참고문헌

1. 저서

이재범, 1999, 『슬픈궁예』, 푸른역사.

장일규, 2008, 『최치원의 사회사상 연구』, 신서원.

조인성, 2007, 『태봉의 궁예정권』, 푸른역사.

2. 논문

金杜珍, 1983, 「高麗初의 法相宗과 그 思想」 『均如華嚴思想研究』, 一潮閣.

金杜珍, 1992, 「弓裔의 彌勒世界」 『韓國史市民講座』 10, 一潮閣.

申虎澈, 1982, 「弓裔의 政治的 性格」 『韓國學報』 29.

李基白, 1970, 「新羅 骨品體制下의 儒教的 政治理念」 『大東文化研究』 6·7합.

李基白, 1986, 「新羅 淨土信仰의 다른 類型들」 『新羅思想史研究』, 一潮閣.

張日圭, 2002, 「崔致遠의 儒佛認識과 그 의미」 『韓國思想史學』 19.

張日圭, 2004, 「崔致遠의 華嚴僧傳 찬술과 海印寺의 화엄사상」 『新羅史學報』 창간호.

張日圭, 2005, 「신라 금석문의 말세의식과 미륵신앙」 『금석문을 통한 신라사 연구』, 한국학중앙연구원.

張日圭, 2005, 「최치원의 삼교융합사상과 그 의미」 『新羅史學報』 4.

張日圭, 2007, 「나말여초 지식인의 정치이념과 훈요10조 - 최언위의 정치이념을 중심으로」 『震檀學報』 104.

張日圭, 2013, 「신라 하대 정토불사와 그 의미」 『新羅史學報』 28.

張日圭, 2015, 「삼화사 철조노사나불상의 조성과 그 의미」 『이사부와 동해』 9.

張日圭, 2017, 「신라 말 고려 초 禪僧의 시기별·지역별 활동 추이와 山門 형성 과정」

『新羅史學報』39.

張日圭, 2017, 「신라 말 靑潭寺와 화엄 불교계의 동향」『新羅史學報』41.

張日圭, 2019, 「신라 문한직과 당 문한직의 관계 -《구당서》를 중심으로」『新羅史學報』45.

鄭永鎬, 1997, 「三和寺 鐵佛과 三層石塔의 佛敎美術史的 照明」『文化史學』8.

洪潤植, 1994, 「韓國史上에 있어 彌勒信仰과 그 思想的 構造」『韓國思想史學』6.

태봉학회 소식

김영규

태봉학회 사무국장, 철원역사문화연구소장

1. 학술 활동

철원군이 최초로 궁예 태봉국 학술세미나를 개최한 것은 꼭 20년 전인 2000년의 일이다. 2000년 10월 4일 철원군 동송읍 소재 고석정 철의 삼각전적관에서 『철원의 역사, 태봉국과 궁예왕 재조명』이란 주제로 제1

회 학술세미나를 개최했다. 주제발표는 강원대 최복규(崔福奎) 교수「철원의 역사적 배경」, 이화여대 신형식(申瀅植) 교수「궁예에 대한 재평가」, 육사 이재 교수「철원 궁예도성의 재검토」, 소설가 강병석 씨「궁예는 누구인가」였다. 그 행사를 계기로 태봉국과 궁예 관련 학술행사를 <태봉제> 행사에 정례화시키기로 했다. 당시 세미나는 철원군민들의 태봉국과 궁예에 대한 관심도를 높이기 위해 학문적인 깊이보다는 개론적으로 추진되었다. 철원군만이 할 수 있는 행사이고 당위성이 충분하다고 의견이 모아졌고 철원군민들의 관심을 유발하기에 충분한 행사였다.

다음 해인 2001년『태봉의 역사와 문화』란 주제의 학술 세미나에서는 정치·사회·사상·종교적인 관점에서 철원에 도읍을 정했던 태봉국과 궁예왕을 재조명했다. 2003년에는『궁예와 태봉의 역사적 재조명』이란 주제로 태봉 학술제가 개최되어 전국의 궁예 관련 연구자들이 총출동해 1~2부에 걸쳐 13명 학자가 발표했다. 철원에서 주최한 궁예 태봉국 관련 연구 및 기념사업에 있어 일대 전환기가 되었던 해가 2005년이다. 2005년은 태봉국이 철원에 수도를 정한 서기 905년을 기준으로 1,100주년이 되는 해라서 <철원 정도 1,100주년 기념사업회>가 출범하였고 태봉국제학술대회[1]가 열렸다. 이때 학술대회는 태봉국과 궁예왕 역사에 대한 일반 대중들의 관심을 높이고 학술적 이슈화를 위해 추

---

1) 국제학술대회에는 경기대 이재범 교수, 오랜 기간 미륵사상 연구 활동을 벌인 미국 워싱턴대 리차드 맥브라이드 교수, 향교와 민속신앙 연구자 도이 구니시꼬 전북대 교환교수 등 3개국 12명 역사학자가 참여했다. 이재범 교수는 주제발표에서 1,100년 전 궁예왕이 철원에 도읍을 정한 것은 신분제를 개혁하는 등 야심에 찬 새로운 국가경영을 위했기 때문이라고 주장했다.

진되었다. 태봉국 철원 정도 1,100주년을 맞아 태봉국 도읍지로서 명성과 정체성을 되새기고 철원이 나아갈 방향을 정립하는 계기가 되었다.

이후 2011년까지 일곱 차례의 궁예 태봉국 관련 학술대회가 열렸다가, 2012년부터 2016년까지는 김화백전대첩(金化柏田大捷)과 6·25전쟁 관련 학술대회로 치러졌다. 이는 철원군수가 바뀌면서 의지가 변했고, 태봉국 관련 학술대회를 계속해서 추진할 주체들이 불분명했기 때문이었다. 이후 2015년 11월 2일 국회 외교통일위원회가 북한 개성 만월대 발굴 현장을 방문하며 비무장지대 안 철원 궁예도성 남북 공동조사를 검토하겠다고 하고, 12월 1일 관련 국회 토론회가 열리면서 대내외 환경이 바뀌었다.

2017년 1월 13일 철원군은 문화체육관광부 지원 사업으로 궁예 태봉국 테마파크를 조성하겠다고 발표했다. 이에 다시 궁예 태봉국 학술회의를 기획하여 2017년 12월 1일 『태봉 도읍지 & 고려 개국지, 철원』이라는 주제로 고려 태조 왕건이 태봉국 궁예왕을 몰아내고 개성으로 도읍을 옮기기 이전에 이미 철원에서 '고려'라는 국호를 사용했던 역사적 사실을 집

중 조명했다. 즉 철원이 코리아(Korea)의 시원(始原)이라는 사실이 밝혀졌다. 2017년 학술대회는 궁예 태봉국의 도읍지이자 왕건 고려의 개국지인 철원의 위상을 재확인하고, 머지않은 장래에 실현될 태봉국 도성 남북 공동조사를 준비하며, 궁예왕과 태봉국을 철원군의 문화관광콘텐츠로 발전시킬 방안을 모색하기 위해 열렸다. 한편 학술대회에서 참가자들은 '태봉학회' 창립을 선언하고 경희대 사학과 조인성 교수를 회장으로 추대하였으며 실무추진을 당부했다.

2018년 2월 23일(금) 열린 태봉학회 창립기념식에서 경희대 사학과 교수인 조인성 회장은 창립선언문에서 "고려는 태봉의 정치제도와 문물을 그대로 이어받았고 고려 역사를 연구하려면 태봉의 역사를 알아야만 한다. 그동안 태봉의 역사 문화는 주목받지 못했다. 이제 우리가 나서 잘 못 알려진 태봉의 역사를 바로잡고 적극 알리기 위해 태봉학회를 창립하니 선배 후학들의 아낌없는 호응과 철원군민들의 성원을 기대한다. 그리고 태봉학회 출범이 통일을 전망하는 데 조금이나마 도움이 되길 기대한다."

고 했다. 이어 이현종 철원군수는 축사에서 "올해 2018년은 궁예 태봉국
이 멸망한 지 1,100주년이 되는 해이다. 이러한 뜻깊은 해를 맞이하여 태
봉학회가 창립된다는 것은 매우 보람찬 행보이다. 그동안 한정된 자료로
인해 왜곡된 역사를 바로잡고 철원군 발전에 기여하는 태봉학회가 되길
기대한다."고 말했다.

창립기념식에 앞서 오전
11시부터 철원군청 4층 대회
의실에서 열린 태봉학회 창
립기념학술대회에서는 이
재범 경기대 사학과 명예교
수가 「국호 '태봉'과 궁예정
권」이란 제목으로 기조 발제
를 했고, 조경철 나라이름역사연구소장이 「궁예의 철원 도읍과 '신경(神
京)'」이란 제목으로 제1주제발표를 했다. 그리고 정성권 동국대 미술사학
과 교수가 「태봉의 불교조각−'궁예미륵'의 조성 배경과 의의」란 제목으
로 제2주제발표를 했다. 이어 벌어진 종합토론에서는 김용선 한림대 사학
과 명예교수를 좌장으로 박광연 동국대 연구교수, 최성은 덕성여대 미술
사학과 교수가 참여하여 열띤 토론을 벌였다. 기조 발제에서 이재범 교수
는 태봉학회는 태봉국 역사 연구뿐만 아니라 철원의 자연·생태·인문·사
회 등 모든 분야에서 연구와 저술이 이루어져야 한다 강조했다. 지금은 남
북분단으로 철원군이 접경지역에 머물고 있지만 머지않아 통일이 된다면
한반도 중심부에 위치한 철원군의 위상은 100년 전, 1000년 전의 번영을
구가할 수 있다. 이에 그러한 기반을 조성하는 역할을 해야 할 곳이 태봉

학회라고 강조했다. 종합토론을 주관한 좌장인 김용선 한림대 명예교수는 수년 전부터 창립하려고 했던 태봉학회가 출범하게 되어 감개무량하고 새로운 전기를 마련한 셈이니 여기에 계신 학자들과 후학들이 모두 나서 뜻깊은 성과를 내게끔 매진하자고 했다.

2018년 태봉학술대회는 10월 12일(금) 철원군청 4층 대회의실에서 '남북공동의 문화유산–DMZ 태봉 철원도성'이란 주제로 개최했다. 주제발표는 「철원도성 연구의 현 단계」 이재(국방문화재연구원장), 「철원도성 남북공동연구의 과제」 조인성(경희대), 「남북역사문화 교류의 경험과 전망」 하일식(연세대), 「금강산 신계사 복원과 문화재 연구조사 교류」 박상준(불교문화재연구소)가 있었다. 종합토론에는 조인성 태봉학회 회장이 좌장을 맡았고 토론자로는 유병하(국립경주박물관), 이재범(경기대), 임승경(국립문화재연구소), 정호섭(한성대), 최성은(덕성여대) 등이 참여하였다. 이튿날 13일(토)에 평화전망대(태봉국도성)와 전 왕건구택지, 도피안사를 둘러보는 태봉국 관련 문화재 답사가 있었다.

2019년 태봉학술회의는 신라사학회와 공동주관으로 11월 8일(금) 철

원군청 4층 대회의실에서 '신라의 쇠망–태봉 성립의 전야'라는 주제로 열렸다. 기조 발제는 「신라의 쇠망과 태봉의 성립」 이기동(동국대), 주제발표는 「신라 하대 왕위계승전과 사병의 확대」 이기봉(충남대), 「말법시대 변방의 작은 나라–명분인가 시대인식인가」 박광연(동국대), 「헌강왕의 유학진흥책과 사상적 혼돈」 배재훈(아시아문화원)이 있었다. 종합토론은 박남수 신라사학회 회장이 좌장을 맡았고 김영미(이화여대), 김창겸(한국학중앙연구원), 이재범(경기대), 장일규(국민대), 조범환(서강대), 채미하(고려대) 등이 참여하였다. 이튿날인 9일(토) 노동당사와 도피안사, 고석정과 송대소 일대를 둘러보는 현장 답사가 있었다.

2020년은 6·25전쟁 발발 70주년이 되는 해라서 태봉학회는 한국군사사학회와 공동으로 국가보훈처의 지원을 받아 '6·25전쟁 70주년의 역사적 의미와 철원'이라는 주제로 7월 14일(화) 학술회의를 한탄리버스파호텔 대연회장에서 개최하였다. 주제발표는 '철원의 역사상 지정학적 의미' 이재범(경기대 명예교수), '백마고지 전투의 전략적 의의 재조명' 나종남(육군사관학교 교수), '중공군의 최후 공세와 화살머리고지 전투' 박동찬(군

사편찬연구소 책임연구원), '북한의 전쟁문학과 기억의 방식' 한승대(동국대 연구교수), '6·25전쟁과 철원 지역민들의 삶' 김영규(철원역사문화연구소장), '6·25전쟁 영현 교환과 DMZ 유해 발굴' 조성훈(국방부 군사편찬연구소장), '정전체제 극복과 남북관계 전망' 이상철(전쟁기념관장), '중국군 완전 철군과 한반도 정전체제' 한상준(아주대 교수), '북·러 관계의 역사적 고찰과 한반도 평화' 이재훈(한국외대 연구교수) 순으로 진행되었다. 토론에는 조인성(태봉학회장/경희대 교수), 양영조(군사편찬연구소 전쟁사부장), 김규빈(전남대 교수), 신영덕(공군사관학교 명예교수), 김선호(군사편찬연구소 연구원), 남상호(국방부 유해발굴감식단), 김진호(단국대 교수), 김보영(인천가톨릭대 외래교수), 이영형(중앙아시아 개발협력연구소 이사장) 등이 참여하였다. 첫날인 14일 학술회의가 열렸고, 다음날 15일(수) 백마고지전적지, 노동당사, 도피안사 등 현장 답사가 있었다.

2020년 태봉학술회의는 아프리카돼지열병과 코로나19로 개최가 불투명했다. 하지만 2020년 11월 20일(금) 고석정 한탄리버스파호텔 임꺽정 홀에서 신라사학회와 공동으로 최소한의 인원만 참석하여 '후삼국시대의

개막'이란 주제로 개최했다. 기조 발제는 '후삼국시대사에 대한 인식' 조인성(경희대), 주제발표는 '신라 효공왕대의 사회 분열과 호족' 전덕재(단국대), '견훤 세력의 등장과 후백제의 건국' 진정환(국립제주박물관), '궁예의 초기세력 기반과 후고구려의 건국과정' 송은일(전남대), '후삼국의 개막과 사상계의 동향' 장일규(국민대) 순으로 진행됐다. 토론은 김용선 명예교수(한림대)를 좌장으로 신호철(충북대), 이재범(경기대), 박남수(동국대), 정재윤(공주대), 신성재(해군사관학교), 홍성익(강원대) 등이 참여했다. 그동안은 보통 첫날 학술회의 둘째 날 현장 답사로 진행되었으나 이날은 당일치기로 저녁 식사를 함께하고 끝마쳤다.

2021년 태봉학술회의는 10월 22일(금) 고석정 한탄리버스파호텔 세미나실에서 '태봉국 수도 철원의 문화유산'이란 주제로 발표자와 토론자 그리고 지역 주민 일부만 참가한 가운데 조촐하게 진행되었다. 코로나19 확산으로 많은 관계자와 연구자 그리고 지역 주민을 초대하지 못했다. 기조 발표는 '철원의 문화유산' 최성은(덕성여대), 주제발표는 '철원도성 자료 소개' 조인성(경희대), '도피안사 삼층석탑의 미술사적 검토' 오호석(단

국대), '태봉과 당말오대(唐末五代)의 치성광여래불화' 조성금(동국대), '태봉의 불교조각과 철원 동송읍 마애불' 정성권(단국대), '철원과 철원 노동당사의 건축적 특징' 김기주(한국기술교육대), '태봉국 도성 메타버스 및 궁예인공지능 디지털 휴먼 개발' 박진호(문화재 디지털복원 전문가) 순으로 진행되었다. 종합토론 및 논평은 최성은(덕성여대) 교수를 좌장으로 심재연(한림대), 이현수(불교문화재연구소), 조경철(연세대), 주수완(우석대), 유기원(안동대), 안형기(한국고고환경연구소) 교수 등이 토론자로 참여하였고, 논평은 김용선(한림대), 이재범(경기대), 이재(국방문화재연구원) 교수 등이 맡았다. 코로나19로 당일만 행사를 했다.

2. 철원군민 인문학 강좌

2019년 태봉학회 철원군민 인문학 강좌는 '태봉의 얼이 되살아나는 철원'이란 주제로 역사상 철원을 대표하는 인물을 재조명하고 6·25전쟁

기간 수복지구 철원에서 가장 힘든 기간을 보내야 했던 철원 주민들의 삶과 애환을 알아보는 강좌로 철원문화원 강의실에서 열렸다. 6월 7일(금) 제1강은 조규태 한성대 교수가 '박용만과 이승만'이란 제목으로, 제2강은 14일(금) 홍영의 국민대 교수가 '최영과 이성계', 제3강 김영규 철원역사문화연구소장이 '6·25전쟁과 철원사람들', 제4강 이재범 경기대 명예교수가 '궁예와 왕건'이라는 제목으로 진행되었다.

2020년 태봉학회 철원군민 인문학 강좌는 철원이 낳은 천재 작가이자 단편소설의 완성자라고 할 수 있는 '상허 이태준의 생애와 문학사상'을

알아보는 강좌로 원래는 강의실에서 진행하려 하였다. 그런데 코로나19가 확산으로 모일 수가 없어 동영상을 제작해 유튜브에 올리는 형식으로 12월에 진행되었다. 제1강은 야나가와 요스케 도쿄외국어대학 강사가 '이태준과 성북동, 그리고 도자기'라는 제목으로, 제2강은 김효재 서울대학교 국어국문학과 강사가 '조선어 곳간지기, 이태준과『문장』', 제3강은 허선애 KAIST 인문사회과학부 강사가 '철원·경성·모스크바, 이태준의 해방 전후'라는 제목으로 진행하였다.

2021년 태봉학회 철원군민 인문학 강좌는 '고고학과 미술사로 본 인문학'이란 주제로 7월 19일부터 22일까지 4일 연속으로 한탄리버스파호텔 세미나실에서 진행되었다. 7월 19일에는 제1강 '우리나라의 선사 문화-철원의 자연환경과 선사시대'라는 제목으로 박성진 단국대 동양학연구원 연구교수, 20일 제2강은 '불교미술의 꽃 불국사와 석굴암' 정성권 단국대 사학과 초빙교수, 제3강 21일 '근대기 철원의 불교문화' 이주민 문화재청 문화재 감정위원, 제4강 22일 '실크로드의 미술과 문화-2천 년 전

인류를 덮쳤던 질병과 염원을 담은 불화' 조성금 동국대 대학원 미술사학과 객원교수 강좌가 열렸다.

3. 대학생 철원 역사 탐방

2019년 11월 1일 경희대학교 문과대생 100여 명이 철원 역사탐방으로 고석정, 승일교, 노동당사, 소이산, 도피안사, 한탄강 송대소 일대를 답사했다.

4. 궁예 태봉국 테마파크 조성사업 소개

2014년부터 문화체육관광부 한반도 생태평화벨트 사업의 일환으로 추진 중인 궁예 태봉국 테마파크 조성사업은 철원군 철원읍 홍원리 703-8 일대 경원선 월정리역과 평화문화광장 옆에서 진행되고 있다. 이곳은 태봉국 철원도성을 가장 가까이서 바라볼 수 있는 위치로 철원군안보관광(DMZ 평화관광)의 핵심 탐방지이다. 궁예 태봉국 테마파크는 경원선 연장이 실현되면 외부관광객 접근성이 용이하고 근처에 근대문화유적과 DMZ 생태자원이 풍부해 철원군 제일의 관광지로 주목받을 곳이다. 테마파크에는 궁예역사체험관, 궁예선양관(궁예사당), 태봉국 체험정원, 궁예 억새정원 등의 휴양문화시설이 들어서고 태봉국광장과 방문자센터가 들어설 예정이다. 다만 2018년 4·27 판문점선언과 9·19 군사합의로 남북관계가 개선되고 태봉국 철원도성 남북한 공동조사 발굴이 가시화되면서

신라의 쇠퇴와 후삼국의 성립

이를 뒷받침할 기관과 시설이 필요하다는 판단 하에 발굴 유물 일시 저장 공간과 전시관을 마련하기 위해 설계를 변경하여 진행하고 있다. 2022년 상반기 중 완공 예정인 궁예 태봉국 테마파크 조성사업은 태봉국 철원도성 조사 발굴 진행과 불가분의 관계가 있고 유엔사 관할구역이라는 특수성이 있어 계획보다 더디지만 실제 태봉국 철원성이 있는 가장 가까운 곳에 조성된다는 점에서 상징성이 있다.

태봉학회 총서 **3**

신라의 쇠퇴와
후삼국의
성립

엮은이 | 태봉학회, 신라사학회, 철원군

펴낸이 | 최병식

펴낸날 | 2021년 12월 30일

펴낸곳 | 주류성출판사

주소 | 서울특별시 서초구 강남대로 435(서초동 1305-5) 주류성빌딩 15층

전화 | 02-3481-1024(대표전화) 팩스 | 02-3482-0656

홈페이지 | www.juluesung.co.kr

값 25,000원

잘못된 책은 교환해 드립니다.

ISBN   978-89-6246-461-0   94910
ISBN   978-89-6246-415-3   94910(세트)